백신 과학

중등 생명과학

중 1·2·3 과정을 **한 권**에!

영역별 통합 기본서

DNA

H₂O

SO₂

12주 완성!

초판 3쇄	2025년 7월 18일
초판 1쇄	2022년 2월 15일
펴낸곳	메가스터디(주)
펴낸이	손은진
개발 책임	배경윤
개발	이지애
디자인	주희연
마케팅	엄재욱, 김세정
제작	이성재, 장병미
주소	서울시 서초구 효령로 304(서초동) 국제전자센터 24층
대표전화	1661-5431
홈페이지	http://www.megastudybooks.com
출판사 신고 번호	제 2015-000159호
출간제안/원고투고	메가스터디북스 홈페이지 <투고 문의>에 등록

이 책의 저작권은 메가스터디 주식회사에 있으므로 무단으로 복사, 복제할 수 없습니다. 잘못된 책은 바꿔 드립니다.

메가스터디BOOKS

'메가스터디북스'는 메가스터디㈜의 교육, 학습 전문 출판 브랜드입니다.
초중고 참고서는 물론, 어린이/청소년 교양서, 성인 학습서까지 다양한 도서를 출간하고 있습니다.

· **제품명** 백신과학 중등 생명과학
· **제조자명** 메가스터디㈜ · **제조년월** 판권에 별도 표기 · **제조국명** 대한민국 · **사용연령** 11세 이상
· **주소 및 전화번호** 서울시 서초구 효령로 304(서초동) 국제전자센터 24층 / 1661-5431

중등 과학의 정상을 향한
장풍 쌤의 새로운 제안!

전국의 중학생 풍마니 여러분 반갑습니다! 중등 과학의 정상을 향한 바람 장풍입니다.

중학교 과학을 다른 친구들보다 먼저 마스터하고 싶은 풍마니!
과학을 좋아해서 특목고에 진학하고 싶은 풍마니!
중학교 과학의 부족한 부분을 빠르게 복습해서 고등학교 과학 1등급을 목표로 하는 풍마니!

여러분들을 위해 장풍이 새로운 책을 만들었습니다.

중학교 과학은 물리학, 화학, 생명과학, 지구과학의 분야를 과학 과목 안에서 학기별로 안배하여 골고루 학습할 수 있게 하고 있습니다.

이 책은 **중학교 과학을 4개 영역으로 나눠서 각 영역별로 따로 모아 학습할 수 있도록 새롭게 구성하였습니다. 각 영역을 모아서 학습하면 그 내용을 쉬운 개념부터 연관 원리까지 집중적이고 체계적으로 파악**할 수 있습니다.

중학교 과학을 미리 학습하고자 하는 친구들이나 중학교 과학을 종합적으로 정리하고자 하는 친구들은 물론 일부 영역을 집중적으로 공부하려는 친구들에게 특히 유용할 것입니다.

중학교 과학이 고등학교까지 이어지므로 기본 개념을 영역별로 흐름을 잡아 공부하는 것은 가장 효율적인 과학 학습법입니다.

지금부터 장풍과 함께 중학교 과학을 똑똑하게 마스터해 봅시다.

생명과학 영역 한눈에 보기

2015개정교육과정에 제시된 내용 기준

핵심 개념		초등학교		중학교
		3~4학년	5~6학년	1학년
식물과 에너지	광합성		〈식물의 구조와 기능〉 · 뿌리, 줄기, 잎의 기능 · 증산 작용 · 광합성	
	식물의 호흡과 에너지			
동물과 에너지	소화와 순환		〈동물의 구조와 기능〉 · 뼈와 근육의 구조와 기능 · 소화, 순환, 호흡, 배설 기관 의 구조와 기능	
	호흡과 배설			
자극과 반응	감각 기관		· 감각 기관의 종류와 역할	
	신경계		· 자극 전달 과정	
	호르몬과 항상성 유지			
생식과 유전	세포 분열과 사람의 발생	· 동물과 식물의 한 살이 · 완전, 불완전 탈바꿈 · 씨가 싹트는 조건 · 동물의 암수	· 씨가 퍼지는 방법	
	멘델의 유전 원리			
	사람의 유전			

생물의 다양성	생물의 다양성과 보전	· 다양한 환경에 사는 동물
		  과 식물
		· 동물과 식물의 생김새
			· 균류, 원생생물, 세균의 특
			  징과 사는 곳
				· 생물 다양성
				· 생물 다양성의 중요성과
				  보전
				· 변이

	생물의 분류	· 특징에 따른 동물 분류 · 특징에 따른 식물 분류		· 생물 분류 목적과 방법 · 종의 개념과 분류 체계
생태계와 상호 작용	생태계의 구성 요소		· 생물 요소와 비생물 요소 · 환경 요인이 생물에 미치 는 영향	
	에너지 흐름과 물질 순환		· 생태계 구조와 기능 · 생태계 보존 · 먹이 사슬과 먹이 그물 · 생태계 평형	
생명공학 기술과 생명의 구성 단위				

중학교		고등학교		
2학년	3학년	통합과학	생명과학 I	생명과학 II
·광합성　　·증산 작용 ·광합성에 영향을 주는 환경 요인				·엽록체의 구조와 기능 ·광계를 통한 명반응 ·광합성의 탄소 고정 반응
·식물의 호흡과 광합성 ·광합성 산물의 이동, 저장, 사용				·미토콘드리아. 산화적 인산화, 화학 삼투, 산소 호흡과 발효 ·전자 전달계
·영양소　　·소화와 흡수 ·심장과 혈관 ·혈액과 혈액 순환			·근수축 ·물질대사 ·ATP ·노폐물의 배설 과정 ·세포 호흡 ·대사성 질환 ·소화, 호흡, 순환, 배설	
·호흡계, 배설계 ·사람의 호흡 운동 ·오줌의 생성 과정 ·세포 호흡				
	·자극과 감각 ·눈, 귀, 코, 혀, 피부 감각		·뉴런의 종류 ·활동 전위 ·흥분의 전도와 전달 ·시냅스 ·중추 신경계와 말초 신경계	
	·뉴런과 신경계 ·중추 신경계와 말초 신경계 ·자극에 대한 경로			
	·호르몬 ·항상성 유지		·항상성 ·내분비계와 호르몬의 특성 ·신경계 질환 ·호르몬 질환 ·질병의 원인 ·특이적 방어 작용 ·비특이적 방어 작용 ·백신의 작용 원리 ·항원 항체 반응	
	·세포 분열　　·염색체 ·체세포 분열 ·생식세포 분열 ·동물의 발생 과정		·생식세포의 다양성	·유전자 발현과 발생 ·유전체 구성과 유전자 구조 ·반보전적 DNA 복제 ·전사와 번역 ·유전자 발현과 조절 ·원핵세포와 진핵세포의 전사 조절
	·멘델의 유전 실험 ·멘델의 유전 원리	·유전자와 단백질 ·세포에서의 유전 정보의 흐름	·염색체　　·DNA와 유전자 ·유전체　　·염색체 조합 ·상염색체 유전 ·성염색체 유전 ·가계도 분석 ·유전병의 종류와 특징	
	·사람의 유전 실험 ·가계도 조사 방법			
		·유전적 다양성 ·종 다양성 ·생태계 다양성 ·변이와 자연 선택	·생물 다양성의 의미와 중요성	·막 형성의 중요성 ·단세포에서 다세포로의 진화 ·진화의 증거와 원리 ·종 분화　　·3역 6계 ·동물과 식물의 분류 체계 ·생물계통수
		·생태계 구성 요소 ·생물적 요인과 비생물적 요인의 상호 관계 ·생물과 환경의 상호 관계	·생태계의 구성 ·군집의 특성 ·개체군의 특성 ·군집 조사 방법　　·천이	·기질 특이성 ·생명체의 유기적 구성
		·에너지 흐름 ·생태 피라미드 ·생태계 평형 ·생태계 평형 유지	·생태계 평형 ·에너지 흐름 ·물질 순환	·효소의 작용 ·활성화 에너지 ·원핵세포와 진핵세포의 차이 ·세포 소기원의 유기적 관계 ·물질 수송
		·생명시스템의 기본 단위 ·생명체 구성 물질의 형성 ·핵, 미토콘드리아, 엽록체, 세포막, 세포벽 ·물질대사와 효소	·생물의 특성 ·귀납적, 연역적 탐구 방법 ·변인 통제 ·대조 실험	·생명과학의 발달 및 연구 방법 ·생명공학 기술의 원리와 영향 ·생명 윤리 ·탄수화물, 지질, 단백질, 핵산

구성과 특징

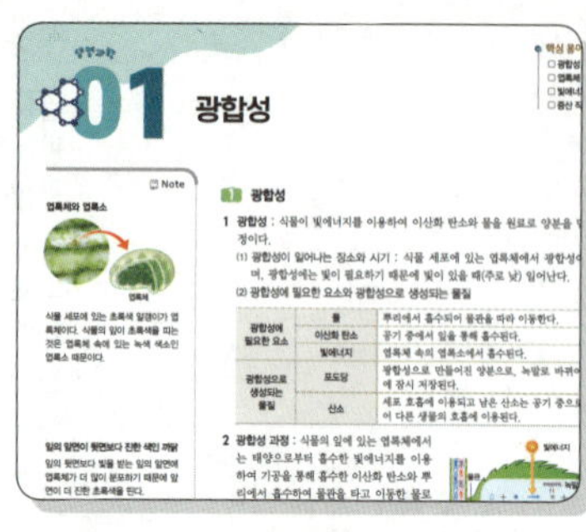

개념 이해하기

개념 정리

교과서를 완벽하게 분석하여 중학교 1~3학년 생명과학 단원의 핵심 개념을 풍성한 시각 자료와 함께 이해하기 쉽게 정리했습니다. ★이것이 핵심!! 은 꼭 기억하세요.

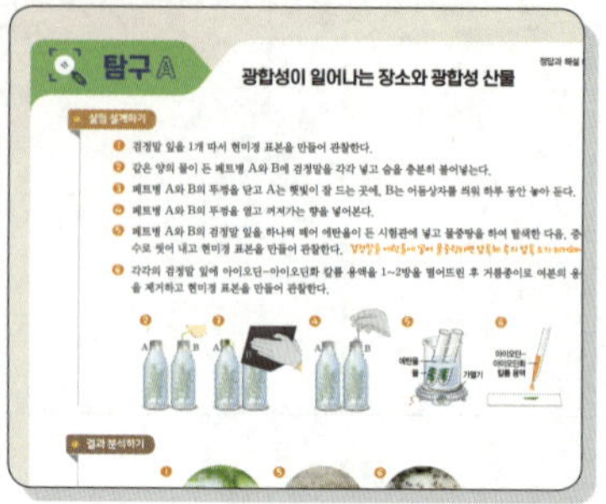

탐구

교과서에서 중요하게 다루는 탐구를 자세하게 설명해 주고 스스로 정리할 수 있게 했습니다. 탐구 핵심!!은 꼭 기억하세요.

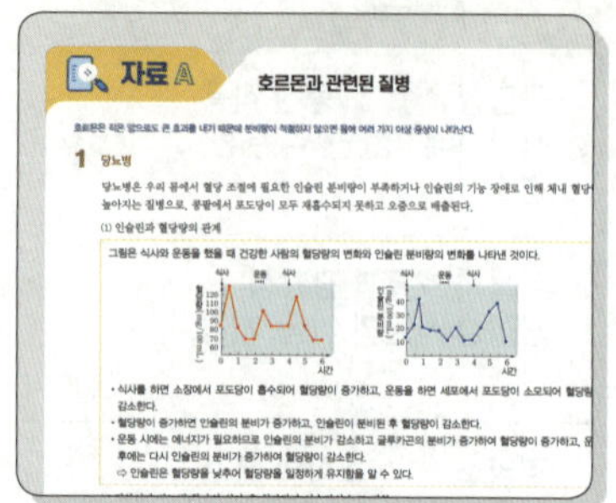

자료

이해하기 어려운 개념이나 자세한 설명이 필요한 개념을 완벽하게 정리했습니다.

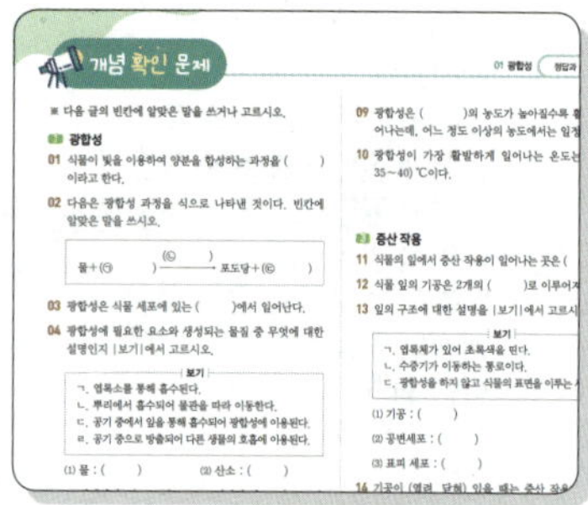

개념 마스터

개념 확인 문제

중요 개념을 확인할 수 있는 빈칸 채우기, OX 문제 등 다양한 형태의 확인 문제를 풀어보세요.

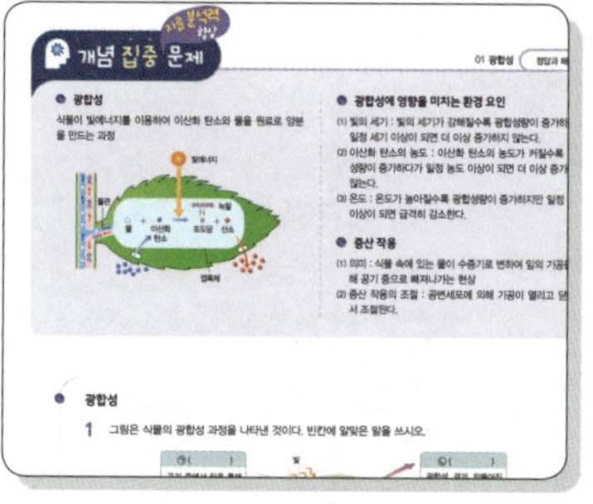

개념 집중 문제

개념 맞춤형 집중(계산력 향상, 암기력 향상, 자료 분석력 향상) 문제로 이해한 개념을 마스터하세요.

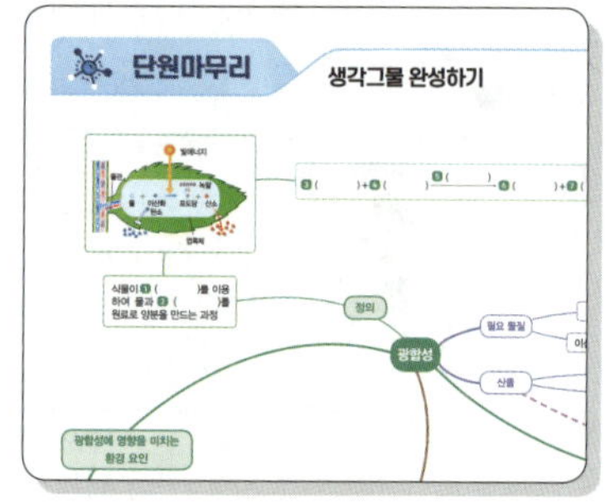

단원마무리

단원 내 관련 개념을 연계하여 나타낸 생각그물의 빈칸 채우기를 통해 학습한 내용을 다시 한번 확인할 수 있습니다.

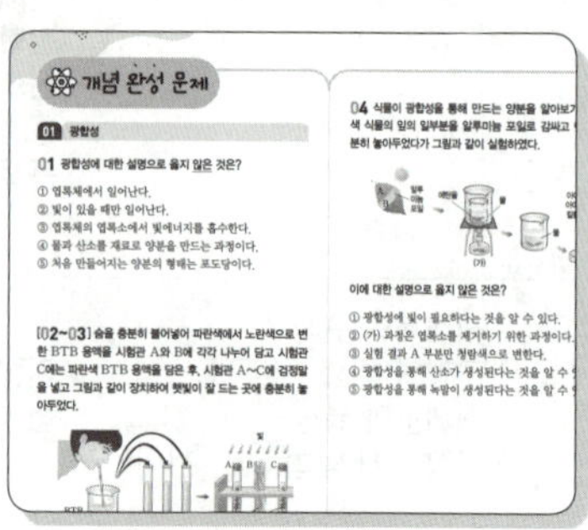

실력 다지기

개념 완성 문제

단원별로 시험에 꼭 나오는 기출 문제를 엄선했으니 실력을 확인해 보세요.

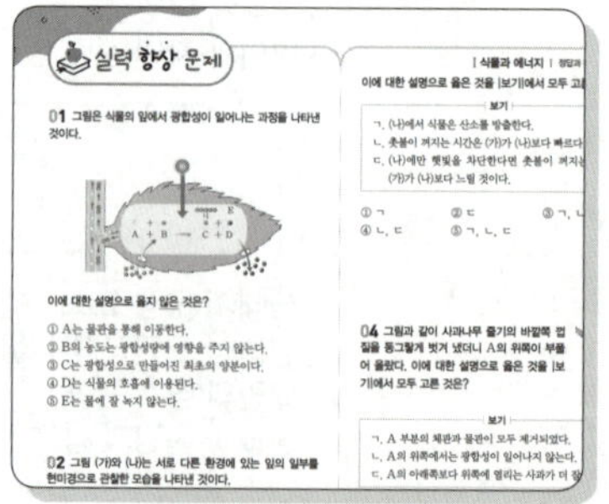

실력 향상 문제

수준 높은 문제로 실력을 한 단계 높여보세요.

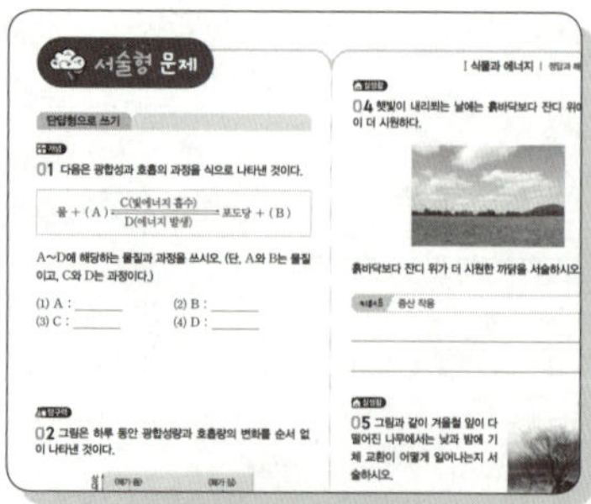

서술형 문제

시험에서 출제 비율과 중요도가 높아지고 있는 서술형 문제도 함께 대비해 보세요.

차례

***부록* 시험 대비 문제** 단원별, 단계별 실전 문제 제공
개념 완성 문제 + 실력 향상 문제 + 서술형 문제

정답과 해설 틀린 문제를 쉽게 해결할 수 있는 자세하고 친절한 해설 제공

I

식물과 에너지

식물이 생명 활동에 필요한 에너지를 얻기 위해 양분을 만들고, 양분을
이용하여 에너지를 얻는 과정을 확인한다. 양분을 만드는 장소, 광합성
에 필요한 물질과 광합성의 산물, 호흡 과정을 학습함으로써 광합성과 호
흡의 관계를 이해하도록 한다.

★ 음식을 섭취하지 않는 나무는 어떻게 양분을 얻는 걸까?

★ 흙에 준 물은 어떻게 땅속에서 식물의 꼭대기까지 이동할까?

★ 열대 우림에 있는 식물들은 왜 잘 자랄까?

★ 여름에 폭염이 지속되면 왜 과일의 당도가 떨어질까?

01 광합성

📖 Note

엽록체와 엽록소

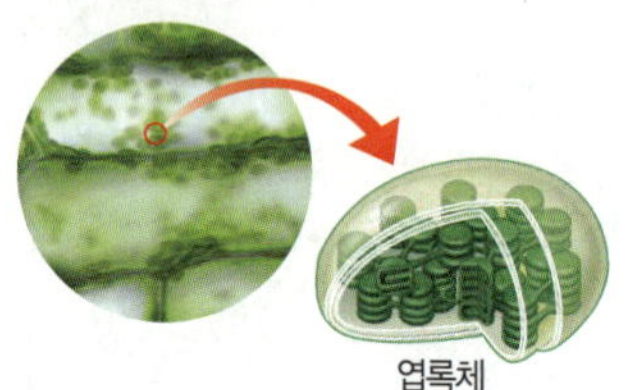

식물 세포에 있는 초록색 알갱이가 엽록체이다. 식물의 잎이 초록색을 띠는 것은 엽록체 속에 있는 녹색 색소인 엽록소 때문이다.

잎의 앞면이 뒷면보다 진한 색인 까닭

잎의 뒷면보다 빛을 받는 잎의 앞면에 엽록체가 더 많이 분포하기 때문에 앞면이 더 진한 초록색을 띤다.

BTB 용액의 색깔

BTB 용액은 용액의 성질에 따라 색깔이 바뀌는 지시약이다. 파란색의 BTB 용액에 숨을 불어넣으면 용액 속에 이산화 탄소가 많아져 산성이 되므로 BTB 용액의 색깔이 노란색으로 변한다.

염기성	중성	산성
적다 ← 이산화 탄소 → 많다		
파란색	초록색	노란색

➕ 용어

엽록소

녹색 식물의 엽록체에서 빛에너지를 화학 에너지로 만들어 주는 초록색 색소이다.

1 광합성

1 광합성 : 식물이 빛에너지를 이용하여 이산화 탄소와 물을 원료로 양분을 만드는 과정이다.

(1) 광합성이 일어나는 장소와 시기 : 식물 세포에 있는 엽록체에서 광합성이 일어나며, 광합성에는 빛이 필요하기 때문에 빛이 있을 때(주로 낮) 일어난다.

(2) 광합성에 필요한 요소와 광합성으로 생성되는 물질

광합성에 필요한 요소	물	뿌리에서 흡수되어 물관을 따라 이동한다.
	이산화 탄소	공기 중에서 잎을 통해 흡수된다.
	빛에너지	엽록체 속의 엽록소에서 흡수된다.
광합성으로 생성되는 물질	포도당	광합성으로 만들어진 양분으로, 녹말로 바뀌어 엽록체에 잠시 저장된다.
	산소	세포 호흡에 이용되고 남은 산소는 공기 중으로 방출되어 다른 생물의 호흡에 이용된다.

2 광합성 과정 : 식물의 잎에 있는 엽록체에서는 태양으로부터 흡수한 빛에너지를 이용하여 기공을 통해 흡수한 이산화 탄소와 뿌리에서 흡수하여 물관을 타고 이동한 물로 포도당을 합성하는 과정이 일어난다. 이때 발생한 산소는 다시 기공을 통해 방출되어 다른 생물에 의해 이용되고, 포도당은 낮 동안 엽록체에 녹말의 형태로 저장되어 있다가 밤에 식물 전체로 이동한다.

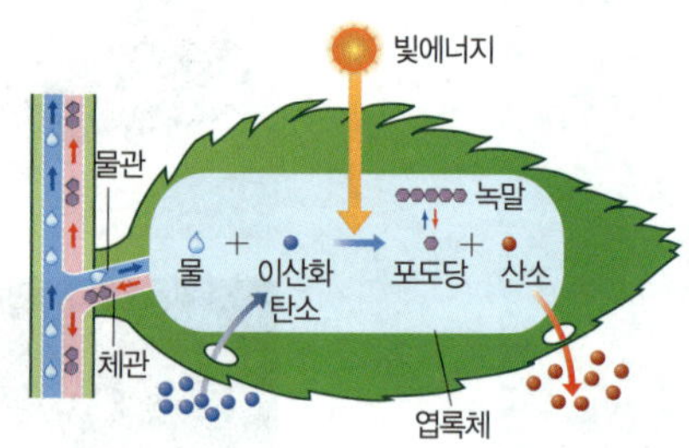

▲ 식물의 잎에서 일어나는 광합성

미니 탐구 광합성에 필요한 물질의 확인

과정

① 시험관 (가)~(다)에 파란색 BTB 용액을 넣고 숨을 불어넣어 노란색으로 변하게 한다.
② 시험관 (가)는 그대로 두고, (나)와 (다)에는 검정말을 넣은 후 시험관 입구를 막는다.
③ 시험관 (다)만 알루미늄 포일로 감싼 후, 시험관 (가)~(다)를 빛이 잘 드는 곳에 놓아둔다.

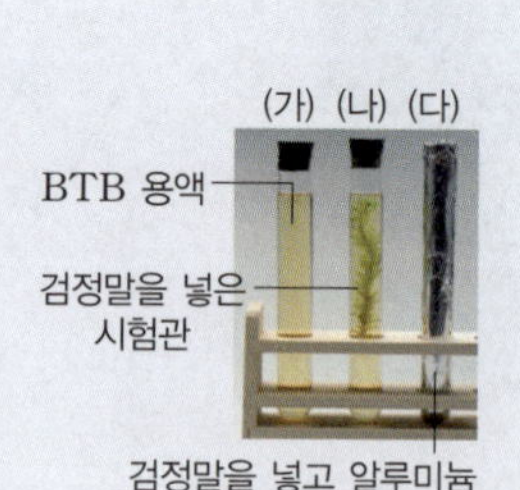

결과 및 정리

시험관	BTB 용액의 색깔 변화
(가)	노란색(변화 없음) ⇨ 대조군
(나)	파란색으로 변함 ⇨ 검정말의 광합성에 이산화 탄소를 사용하여 이산화 탄소가 줄어들었기 때문
(다)	노란색(변화 없음) ⇨ 검정말이 빛을 받지 못했기 때문

1. (가)와 (나) : 식물의 광합성에 이산화 탄소가 필요하다는 것을 알 수 있다.
2. (나)와 (다) : 식물의 광합성에 빛이 필요하다는 것을 알 수 있다.

2 광합성에 영향을 미치는 환경 요인

1 빛의 세기 : 광합성에는 빛이 필요하기 때문에 빛의 세기가 강해질수록 광합성량이 증가하지만 어느 한계 이상이 되면 광합성량이 더 이상 증가하지 않고 일정해진다.

2 이산화 탄소의 농도 : 광합성에는 이산화 탄소가 필요하기 때문에 이산화 탄소의 농도가 증가할수록 광합성량이 증가하지만 어느 한계 이상이 되면 광합성량이 더 이상 증가하지 않고 일정해진다.

3 온도 : 온도가 높아질수록 광합성량이 증가하지만 어느 한계 이상이 되면 광합성량이 급격히 감소한다. 일반적으로 35∼40 ℃에서 광합성이 가장 활발하게 일어난다.

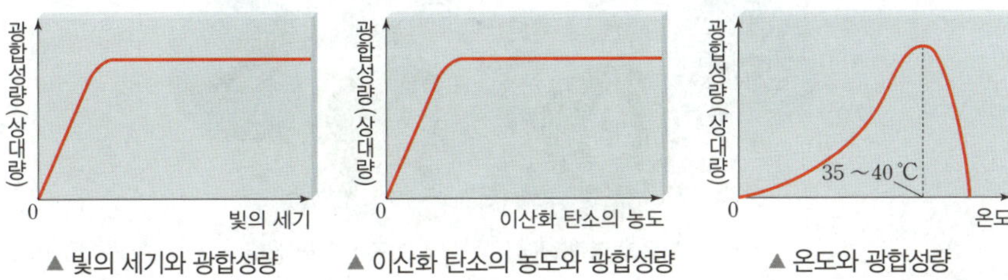

▲ 빛의 세기와 광합성량　　▲ 이산화 탄소의 농도와 광합성량　　▲ 온도와 광합성량

★ 이것이 핵심!!!

1. 광합성 : 물 + 이산화 탄소 $\xrightarrow[\text{(엽록체)}]{\text{빛에너지}}$ 포도당 + 산소
2. 광합성에 영향을 미치는 환경 요인 : 빛의 세기, 이산화 탄소의 농도, 온도

3 증산 작용

1 증산 작용 : 식물 속에 있는 물이 잎의 기공을 통해 수증기의 형태로 공기 중으로 빠져나가는 현상을 말한다.

2 증산 작용이 일어나는 장소 : 식물의 잎에서 기공을 통해 일어난다.

(1) 기공
　① 식물 잎 표면에 공변세포 2개가 둘러싸고 있는 작은 구멍으로, 주로 잎의 뒷면에 분포한다.
　② 산소, 이산화 탄소, 수증기 등의 기체가 이동하는 통로 역할을 한다.

(2) 공변세포
　① 표피 세포가 변형된 것으로, 기공을 둘러싸고 있다.
　② 표피 세포와 달리 엽록체가 있어 초록색을 띤다.
　③ 안쪽 세포벽이 바깥쪽보다 두꺼워서 진하게 보인다. 물이 들어오면 바깥쪽의 얇은 세포벽이 더 많이 늘어나는 구조이다.

(3) 표피 세포
　① 잎의 가장 바깥 부분을 싸고 있는 세포층인 표피를 이루고 있는 세포로, 엽록체가 없어 색깔을 띠지 않고 투명하다.
　② 잎의 표피 세포 곳곳에는 표피 세포가 변형된 형태인 공변세포가 있다. 공변세포가 기공을 열고 닫으면서 증산 작용이 일어난다.

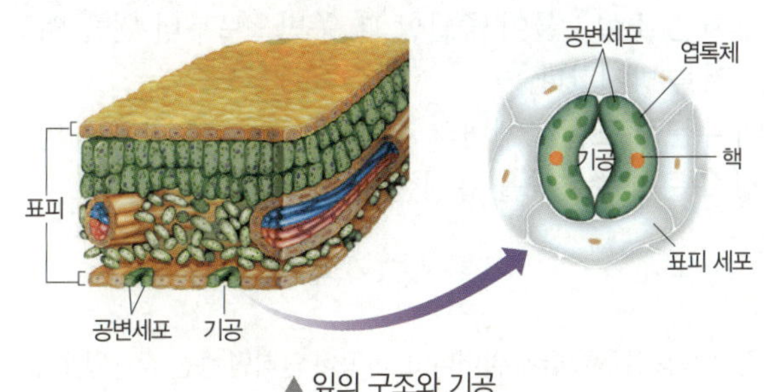

▲ 잎의 구조와 기공

📖 Note

대기의 이산화 탄소 농도
지구 대기의 이산화 탄소 농도는 약 0.03 %이지만 식물이 광합성을 하기에는 충분한 양이다.

식물의 잎에서 나온 수증기

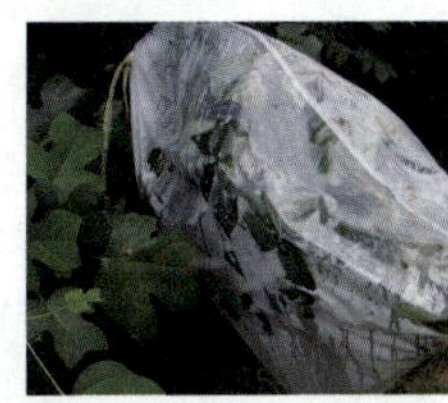

식물의 잎에 비닐봉지를 씌워 놓으면 안쪽에 물방울이 맺힌다. 이는 식물의 잎에서 나온 수증기가 비닐봉지에 닿아 액화한 것이다.

기공의 분포
일반적으로 기공은 과도한 수분 손실을 막기 위해 잎의 앞면보다 뒷면에 더 많이 분포한다. 그러나 물에 떠 있는 식물은 잎의 뒷면에 기공이 있을 경우 공기가 원활하게 드나들 수 없기 때문에 기공이 대부분 잎의 앞면에 있다.

➕ 용어
기공
식물의 잎이나 줄기의 겉껍질에 있는, 숨쉬기와 증산 작용을 하는 구멍을 말한다. 잎의 뒤쪽에 많으며, 빛과 습도에 따라 여닫게 되어 있다.

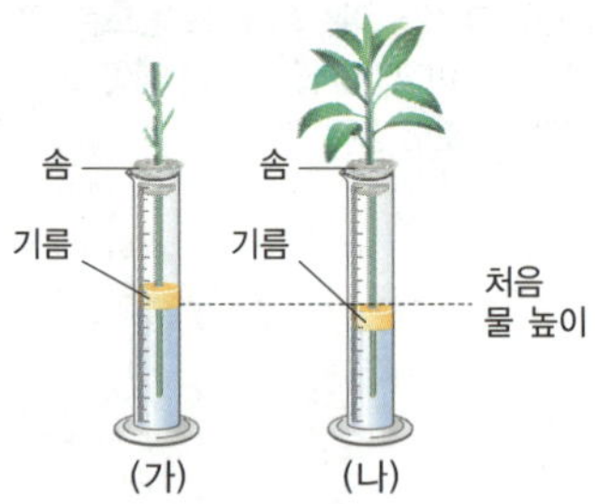

📖 Note

증산 작용의 확인

물이 줄어든 양 : (나) > (가)
⇨ 잎이 없는 (가)에서는 증산 작용이
거의 일어나지 않고, 잎이 있는 (나)에
서는 증산 작용이 일어났기 때문이다.
따라서 잎에서 증산 작용이 일어남을
알 수 있다.

증산 작용과 광합성

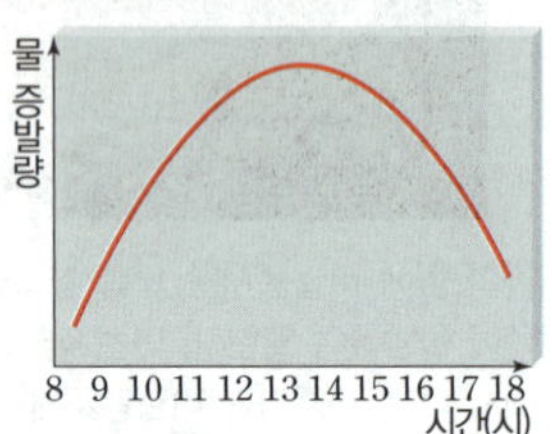

증산 작용이 활발해지면 뿌리에서 흡
수한 물이 잎까지 상승하고, 열린 기공
을 통해 공기 중의 이산화 탄소가 많
이 흡수되므로 광합성이 활발하게 일
어날 수 있다.

➕ **용어**

잎맥
물관과 체관으로 이루어진 잎 속의
물과 양분이 이동하는 통로이다.

미니 **탐구** 공변세포의 관찰

과정
① 비비추 잎의 앞면에 칼집을 내고 손으로 벗겨내어, 잎 뒷면의 표피가 드러나게 한다.
② 표피를 가로, 세로 약 1 cm로 잘라 받침유리 위에 놓고, 물을 1방울 떨어뜨린다.
③ 과정 ②의 표피 조각을 덮개유리로 덮은 다음, 현미경으로 관찰하여 결과를 그림으로 그린다.

결과 및 정리
잎의 공변세포 모습은 다음과 같다.

3 증산 작용의 조절 : 기공을 형성하는 2개의 공변세포에 의해 기공이 열리고 닫히면서
증산 작용이 조절된다.
(1) 기공이 열리면 증산 작용이 활발하게 일어
나고, 기공이 닫히면 증산 작용이 일어나지
않는다.
(2) 기공은 주로 낮에 열리기 때문에 증산 작용
은 낮에 활발하게 일어난다.
(3) 증산 작용이 활발하게 일어나는 조건 : 햇빛
이 강할 때, 온도가 높을 때, 바람이 잘 불
때, 습도가 낮을 때, 식물체 내 수분량이 많
을 때 증산 작용이 활발하게 일어난다.

4 증산 작용과 물의 이동 : 식물에서 증산 작용이
일어나면 잎에 있는 물이 줄어들고, 줄어든 물
의 양만큼 잎맥의 물관에서 물이 이동한다.

① 뿌리에서 물을 흡수한다.
② 물이 줄기의 물관을 따라 잎으로 이동
한다.
③ 잎의 기공에서 물이 빠져나간다.

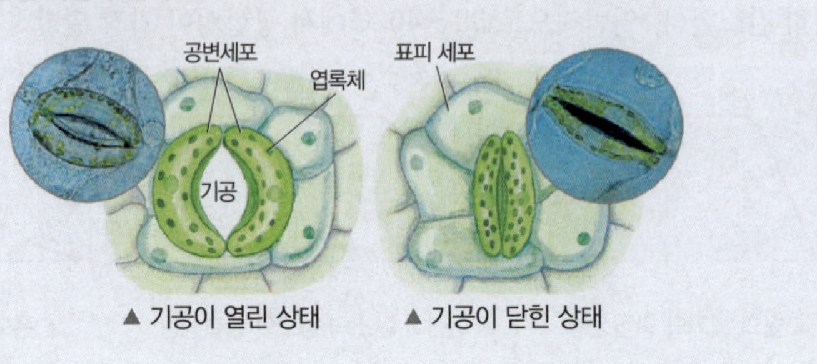

5 증산 작용의 역할
(1) 식물체 내 물 상승의 원동력 : 뿌리에서 흡수한 물과 무기 양분이 잎까지 상승할 수
있는 힘을 제공한다.
(2) 식물체 내 체온 조절 : 물이 증발할 때 주변으로부터 열을 빼앗아 식물체의 온도가
상승하는 것을 방지한다.
(3) 식물체 내 수분량 조절 : 체내의 수분량이 많으면 기공을 열고, 적으면 기공을 닫
아서 일정 수준의 수분량을 유지한다.

⭐ **이것이 핵심!!**

기공이 열리면 증산 작용이 활발하게 일어나고, 기공이 닫히면 증산 작용이 일어나지 않는다.

탐구 A 광합성이 일어나는 장소와 광합성 산물

● 실험 설계하기

❶ 검정말 잎을 1개 따서 현미경 표본을 만들어 관찰한다.

❷ 같은 양의 물이 든 페트병 A와 B에 검정말을 각각 넣고 숨을 충분히 불어넣는다.

❸ 페트병 A와 B의 뚜껑을 닫고 A는 햇빛이 잘 드는 곳에, B는 어둠상자를 씌워 하루 동안 놓아 둔다.

❹ 페트병 A와 B의 뚜껑을 열고 꺼져가는 향을 넣어본다.

❺ 페트병 A와 B의 검정말 잎을 하나씩 떼어 에탄올이 든 시험관에 넣고 물중탕을 하여 탈색한 다음, 증류수로 씻어 내고 현미경 표본을 만들어 관찰한다. 검정말을 에탄올에 넣어 물중탕하면 엽록체 속의 엽록소가 제거돼~!

❻ 각각의 검정말 잎에 아이오딘－아이오딘화 칼륨 용액을 1~2방울 떨어뜨린 후 거름종이로 여분의 용액을 제거하고 현미경 표본을 만들어 관찰한다.

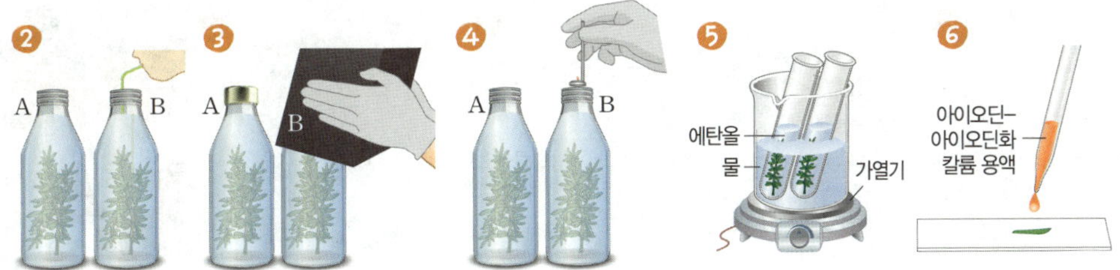

● 결과 분석하기

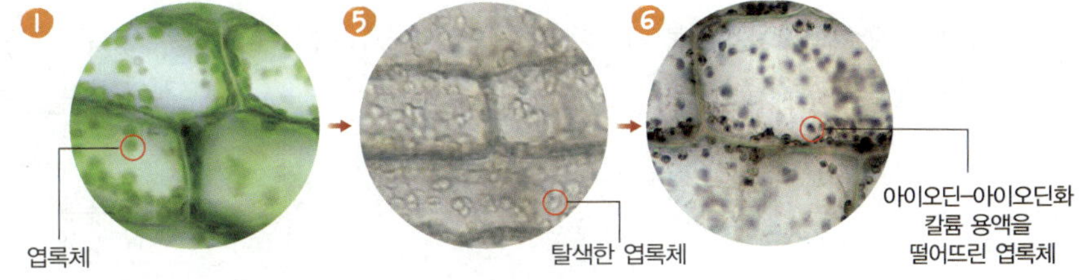

• 탈색하기 전 : 초록색을 띠는 작은 알갱이 모양의 엽록체가 보인다.

• 꺼져가는 향의 변화 : 페트병 A에서는 꺼져가던 향이 다시 타오른다.

• 탈색 후 : 초록색으로 보이던 엽록체가 투명한 형태로 보인다.

• 아이오딘－아이오딘화 칼륨 용액을 떨어뜨린 후 : 페트병 A의 검정말에서는 엽록체가 청람색을 띠지만 페트병 B의 검정말에서는 투명한 엽록체가 보인다.

● 스스로 정리하기

1 실험 설계하기 ❹에서 페트병 A와 B의 향의 변화에 차이가 나는 까닭을 설명해 보자.

A는 햇빛을 충분히 받아 (㉠   )이 일어났지만, B는 햇빛을 받지 못하여 (㉡   )이 일어나지 않았다. 따라서 A에서만 (㉢   )가 발생하여 꺼져 가던 향이 다시 타올랐다.

2 검정말의 잎에서 광합성이 일어나는 장소가 어디이며, 광합성 결과 만들어진 물질은 무엇인지 설명해 보자.

햇빛을 충분히 받은 검정말 잎의 (㉠   )에서 아이오딘 반응이 나타났으므로, 광합성은 검정말 잎의 (㉡   )에서 일어난다. 또한 꺼져가던 향이 다시 타오르고, 아이오딘 반응이 나타났으므로 광합성 결과 (㉢   )와 (㉣   )이 만들어졌다는 것을 알 수 있다.

🔍 **탐구 핵심** 광합성은 엽록체에서 일어나고, 광합성 결과 산소와 녹말이 만들어진다.

탐구 B

빛의 세기가 광합성에 미치는 영향

실험 설계하기

❶ 주사기에 같은 크기의 시금치 잎 조각 5개와 1 % 탄산수소 나트륨 수용액을 넣는다.
탄산수소 나트륨 수용액은 광합성에 필요한 이산화 탄소를 공급해!

❷ 주사기의 입구를 막고 시금치 잎 조각이 모두 가라앉을 때까지 피스톤을 당긴다.
시금치 잎 조각 속의 공기를 빼내기 위한 거야~!

❸ 가라앉은 시금치 잎 조각 5개를 1 % 탄산수소 나트륨 수용액이 담긴 비커에 넣고, 비커 주위로 전등 3개를 설치한다.

❹ 전등이 켜진 개수를 1개씩 늘려가면서 시금치 잎 조각 5개가 모두 떠오르는 데 걸리는 시간을 측정하여 표에 기록한다.
시금치 잎 조각의 광합성으로 산소가 발생하기 때문에 시금치 잎 조각이 떠오르는 거야!

결과 분석하기

• 전등이 켜진 개수가 많아질수록 시금치 잎 조각이 모두 떠오르는 데 걸리는 시간이 줄어든다.

전등이 켜진 개수	시금치 잎 조각이 모두 떠오르는 데 걸린 시간(초)
1개	243
2개	221
3개	198

스스로 정리하기

1 실험 설계하기 ❹에서 전등이 켜진 개수를 다르게 하는 까닭은 어떤 요인을 조절하기 위한 것인지 설명해 보자.
전등을 하나씩 더 켜면 시금치 조각에 더 강한 빛을 제공할 수 있으므로 빛의 (　　　　)를 조절하기 위해 전등이 켜진 개수를 다르게 한다.

2 전등이 켜진 개수가 많을수록 시금치 잎 조각이 모두 떠오르는 데 걸린 시간이 줄어드는 까닭을 설명해 보자.
전등이 켜진 개수가 많을수록 시금치 잎 조각에서 (　　　　)가 많이 발생하여 시금치 잎 조각이 빨리 떠오를 수 있기 때문이다.

3 이 실험 결과로 알 수 있는 사실을 설명해 보자.
전등이 켜진 개수가 많아지면 시금치 잎 조각이 빨리 떠오르므로 (㉠　　　　)가 증가할수록 (㉡　　　　)이 활발하게 일어난다.

🔍 탐구 핵심 광합성 결과 발생하는 기체는 산소이고, 빛의 세기가 증가할수록 어느 정도까지는 광합성량이 증가하여 많은 양의 산소가 발생한다.

개념 확인 문제

※ 다음 글의 빈칸에 알맞은 말을 쓰거나 고르시오.

1 광합성

01 식물이 빛을 이용하여 양분을 합성하는 과정을 (   )이라고 한다.

02 다음은 광합성 과정을 식으로 나타낸 것이다. 빈칸에 알맞은 말을 쓰시오.

> 물＋(㉠   ) $\xrightarrow{\text{(㉡   )}}$ 포도당＋(㉢   )

03 광합성은 식물 세포에 있는 (   )에서 일어난다.

04 광합성에 필요한 요소와 생성되는 물질 중 무엇에 대한 설명인지 |보기|에서 고르시오.

> ―| 보기 |―
> ㄱ. 엽록소를 통해 흡수된다.
> ㄴ. 뿌리에서 흡수되어 물관을 따라 이동한다.
> ㄷ. 공기 중에서 잎을 통해 흡수되어 광합성에 이용된다.
> ㄹ. 공기 중으로 방출되어 다른 생물의 호흡에 이용된다.

(1) 물 : (   ) 　　(2) 산소 : (   )

(3) 빛에너지 : (   ) 　　(4) 이산화 탄소 : (   )

05 광합성에 대한 설명으로 옳은 것은 ◯, 옳지 <u>않은</u> 것은 ×로 표시하시오.

(1) 광합성은 낮과 밤에 관계없이 항상 일어난다.
(◯ , ×)

(2) 광합성에 의해 만들어진 포도당은 엽록체에서 녹말의 형태로 저장된다.
(◯ , ×)

(3) 광합성에 의해 만들어진 산소는 식물이 이용하지 않는다.
(◯ , ×)

2 광합성에 영향을 미치는 환경 요인

06 광합성은 빛의 세기, 이산화 탄소의 농도, (   )의 영향을 받는다.

07 광합성은 빛의 세기가 (셀, 약할)수록 어느 정도까지는 활발하게 일어난다.

08 광합성에 영향을 미치는 환경 요인에 대한 설명으로 옳은 것은 ◯, 옳지 <u>않은</u> 것은 ×로 표시하시오.

(1) 어느 정도까지는 빛의 세기가 강할수록 광합성으로 발생하는 산소의 양이 많아진다.
(◯ , ×)

(2) 한 가지 요인만 적당하다면 광합성이 잘 일어난다.
(◯ , ×)

09 광합성은 (   )의 농도가 높아질수록 활발하게 일어나는데, 어느 정도 이상의 농도에서는 일정해진다.

10 광합성이 가장 활발하게 일어나는 온도는 (5∼10, 35∼40) ℃이다.

3 증산 작용

11 식물의 잎에서 증산 작용이 일어나는 곳은 (   )이다.

12 식물 잎의 기공은 2개의 (   )로 이루어져 있다.

13 잎의 구조에 대한 설명을 |보기|에서 고르시오.

> ―| 보기 |―
> ㄱ. 엽록체가 있어 초록색을 띤다.
> ㄴ. 수증기가 이동하는 통로이다.
> ㄷ. 광합성을 하지 않고 식물의 표면을 이루는 세포이다.

(1) 기공 : (   )

(2) 공변세포 : (   )

(3) 표피 세포 : (   )

14 기공이 (열려, 닫혀) 있을 때는 증산 작용이 활발하게 일어난다.

15 기공은 주로 (㉠ 낮, 밤)에 열리고, (㉡ 낮, 밤)에 닫힌다.

16 증산 작용은 햇빛이 (㉠ 강, 약)할 때, 바람이 (㉡ 강, 약)할 때, 대기 중 습도가 (㉢ 높, 낮)을 때 활발하게 일어난다.

17 증산 작용에 대한 설명으로 옳은 것은 ◯, 옳지 <u>않은</u> 것은 ×로 표시하시오.

(1) 기공은 일반적으로 잎의 앞면보다 뒷면에 더 많다.
(◯ , ×)

(2) 공변세포는 바깥쪽 세포벽이 안쪽 세포벽보다 더 두껍다.
(◯ , ×)

(3) 증산 작용은 주로 밤에 일어난다.　(◯ , ×)

(4) 기공이 열릴 때는 수증기만 통과한다.　(◯ , ×)

18 다음은 증산 작용과 광합성의 관계에 대한 설명이다. 빈칸에 알맞은 말을 쓰시오.

> 증산 작용이 활발해져 식물 잎에 있는 물의 양이 줄어들면 뿌리에서 흡수한 (㉠   )이 잎까지 상승한다. 이때 열린 기공을 통해 공기 중의 (㉡   )가 많이 흡수되기 때문에, 잎에서는 (㉢   )이 활발해진다.

개념 집중 문제

● 광합성

식물이 빛에너지를 이용하여 이산화 탄소와 물을 원료로 양분을 만드는 과정

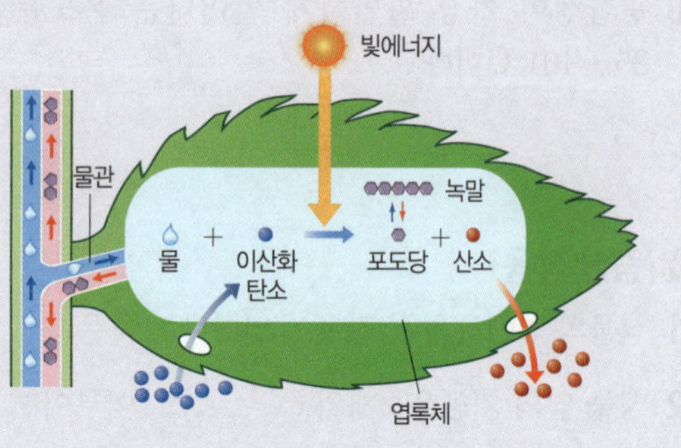

● 광합성에 영향을 미치는 환경 요인

(1) 빛의 세기 : 빛의 세기가 강해질수록 광합성량이 증가하다가 일정 세기 이상이 되면 더 이상 증가하지 않는다.
(2) 이산화 탄소의 농도 : 이산화 탄소의 농도가 커질수록 광합성량이 증가하다가 일정 농도 이상이 되면 더 이상 증가하지 않는다.
(3) 온도 : 온도가 높아질수록 광합성량이 증가하지만 일정 온도 이상이 되면 급격히 감소한다.

● 증산 작용

(1) 의미 : 식물 속에 있는 물이 수증기로 변하여 잎의 기공을 통해 공기 중으로 빠져나가는 현상
(2) 증산 작용의 조절 : 공변세포에 의해 기공이 열리고 닫히면서 조절된다.

● 광합성

1 그림은 식물의 광합성 과정을 나타낸 것이다. 빈칸에 알맞은 말을 쓰시오.

● 광합성에 영향을 미치는 환경 요인

2 그림은 광합성에 영향을 미치는 환경 요인을 그래프로 나타낸 것이다. (가)와 (나)의 가로축에 들어갈 알맞은 요인을 쓰시오. (단, (가)는 두 가지이다.)

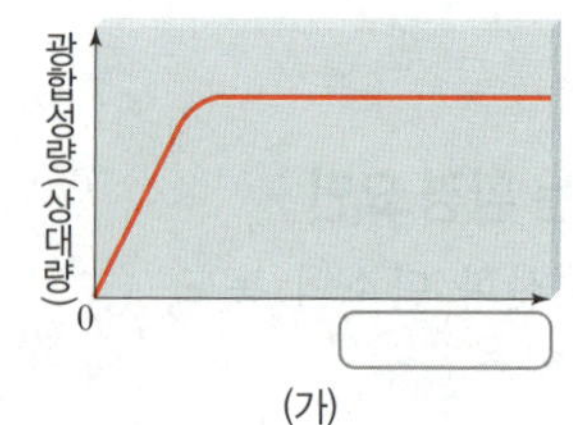

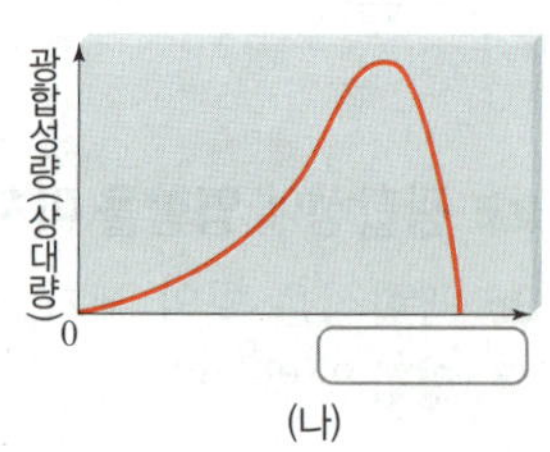

● 증산 작용

3 표는 증산 작용이 활발하게 일어나는 조건을 나타낸 것이다. 빈칸에 알맞은 말을 쓰시오.

구분	빛의 세기	온도	습도	바람	식물체 내 수분량
기공 (㉠)	(㉡)	(㉢)	(㉣)	잘 불 때	(㉤)
기공 (㉥)	(㉦)	(㉧)	(㉨)	안 불 때	(㉩)

생명과학

02 식물의 호흡과 에너지

핵심 용어
- ☐ 호흡
- ☐ 에너지
- ☐ 광합성량
- ☐ 호흡량
- ☐ 광합성 산물

1 식물의 호흡과 광합성

1 호흡 : 세포에서 산소를 이용하여 양분을 분해하고 생명 활동에 필요한 에너지를 얻는 과정이다.

포도당＋산소 ——→ 물＋이산화 탄소＋에너지

(1) 호흡이 일어나는 장소와 시기 : 호흡은 식물체를 구성하는 살아 있는 모든 세포에서 일어나며, 밤낮 구별 없이 항상 일어난다.

(2) 호흡에 필요한 물질과 생성되는 요소

호흡에 필요한 물질	산소	광합성으로 발생되거나 공기 중에서 잎을 통해 흡수된다.
	포도당	광합성으로 만들어진 양분이다.
호흡으로 생성되는 요소	물	광합성에 이용되거나 기공 등을 통해 공기 중으로 방출된다.
	이산화 탄소	광합성에 이용되거나 기공 등을 통해 공기 중으로 방출된다.
	에너지	식물이 자라고 꽃이 피거나 열매를 맺는 등의 생명 활동에 이용된다.

Note

싹이 트고 있는 콩의 호흡

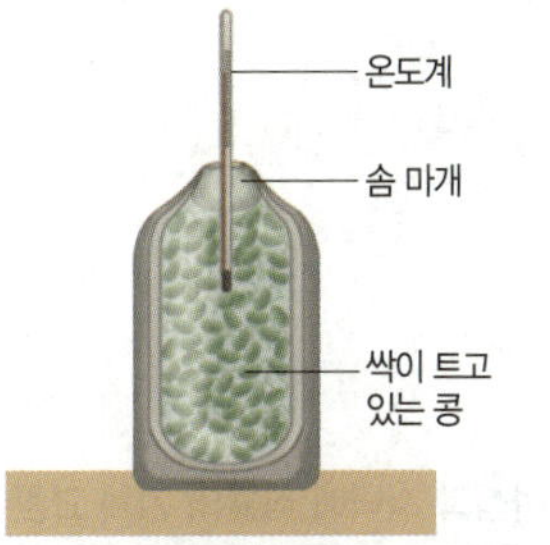

싹이 틀 때는 많은 에너지가 필요하다. 싹이 트고 있는 콩을 넣은 보온병에 온도계를 꽂은 후 온도 변화를 관찰하면 콩의 호흡에 의한 에너지 생성으로 온도가 상승하고 이산화 탄소가 발생한다.

미니 탐구 호흡으로 생성되는 물질의 확인

과정

① 비닐봉지 2개를 준비하고, 하나에만 시금치를 넣는다.

② 핀치 집게로 끝을 막은 실리콘 관을 2개의 비닐봉지에 각각 넣고 밀봉하여 어둠상자에 하루 동안 놓아둔다.

③ 석회수가 담긴 두 개의 시험관을 준비한 후 어둠상자에 하루 동안 놓아둔 비닐봉지를 꺼내고 핀치 집게를 열어 시험관 (가)에는 시금치가 들어 있지 않은 비닐봉지의 공기를, 시험관 (나)에는 시금치가 들어 있는 비닐봉지의 공기를 넣고 결과를 관찰한다.

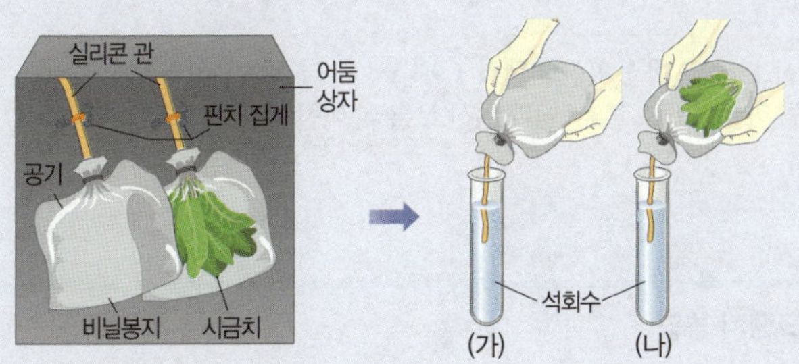

결과 및 정리

시험관	석회수의 변화
(가)	변화 없음
(나)	뿌옇게 변함 ⇨ 석회수가 이산화 탄소와 반응하였기 때문

• 식물의 호흡 결과 이산화 탄소가 발생한다는 것을 알 수 있다.

석회수

수산화 칼슘($Ca(OH)_2$) 수용액으로, 이산화 탄소와 만나면 뿌옇게 흐려지는 성질이 있어 이산화 탄소 검출에 이용된다.

2 광합성과 호흡의 비교 : 광합성은 빛을 이용하여 양분을 만들어 에너지를 저장하는 과정이고, 호흡은 산소를 이용하여 양분을 분해해서 에너지를 얻는 과정이다.

$$물+이산화 탄소 \underset{호흡(에너지 발생)}{\overset{광합성(빛에너지 흡수)}{\rightleftarrows}} 포도당+산소$$

구분	광합성	호흡
양분	생성	분해
일어나는 장소	엽록체가 있는 세포	살아 있는 모든 세포
일어나는 시간	낮(빛이 있을 때)	항상
필요한 요소	물, 이산화 탄소, 빛에너지	포도당, 산소
생성되는 요소	포도당, 산소	물, 이산화 탄소, 에너지
기체의 출입	이산화 탄소 흡수, 산소 방출	산소 흡수, 이산화 탄소 방출

3 식물의 기체 교환 : 광합성에는 이산화 탄소가 사용되고 산소가 발생하며, 호흡에는 산소가 사용되고 이산화 탄소가 발생한다. 또한 광합성은 빛이 있는 낮에만 일어나지만 호흡은 항상 일어나기 때문에 식물의 기체 교환은 낮과 밤에 반대로 나타난다.

(1) **낮(빛이 강할 때)** : 광합성량이 호흡량보다 많다. ⇨ 광합성으로 발생한 산소의 일부는 호흡에 사용되지만, 호흡으로 발생되는 이산화 탄소는 대부분 광합성에 사용되므로 식물은 이산화 탄소를 흡수하고, 산소를 방출한다.

(2) **밤(빛이 없을 때)** : 광합성은 일어나지 않고 호흡만 일어난다. ⇨ 식물은 호흡에 필요한 산소를 흡수하고, 이산화 탄소를 방출한다.

(3) **예** : 어둡고 좁은 방 안에 화분을 많이 가져다 두면 식물이 호흡하면서 방 안의 산소를 흡수하고 이산화 탄소를 배출하기 때문에 산소가 부족해질 수 있다.

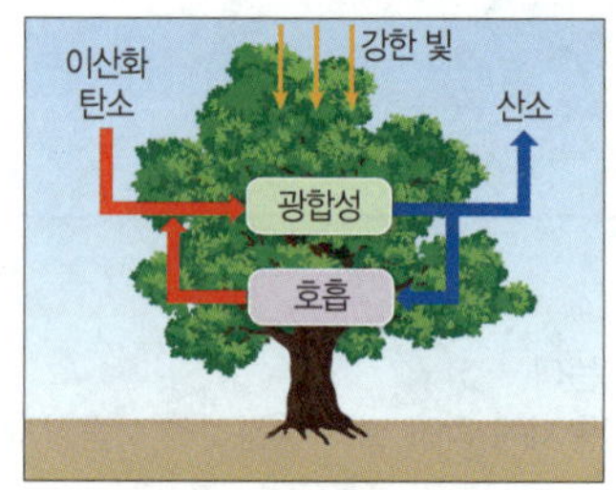

▲ 낮(빛이 강할 때)

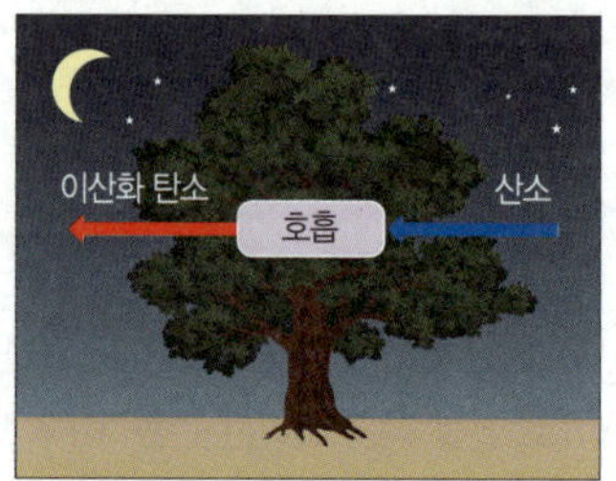

▲ 밤(빛이 없을 때)

⭐ **이것이 핵심!!**

1. 호흡 : 포도당 + 산소 ⟶ 물 + 이산화 탄소 + 에너지
2. 낮에는 산소 방출, 이산화 탄소 흡수! 밤에는 산소 흡수, 이산화 탄소 방출!

🧪 **생활 속 과학** 　**고랭지 농업**

고랭지는 해발 고도가 높고 서늘한 지형으로, 낮에는 기온이 높고 밤에는 기온이 낮다. 고랭지에서 재배하는 식물은 빛이 강하고 기온이 높은 낮에는 광합성이 활발하게 일어나 양분을 많이 만들지만, 밤에는 기온이 크게 낮아져 호흡으로 소비하는 양분이 적기 때문에 광합성 산물이 더 많이 저장된다. 따라서 고랭지에서 재배한 식물은 평지에서 재배할 때보다 수확량이 더 많다.

아침과 저녁에 식물의 기체 교환

빛이 약한 아침과 저녁에는 광합성량과 호흡량이 같아 외관상으로는 기체 출입이 없는 것처럼 보인다.

보상점과 광포화점
- 보상점 : 광합성량과 호흡량이 같아 외관상 기체 출입이 없는 것처럼 보이는 빛의 세기이다.
- 광포화점 : 빛의 세기가 강해져도 더 이상 광합성량이 증가하지 않는 최소한의 빛의 세기이다.

➕ **용어**
고랭지
저위도에 위치하고 해발 고도가 600 m 이상으로 높아 한랭한 곳이다.

❷ 광합성 산물의 저장과 이용

1 광합성 산물의 이동 : 식물 잎의 엽록체에서 광합성에 의해 만들어진 포도당은 잎에서 사용되거나 녹말로 전환되어 잠시 저장되었다가 주로 밤에 설탕으로 전환되어 체관을 따라 식물의 각 기관으로 이동한다.

2 광합성 산물의 저장 : 체관을 따라 잎, 뿌리, 줄기, 열매, 씨 등의 각 기관으로 운반된 설탕은 녹말, 설탕, 포도당, 단백질, 지방과 같은 형태의 양분으로 전환되어 저장된다.

식물	고구마	콩	양파	땅콩	감자
저장 형태	녹말	단백질	포도당	지방, 단백질	녹말
저장 기관	뿌리	씨	비늘잎	씨	줄기
식물	사탕수수	포도	깨	옥수수	쌀
저장 형태	설탕	포도당	지방, 단백질	녹말	녹말
저장 기관	줄기	열매	씨	열매	씨

3 광합성 산물의 이용 : 포도당과 같은 양분, 산소가 만들어져서 이용된다.

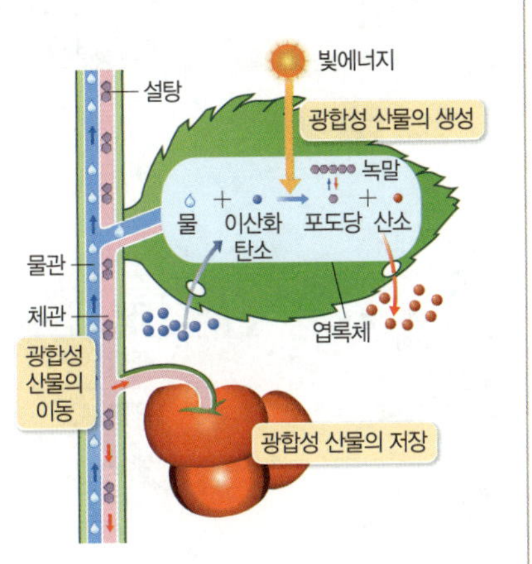

광합성 산물의 생성, 이동, 저장, 사용
① 광합성 산물 : 광합성을 통해 포도당과 산소가 생성된다.
② 포도당은 녹말로 전환되어 잠시 잎에 저장되었다가 밤에 설탕으로 전환되어 체관을 따라 뿌리, 줄기 등 다른 기관으로 이동한다.
③ 이동된 양분은 식물의 각 기관에서 호흡에 사용되거나 식물의 조직을 구성하고, 남은 양분은 뿌리, 열매, 씨 등에 저장된다.

광합성 산물	이용
포도당과 포도당이 전환되어 저장된 여러 양분	• 식물체를 구성하는 재료가 되어 성장하는 데 사용된다. • 식물과 모든 생물의 생명 활동에 필요한 에너지원으로 사용된다.
산소	광합성으로 발생한 산소는 여러 생물의 호흡에 이용된다.

★ 이것이 핵심!!

1. 광합성 산물 – 포도당, 이동 전 저장 형태 – 녹말, 이동 형태 - 설탕
2. 광합성 산물 중 포도당은 다양한 형태로 전환되어 저장되며, 생명 활동에 필요한 에너지원으로 사용된다.

생활 속 과학 크고 좋은 열매를 얻는 방법

나무줄기의 껍질 일부분을 고리 모양으로 벗긴 후 시간이 지나면 벗겨 낸 부분의 위쪽이 부풀어 오른다. 이는 체관 부분이 제거되어 양분이 아래로 이동하지 못하고 위쪽에 쌓이기 때문이다. 이와 같은 방법을 통해 양분이 위쪽 열매에 많이 저장되도록 하여 크고 좋은 열매를 얻을 수 있다.

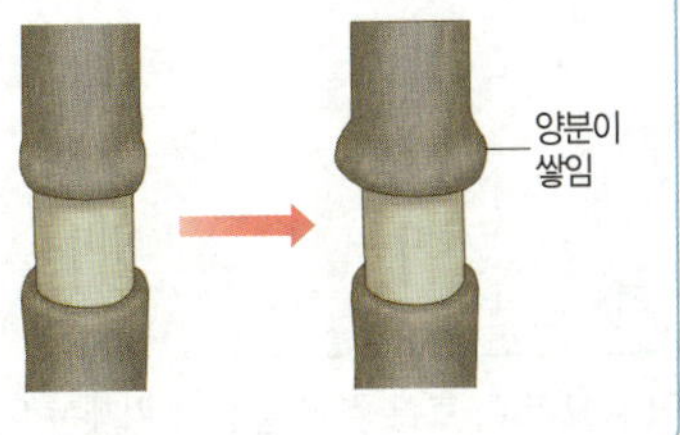

Note

광합성 산물이 설탕의 형태로 이동하는 까닭
엽록체에 광합성 산물이 저장되는 형태인 녹말은 물에 잘 녹지 않기 때문에 물에 잘 녹는 설탕의 형태로 전환되어 이동한다.

바이오 연료
사탕수수, 옥수수, 바나나 껍질, 유채 등에서 얻은 연료로서, 화석 연료의 사용으로 인한 환경 오염, 에너지 부족 등의 여러 문제를 해결하는 대안으로 주목받고 있다.

줄기의 단면

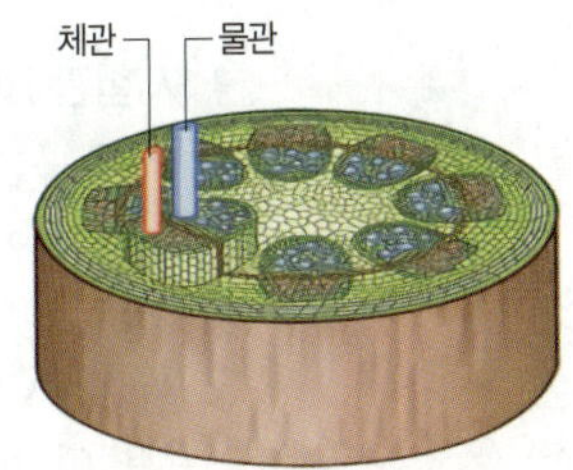

줄기의 관다발에서 물관은 안쪽에, 체관은 바깥쪽에 있기 때문에 체관을 제거하더라도 물관을 통해 물이 이동할 수 있다.

환상박피
생산성을 증가시킬 목적으로 나무의 줄기를 반지 모양(환상)으로 제거하는 것을 말한다.

광합성과 호흡에서의 기체 교환

실험 설계하기

❶ 4개의 시험관 A~D에 같은 양의 초록색 BTB 용액을 넣는다.
초록색 BTB 용액은 이산화 탄소가 많아지면 노란색, 적어지면 파란색으로 바뀌어!

❷ 시험관 A는 그대로 두고, 시험관 B에는 싹튼 콩, 시험관 C와 D에는 검정말을 넣고 시험관 D만 알루미늄 포일로 감싼다.

❸ 4개의 시험관을 햇빛이 잘 비치는 곳에 두고 약 1시간 후 BTB 용액의 색깔 변화를 관찰한다.

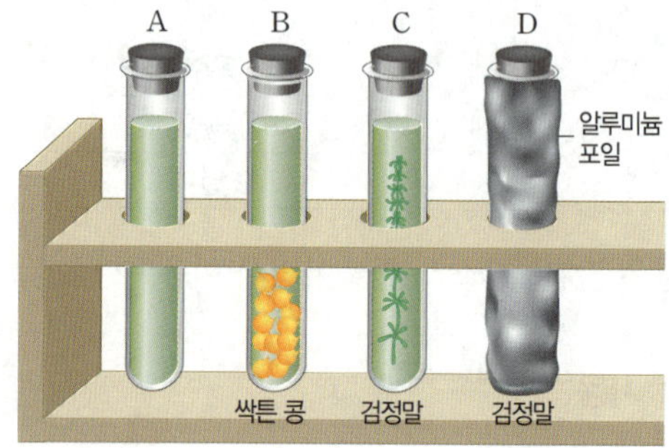

결과 분석하기

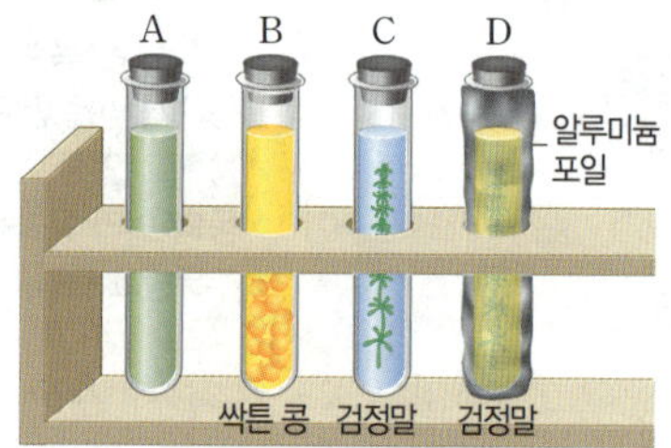

구분	시험관 A	시험관 B
색깔	초록색	노란색
구분	시험관 C	시험관 D
색깔	파란색	노란색

스스로 정리하기

1 시험관 B에서 BTB 용액의 색깔이 변한 까닭을 설명해 보자.
싹튼 콩은 생명 활동을 위해 (㉠   )을 한다. 이 과정에서 (㉡   )를 방출하여 BTB 용액의 색깔이 초록색에서 노란색으로 변했다.

2 시험관 C에서 BTB 용액의 색깔이 변한 까닭을 설명해 보자.
햇빛이 있을 때 검정말은 (㉠   )과 호흡을 모두 하지만, 검정말의 (㉡   )이 (㉢   )보다 많기 때문에 (㉣   )를 흡수하고 (㉤   )를 방출하여 용액의 색깔이 초록색에서 파란색으로 변했다.

3 시험관 D에서 BTB 용액의 색깔이 변한 까닭을 설명해 보자.
햇빛을 받지 않는 검정말은 (㉠   )만 한다. 따라서 (㉡   )를 방출하여 용액의 색깔이 초록색에서 노란색으로 변했다.

🔍 **탐구 핵심** 녹색 식물의 광합성에는 빛이 필요하고, 호흡 결과 발생한 기체는 이산화 탄소이다.

개념 확인 문제

※ 다음 글의 빈칸에 알맞은 말을 쓰거나 고르시오.

1 식물의 호흡과 광합성

01 세포에서 산소를 이용하여 양분을 분해하고 에너지를 얻는 과정을 (　　　)이라고 한다.

02 다음은 식물의 호흡 과정을 식으로 나타낸 것이다. 빈칸에 알맞은 말을 쓰시오.

> 포도당+(㉠　　　) ⟶ 물+(㉡　　　)+에너지

03 호흡은 (특정, 모든) 세포에서 일어난다.

04 식물의 호흡에 대한 설명으로 옳은 것은 ○, 옳지 <u>않은</u> 것은 ×로 표시하시오.

(1) 광합성은 에너지를 저장하는 과정, 호흡은 에너지를 방출하는 과정이다. 　　　　　　　(○ , ×)

(2) 식물은 낮에는 광합성만 하고, 밤에는 호흡만 한다. 　　　　　　　(○ , ×)

(3) 빛이 있을 때는 항상 광합성량이 호흡량보다 많다. 　　　　　　　(○ , ×)

2 광합성 산물의 저장과 이용

05 광합성의 결과로 생성된 포도당은 (㉠　　　)에서 물에 녹지 않는 (㉡　　　)의 형태로 잠시 저장된다.

06 광합성으로 생성된 양분은 물에 녹는 (㉠ 설탕, 녹말)의 형태로 (㉡ 물관, 체관)을 따라 식물의 각 기관으로 이동한다.

07 각 식물에서 광합성 산물이 저장되는 형태와 기관을 쓰시오.

(1) 고구마는 주로 (㉠　　　)의 형태로 (㉡　　　)에 양분을 저장한다.

(2) 감자는 주로 (㉠　　　)의 형태로 (㉡　　　)에 양분을 저장한다.

(3) 포도는 주로 (㉠　　　)의 형태로 (㉡　　　)에 양분을 저장한다.

(4) 깨는 주로 (㉠　　　)과 단백질의 형태로 (㉡　　　)에 양분을 저장한다.

(5) 콩은 주로 (㉠　　　)의 형태로 (㉡　　　)에 양분을 저장한다.

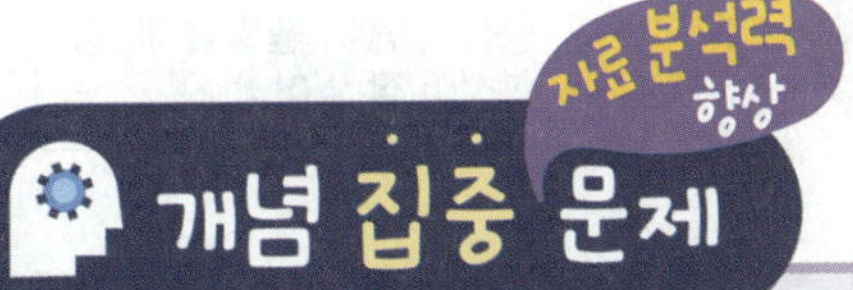

개념 집중 문제

◉ 식물의 광합성과 호흡

(1) 광합성 : 식물이 빛에너지를 이용하여 이산화 탄소와 물을 원료로 양분을 만드는 과정
(2) 호흡 : 세포에서 산소를 이용하여 양분을 분해하고 생명 활동에 필요한 에너지를 얻는 과정

식물의 광합성과 호흡

1 표는 하루 동안 식물에서 일어나는 기체 교환을 나타낸 것이다. 빈칸에 알맞은 말을 쓰시오.

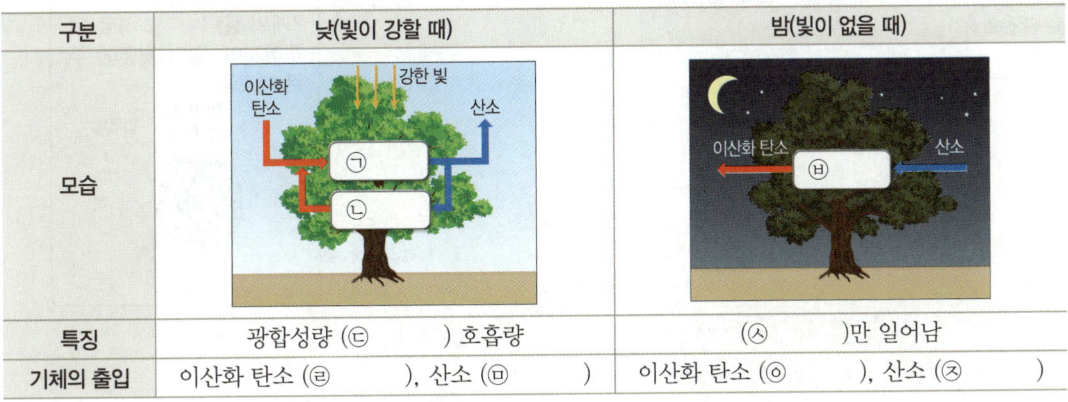

구분	낮(빛이 강할 때)	밤(빛이 없을 때)
모습		
특징	광합성량 (㉢　　　) 호흡량	(㉅　　　)만 일어남
기체의 출입	이산화 탄소 (㉣　　　), 산소 (㉤　　　)	이산화 탄소 (㉆　　　), 산소 (㉇　　　)

식물이 **1** ( )를 이용하여 물과 **2** ( )를 원료로 양분을 만드는 과정

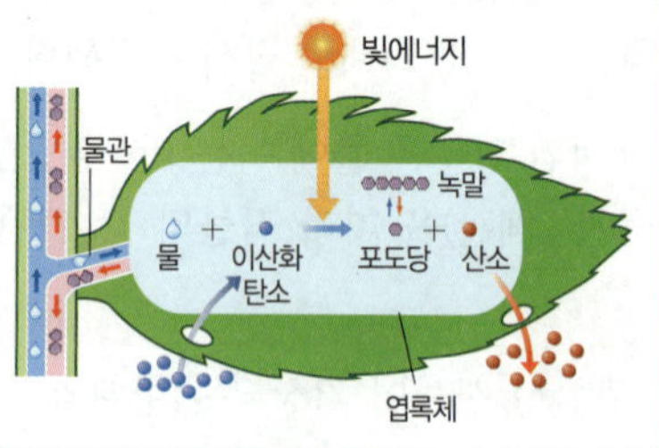

3 ( ) + **4** ( ) $\xrightarrow{\text{5} (\quad)}$ **6** ( ) + **7** ( )

빛에너지
물관
물 + 이산화 탄소 → 포도당 + 산소
녹말
엽록체

광합성

정의

필요 물질 — 물
— 이산화 탄소

산물

광합성에 영향을 미치는 환경 요인

8 ( )

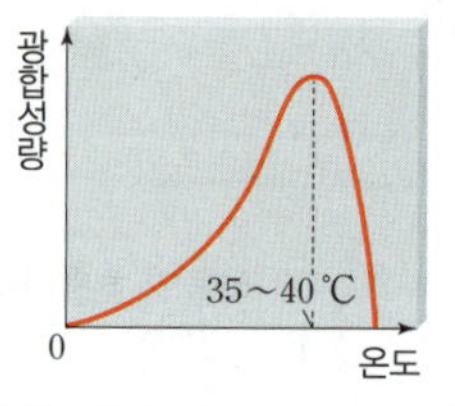

광합성량 / 온도
35~40 ℃

9 ( )

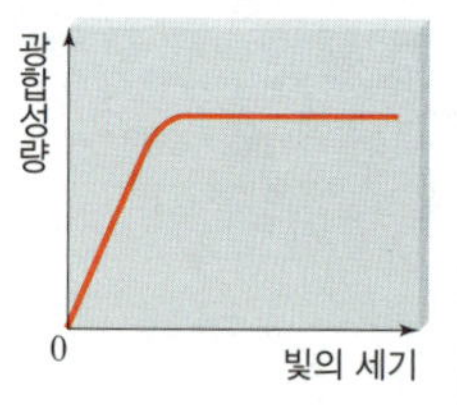

광합성량 / 빛의 세기

이산화 탄소의 농도

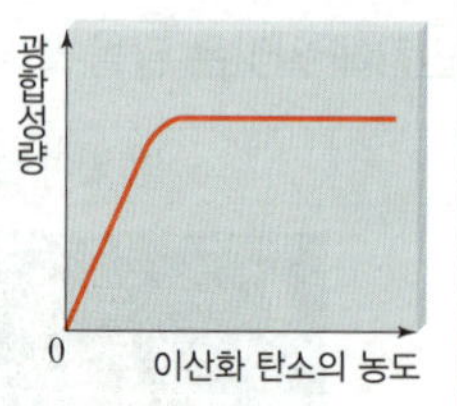

광합성량 / 이산화 탄소의 농도

증산 작용

증산 작용이 활발할 때 광합성이 잘 일어남

정의

식물이 잎의 기공을 통해 물을 수증기의 형태로 공기 중으로 내보내는 현상

10 ( )

2개의 **11** ( )로 이루어지며, 잎의 뒷면에 주로 분포함

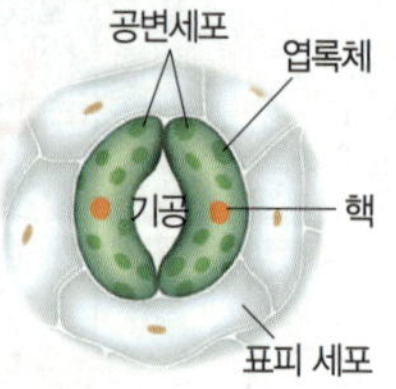

공변세포
엽록체
기공
핵
표피 세포

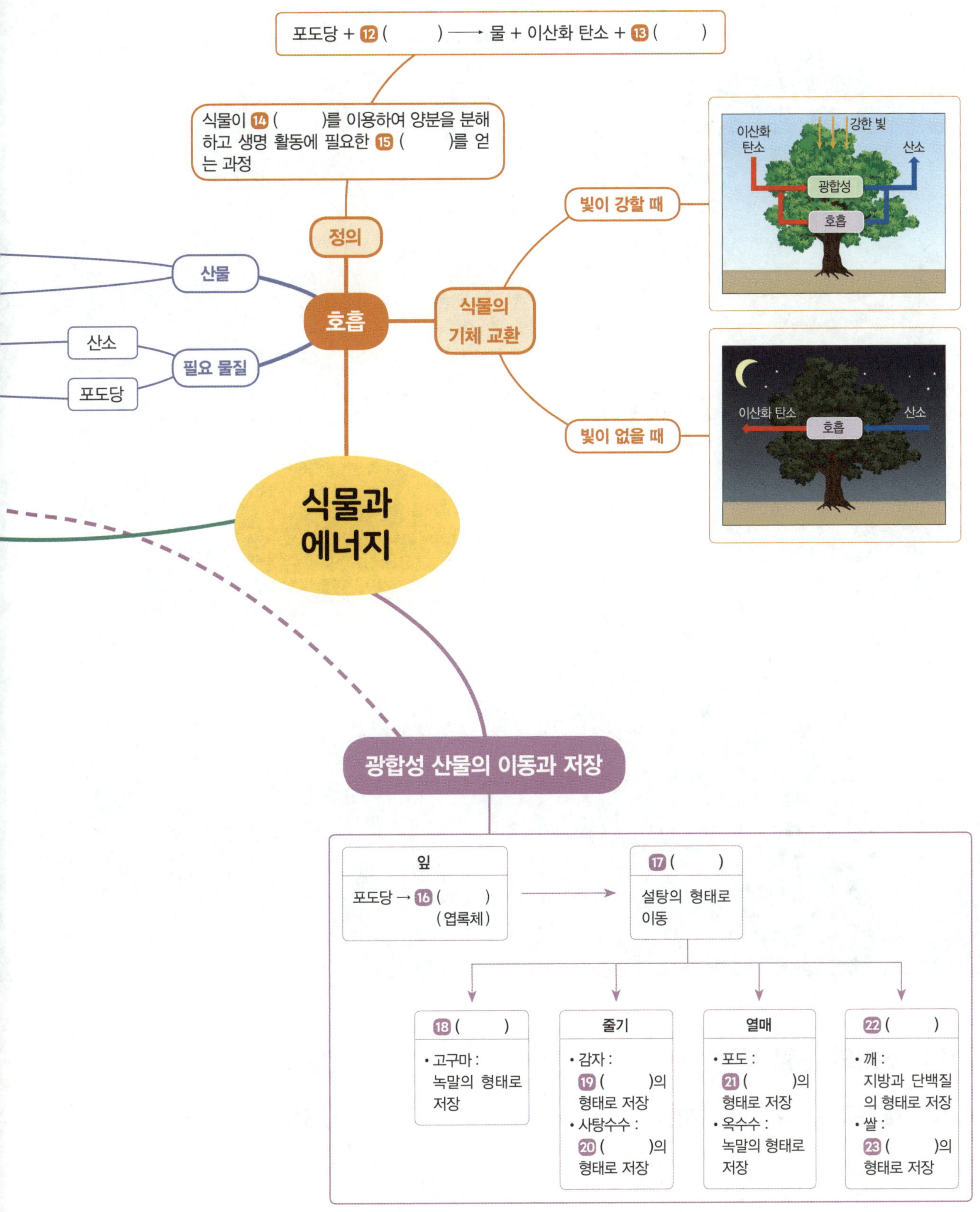
포도당 + 12 (   ) ⟶ 물 + 이산화 탄소 + 13 (   )

식물이 14 (   )를 이용하여 양분을 분해하고 생명 활동에 필요한 15 (   )를 얻는 과정

정의

산물

호흡

산소

포도당

필요 물질

식물의 기체 교환

빛이 강할 때

이산화 탄소
강한 빛
산소
광합성
호흡

빛이 없을 때

이산화 탄소
호흡
산소

식물과 에너지

광합성 산물의 이동과 저장

잎
포도당 → 16 (   )
(엽록체)

17 (   )
설탕의 형태로 이동

18 (   )
• 고구마 :
녹말의 형태로 저장

줄기
• 감자 :
19 (   )의 형태로 저장
• 사탕수수 :
20 (   )의 형태로 저장

열매
• 포도 :
21 (   )의 형태로 저장
• 옥수수 :
녹말의 형태로 저장

22 (   )
• 깨 :
지방과 단백질의 형태로 저장
• 쌀 :
23 (   )의 형태로 저장

II

동물과 에너지

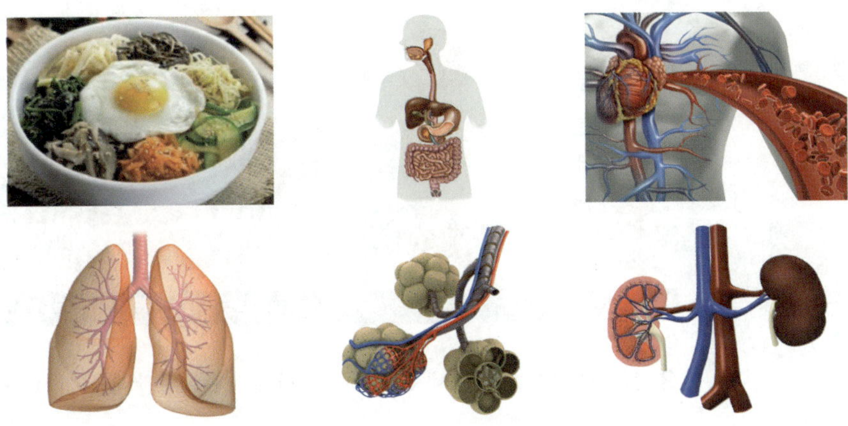

우리 몸에 흡수되는 영양소의 종류와 기능을 알고, 소화 과정에서 관여하는 소화 효소의 작용을 통해 소화계의 구조와 기능을 설명할 수 있다. 또한 심장과 혈관의 구조와 기능을 이해하고 혈액 순환의 경로를 파악한다. 호흡 기관의 구조와 호흡 운동의 원리를 이해하고, 폐에서 일어나는 기체 교환의 원리를 호흡 운동의 원리와 함께 확인한다. 더불어 배설 기관의 구조와 기능을 파악하여 노폐물이 배설되는 과정에 대해 이해한다.

★ 음식을 먹으면 어디로 이동하는 걸까?

★ 혈액은 무엇으로 이루어져 있을까?

★ 숨을 쉬는 호흡 운동의 원리는 뭘까?

★ 콩팥에서 오줌이 생성되는 주요 과정은 뭘까?

03 소화와 순환

📖 Note

세포의 발견

1665년 영국의 로버트 훅이 현미경을 이용해 처음으로 발견하였다. 처음 관찰한 코르크의 세포가 작은 상자 모양이어서 'cell'이라고 이름을 붙였다.

조직계와 기관계

- 조직계는 식물에만 있는 단계이고, 기관계는 동물에만 있는 단계이다.
- 조직계에는 표피 조직계, 관다발 조직계, 기본 조직계가 있다.

사람의 기관계

- 근육계 : 몸의 움직임, 심장 박동, 소화관의 운동 등에 관여한다.
- 골격계 : 몸을 지탱하고 뇌, 심장, 폐 등을 보호한다.
- 신경계 : 자극을 전달하고 반응을 일으킨다.
- 면역계 : 병원체로부터 몸을 보호한다.
- 내분비계 : 호르몬을 분비한다.
- 생식계 : 생식을 담당한다.

➕ **용어**

유기적

전체를 구성하고 있는 각 부분이 서로 밀접하게 연관되어 있어 떼어 낼 수 없는 것이다.

1 생물의 몸

1 생물의 구성 단계 : 생물은 다양한 세포가 체계적으로 모여 조직을 이루고, 여러 조직이 기관을 형성하며, 기관들이 모여 완전한 개체를 이룬다.

단계	세포	조직	기관	개체
정의	생물의 몸을 구성하는 기본 단위	모양과 기능이 비슷한 세포들의 모임	여러 조직이 모여 일정한 형태와 기능을 나타내는 단계	여러 기관이 모여 이루어진 독립적인 생물체
예	근육 세포, 상피 세포, 신경 세포, 혈구 등	근육 조직, 상피 조직, 신경 조직, 결합 조직	위, 폐, 간, 심장, 콩팥, 소장, 방광	사람, 개, 나무

2 동물의 구성 단계 : 세포, 조직, 기관, 기관계의 단계를 거쳐 하나의 개체가 된다.

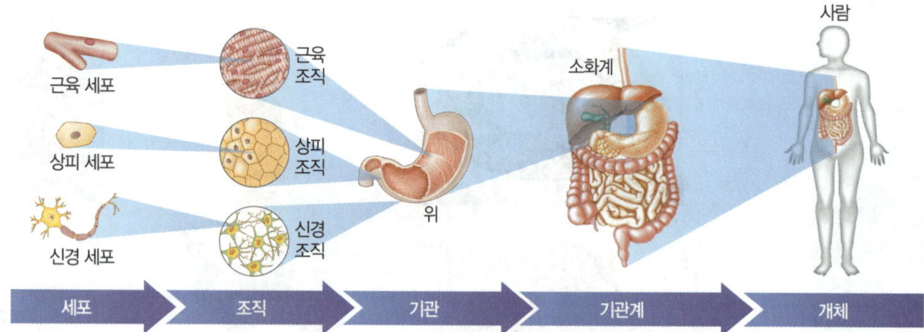

3 식물의 구성 단계 : 세포, 조직, 조직계, 기관의 단계를 거쳐 하나의 개체가 된다.

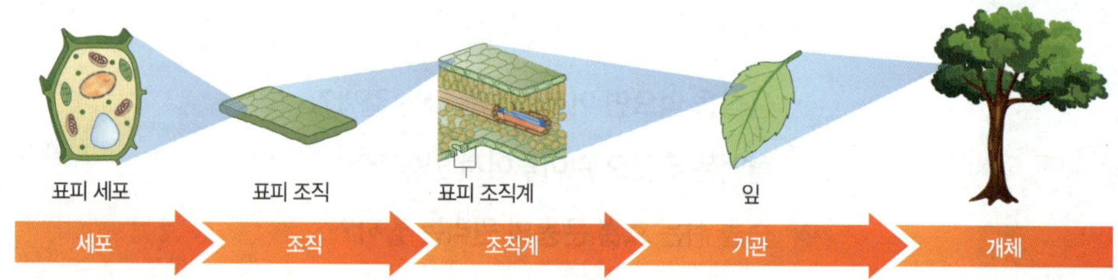

4 기관계 : 관련된 기능을 하는 몇 개의 기관이 모여 유기적으로 기능을 수행하는 단계로, 식물에는 없고 동물에만 있다.

소화계	순환계	호흡계	배설계
입, 식도, 간, 위, 쓸개, 이자, 소장, 대장, 항문	심장, 혈관	코, 기관, 폐	콩팥, 방광
음식물을 소화하여 영양소를 흡수한다.	영양소, 산소, 노폐물 등을 온몸으로 운반한다.	산소와 이산화 탄소의 교환을 담당한다.	노폐물을 걸러 몸 밖으로 내보낸다.

2 영양소

1 영양소 : 우리 몸을 구성하거나 생명 활동에 필요한 에너지원이 되는 등 생물이 살아가는 데 필요한 물질이며, 음식물 속에 들어 있다.

2 주영양소(3대 영양소) : 탄수화물, 단백질, 지방

(1) 탄수화물의 기능과 특징

① 주로 에너지원(1 g당 4 kcal)으로 이용된다.

② 남은 것은 지방으로 바뀌어 몸속에 저장된다.

③ 종류 : 녹말, 엿당, 설탕, 포도당 등

④ 함유 식품 : 밥, 국수, 빵, 감자, 고구마 등

(2) 단백질의 기능과 특징

① 몸의 주요 구성 성분이다.

② 탄수화물이나 지방이 부족한 경우 에너지원(1 g당 4 kcal)으로 이용된다.

③ 효소와 호르몬의 주성분으로 몸의 기능을 조절한다.

④ 함유 식품 : 살코기, 생선살, 두부, 콩, 달걀 등

(3) 지방의 기능과 특징

① 에너지원(1 g당 9 kcal)으로 이용되며, 몸의 구성 성분이다.

② 남은 것은 피부 아래나 내장에 저장된다.

③ 함유 식품 : 깨, 땅콩, 버터, 참기름, 식용유 등

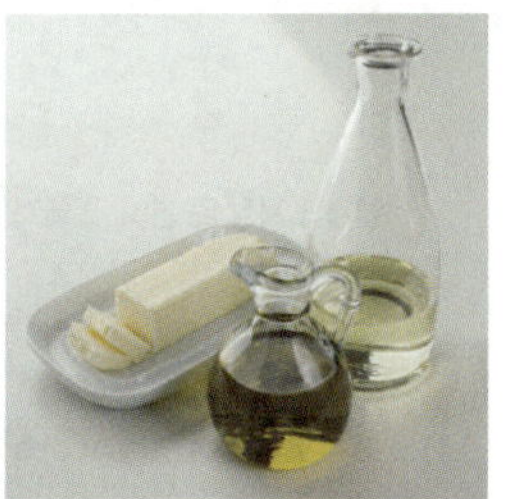

3 부영양소 : 무기염류, 바이타민, 물

(1) 무기염류의 기능과 특징

① 뼈, 이, 혈액 등을 구성하며, 몸의 기능을 조절한다.

② 종류 : 나트륨, 칼륨, 철, 칼슘, 인, 아이오딘 등

③ 함유 식품 : 멸치, 버섯, 다시마, 우유, 견과류 등

(2) 바이타민의 기능과 특징

① 적은 양으로 몸의 기능을 조절하며, 결핍증과 과다증이 나타난다.

② 종류 : 바이타민 A, B, C, D 등

③ 함유 식품 : 과일, 녹황색 채소 등

(3) 물의 기능과 특징

① 몸의 구성 성분 중 가장 많다.

② 영양소와 노폐물 등을 운반하며, 체온을 일정하게 유지하는 데 도움을 준다.

미니 탐구 | **영양소 검출 방법** 탄수화물, 단백질, 지방의 검출 방법

과정 및 결과

여러 가지 영양소가 들어 있는 음식물에 검출 실험을 하면 다음과 같은 색 변화가 나타난다.

구분	녹말 검출 (아이오딘 반응)	포도당 검출 (베네딕트 반응)	지방 검출 (수단 Ⅲ 반응)	단백질 검출 (뷰렛 반응)
검출 용액	아이오딘-아이오딘화 칼륨 용액(연한 갈색)	베네딕트 용액 (청색)	수단 Ⅲ 용액 (붉은색)	뷰렛 용액 (연한 푸른색)
반응 색	청람색	황적색	선홍색	보라색
색 변화				

📖 **Note**

영양소의 기능

• 우리 몸을 생장시키는 데 필요한 영양 공급

• 생명 활동에 필요한 에너지 공급

• 생리 작용 조절

우리 몸의 구성 성분

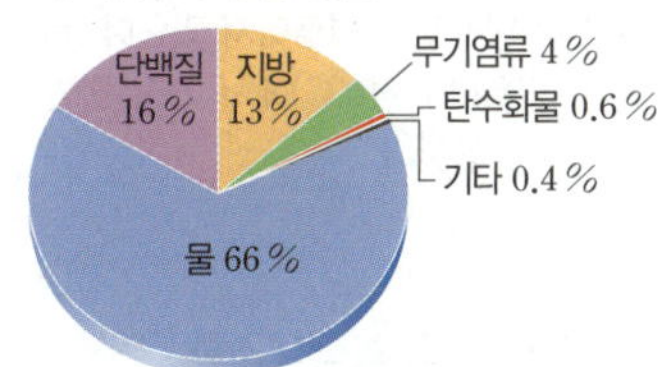

탄수화물은 주에너지원으로 이용되므로 섭취하는 양에 비해 몸을 구성하는 비율이 작다.

바이타민 결핍증

• 바이타민 A : 야맹증

• 바이타민 B_1 : 각기병

• 바이타민 C : 괴혈병

• 바이타민 D : 구루병

• 바이타민 E : 불임증

뷰렛 용액

5 % 수산화 나트륨 용액＋1 % 황산 구리 용액

➕ **용어**

검출

시료 속에 어떤 물질이 들어 있는지 확인하는 것이다.

📖 Note

소화액과 소화 효소

소화액은 음식물의 소화를 돕는 액체를 말한다. 소화액에는 소화 효소 이외에 염산이나 탄산수소 나트륨과 같이 소화 효소의 활성을 도와주는 물질도 포함된다.

소화 효소의 특징

- 각각의 소화 효소는 한 종류의 영양소만 분해할 수 있다. 녹말을 분해하는 효소는 단백질이나 지방을 분해하지 못한다. ⇨ 기질 특이성
- 주로 단백질로 이루어져 있으며, 체온 범위(35~40℃)에서 가장 활발하게 작용한다.

기계적 소화와 화학적 소화

- 기계적 소화 : 음식물의 크기를 작게 하거나 음식물과 소화액이 잘 섞이도록 도와주는 작용이다. 이로 음식물을 잘게 부수는 저작 운동, 음식물과 소화액을 섞어 주는 분절 운동, 음식물을 이동시키는 꿈틀 운동 등이 있다.

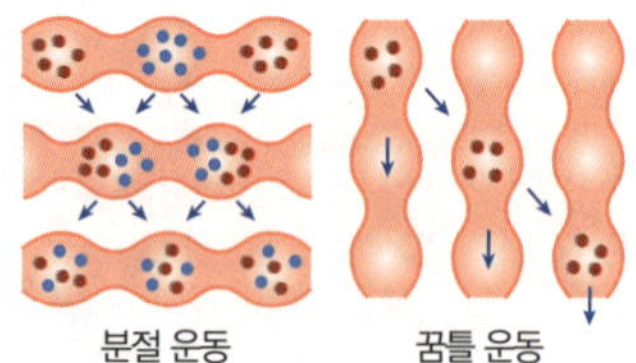

- 화학적 소화 : 소화 효소에 의해 영양소가 화학적으로 분해되는 작용이다.

쓸개즙의 작용

쓸개즙은 큰 지방 덩어리를 작은 지방 덩어리로 만들어 소화액과 고르게 섞이게 하는데, 이러한 현상을 지방의 유화라고 한다. 크기가 작아진 지방은 라이페이스와의 접촉 면적이 증가하여 소화가 더 빠르게 일어난다.

암기 Tip

이자액에 포함된 소화 효소 암기법

> 놀아요. 단둘이 지리산에서

- 녹말 → 아밀레이스
- 단백질 → 트립신
- 지방 → 라이페이스

---

3 소화와 영양소의 흡수

1 소화 : 음식물로 섭취한 영양소를 체내로 흡수할 수 있도록 잘게 분해하는 과정이다.

(1) 소화가 필요한 까닭 : 음식물 속의 단백질, 탄수화물, 지방과 같은 영양소는 입자가 커서 그대로 세포에 흡수되지 않기 때문에 세포막을 통과할 수 있을 만큼의 작은 크기로 분해해야 한다.

(2) 소화 효소 : 입자의 크기가 큰 영양소를 작은 크기로 분해하는 물질 ⇨ 효소는 생체 촉매 중 하나이므로 재활용이 가능하다.

2 소화계 : 소화관과 소화샘으로 이루어져 있다.

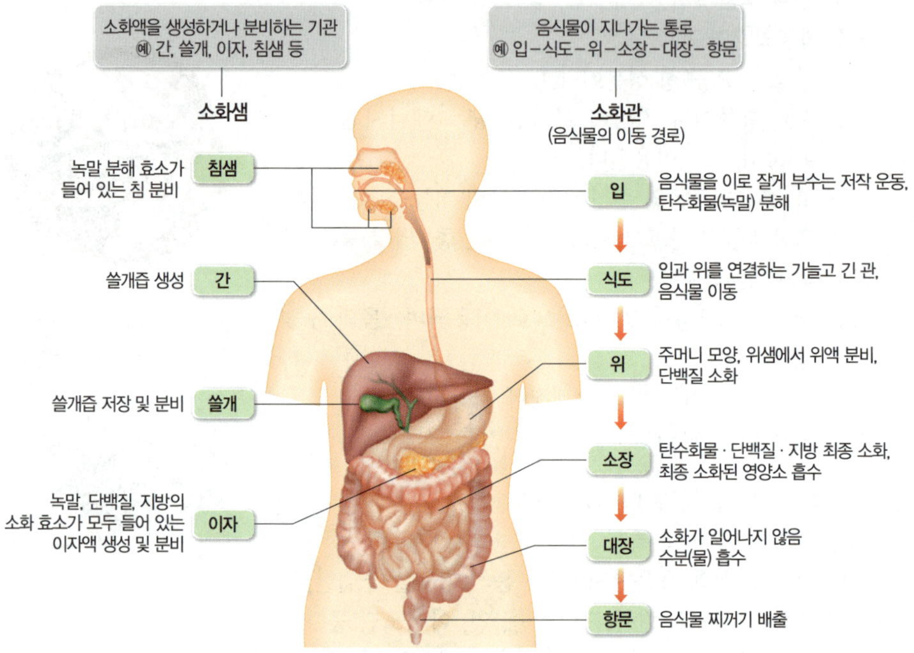

(1) 소화관 : 음식물이 직접 이동하는 통로이다. 예 입, 식도, 위, 소장, 대장, 항문

(2) 소화샘 : 음식물이 직접 지나가지는 않지만 소화액을 생성하거나 분비하여 소화를 돕는 기관이다. 예 간, 쓸개, 이자 등

3 소화 기관에서의 소화 과정

(1) 입 : 침 속에 들어 있는 소화 효소인 아밀레이스에 의해 탄수화물인 녹말이 크기가 작은 엿당으로 분해된다.

(2) 위 : 위액 속에 들어 있는 소화 효소인 펩신에 의해 단백질이 분해된다. 펩신은 위액 속에 함께 들어 있는 염산의 도움을 받아 작용한다.

(3) 소장 : 이자액, 쓸개즙, 소장의 소화 효소에 의해 녹말, 단백질, 지방이 최종 분해된다.

쓸개즙	소화 효소는 없으나 지방을 작은 덩어리로 쪼개어 지방의 소화를 돕는다. ⇨ 유화 작용
이자액	녹말, 단백질, 지방을 분해하는 소화 효소가 모두 들어 있다. • 아밀레이스 : 녹말 → 엿당 • 트립신 : 단백질 → 중간 단계 단백질(폴리펩타이드) • 라이페이스 : 지방 → 지방산, 모노글리세리드
소장의 소화 효소	• 탄수화물 소화 효소와 단백질 소화 효소가 있다. • 탄수화물과 단백질을 최종 분해 산물인 포도당과 아미노산으로 분해한다.

⭐ **이것이 핵심!!**

소화 기관 중에서 간, 쓸개, 이자에는 음식물이 직접 지나가지 않는다.

(4) 영양소의 소화 과정 : 소화 과정 결과 녹말(탄수화물)은 포도당으로, 단백질은 아미노산으로, 지방은 지방산과 모노글리세리드로 최종 분해된다.

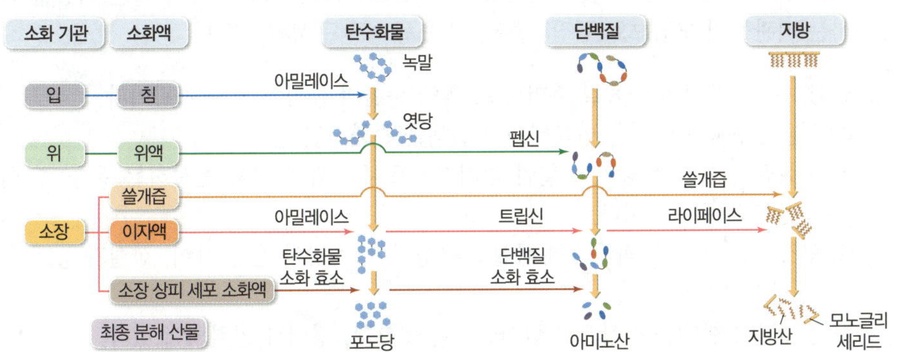

4 영양소의 흡수 : 최종 분해 산물은 소장에서 흡수된다.
(1) 소장의 안쪽 주름 표면에 수많은 융털이 나 있다.
(2) 융털은 영양소와 닿는 표면적을 넓혀 주어 영양소를 효율적으로 흡수한다.

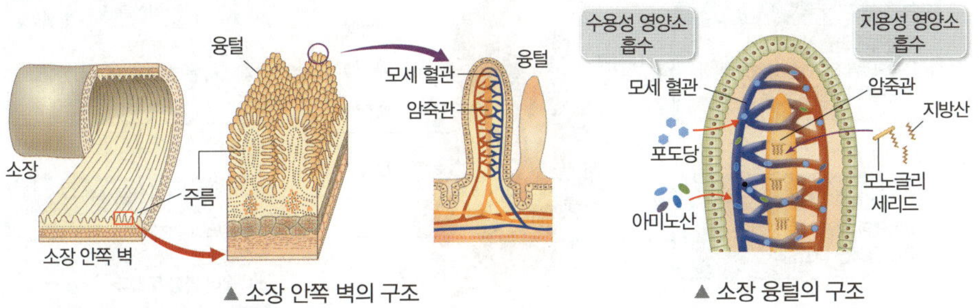

5 영양소의 흡수와 이동
(1) 영양소는 융털 상피 세포의 세포막을 통과하여 융털 안쪽으로 흡수된 후, 모세 혈관과 암죽관으로 흡수되어 심장을 거쳐 온몸으로 운반된다.
(2) 모세 혈관으로 흡수된 수용성 영양소는 간을 거쳐 심장으로 이동하고, 암죽관으로 흡수된 지용성 영양소는 간을 거치지 않고 바로 심장으로 이동한다.

수용성 영양소	• 물에 잘 녹는 영양소 : 포도당, 아미노산, 무기염류, 수용성 바이타민(바이타민 B, C) • 융털의 모세 혈관으로 흡수되어 심장으로 이동한다.
지용성 영양소	• 물에 잘 녹지 않는 영양소 : 지방산, 모노글리세리드, 지용성 바이타민(바이타민 A, D, E, K) • 융털의 암죽관으로 흡수되어 심장으로 이동한다.

6 대장에서의 변화 : 소장에서 영양소가 흡수되고 남은 물질은 대장으로 이동한다.
(1) 소화 효소가 분비되지 않아 소화 작용은 거의 일어나지 않고, 주로 소장에서 흡수되고 남은 물이 흡수된다.
(2) 소화되지 않은 나머지 음식 찌꺼기는 대변이 되어 항문을 통해 배출된다.

★ 이것이 핵심!!

1. 영양소는 소화 기관을 거쳐 소화되며, 최종 분해 산물이 되어 흡수된다.
2. 수용성 영양소는 융털의 모세 혈관으로, 지용성 영양소는 융털의 암죽관으로 흡수되어 심장을 거쳐 온몸으로 공급된다.

Note

쓸개즙과 이자액의 분비

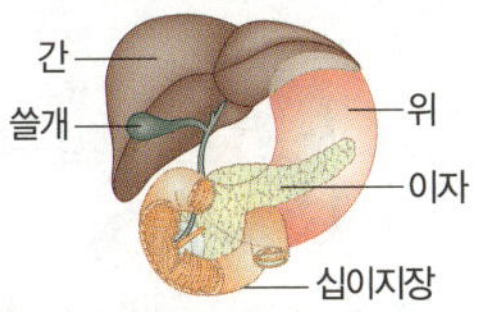

• 쓸개즙은 간에서 만들어져 쓸개에 저장되었다가 소장의 앞부분인 십이지장으로 분비된다.
• 이자액은 이자에서 만들어져 십이지장으로 분비된다.

물의 흡수

음식물이 소화관을 지나는 동안 분비되는 소화액의 물과 음식물 속의 물은 대부분 소장에서 흡수되며 소장에서 흡수되지 않은 물의 일부가 대장에서 흡수된다.

물의 흡수와 대변

물이 너무 많이 흡수되면 변비나 된똥이 되고, 물이 너무 적게 흡수되면 묽은 똥이나 설사가 된다.

➕ **용어**

이자

췌장이라고도 하며, 위의 뒤쪽에 위치하고, 소화 효소뿐만 아니라 글루카곤 또는 인슐린과 같은 호르몬도 분비한다.

암죽관

암죽관은 림프관의 일종으로, 소장의 융털에 있는 림프관을 암죽관이라고 한다.

심장 박동의 원리

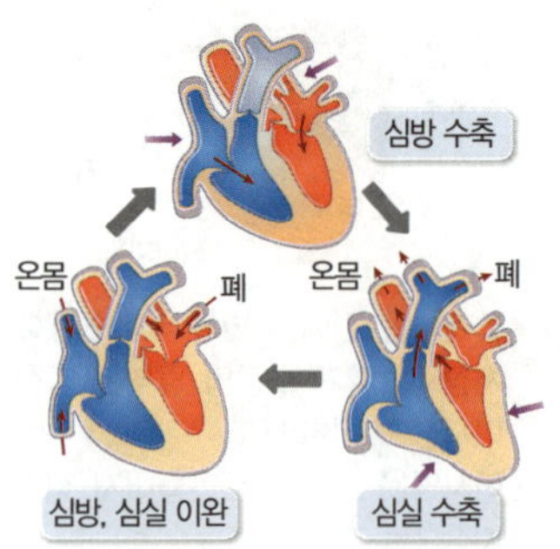

심방 · 심실 이완 → 심방 수축 → 심실 수축 → 심방 · 심실 이완 과정이 반복된다.

모세 혈관이 물질 교환에 적합한 까닭

- 혈관 벽이 한 겹의 세포층으로 이루어져 있다. → 물질이 쉽게 드나들 수 있다.
- 총 단면적이 넓다. → 많은 조직 세포와 접하고 있다.
- 혈류 속도가 느리다. → 조직 세포와 충분한 시간을 두고 물질 교환을 할 수 있다.

정맥에서의 혈액의 흐름

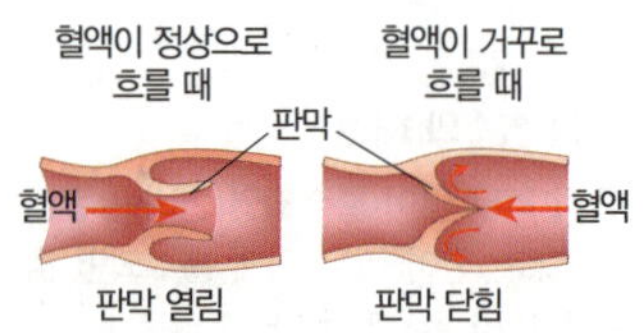

정맥에서는 판막에 의해 혈액이 심장 쪽으로만 흐른다.

혈관의 특징 비교

혈압	동맥 > 모세 혈관 > 정맥
혈관 벽 두께	동맥 > 정맥 > 모세 혈관
혈류 속도	동맥 > 정맥 > 모세 혈관
총 단면적	모세 혈관 > 정맥 > 동맥

➕ 용어

혈압

혈액이 혈관 벽에 미치는 압력

---

4 심장과 혈관

1 순환계 : 영양소와 산소 및 노폐물을 우리 몸의 적절한 곳으로 운반하는 기능을 담당하는 기관들의 모임으로 심장, 혈관, 혈액 등으로 구성되어 있다.

2 심장 : 주먹 크기의 근육질 주머니로, 혈액 순환의 중심이 되는 기관이다.

(1) 기능 : 수축과 이완을 반복하면서 혈액을 순환시킨다.
- 심장 박동 : 심방과 심실이 주기적으로 수축과 이완을 반복하는 운동 ⇨ 혈액 순환의 원동력이다.

(2) 구조 : 2개의 심방과 2개의 심실로 구성되며, 심방과 심실 사이, 심실과 동맥 사이에 판막이 있다.
① 심방 : 혈액을 심장으로 받아들이는 곳으로, 정맥과 연결되어 있다.
② 심실 : 혈액을 심장에서 내보내는 곳으로, 동맥과 연결되어 있다.
③ 판막 : 혈액이 거꾸로 흐르는 것을 막는다. ⇨ 심장에서 혈액은 한 방향(심방 → 심실 → 동맥)으로만 흐른다.

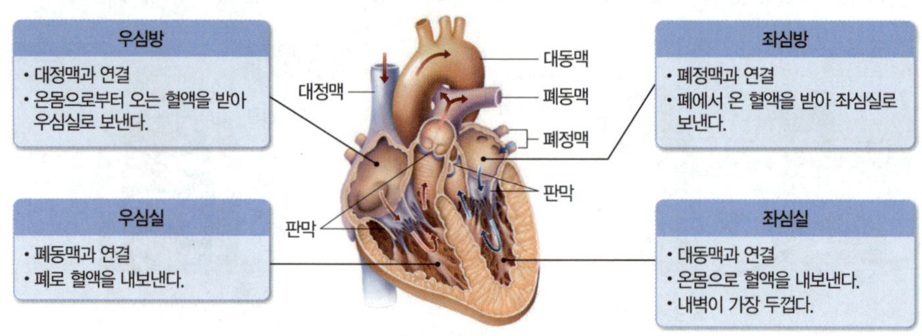

3 혈관 : 혈액이 흐르는 관으로, 동맥과 정맥 그리고 모세 혈관으로 구분된다. 심장에서 나온 혈액은 동맥 → 모세 혈관 → 정맥 방향으로 흐른다.

동맥	• 심장에서 나가는 혈액이 흐르는 혈관 • 혈관 벽이 두껍고 탄력성이 크다. • 심실의 수축과 이완에 따른 혈압 차가 커서 맥박이 나타난다. ⇨ 혈압을 측정하는 장소 • 주로 몸 깊은 곳에 위치한다.
모세 혈관	• 동맥과 정맥을 이어주는 가느다란 혈관 • 온몸에 그물처럼 퍼져 있어서 혈관 중 총 단면적이 가장 넓다. • 혈관 벽이 한 겹의 세포층으로 이루어져 있어 조직 세포와 물질 교환이 일어난다.
정맥	• 심장으로 들어가는 혈액이 흐르는 혈관 • 동맥보다 혈관 벽이 얇고 탄력성이 작다. • 혈압이 매우 낮아 혈액이 거꾸로 흐를 수 있으므로 혈액의 역류를 막기 위해 판막이 군데군데 있다. • 정맥 속의 혈액은 혈관 주변의 근육 운동에 의해 이동한다. • 주로 몸의 표면 쪽에 위치한다.

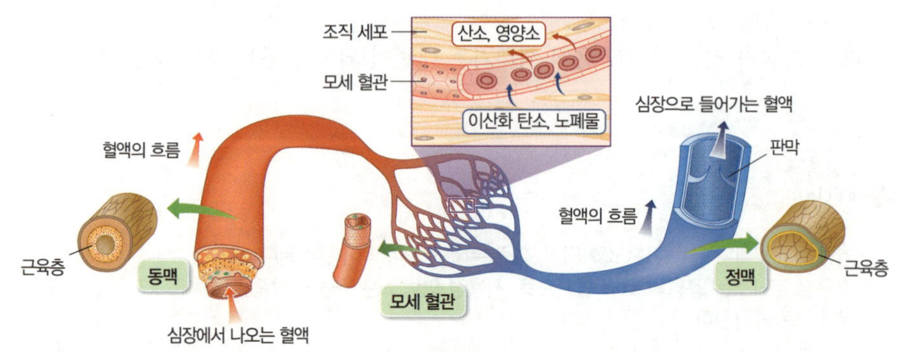

5 혈액

1 혈액의 구성 : 55 %의 혈장(액체)과 45 %의 혈구(세포)로 구성된다.

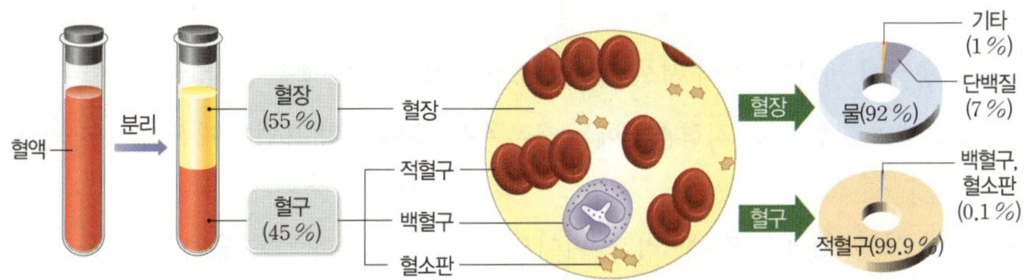

2 혈장 : 혈액에서 혈구를 제외한 나머지 성분으로, 물이 90 % 이상을 차지한다.
  • 기능 : 영양소, 이산화 탄소, 노폐물 등을 운반한다.

3 혈구 : 혈액의 세포 성분으로 적혈구, 백혈구, 혈소판이 있다.

성분	모양	특징과 기능
적혈구		• 가운데가 오목한 원반 모양이며 핵이 없다. • 헤모글로빈이라는 색소가 있어 붉은색을 띠며, 혈구 중 가장 많은 수를 차지한다. • 산소 운반 : 헤모글로빈이 산소와 결합하거나 분리될 수 있어 산소를 운반한다. ⇨ 부족 시 빈혈이 발생한다.
백혈구		• 모양이 일정하지 않으며 핵이 있다. • 혈구 중 가장 크며, 그 수가 가장 적다. • 식균 작용 : 세균과 같은 병원체를 잡아먹는다. ⇨ 세균에 감염되면 백혈구 수가 증가한다.
혈소판		• 모양이 일정하지 않고 핵이 없다. • 혈구 중 크기가 가장 작다. • 혈액 응고 작용 : 상처 부위의 혈액을 응고시켜 딱지를 만든다. ⇨ 상처 부위의 출혈과 병원체의 감염을 막는다.

6 혈액의 순환

1 온몸 순환(체순환) : 좌심실에서 나온 혈액이 온몸의 조직 세포에 산소와 영양소를 공급하고 이산화 탄소와 노폐물을 받아 우심방으로 돌아오는 순환 ⇨ 동맥혈이 정맥혈로 바뀐다.
  • 좌심실 → 대동맥 → 온몸의 모세 혈관 → 대정맥 → 우심방

2 폐순환 : 우심실에서 나온 혈액이 폐에서 이산화 탄소를 내보내고 산소를 받아 좌심방으로 돌아오는 순환 ⇨ 정맥혈이 동맥혈로 바뀐다.
  • 우심실 → 폐동맥 → 폐의 모세 혈관 → 폐정맥 → 좌심방

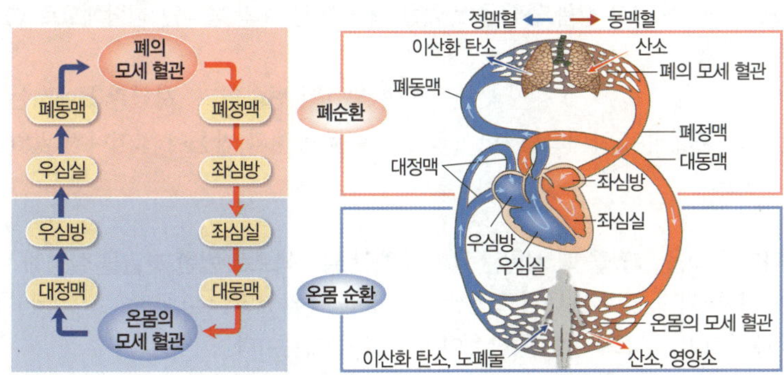

⭐ 이것이 핵심!!

1. 혈액은 액체 성분인 혈장과 고체 성분인 혈구(적혈구, 백혈구, 혈소판)로 구분된다.
2. 온몸 순환은 온몸에 영양소와 산소를 공급하고, 폐순환은 폐에서 산소를 얻는다.

📖 Note

헤모글로빈

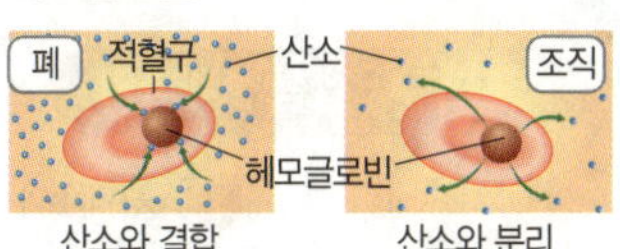

헤모글로빈은 철(Fe)을 함유하고 있는 붉은색 단백질로, 산소를 운반하는 역할을 한다. 헤모글로빈은 산소가 많은 곳(폐)에서는 산소와 쉽게 결합하고, 산소가 적은 곳(조직 세포)에서는 산소와 쉽게 분리된다.

고산 지대에 사는 사람들

공기를 이루고 있는 물질의 비율은 고도에 관계없이 일정하지만 고도가 5000 m에 이르면 공기의 밀도는 매우 낮아지게 된다. 이런 환경 때문에 고산 지대에 사는 사람들은 낮은 지대에 사는 사람보다 적혈구의 수가 많다. 적혈구가 많아지면 헤모글로빈의 양이 늘어나고, 헤모글로빈과 결합하는 산소의 양이 늘어나기 때문에 더 원활하게 산소를 공급받을 수 있게 된다.

혈액의 기능

• 운반 작용 : 영양소와 산소, 이산화 탄소와 노폐물 운반
• 방어 작용 : 혈액 응고 작용, 식균 작용
• 체온 유지 작용

동맥혈과 정맥혈

• 동맥혈 : 폐순환을 거쳐 산소를 많이 포함하고 있는 혈액으로, 선홍색을 띠며 대동맥과 폐정맥에 흐른다.
• 정맥혈 : 온몸 순환을 거쳐 산소를 적게 포함하고 있는 혈액으로, 검붉은색을 띠며 대정맥과 폐동맥에 흐른다.

➕ **용어**

혈장

혈액의 액체 성분으로 물에 여러 가지 물질을 포함하는 형태이다.

탐구 A

침의 소화 작용

실험 설계하기

❶ 혀 밑에 거즈를 넣어 침을 충분히 적시고, 침에 적신 거즈를 증류수 10 mL에 헹구어 침 용액을 만든다.

❷ 시험관 A에는 묽은 녹말 용액과 증류수를, 시험관 B에는 묽은 녹말 용액과 침 용액을 같은 양으로 넣고 35~40 ℃의 물에 담가 둔다.

❸ 10분 후 유리판에 시험관 A, B의 용액을 떨어뜨리고, 아이오딘 — 아이오딘화 칼륨 용액을 1방울씩 떨어뜨려 색깔 변화를 관찰한다.

❹ 시험관 A, B의 용액에 베네딕트 용액을 넣고 80~90 ℃의 물에 담가 색깔 변화를 관찰한다.

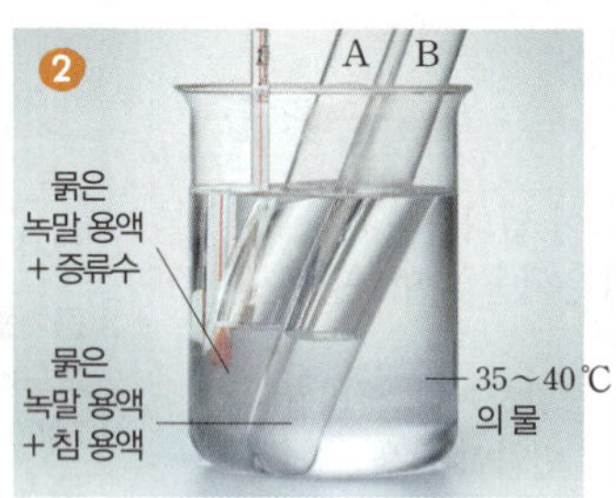

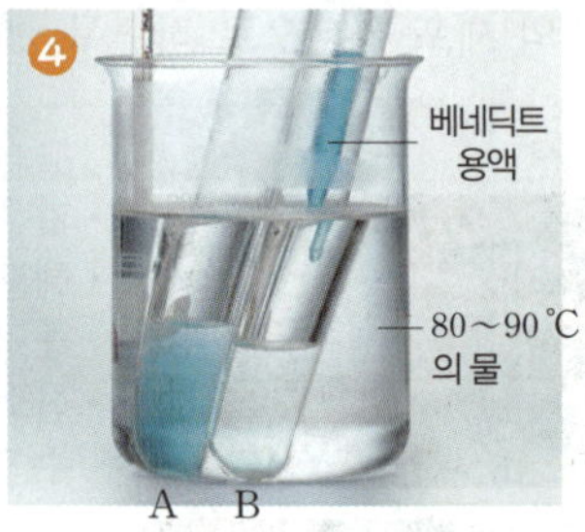

결과 분석하기

실험 설계하기	색깔 변화	
	시험관 A (녹말 용액+증류수)	시험관 B (녹말 용액+침 용액)
❸ (아이오딘 반응)	청람색	변화 없음
❹ (베네딕트 반응)	변화 없음	황적색

스스로 정리하기

1 실험 설계하기 ❶에서 시험관 A와 B를 35~40 ℃의 물에 담그는 까닭에 대해 설명해 보자.
소화 효소는 (㉠   ) 범위에서 가장 활발하게 작용하기 때문에 시험관 A와 B를 (㉡   ) 범위인 35~40 ℃의 물에 넣어 실험한다.

2 실험 설계하기 ❸에서 아이오딘-아이오딘화 칼륨 용액을 넣었을 때 시험관 A의 용액만 청람색으로 변한 까닭을 설명해 보자.
시험관 A에서는 녹말이 (㉠   ) 용액과 반응하여 색깔이 변하였고, 시험관 B에서는 침에 의해 (㉡   )이 당분으로 분해되어 아이오딘-아이오딘화 칼륨 용액과 반응이 일어나지 않았기 때문이다.

3 실험 설계하기 ❹에서 베네딕트 용액을 넣었을 때 시험관 B의 용액만 황적색으로 변한 까닭을 설명해 보자.
(㉠   )에서는 녹말이 분해되지 않아 베네딕트 용액과 반응하지 않았고, (㉡   )에서는 침에 의해 녹말이 당분으로 분해되어 베네딕트 용액과 반응이 일어났기 때문이다.

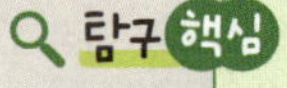
탐구 핵심   소화는 영양소를 흡수할 수 있을 정도의 작은 크기로 분해하는 과정이다. 녹말이 분해되면 엿당이 되어 베네딕트 반응에서 색깔 변화(황적색)가 나타난다.

탐구 B

혈액 관찰하기

실험 설계하기

❶ 귓불이나 손가락 끝을 알코올 솜으로 닦고 채혈침을 이용하여 혈액을 받침유리에 1방울 떨어뜨린다.

❷ 또 다른 받침유리를 혈액 가장자리에 비스듬히 대고 밀어서 혈액을 얇게 펴지게 한다.

혈액이 있는 반대 방향으로 밀어야 혈구의 형태가 깨지지 않아!

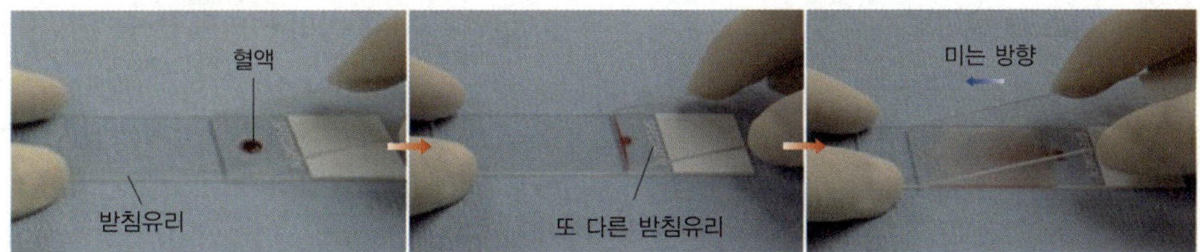

❸ 에탄올을 1~2방울 떨어뜨려 혈구를 고정시킨다.

❹ 염색약(김사액)을 1~2방울 떨어뜨려 10분 동안 놓아 두어 혈액을 염색한 후 물로 씻어 낸다.

김사액은 세포의 핵을 보라색으로 염색하는 용액이야.

❺ 거름종이로 물기를 닦아 내고 덮개유리를 덮어 현미경으로 관찰한다.

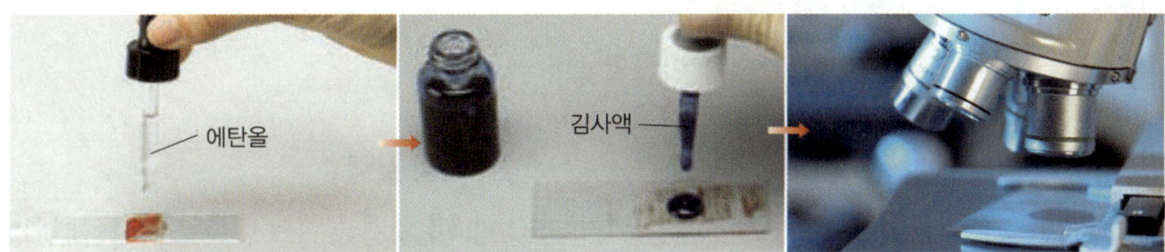

결과 분석하기

- 가장 많이 관찰되는 혈구는 적혈구이다.
- 김사액에 의해 핵이 보라색으로 염색된 백혈구가 관찰된다.
- 혈소판은 잘 관찰되지 않는다.

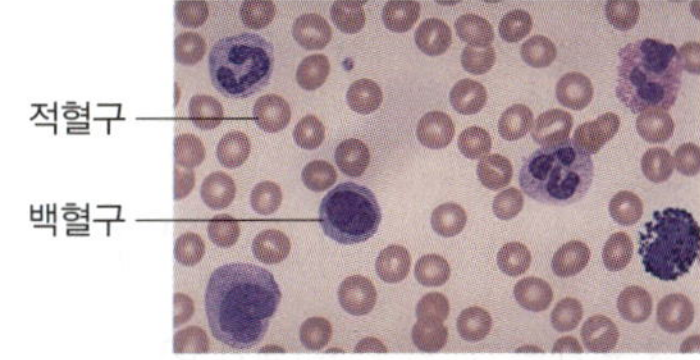

스스로 정리하기

1 김사액에 의해 염색된 혈구와 염색되지 않은 혈구는 각각 무엇이며, 그렇게 생각한 까닭을 설명해 보자.

김사액에 의해 염색된 혈구는 (㉠   )이고, 염색되지 않은 혈구는 (㉡   )이다. 백혈구에는 (㉢   )이 있어서 염색되었고, 적혈구에는 핵이 없어서 염색되지 않았다.

2 실험 결과 가장 많이 관찰된 혈구는 무엇이며, 그 특징에 대해 설명해 보자.

가장 많이 관찰된 혈구는 (㉠   )이며, 핵이 없어 김사액에 의해 염색되지 않고, 헤모글로빈이 있어서 (㉡   )와 결합한 후 산소를 온몸의 세포로 운반하는 역할을 한다.

🔍 **탐구 핵심** 혈액의 관찰 과정에서 핵이 있어 염색이 되는 것은 백혈구이다. 혈액을 관찰하면 적혈구, 백혈구, 혈소판을 확인할 수 있다.

※ 다음 글의 빈칸에 알맞은 말을 쓰거나 고르시오.

1 생물의 몸

01 (　　　　)는 생물의 몸을 구성하는 기본 단위이다.

02 동물의 구성 단계는 (㉠　　　) → 조직 → (㉡　　　) → 기관계 → (㉢　　　)이다.

03 식물의 구성 단계는 세포 → 조직 → (㉠　　　) → 기관 → (㉡　　　)이다.

04 기관계에 대한 설명으로 옳은 것은 ○, 옳지 <u>않은</u> 것은 ×로 표시하시오.

(1) 소화계는 음식물 속의 영양소를 소화하여 흡수하는 기능을 담당한다.   (○, ×)

(2) 순환계는 영양소만 온몸으로 운반하고 노폐물은 운반하지 않는다.   (○, ×)

(3) 폐는 호흡계를 구성하는 기관이며, 산소와 이산화 탄소의 교환이 이루어진다.   (○, ×)

2 영양소

05 |보기|는 영양소를 순서 없이 나타낸 것이다. 각 설명에 해당하는 영양소를 |보기|에서 모두 고르시오.

보기
ㄱ. 지방   ㄴ. 바이타민   ㄷ. 물   ㄹ. 탄수화물   ㅁ. 단백질   ㅂ. 무기염류

(1) 에너지원으로 이용되는 영양소 : (　　　　)

(2) 에너지원으로 이용되지 않는 영양소 : (　　　　)

06 (㉠　　　　　) 용액은 녹말을 검출하는 용액으로, 녹말이 있으면 (㉡　　　)으로 변한다.

07 포도당을 검출하기 위해 (　　　) 용액을 사용한다.

08 뷰렛 용액은 (㉠　　　)을 검출하는 용액으로, 검출 시 (㉡　　　)으로 변한다.

3 소화와 영양소의 흡수

09 영양소의 소화 과정에 대한 설명으로 옳은 것은 ○, 옳지 <u>않은</u> 것은 ×로 표시하시오.

(1) 탄수화물은 입에서 최초로 소화된다.   (○, ×)

(2) 단백질은 아밀레이스에 의해 위에서 최초로 소화된다.   (○, ×)

(3) 이자액의 트립신에 의해 단백질이 소화된다. (○, ×)

(4) 쓸개즙에는 탄수화물, 단백질, 지방의 소화 효소가 모두 들어 있다.   (○, ×)

4 심장과 혈관

10 심장은 2개의 (㉠　　　)과 2개의 (㉡　　　)로 구성된다.

11 심장에는 (　　　)이 있어 혈액이 거꾸로 흐르는 것을 막아 준다.

12 심장과 혈관에 대한 설명으로 옳은 것은 ○, 옳지 <u>않은</u> 것은 ×로 표시하시오.

(1) 심장이 수축할 때 좌심실에서 좌심방으로 혈액이 이동한다.   (○, ×)

(2) 좌심실과 우심실에는 모두 산소가 풍부한 혈액이 흐른다.   (○, ×)

(3) 혈관 벽의 두께는 동맥이 가장 두껍고 모세 혈관이 가장 얇다.   (○, ×)

5 혈액

13 혈액은 액체 성분인 (㉠ 혈장, 혈구)과 세포 성분인 (㉡ 혈장, 혈구)로 구성되어 있다.

14 산소는 주로 (적혈구, 혈소판)에 의해 운반된다.

15 적혈구는 (　　　)이라는 색소가 있어서 붉은색을 나타낸다.

16 핵이 존재하여 김사액에 의해 염색되는 혈구는 (　　　)이다.

17 혈소판은 상처 부위의 혈액을 (　　　)시켜 딱지를 만들어 병원체의 감염을 막는다.

6 혈액의 순환

18 심장에서 나간 혈액이 동맥, 모세 혈관, 정맥을 거쳐 다시 심장으로 돌아오는 과정을 (　　　)이라고 한다.

19 폐동맥에는 (㉠　　　)이 흐르고, 폐정맥에는 (㉡　　　)이 흐른다.

20 온몸 순환은 모세 혈관에서 조직 세포로 (㉠ 산소, 이산화 탄소)와 (㉡ 영양소, 노폐물)를 주고, (㉢ 산소, 이산화 탄소)와 (㉣ 영양소, 노폐물)을 받아오는 순환이다.

21 온몸 순환은 (㉠　　　)이 (㉡　　　)로 바뀌는 순환 과정이다.

22 폐순환의 경로는 우심실 → (㉠　　　) → 폐의 모세 혈관 → (㉡　　　) → 좌심방이다.

23 폐순환 과정에서는 (㉠　　　)이 (㉡　　　)로 바뀐다.

소화

(1) 음식물로 섭취한 영양소를 체내로 흡수할 수 있도록 잘게 분해하는 과정이다.
(2) 소화에는 기계적 소화와 화학적 소화가 있다.

소화 효소

크기가 큰 영양소를 작은 크기의 영양소로 분해하는 물질
예 아밀레이스(탄수화물 소화 효소), 펩신과 트립신(단백질 소화 효소), 라이페이스(지방 소화 효소) 등

소화계

음식물이 지나가는 통로인 소화관과 소화액을 생성하거나 분비하는 기관인 소화샘으로 이루어져 있다.

소화 기관에서의 소화 과정

(1) 입 : 침 속의 아밀레이스에 의해 녹말이 엿당으로 분해된다.
(2) 위 : 위액 속의 펩신에 의해 단백질이 분해된다.
(3) 소장 : 이자액, 쓸개즙, 소장의 소화 효소에 의해 녹말, 단백질, 지방이 최종 분해된다.

소화계

1 소화샘에서 분비되는 소화액과 소화관에서 일어나는 소화 과정에 해당하는 용어를 쓰시오.

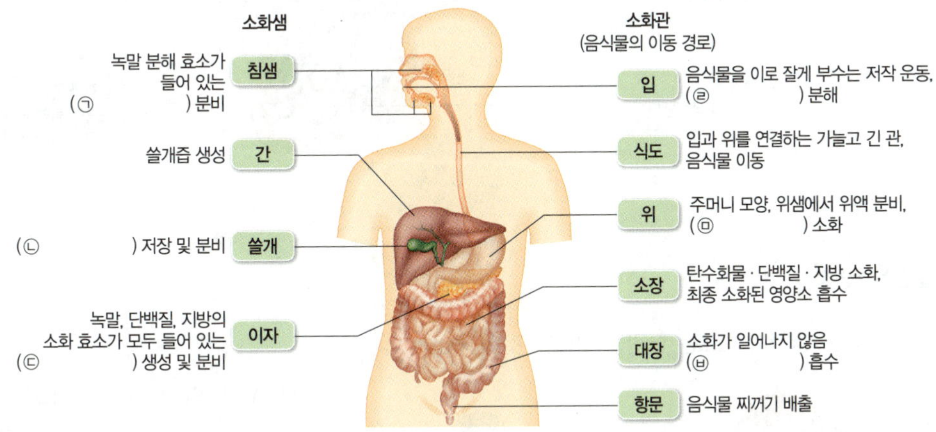

소화 기관에서의 소화 과정

2 탄수화물, 단백질, 지방의 소화 과정에 참여하는 소화액 및 소화 효소와 최종 분해 산물을 쓰시오.

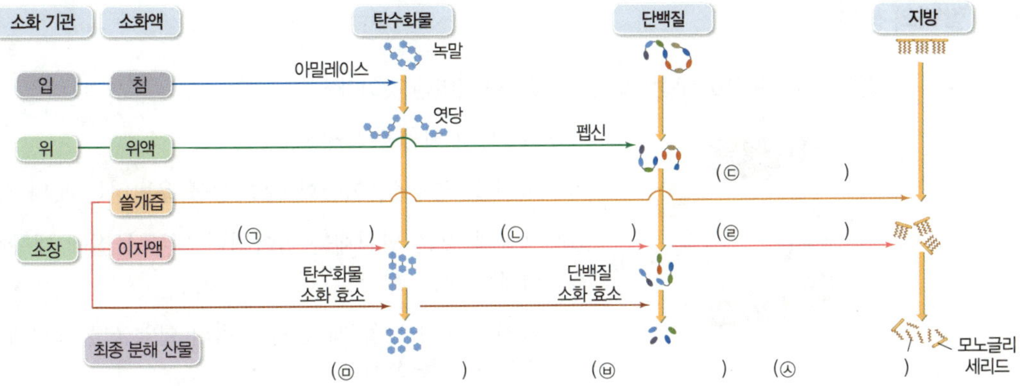

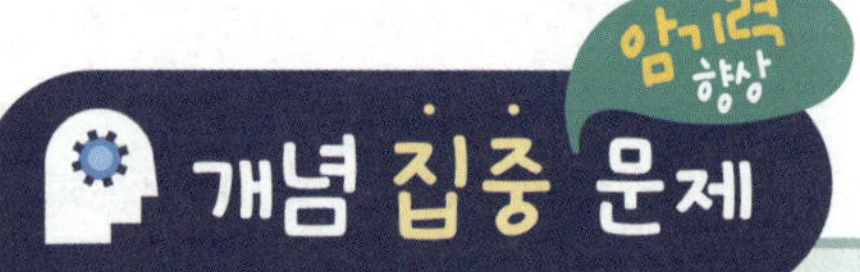

심장

주먹 크기의 근육질 주머니로, 혈액 순환의 중심이 되는 기관이다. 심장 박동에 의해 혈액을 순환시킨다.

혈관의 구조

(1) 동맥 : 심장에서 나가는 혈액이 흐르는 혈관
(2) 정맥 : 심장으로 들어오는 혈액이 흐르는 혈관
(3) 모세 혈관 : 온몸에 퍼져 있는 혈관으로 물질 교환이 이루어지는 부분

혈액의 성분

(1) 적혈구 : 헤모글로빈이 있어 산소 운반에 관여하는 혈구이며, 핵이 없다.
(2) 백혈구 : 핵을 가지고 있으며, 세균을 잡아먹는 식균 작용을 담당한다.
(3) 혈소판 : 깨진 세포 모양의 혈구이며, 혈액 응고에 관여한다.
(4) 혈장 : 혈액의 액체 성분으로 대부분 물로 되어 있으며, 여러 물질을 운반할 수 있다. 체온 유지에 관여한다.

심장

1 그림은 심장의 구조와 기능을 나타낸 것이다. 각 기관의 이름을 쓰시오.

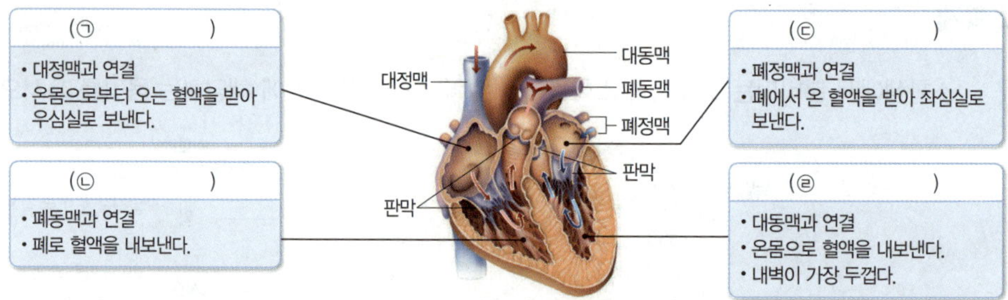

혈관의 구조

2 그림은 혈액이 흐르는 혈관을 나타낸 것이다.

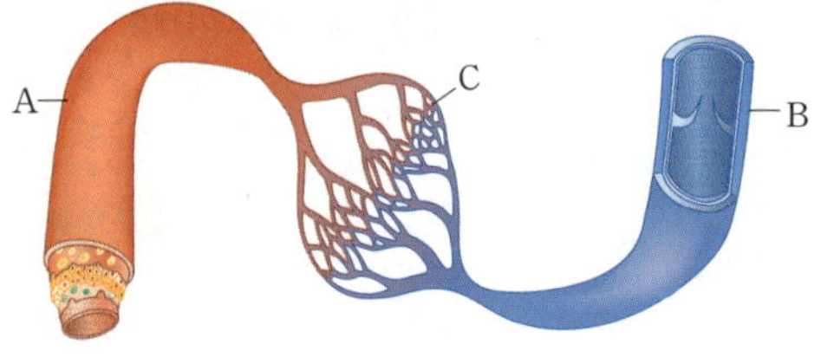

(1) 혈관 A~C의 이름을 쓰시오.
(2) 혈액이 흐르는 방향을 쓰시오.
(3) 혈압이 높은 순서대로 쓰시오.
(4) 혈관 벽의 두께가 두꺼운 순서대로 쓰시오.
(5) 혈류 속도가 빠른 순서대로 쓰시오.
(6) 총 단면적이 큰 순서대로 쓰시오.

혈액의 성분

3 그림은 여러 성분으로 구성되어 있는 혈액을 나타낸 것이다.

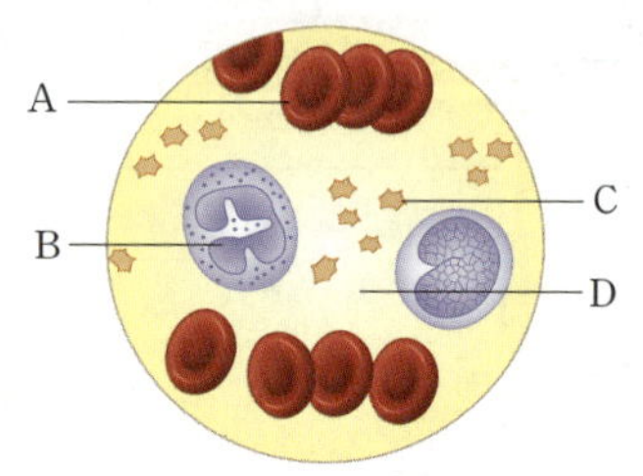

(1) A~D의 이름을 쓰시오.
(2) 노폐물, 영양소, 이산화 탄소 등을 운반하는 것의 기호를 쓰시오.
(3) 세균과 같은 병원체를 잡아먹어 외부 물질에 대항하는 것의 기호를 쓰시오.
(4) 몸에 상처가 났을 때 상처 부위의 혈액을 응고시켜 딱지를 만드는 것의 기호를 쓰시오.

04 호흡과 배설

1 호흡계

1 호흡계 : 숨을 크게 들이쉬고 내쉬면서 산소를 받아들이고, 이산화 탄소를 내보내는 기능을 담당하는 기관들의 모임으로, 코, 기관, 기관지, 폐 등의 호흡 기관으로 이루어져 있다.

- 호흡 : 생명 활동을 위해 공기 중의 산소를 받아들이고 몸 안에서 생긴 이산화 탄소를 내보내는 작용

2 들숨과 날숨의 성분 : 들숨은 들이쉬는 숨, 날숨은 내쉬는 숨이다. 날숨에는 들숨보다 산소가 적게 들어 있고, 이산화 탄소가 많이 들어 있다.

(1) 산소 : 들숨＞날숨 ⇨ 폐에서 산소를 받은 혈액이 조직 세포로 산소를 공급해 주기 때문

(2) 이산화 탄소 : 들숨＜날숨 ⇨ 호흡으로 생성된 이산화 탄소가 날숨을 통해 몸 밖으로 배출되기 때문

미니 탐구 들숨과 날숨의 성분 구분

과정

푸른색의 BTB 용액이 담긴 비커 2개를 준비하여 (가)에는 빨대로 입김(날숨)을 불어 넣고, (나)에는 공기 펌프로 공기(들숨)를 넣으며 색 변화를 관찰한다.

결과

- (가) : BTB 용액의 색이 노란색으로 변한다.
- (나) : 거의 변화가 없다.

결론

날숨에는 들숨에 비해 이산화 탄소의 함량이 많다.

---

3 호흡계의 구조 : 호흡 기관은 서로 연결되어 있어 숨을 들이쉬면 공기가 콧속을 지나 기관과 기관지를 거쳐 폐 속의 폐포로 들어간다.

- 호흡 기관 : 공기 중의 산소를 받아들이고 체내에서 생성된 이산화 탄소를 내보내는 역할을 하는 기관

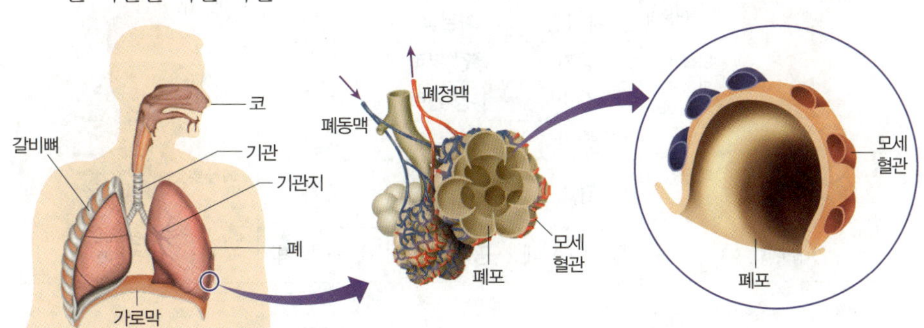

[공기의 이동 경로]

$$외부 \rightleftarrows 코 \rightleftarrows 기관 \rightleftarrows 기관지 \rightleftarrows 폐 \rightleftarrows 폐포 \xrightleftharpoons[CO_2]{O_2} 모세 혈관$$

Note

들숨과 날숨의 성분

들숨의 성분	질소	78 %
	산소	21 %
	이산화 탄소	0.03 %
	기타	0.97 %
날숨의 성분	질소	78 %
	산소	17 %
	이산화 탄소	4 %
	기타	1 %

기관과 기관지

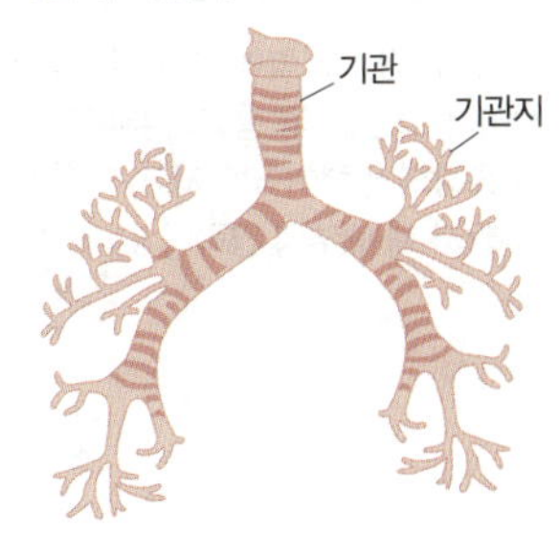

가로막(횡격막)

가슴과 배를 나누는 근육으로 된 막으로, 가로막의 위쪽은 가슴(흉강)이고, 아래쪽은 배(복강)이다.

➕ 용어

호흡

생물이 숨쉬기를 통해 얻은 산소를 이용하여 영양소를 분해하여 물과 이산화 탄소, 에너지를 생성하는 과정이다.

📖 Note

코	• 공기를 들이마시고 내보내는 통로 • 점액과 털이 있어 들이마신 공기의 먼지와 세균을 걸러낸다. • 공기의 온도를 알맞게 조절한다.
기관	• 목구멍에서 폐까지 이어지는 긴 관 • 기관의 안쪽 벽에 있는 섬모와 점액이 콧속에서 걸러지지 않은 세균 등의 이물질을 거른다.
기관지	• 기관에서 갈라져 양쪽 폐로 들어가고, 이는 다시 여러 갈래의 가지를 형성하여 폐포와 연결된다. • 섬모와 점액으로 덮여 있어서 이물질을 걸러낸다.
폐	• 가슴 좌우에 한 쌍이 있으며, 갈비뼈와 가로막으로 둘러싸인 흉강 안에 존재한다. • 폐는 근육이 없어서 스스로 운동할 수 없다. 따라서 갈비뼈와 가로막의 움직임에 따라 그 크기가 변한다. • 수많은 폐포로 구성되어 있다.
폐포	• 폐의 기능적 단위이며, 폐를 구성하는 포도알 모양의 작은 공기 주머니로, 폐 전체에 약 3억 개가 있다. • 벽이 한 겹의 세포층으로 되어 있으며, 그 겉을 모세 혈관이 둘러싸고 있는 형태이다. • 폐포와 모세 혈관 속 혈액 사이에 산소와 이산화 탄소의 기체 교환이 일어난다. • 수많은 폐포는 폐와 공기가 접촉하는 표면적을 넓힘으로써 효율적인 기체 교환이 이루어지게 한다.

표면적을 넓혀 효율을 높인 예

소장의 융털, 식물의 뿌리털, 어류의 아가미, 이의 저작 운동 등

보일 법칙(부피와 압력의 관계)

기체의 부피는 압력에 반비례한다는 법칙이다. 들숨일 때 흉강의 부피가 커지면 흉강의 압력이 낮아지고, 폐의 부피가 커져 폐 내부의 압력이 낮아진다.

공기의 이동과 압력

공기는 압력이 높은 곳에서 낮은 곳으로 이동한다. 호흡 운동이 일어날 때 폐 내부 압력이 대기압보다 낮으면 공기가 밖에서 폐 속으로 들어오고, 폐 내부 압력이 대기압보다 높아지면 폐 속의 공기가 밖으로 나간다.

2 사람의 호흡 운동

1 호흡 운동의 원리 : 폐는 근육이 없어서 스스로 운동하지 못하므로 갈비뼈(늑골)와 가로막의 상하 운동을 통해 흉강(가슴 속 공간)의 부피를 조절하여 호흡 운동을 한다. ⇨ 공기는 압력이 높은 곳에서 낮은 곳으로 이동한다.

2 호흡 운동이 일어나는 과정

(1) 들숨(숨을 들이쉴 때) : 갈비뼈가 올라가고 가로막이 내려가 흉강의 부피가 커지면 폐의 부피도 커지면서 폐 내부 압력이 대기압보다 낮아진다. ⇨ 외부의 공기가 폐로 들어온다.

(2) 날숨(숨을 내쉴 때) : 갈비뼈가 내려가고 가로막이 올라가 흉강의 부피가 작아지면 폐의 부피도 감소하므로 폐 내부 압력이 대기압보다 높아진다. ⇨ 폐 내부의 공기가 밖으로 나간다.

(3) 들숨과 날숨 시 몸의 상태 비교

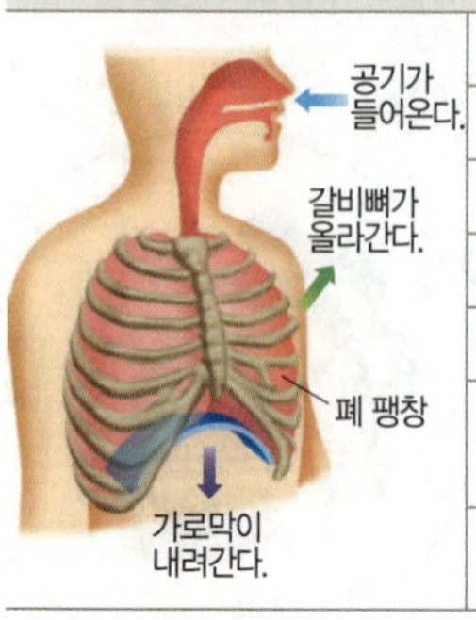

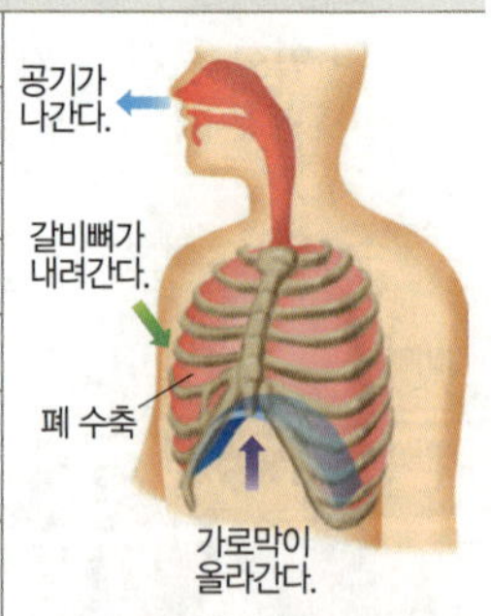

들숨(숨을 들이쉴 때)	구분	날숨(숨을 내쉴 때)
올라감	갈비뼈	내려감
내려감	가로막	올라감
증가	흉강 부피	감소
감소	흉강 압력	증가
증가	폐의 부피	감소
감소	폐 내부 압력	증가
몸 밖 → 폐	공기 이동	폐 → 몸 밖

➕ 용어

대기압

공기의 압력을 대기압이라고 하며, 1 atm 또는 760 mmHg로 표시한다.

⭐ **이것이 핵심!!**

1. 날숨에는 들숨에 비해 이산화 탄소의 함량이 많다.
2. 갈비뼈와 가로막의 상하 운동으로 흉강의 부피가 증가하거나 감소하면 공기가 폐로 들어오거나 나간다.

3 기체 교환

1 기체 교환의 원리 : 기체의 농도 차이에 따른 확산에 의해 일어난다. ⇨ 농도가 높은 쪽에서 낮은 쪽으로 기체가 이동한다.

2 폐와 조직 세포에서의 기체 교환

구분	폐에서의 기체 교환	조직 세포에서의 기체 교환
장소	폐포와 폐포를 둘러싸고 있는 모세 혈관 사이에서 일어난다.	온몸의 모세 혈관과 조직 세포 사이에서 일어난다.
산소의 농도	폐포 > 모세 혈관	모세 혈관 > 조직 세포
이산화 탄소의 농도	폐포 < 모세 혈관	모세 혈관 < 조직 세포
기체 교환	폐포 ⇄ 모세 혈관 (산소 / 이산화 탄소) 폐포는 모세 혈관보다 산소 농도가 높고, 이산화 탄소 농도가 낮으므로 산소는 폐포에서 모세 혈관으로, 이산화 탄소는 모세 혈관에서 폐포로 이동한다.	모세 혈관 ⇄ 조직 세포 (산소 / 이산화 탄소) 모세 혈관은 조직 세포보다 산소의 농도가 높고, 이산화 탄소 농도가 낮으므로 산소는 모세 혈관에서 조직 세포로, 이산화 탄소는 조직 세포에서 모세 혈관으로 이동한다.

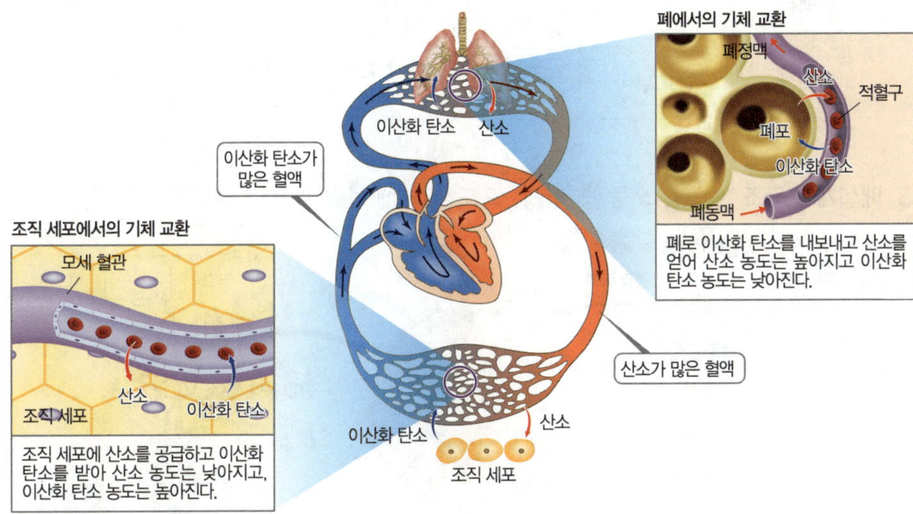

📘 Note

호흡계와 순환계의 작용

호흡계와 순환계의 작용에 의해 산소가 조직 세포로 공급되어 에너지를 얻는 데에 사용되고, 에너지를 얻는 과정에서 발생한 이산화 탄소가 몸 밖으로 나간다.

기체의 농도 비교

• 산소의 농도
 폐포 > 모세 혈관 > 조직 세포
• 이산화 탄소의 농도
 폐포 < 모세 혈관 < 조직 세포

산소의 이동 방향

폐포 → 모세 혈관 → 조직 세포

🔍 더 알아보기   호흡량과 폐활량

• 호흡량 : 사람이 호흡하고 있을 때 출입하는 공기의 양으로, 약 500 mL이다.
• 폐활량 : 사람이 최대한 공기를 들이마셨다가 내뿜을 수 있는 양으로, 성인 남자는 약 4800 mL, 성인 여자는 약 3500 mL이다.

⭐ 이것이 핵심!!

1. 폐에서 산소는 폐포에서 모세 혈관으로, 이산화 탄소는 모세 혈관에서 폐포로 이동한다.
2. 조직 세포에서 산소는 모세 혈관에서 조직 세포로, 이산화 탄소는 조직 세포에서 모세 혈관으로 이동한다.

➕ 용어

확산

농도가 높은 곳에서 낮은 곳으로 물질이 이동하는 현상이다.

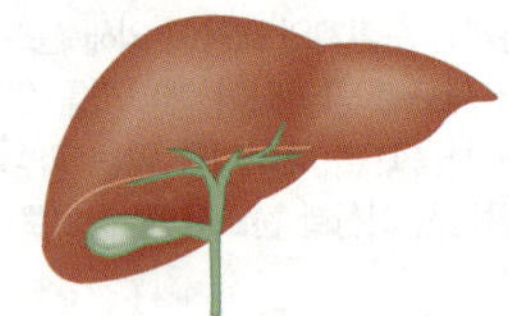

간의 기능

간은 우리 몸에서 매우 중요한 기능을 하는 기관으로, 암모니아, 알코올, 니코틴 등의 해로운 물질을 해독하는 것은 물론 영양소의 저장, 쓸개즙 생성, 혈장 단백질 합성 등의 역할을 한다.

세포 호흡 노폐물의 배설

• 물 : 대부분 순환계에 의해 배설계로 운반되어 오줌을 통해 몸 밖으로 배설, 일부는 폐에서 수증기로 배출
• 이산화 탄소 : 순환계에 의해 호흡계로 운반된 후 날숨을 통해 배출

콩팥의 구조

• 겉질 : 콩팥의 겉부분, 사구체와 보먼주머니 그리고 세뇨관의 일부가 존재한다.
• 속질 : 주로 세뇨관이 분포한다.
• 콩팥 깔때기 : 콩팥의 가장 안쪽 빈 공간으로 깔때기 모양이다. 네프론에서 만들어진 오줌이 모인다.

오줌의 배설 경로

콩팥 동맥 → 사구체 → 보먼주머니 → 세뇨관 → 콩팥 깔때기 → 오줌관 → 방광 → 요도 → 몸 밖

➕ 용어

배설
혈액 속의 노폐물을 걸러 오줌으로 내보내는 것이다.

배출
소화 · 흡수되지 않는 찌꺼기를 대변으로 내보내는 것이다.

---

4 배설계

1 배설계 : 세포에서 생명 활동에 필요한 에너지를 얻기 위해 영양소를 분해할 때 생성된 노폐물을 몸 밖으로 내보내는 데 관여하는 기관들의 모임을 배설계라고 한다.

2 노폐물의 생성과 배설 : 탄수화물, 지방, 단백질이 분해되면 공통적으로 이산화 탄소와 물이 생성되고, 단백질이 분해될 때는 암모니아도 생성된다.

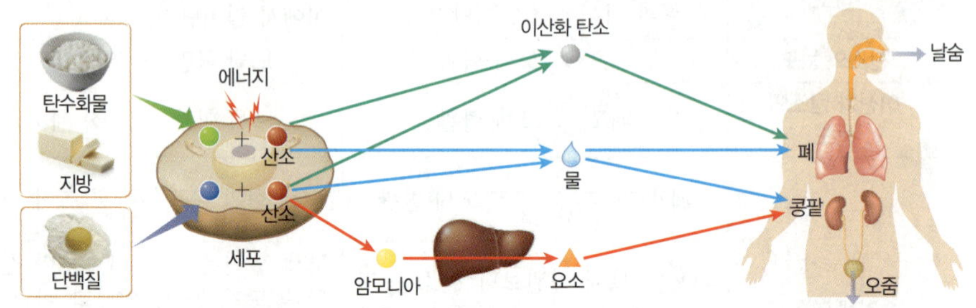

영양소	노폐물	배설 경로
탄수화물, 지방, 단백질	이산화 탄소	폐를 통해 날숨으로 몸 밖으로 내보내진다.
	물	몸속에서 이용되기도 하지만 여분의 물은 폐에서 날숨 속의 수증기의 형태로 몸 밖으로 내보내지거나, 콩팥에서 걸러져 오줌의 형태로 몸 밖으로 내보내진다.
단백질	암모니아	암모니아는 독성이 강해 간에서 독성이 약한 요소로 바뀐 다음 콩팥에서 물과 함께 오줌으로 내보내진다.

3 배설계의 구조 : 콩팥, 오줌관, 방광, 요도 등의 배설 기관으로 이루어져 있다.

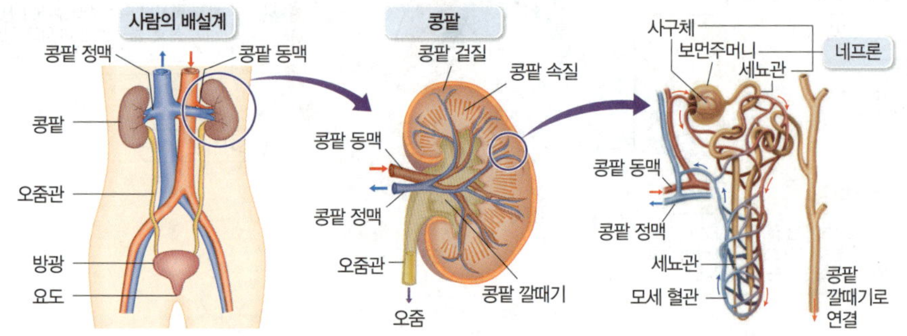

콩팥	• 주먹만 한 크기의 강낭콩 모양으로, 허리 부분에서 등 쪽 좌우 양옆에 한 개씩 총 두 개가 있다. • 혈액 속의 노폐물을 걸러 오줌을 만든다. • 혈액은 콩팥 동맥을 통해 들어왔다가 콩팥 정맥으로 나간다. • 콩팥 겉질, 콩팥 속질, 콩팥 깔때기로 구분된다. • 콩팥의 겉질과 속질에는 오줌을 만드는 기본 단위인 네프론이 분포한다. • 네프론 : 오줌을 만드는 기본 단위로, 사구체＋보먼주머니＋세뇨관으로 구성된다.		
	네프론	사구체	콩팥 동맥에서 나온 모세 혈관이 뭉쳐 있는 것
		보먼주머니	사구체를 둘러싸고 있는 주머니 모양의 구조
		세뇨관	보먼주머니에 연결된 가는 관
오줌관	콩팥과 방광을 연결하는 긴 관, 콩팥에서 만들어진 오줌이 방광으로 이동하는 관		
방광	오줌관의 끝에 연결되어 있으며, 오줌을 저장하는 장소		
요도	오줌을 몸 밖으로 내보내는 통로		

4 오줌의 배설 경로 : 콩팥의 네프론에서 생성된 오줌은 콩팥 깔때기에 모이고, 콩팥 깔때기 속 오줌은 오줌관을 지나 방광에 저장되었다가 요도를 통해 몸 밖으로 배출된다.

5 오줌의 생성 과정 : 오줌은 네프론에서 여과, 재흡수, 분비 과정을 거쳐 만들어진다.

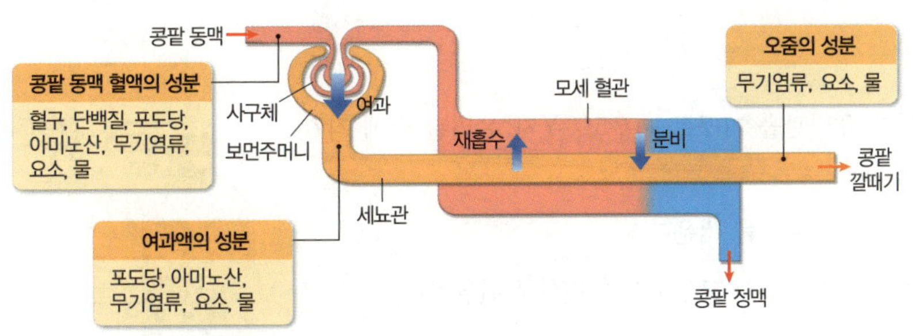

여과	• 사구체 → 보먼주머니로 물, 요소, 포도당, 아미노산, 무기염류 등 크기가 작은 물질이 이동하는 현상 • 이동하지 않는 물질 : 혈구, 단백질과 같이 크기가 큰 물질
재흡수	• 세뇨관 → 모세 혈관으로 포도당, 아미노산, 물, 무기염류 등 몸에 필요한 물질이 이동하는 현상 • 포도당, 아미노산은 100 % 재흡수, 물, 무기염류는 대부분 재흡수된다.
분비	• 모세 혈관 → 세뇨관으로 사구체에서 미처 여과되지 못하고 혈액에 남아 있던 노폐물의 일부가 이동하는 현상

더 알아보기 — 혈장, 여과액, 오줌 성분의 비교

• 물 : 혈장, 여과액, 오줌에서 가장 많은 성분이다.
• 단백질 : 혈장에는 있고 여과액에는 없다. ⇨ 여과되지 않기 때문이다.
• 포도당 : 여과액에는 있지만 오줌에는 없다. ⇨ 여과된 후 100 % 재흡수되기 때문이다.
• 요소 : 여과액에 비해 오줌에서 60배 정도 농도가 높다.

(단위 : %)

성분	혈장	여과액	오줌
물	93	93	95
단백질	7	0	0
포도당	0.1	0.1	0
요소	0.03	0.03	2

5 세포 호흡

산소를 이용하여 영양소를 분해하고, 생활에 필요한 에너지를 얻는 과정 ⇨ 세포 호흡 과정에서 방출된 에너지는 여러 가지 생명 활동에 사용되거나 열로 방출된다.

미니 탐구 — 기관계의 상호 작용

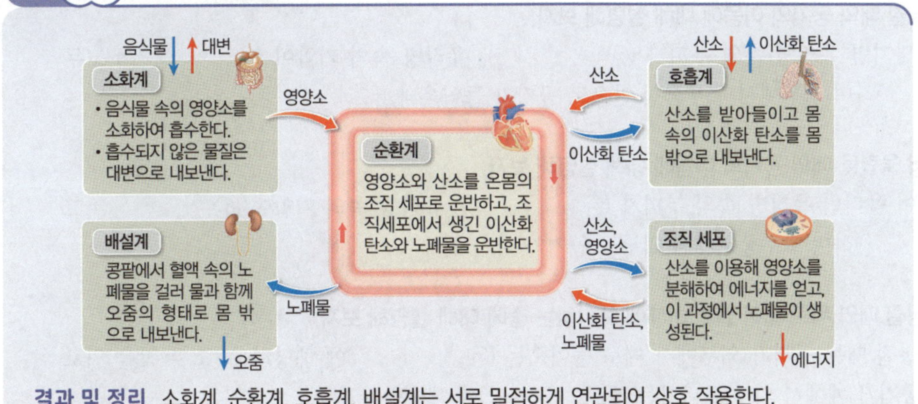

결과 및 정리 소화계, 순환계, 호흡계, 배설계는 서로 밀접하게 연관되어 상호 작용한다.

★ 이것이 핵심!!

1. 오줌은 네프론에서 여과, 재흡수, 분비 과정을 거쳐 만들어진다.
2. 기관계의 상호 작용에 의해 건강한 생활이 유지될 수 있다.

사구체에서 여과가 일어나는 원리

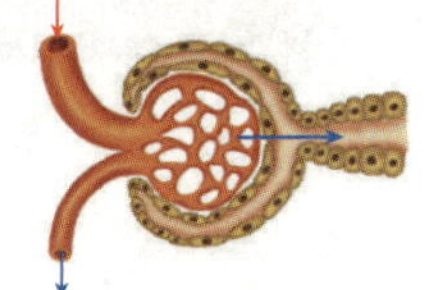

사구체로 들어가는 혈관은 굵은 데 비해 사구체에서 나오는 혈관은 가늘다. 따라서 사구체에 높은 혈압이 형성되어 혈압 차에 의해 보먼주머니로 여과가 일어난다.

세포 호흡에 필요한 물질의 공급

• 영양소 : 소화계로 흡수되어 순환계를 통해 조직 세포로 전달
• 산소 : 호흡계를 통해 흡수되어 순환계에 의해 온몸의 조직 세포로 전달

세포 호흡과 에너지의 이용

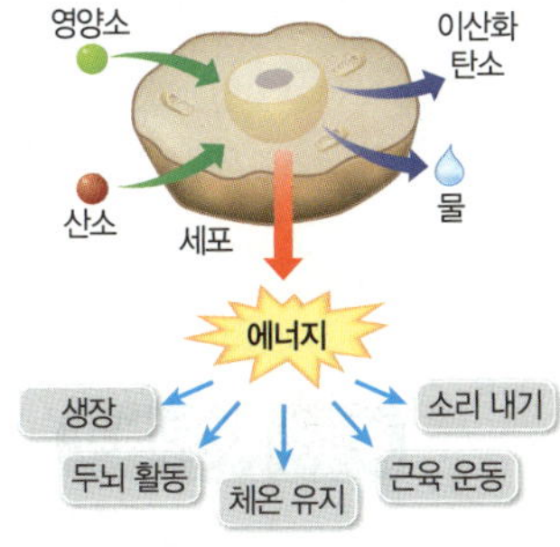

세포 호흡과 연소의 비교

세포 호흡
• 영양소＋산소 → 물＋이산화 탄소＋에너지
• 비교적 낮은 온도에서 반응이 단계적으로 일어나며 에너지가 소량씩 방출됨

연소
• 연료＋산소 → 물＋이산화 탄소＋에너지
• 고온에서 격렬하게 반응이 일어나 한꺼번에 에너지가 방출됨

➕ 용어

여과
액체 속에 있는 물질을 걸러내는 과정이다.

탐구

호흡 운동의 원리

● 실험 설계하기

1 밑이 없는 유리병에 Y자 유리관을 거꾸로 끼우고, Y자 유리관 끝에 각각 고무풍선을 매단다.

2 유리병 밑바닥에 끈이 달린 고무 막을 씌운다.

3 고무 막에 달린 끈을 아래로 당기면서 고무풍선의 변화를 관찰한다.

4 고무 막을 밀어 올리면서 고무풍선의 변화를 관찰한다.

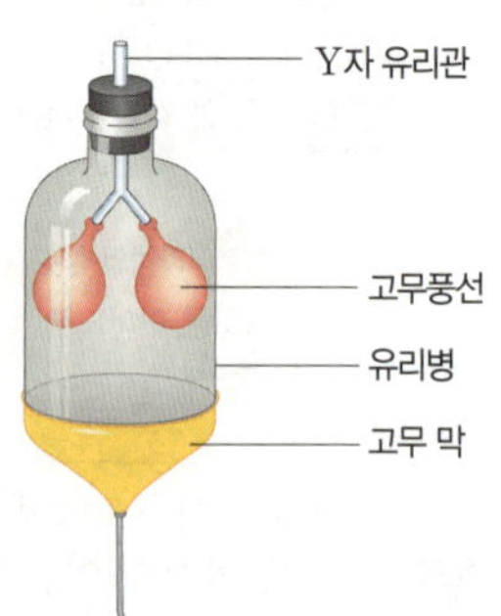

● 결과 분석하기

고무 막을 아래로 당길 때	고무 막을 위로 밀어 올렸을 때
공기	공기
유리병 속의 고무풍선이 팽창한다.	유리병 속의 고무풍선이 수축한다.

● 스스로 정리하기

1 Y자 유리관, 유리병, 고무풍선, 고무 막은 각각 어떤 기관에 해당하는지 설명해 보자.
Y자 유리관은 (㉠   ), 유리병 속은 흉강(가슴 속), 고무풍선은 (㉡   ), 고무 막은
(㉢   )에 해당한다.

2 고무 막을 아래로 당길 때의 공기의 이동에 대해 설명해 보자.
고무 막을 아래로 당기면 유리병 속의 부피가 (㉠   ), 유리병 속의 기압이 (㉡   ) 고무
풍선이 (㉢   )하며 외부에서 고무풍선 안으로 공기가 들어온다.

3 고무 막을 위로 밀어 올렸을 때의 공기의 이동에 대해 설명해 보자.
고무 막을 위로 밀어 올리면 유리병 속의 부피가 (㉠   ), 유리병 속의 기압이 (㉡   ) 고
무풍선이 (㉢   )하며 고무풍선에서 외부로 공기가 나간다.

4 고무 막을 아래로 당길 때와 위로 밀어 올렸을 때에 해당하는 숨에 대해 설명해 보자.
고무 막을 아래로 당길 때는 공기가 외부에서 폐로 들어오는 (㉠   )에 해당하고, 고무 막을 위로
밀어 올렸을 때는 공기가 폐에서 외부로 나가는 (㉡   )에 해당한다.

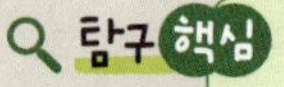
탐구 **핵심** 호흡 운동 모형에서는 가로막에 해당하는 고무 막의 움직임만으로 공기가 드나들지만, 사람의 몸에서는 가로막과 갈비뼈가 함께 움
직여 공기가 드나든다는 차이점이 있다.

개념 확인 문제

※ 다음 글의 빈칸에 알맞은 말을 쓰거나 고르시오.

1 호흡계

01 호흡계는 숨을 들이쉬고 내쉬면서 (㉠　　　)를 흡수하고 (㉡　　　)를 내보내는 기능을 담당하는 기관들로 구성되어 있다.

02 (들숨, 날숨)에는 산소가 많이 들어 있으며, 폐에서 조직 세포로 산소를 공급해 준다.

03 호흡으로 생성된 이산화 탄소가 몸 밖으로 배출되기 때문에 (들숨, 날숨)에는 이산화 탄소가 많이 들어 있다.

04 호흡 기관에 대한 설명으로 옳은 것은 ○, 옳지 <u>않은</u> 것은 ×로 표시하시오.

(1) 폐는 단단한 근육으로 이루어진 기관이다. (○, ×)

(2) 폐는 갈비뼈와 가로막에 둘러싸인 흉강 안에 존재한다. (○, ×)

(3) 수많은 폐포는 폐와 공기가 접촉하는 표면적을 넓혀주어 효율적으로 기체 교환이 이루어지게 한다. (○, ×)

2 사람의 호흡 운동

05 폐는 (㉠　　　)와 (㉡　　　)의 상하 운동에 의해 흉강의 부피를 조절하여 호흡 운동을 한다.

06 호흡 운동이 일어나는 과정을 나타낸 |보기|에서 (1), (2)에 해당하는 것을 모두 고르시오.

보기
ㄱ. 갈비뼈가 올라간다. ㄴ. 갈비뼈가 내려간다.
ㄷ. 흉강의 부피가 커진다. ㄹ. 흉강의 부피가 작아진다.
ㅁ. 공기가 폐에서 나간다. ㅂ. 공기가 폐로 들어온다.

(1) 들숨일 때의 호흡 운동 : (　　　　　)

(2) 날숨일 때의 호흡 운동 : (　　　　　)

3 기체 교환

07 기체 교환은 기체의 농도 차이에 의한 (　　　　)을 통해 이루어진다.

08 폐에서 (㉠　　　)는 폐포에서 모세 혈관으로 이동하고, (㉡　　　)는 모세 혈관에서 폐포로 이동한다.

09 조직 세포에서는 (㉠　　　)가 모세 혈관에서 조직 세포로, (㉡　　　)가 조직 세포에서 모세 혈관으로 이동한다.

10 폐포, 모세 혈관, 조직 세포 중 산소 농도가 가장 높은 곳은 (㉠ 폐포, 조직 세포)이고, 이산화 탄소의 농도가 가장 높은 곳은 (㉡ 폐포, 조직 세포)이다.

4 배설계

11 노폐물의 생성 및 배설에 대한 설명으로 옳은 것은 ○, 옳지 <u>않은</u> 것은 ×로 표시하시오.

(1) 탄수화물, 지방, 단백질이 분해되면 공통적으로 이산화 탄소와 물이 생성된다. (○, ×)

(2) 탄수화물이 분해될 때 암모니아가 생성된다. (○, ×)

(3) 암모니아는 콩팥을 통해 오줌으로 바로 나간다. (○, ×)

(4) 혈액 속의 노폐물을 걸러 오줌으로 내보내는 것을 배설이라고 한다. (○, ×)

12 배설계는 (㉠　　　), 오줌관, (㉡　　　), 요도 등의 배설 기관으로 이루어져 있다.

13 콩팥의 겉질과 속질에는 오줌을 만드는 기본 단위인 (　　　　)이 분포한다.

14 네프론은 사구체, (　　　　), 세뇨관으로 구성되어 있다.

15 네프론에서 만들어진 오줌은 (　　　　)에 모인 다음 오줌관을 지나 방광에 저장되었다가 요도를 통해 몸 밖으로 배출된다.

16 (　　　　)은 네프론에서 여과, 재흡수, 분비 과정을 거쳐 만들어진다.

17 여과는 (㉠　　　)에서 (㉡　　　)로 물, 요소, 포도당, 아미노산, 무기염류 등 크기가 작은 물질이 이동하는 현상이다.

18 오줌의 생성 과정에서 (㉠　　　), (㉡　　　)은 100 % 재흡수된다.

19 혈장, 여과액, 오줌에서 공통적으로 가장 많은 성분은 (　　　　)이다.

20 (　　　　)은 혈장에는 있지만 여과액에는 없다.

21 포도당과 아미노산은 여과액에는 있지만 (　　　　)에는 없다.

5 세포 호흡

22 세포 호흡은 (㉠　　　)를 이용하여 영양소를 분해하고, 생활에 필요한 (㉡　　　)를 얻는 과정이다.

23 산소는 (㉠　　　)를 통해 흡수되어 (㉡　　　)를 통해 조직 세포로 전달된다.

24 영양소는 (㉠　　　)를 통해 흡수되어 (㉡　　　)를 통해 조직 세포로 전달된다.

25 노폐물을 배설계로 운반하는 것은 (　　　　)이다.

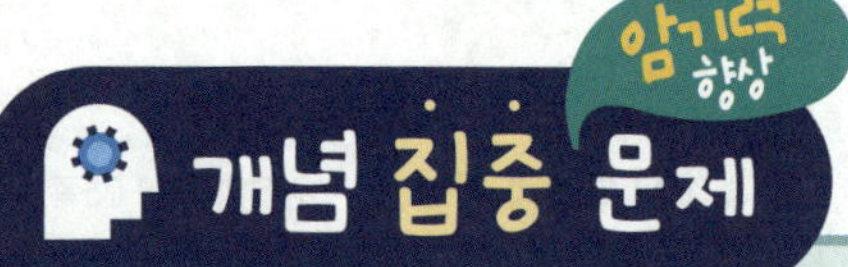

◉ 호흡계

숨을 들이쉬고 내쉬는 과정에서 산소를 흡수하고 이산화 탄소를 몸 밖으로 내보내는 기능을 담당하는 기관들의 모임
⑩ 폐, 기관, 기관지 등

◉ 호흡 운동

(1) 들숨
· 산소가 많이 포함되어 있으며, 폐에서 산소를 받아 혈액을 통해 조직 세포에 산소를 공급해 준다.
· 갈비뼈가 올라가고 가로막이 내려가 흉강의 부피가 커지면서 공기가 폐로 들어온다.

(2) 날숨
· 이산화 탄소가 많이 포함되어 있으며, 세포 호흡 과정에서 생성된 이산화 탄소를 몸 밖으로 내보낸다.
· 갈비뼈가 내려가고 가로막이 올라가 흉강의 부피가 작아지면 폐에서 공기가 밖으로 나간다.

호흡계

1 그림은 호흡계를 나타낸 것이다. 빈칸에 알맞은 말을 쓰시오.

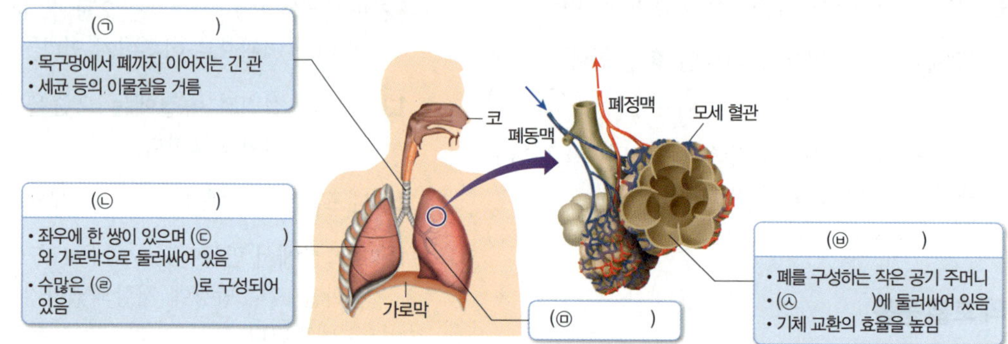

호흡 운동

2 그림은 호흡 운동을 하는 과정을 나타낸 것이다. 빈칸에 알맞은 말을 쓰시오.

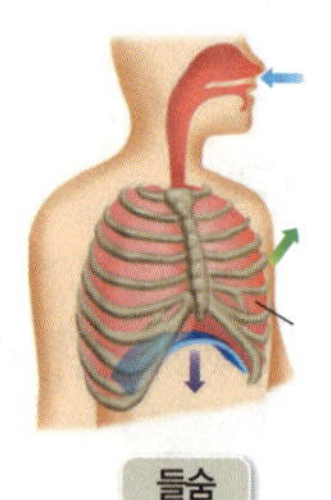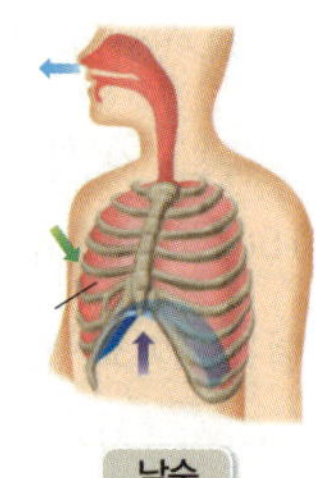

(1) 들숨 : 갈비뼈가 올라가고, 가로막이 (㉠   ). → 폐의 부피가 (㉡   ). → 폐 내부 압력이 (㉢   ). → 공기가 몸 안으로 (㉣   ).

(2) 날숨 : 갈비뼈가 내려가고, 가로막이 (㉠   ). → 폐의 부피가 (㉡   ). → 폐 내부 압력이 (㉢   ). → 공기가 몸 밖으로 (㉣   ).

호흡 운동 실험

3 그림은 호흡 운동 실험 장치를 나타낸 것이다. 각 장치가 우리 몸의 어떤 기관에 해당하는지 쓰시오.

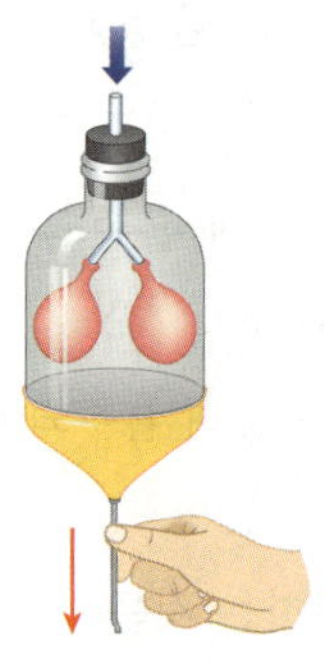

(1) Y자 유리관 :

(2) 유리병 :

(3) 고무풍선 :

(4) 고무 막 :

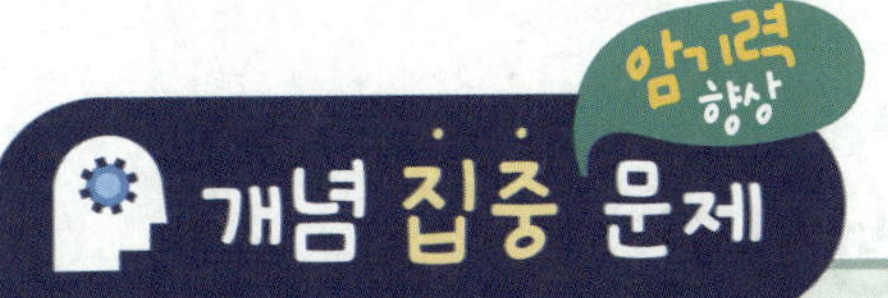

배설계

콩팥, 오줌관, 방광, 요도 등의 배설 기관으로 이루어져 있고, 노폐물을 몸 밖으로 내보내는 역할을 한다.

콩팥

(1) 주먹만 한 크기의 강낭콩 모양으로 혈액 속의 노폐물을 걸러 오줌을 만든다.

(2) 콩팥의 겉질과 속질에는 오줌을 만드는 기본 단위인 네프론이 분포한다.

(3) 네프론 : 사구체, 보먼주머니, 세뇨관으로 구성되어 있다.

오줌의 배설 경로

콩팥 동맥 → 사구체 → 보먼주머니 → 세뇨관 → 콩팥 깔때기 → 오줌관 → 방광 → 요도 → 몸 밖

배설계

1 그림은 배설계의 모습을 나타낸 것이다. 빈칸에 알맞은 이름을 쓰시오.

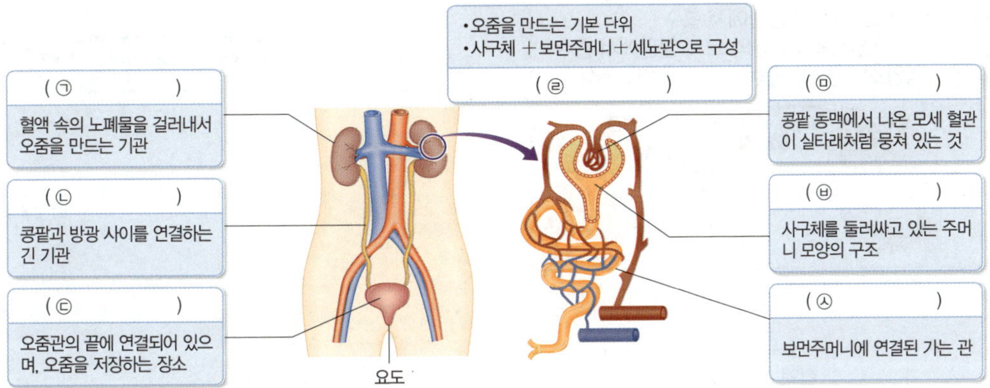

콩팥

2 그림은 콩팥의 일부분을 나타낸 것이다. A～D의 이름을 쓰시오.

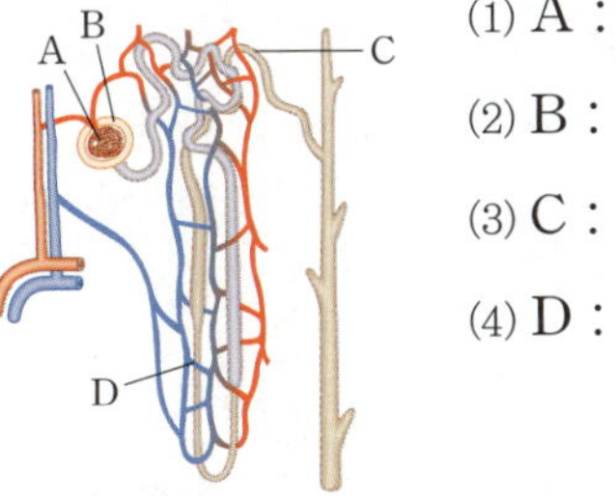

(1) A :

(2) B :

(3) C :

(4) D :

오줌의 배설 경로

3 다음은 오줌의 배설 경로를 나타낸 것이다. 빈칸에 알맞은 말을 쓰시오.

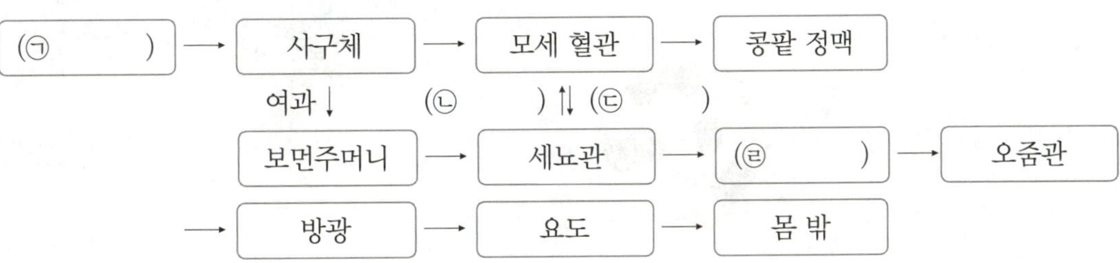

단원마무리 생각그물 완성하기

소화계

소화 과정

❶ (   ) : 음식물 속의 크기가 큰 영양소를 크기가 작은 영양소로 분해하는 과정

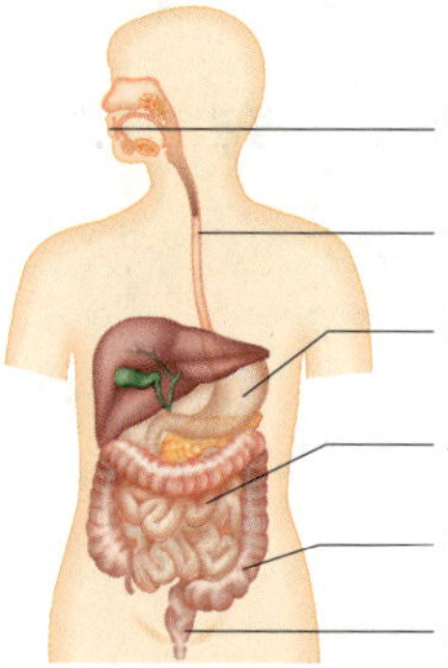

입
↓
식도
↓
위 : 위액 분비 → ❷ (   ) 소화
↓
소장 : 이자액, 소장의 소화 효소
↓　　→ 3대 영양소 소화, 흡수
대장 : 수분 흡수
↓
항문

영양소의 흡수

소화된 영양소는 소장의 융털에서 흡수
- ❸ (   ) 영양소 : 융털의 모세 혈관에서 흡수
- 지용성 영양소 : 융털의 ❹ (   )에서 흡수

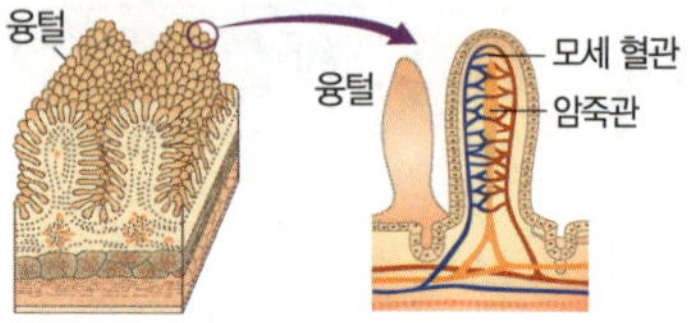

융털
융털
모세 혈관
암죽관

순환계

기관계의 연결

심장

혈액 순환의 중심이 되는 기관

혈관

- ❺ (   ) : 심장에서 나오는 혈액이 흐르는 혈관
- ❻ (   ) : 심장으로 들어가는 혈액이 흐르는 혈관
- 모세 혈관 : 온몸에 그물처럼 퍼져 있는 가느다란 혈관

조직 세포와 물질 교환이 일어난다.

모세 혈관 ⇄ 조직 세포 (→ ❼ (   ), ← ❽ (   ))

혈액

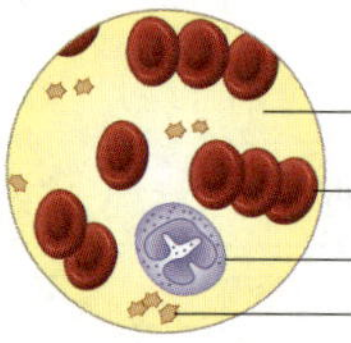

❾ (   )
❿ (   )
⓫ (   )
혈소판

혈액의 순환

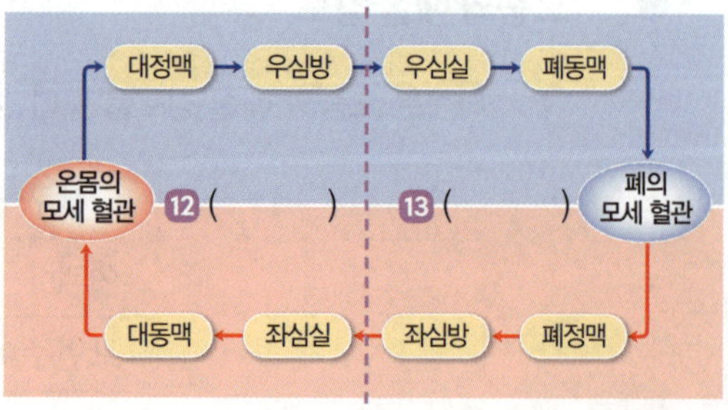

대정맥
우심방
우심실
폐동맥
온몸의 모세 혈관
⓬ (   )
⓭ (   )
폐의 모세 혈관
대동맥
좌심실
좌심방
폐정맥

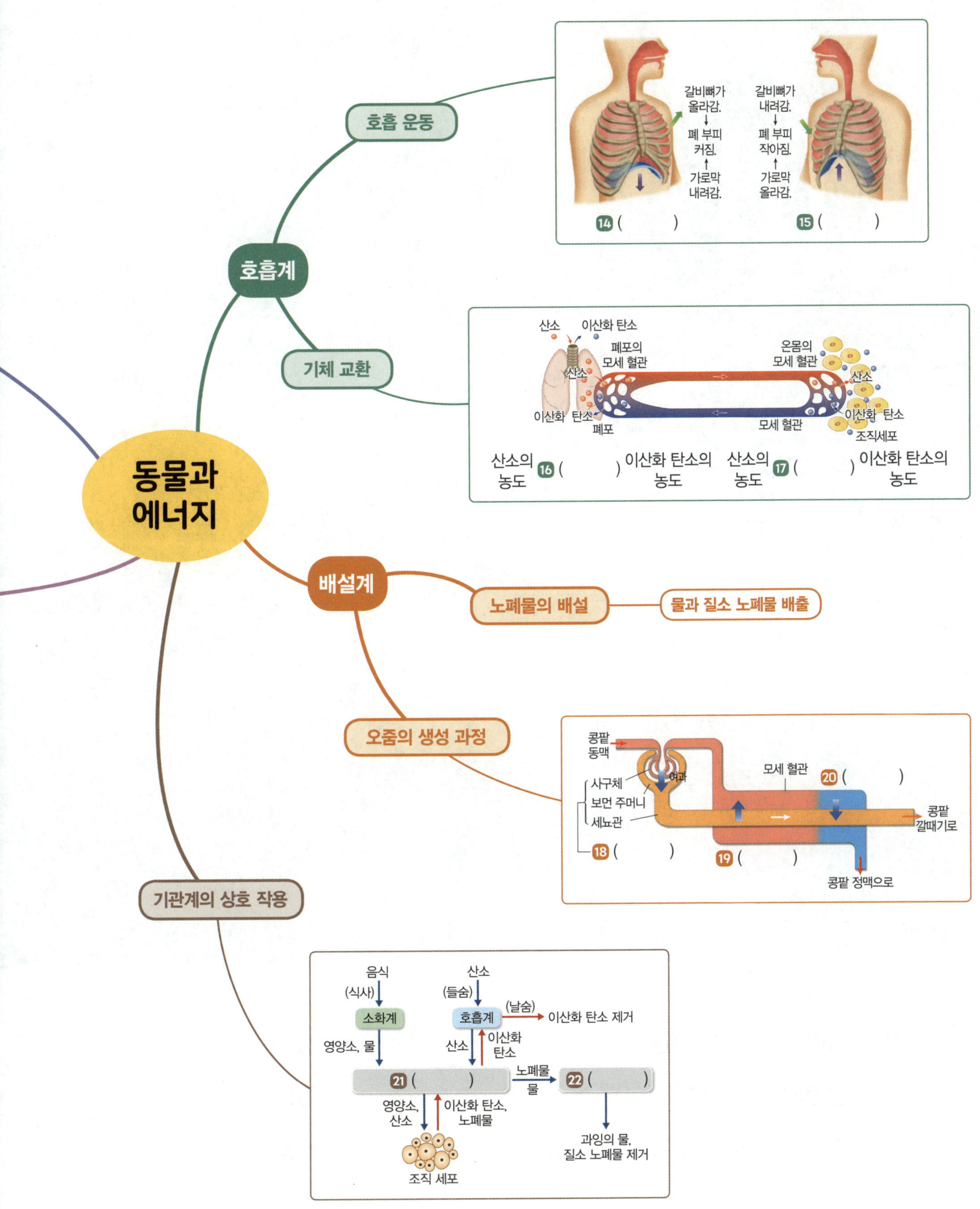

호흡계
호흡 운동
갈비뼈가 올라감.
폐 부피 커짐.
가로막 내려감.
갈비뼈가 내려감.
폐 부피 작아짐.
가로막 올라감.
14 (   )
15 (   )
기체 교환
산소
이산화 탄소
폐포의 모세 혈관
산소
이산화 탄소
폐포
온몸의 모세 혈관
산소
이산화 탄소
조직세포
모세 혈관
산소의 농도 16 (   )
이산화 탄소의 농도
산소의 농도 17 (   )
이산화 탄소의 농도
배설계
노폐물의 배설
물과 질소 노폐물 배출
오줌의 생성 과정
콩팥 동맥
사구체
보먼 주머니
세뇨관
여과
모세 혈관
20 (   )
콩팥 깔때기로
18 (   )
19 (   )
콩팥 정맥으로
기관계의 상호 작용
음식
(식사)
산소
(들숨)
소화계
호흡계
(날숨) 이산화 탄소 제거
영양소, 물
산소
이산화 탄소
21 (   )
노폐물
물
22 (   )
영양소, 산소
이산화 탄소, 노폐물
조직 세포
과잉의 물, 질소 노폐물 제거

동물과 에너지

Ⅲ

자극과 반응

우리 몸의 눈, 귀, 코, 혀, 피부 감각들이 서로 다른 자극을 감지할 수 있음을 알고, 뉴런과 신경계의 구조와 기능을 파악함으로써 각 감각 기관에서 감지된 자극이 신경계에 전달될 수 있음을 이해한다. 또한, 감지된 자극들이 외부 환경의 변화에도 체내 상태를 일정하게 유지하는 항상성에 대해 설명할 수 있게 한다.

★ 마약 탐지견은 어떻게 마약을 찾아낼 수 있을까?

★ 귀마개를 하면 왜 소리가 잘 들리지 않을까?

★ 스포츠 경기에서 출발 신호를 듣고 출발하기까지 시간이 걸리는 까닭은 무엇일까?

★ 추울 때 피부에 소름이 돋는 까닭은 무엇일까?

05 감각 기관

📖 Note

자극

빛, 소리, 온도와 같이 생물에 작용하여 특정한 반응을 일으키는 환경 요인

맹점과 황반

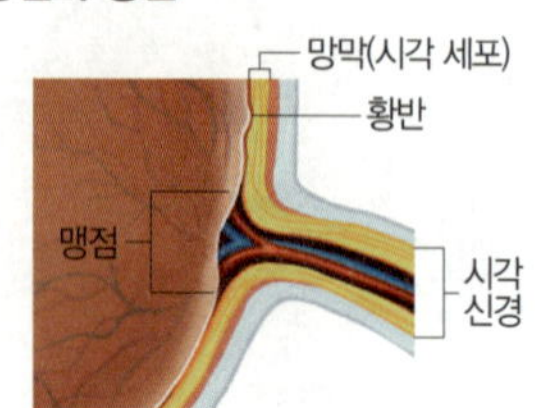

맹점에 상이 맺히면 물체가 보이지 않지만 황반에 물체의 상이 맺히면 물체가 선명하게 보인다.

빛과 시각의 성립 경로

물체에서 나온 빛이 각막과 수정체를 지나 굴절되어 망막에 상이 맺히고, 망막의 시각 세포가 자극으로 받아들여 시각 신경을 통해 뇌로 전달되어 물체를 본다.

눈과 사진기의 비교

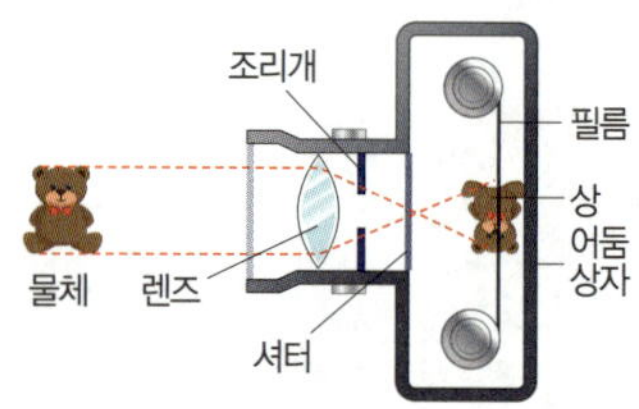

기능	눈	사진기
빛의 굴절	수정체	렌즈
빛의 양 조절	홍채	조리개
상의 맺힘	망막	필름
암실 기능	맥락막	어둠상자
빛의 차단	눈꺼풀	셔터

---

1 자극과 감각

1 감각 기관 : 주변에서 발생하는 자극을 받아들이는 기관

2 감각 기관에서 받아들이는 자극과 감각

감각 기관	눈	귀	코	혀	피부
자극	빛	소리	기체 상태의 화학 물질	액체 상태의 화학 물질	접촉, 압력, 온도 변화 등
감각	시각	청각	후각	미각	피부 감각

2 시각을 담당하는 감각 기관

1 시각 : 눈에서 빛을 자극으로 받아들여 물체의 형태와 색깔, 크기, 거리 등을 느끼는 감각

2 눈의 구조와 기능

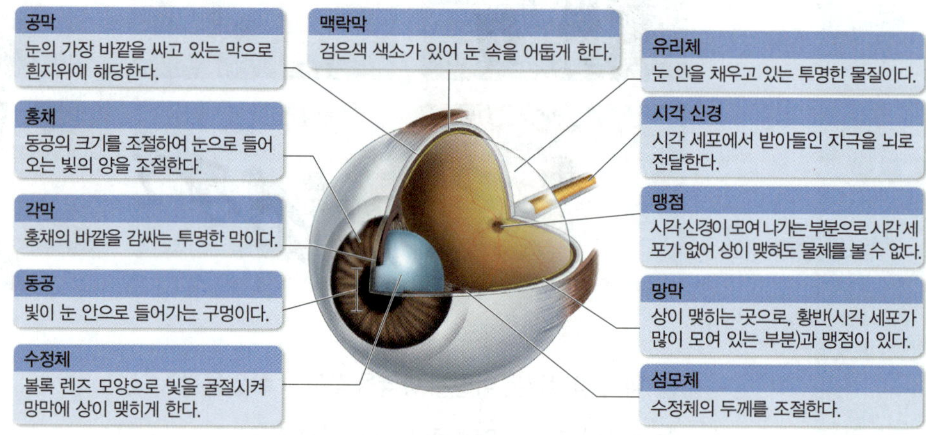

3 시각의 성립 경로

> 빛 → 각막 → 수정체 → 유리체 → 망막의 시각 세포 → 시각 신경 → 뇌

4 눈의 조절 작용

(1) **명암 조절** : 주변의 밝기에 따라 홍채가 확장 또는 축소하여 동공의 크기가 변함으로써 눈으로 들어오는 빛의 양이 조절된다.

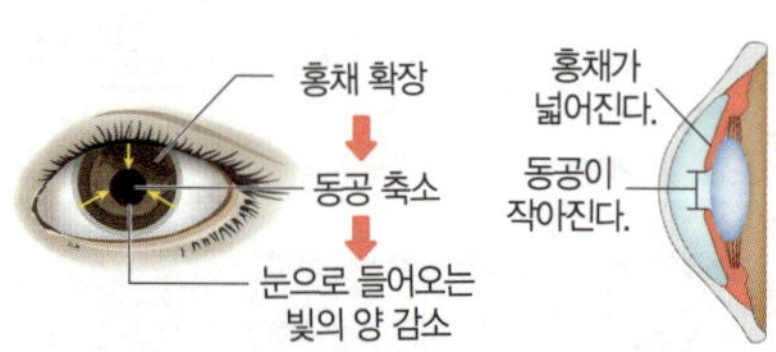

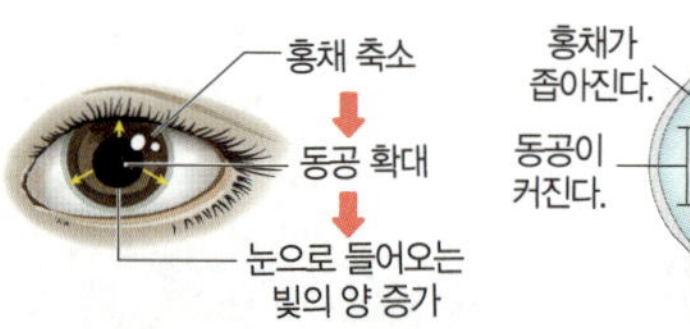

밝을 때
눈으로 들어오는 빛의 세기가 강하기 때문에 홍채가 확장하면서 동공의 크기가 작아져 눈으로 들어오는 빛의 양이 감소한다.

어두울 때
눈으로 들어오는 빛의 세기가 약하기 때문에 홍채가 축소하면서 동공의 크기가 커져 눈으로 들어오는 빛의 양이 증가한다.

(2) 원근 조절 : 눈과 물체 사이의 거리에 따라 섬모체가 이완 또는 수축하여 수정체의 두께가 변함으로써 망막에 뚜렷한 상이 맺히도록 조절된다.

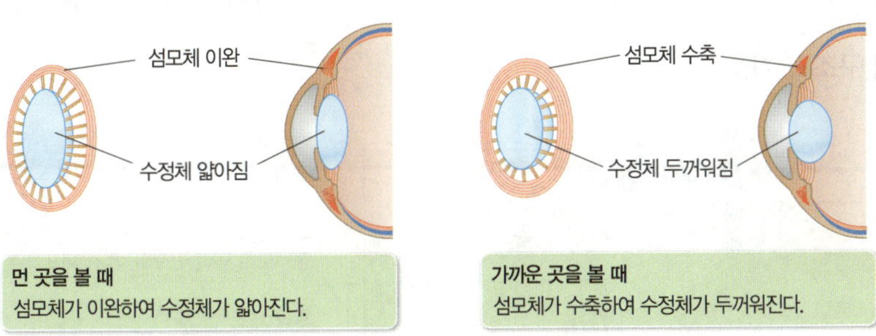

③ 청각과 평형 감각을 담당하는 감각 기관

1 청각 : 귀에서 공기의 진동을 자극으로 받아들여 소리를 듣는 감각

2 귀의 구조와 기능

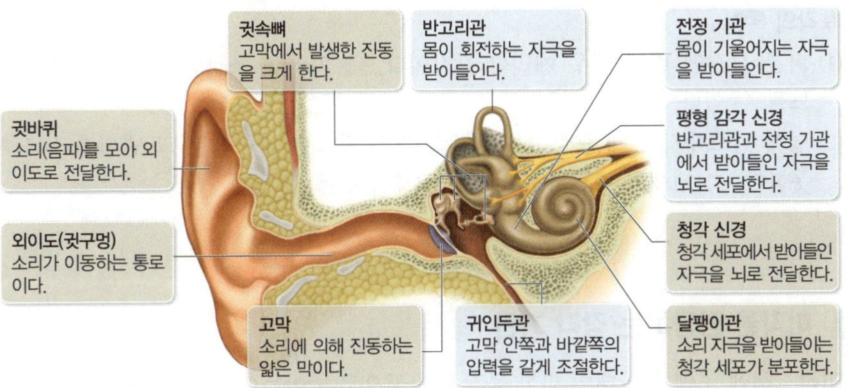

3 청각의 성립 경로

> 소리(음파) → 귓바퀴 → 외이도 → 고막 → 귓속뼈
> → 달팽이관의 청각 세포 → 청각 신경 → 뇌

4 평형 감각 : 몸이 회전하거나 기울어지는 것을 느낄 수 있는 감각

구분	기능	예
반고리관	몸의 회전이나 이동을 감지한다. ⇨ 몸이 회전하면 반고리관에 들어 있는 림프액이 움직이고 감각 세포를 자극하여 몸이 회전하는 것을 느끼게 한다.	회전하는 놀이기구를 타고 내렸을 때 한동안 어지럽다.
전정 기관	중력 자극을 받아들여 몸의 기울어짐을 감지한다. ⇨ 몸이 기울어지면 전정 기관에 들어 있는 작은 돌이 움직이고 감각 세포를 자극하여 몸이 기울어지는 것을 느끼게 한다.	돌부리에 걸려 넘어질 때 몸이 기울어지는 것을 느낀다.

★ 이것이 핵심!!

1. 시각을 담당하는 기관은 눈으로 물체의 형태나 색, 명암 등을 판단한다.
2. 청각과 평형 감각은 귀에서 받아들인다. 청각은 소리(파동), 평형 감각은 회전과 중력을 감지한다.

Note

눈의 이상과 교정

• 근시 : 수정체가 얇아지지 않거나 수정체와 망막 사이의 거리가 길어서 상이 망막 앞에 맺혀 물체가 잘 보이지 않는다. ⇨ 오목 렌즈로 교정

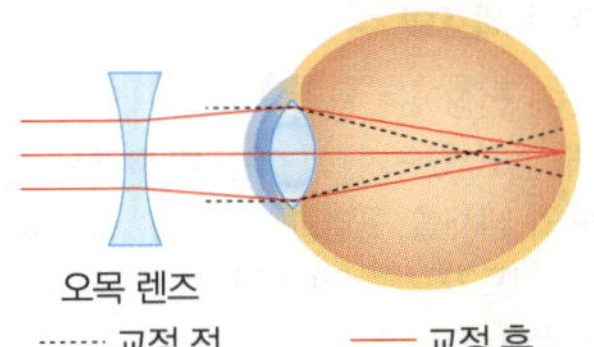

• 원시 : 수정체가 두꺼워지지 않거나 수정체와 망막 사이의 거리가 짧아 상이 망막 뒤에 맺혀 물체가 잘 보이지 않는다. ⇨ 볼록 렌즈로 교정

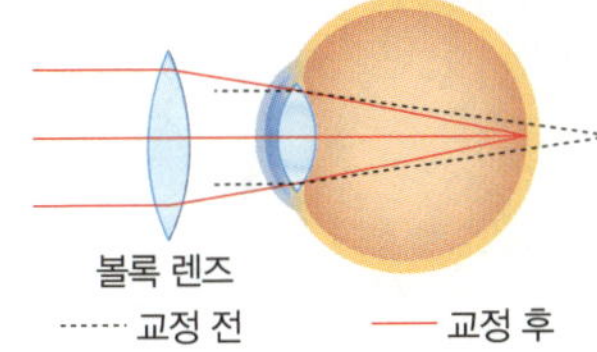

청각의 성립 경로

소리가 고막을 진동시키고, 진동이 귓속뼈를 지나면서 증폭되어 달팽이관에 전달되면 달팽이관의 청각 세포가 자극으로 받아들여 청각 신경을 통해 뇌로 전달되어 소리를 듣는다. ⇨ 귀인두관, 반고리관, 전정 기관은 청각의 성립에 직접 관여하지 않는다.

귀인두관

비행기가 이륙할 때나 높은 산에 오르면 기압이 낮아져 귀가 먹먹해진다. 귀인두관은 평소에는 닫혀 있다가 하품을 하거나 침을 삼킬 때 순간적으로 열리는데, 이때 목구멍을 통해 귀인두관으로 공기가 들어가거나 빠져나가면서 고막 안쪽과 바깥쪽의 압력 차이를 조절하게 되며, 이로 인해 고막이 손상되지 않게 한다.

평형 감각과 멀미

뇌는 귀에서 오는 정보뿐만 아니라 눈으로 들어오는 정보를 종합하여 평형 감각을 느낀다. 버스나 배에 탔을 때 귀와 눈에서 오는 정보가 서로 일치하지 않으면 멀미를 하게 된다.

후각 세포의 수

콧속 천장에는 후각 세포가 약 500만 개 정도 있으며, 2000~4000가지 정도의 냄새를 구별할 수 있다. 개는 후각 세포가 2억 5000만 개 정도 있어 사람보다 훨씬 냄새에 민감하다.

4 후각을 담당하는 감각 기관

1 후각 : 코에서 기체 상태의 화학 물질을 자극으로 받아들여 냄새를 느끼는 감각

2 코의 구조와 기능

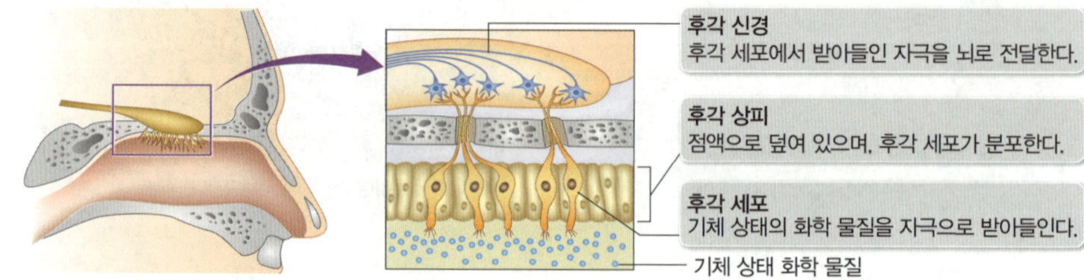

3 후각의 성립 경로 : 기체 상태의 화학 물질이 콧속으로 들어와 후각 상피에 닿으면 후각 세포가 자극으로 받아들여 후각 신경을 통해 뇌로 전달되어 냄새를 맡는다.

> 기체 상태의 화학 물질 → 후각 상피의 후각 세포 → 후각 신경 → 뇌

4 후각의 특징

(1) 다른 감각에 비해 매우 예민한 감각이다. ⇨ 자극이 조금만 달라져도 그 변화를 느낄 수 있다.

(2) 쉽게 피로해지기 때문에 같은 냄새를 계속 맡으면 나중에는 그 냄새를 잘 느끼지 못한다. ⇨ 냄새의 종류가 달라지면 냄새를 맡을 수 있다.

음식을 먹을 때 다양한 맛을 느낄 수 있는 까닭

혀를 통해 느끼는 기본적인 맛은 5가지이지만 시각, 후각과 미각, 피부 감각 등이 함께 작용하기 때문에 5가지보다 많은 맛을 느낄 수 있다.

5 미각을 담당하는 감각 기관

1 미각 : 혀에서 액체 상태의 화학 물질을 자극으로 받아들여 맛을 느끼는 감각

2 혀의 구조와 기능

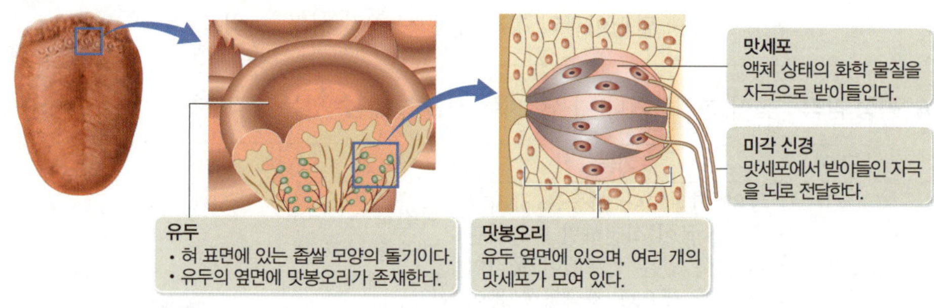

3 미각의 성립 경로 : 액체 상태의 화학 물질이 맛봉오리의 맛세포를 자극하면, 맛세포에 연결된 미각 신경을 통해 뇌로 전달되어 맛을 느낀다.

> 액체 상태의 화학 물질 → 맛봉오리의 맛세포 → 미각 신경 → 뇌

4 미각의 특징

(1) 혀를 통해 느끼는 기본적인 맛에는 단맛, 신맛, 쓴맛, 짠맛, 감칠맛의 5가지가 있다.

(2) 기본적인 맛 외의 다양한 맛을 느끼는 것은 미각만으로 불가능하며, 후각과 미각의 상호 작용으로 느낄 수 있다.

(3) 혀의 부위에 따라 맛을 느끼는 정도가 다를 수 있다.

➕ 용어

감칠맛

다시마, 고기, 생선에 많이 들어 있는 아미노산의 일종인 글루탐산의 맛이다.

미니 탐구 후각과 미각의 상호 작용

과정

① 눈을 가린 상태에서 포도주스와 사과주스의 맛을 구분해 본다.
② 눈을 가린 상태에서 코를 막고 포도주스와 사과주스의 맛을 구분해 본다.

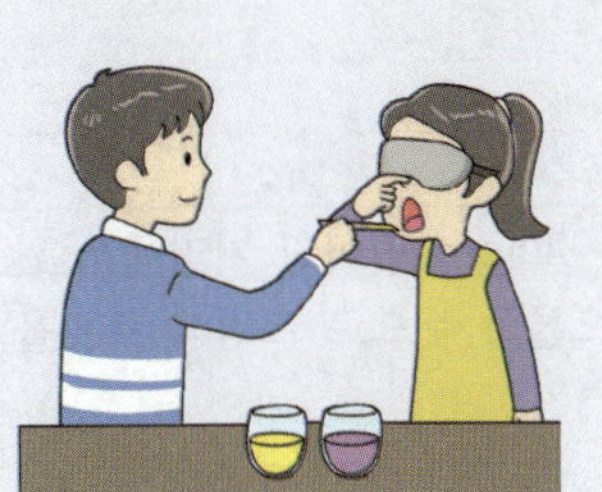

결과 및 정리

1. 코를 막지 않았을 때는 포도주스와 사과주스의 맛을 제대로 구분하지만, 코를 막았을 때는 포도주스와 사과주스의 맛을 구분하기 어렵다.
2. 맛을 느끼는 데에는 후각과 미각이 상호 작용한다. ⇨ 후각과 미각의 상호 작용으로 다양한 맛을 느끼게 된다.

6 피부 감각을 담당하는 감각 기관

1 피부 감각 : 피부에서 여러 가지 자극을 받아들여 부드러움, 딱딱함, 아픔, 따뜻함, 차가움 등을 느끼는 감각

2 감각점 : 피부에서 특정 자극을 받아들이는 부위로, 통점, 압점, 촉점, 냉점, 온점이 있다.

(1) 한 가지 감각점에서는 한 가지 감각만 느낄 수 있다.

감각점	느끼는 감각
통점	강한 자극을 받아들여 통증을 느낀다.
압점	누르는 압력이나 압박을 느낀다.
촉점	가벼운 접촉을 느낀다.
냉점	온도가 낮아지는 변화를 감지하여 차가움을 느낀다.
온점	온도가 높아지는 변화를 감지하여 따뜻함을 느낀다.

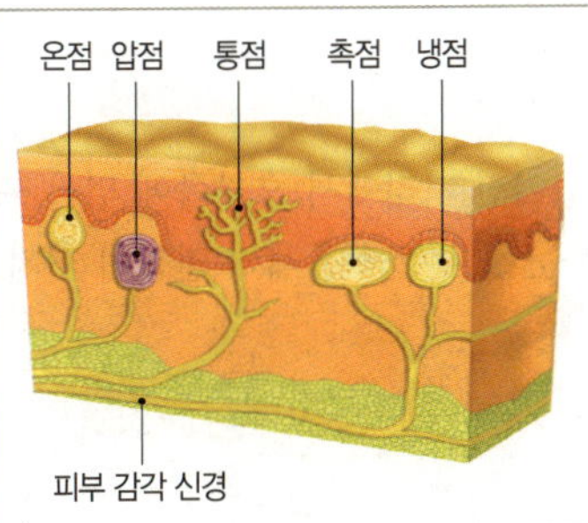

(2) 감각점이 분포하는 정도는 몸의 부위에 따라 다르며, 같은 부위라도 감각점의 종류에 따라 분포하는 개수에는 차이가 있다. ⇨ 감각점이 많은 부위는 그 감각점이 받아들이는 자극에 더 예민하다.

(3) 감각점의 수는 일반적으로 통점이 가장 많고, 온점이 가장 적다.

(4) 여러 감각점은 우리 몸이 주위 환경 변화를 신속히 받아들여 여러 가지 위험으로부터 몸을 안전하게 보호할 수 있게 해 준다.

3 피부 감각의 성립 경로 : 피부의 각 감각점들이 받아들인 자극은 감각점에 연결된 피부 감각 신경을 통해 뇌로 전달되어 피부 감각을 느낀다.

자극 → 피부의 감각점 → 피부 감각 신경 → 뇌

4 피부 감각의 특징

(1) 감각의 크기가 너무 커지면 통증으로 느낀다.
(2) 온점이나 냉점은 절대적인 온도를 느끼는 것이 아니라 상대적인 온도 변화를 느낀다.

⭐ **이것이 핵심!!!**

1. 후각과 미각의 상호 작용으로 다양한 음식의 맛을 느낄 수 있다.
2. 감각점은 몸의 부위에 따라 분포 정도가 다르며, 일반적으로 감각점의 수는 통점이 가장 많다.

매운맛과 떫은맛

매운맛과 떫은맛은 미각이 아닌 피부 감각의 일종으로, 매운맛은 혀의 피부에 있는 통점을 통해, 떫은맛은 압점을 통해 느낀다.

온점과 냉점

우리는 같은 온도를 따뜻하게 느끼기도 하고 차갑게 느끼기도 한다. 이는 처음보다 온도가 높아지면 피부의 온점이 자극을 받아들이고, 처음보다 온도가 낮아지면 피부의 냉점이 자극을 받아들이기 때문이다.

통점이 가장 많은 까닭

여러 감각점 중 통점은 우리 몸에 가장 많이 분포하고 있는데, 이는 생존에 위협적인 자극에 대해 우리 몸이 고통을 느껴 바로 반응할 수 있게 하기 위해서이다.

탐구 A · 시각 관련 실험하기

◎ 실험 설계하기

[실험 1] 맹점 확인하기	[실험 2] 빛의 밝기에 따른 홍채와 동공 변화 관찰하기
❶ 그림으로부터 10~20 cm 떨어진 거리에서 왼쪽 눈을 가리고 오른쪽 눈으로 그림의 로봇을 바라본다.	❶ 손전등의 앞부분에 흰 종이를 붙인다.
❷ 오른쪽 눈동자를 움직이지 않고 로봇을 계속 주시하면서 천천히 그림을 앞뒤로 움직여본다.	❷ 두 명이 모둠을 구성한 후, 한 사람은 두 눈을 감고 손으로 감은 눈을 가린다.
	❸ 1분 정도 지난 후 눈을 가린 손을 떼고 감은 눈을 뜨면, 다른 사람이 흰 종이를 붙인 손전등으로 눈을 비추고 홍채와 동공의 변화를 관찰한다.

❸ 로봇을 주시하면서 오른쪽 드론이 보이지 않을 때는 언제인지 확인한다.

◎ 결과 분석하기

- [실험 1] 어느 정도 떨어진 거리에서 오른쪽에 있는 드론이 보이지 않을 때가 있다.
- [실험 2] 손전등으로 눈을 비추면 홍채의 면적이 커지고 동공의 크기는 작아진다.

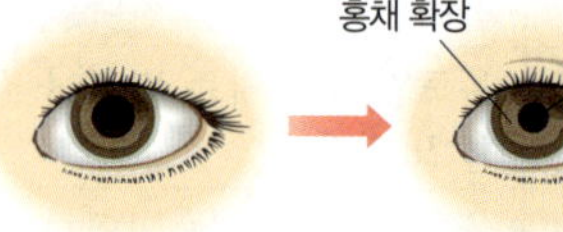

◎ 스스로 정리하기

1 **[실험 1]의 결과 어느 정도 떨어진 거리에서 드론이 보이지 않는 까닭을 설명해 보자.**

그림과 오른쪽 눈 사이가 일정 거리가 되면 드론의 상이 (㉠   )에 맺혀 보이지 않는데, 이는 (㉡   )에는 (㉢   )가 분포하지 않아 상이 맺혀도 인지할 수 없기 때문이다.

2 **[실험 2]에서 빛의 밝기에 따라 홍채와 동공의 크기는 어떻게 변화하는지 설명해 보자.**

빛의 밝기가 강할 때는 홍채의 면적이 (㉠   )지고 동공의 크기가 (㉡   )져 눈으로 들어오는 빛의 양이 (㉢   )하고, 빛의 밝기가 약할 때는 홍채의 면적이 (㉣   )지고 동공의 크기가 (㉤   )져 눈으로 들어오는 빛의 양이 (㉥   )한다.

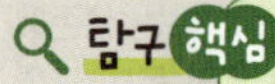 **탐구 핵심**

1. 한 쪽 눈으로 물체를 볼 때 특정 물체가 안 보이는 것은 시각 세포가 없는 맹점에 상이 맺혔기 때문이다.
2. 강한 빛에서는 눈으로 들어오는 빛의 양이 줄어들고, 약한 빛에서는 동공으로 들어오는 빛의 양이 늘어나는데, 동공의 크기는 홍채의 수축과 이완에 의해 변한다.

탐구 B · 피부 감각 알아보기

실험 설계하기

[실험 1] 피부 감각점의 분포 알아보기	[실험 2] 피부의 온도 감각 알아보기

[실험 1] 피부 감각점의 분포 알아보기

❶ 정사각형 하드보드지의 네 변에 이쑤시개를 두 개씩 각각 8 mm, 6 mm, 4 mm, 2 mm 간격으로 붙인다.

❷ 두 명이 모둠을 구성한 후, 한 사람은 두 눈을 가리고, 다른 사람은 눈을 감은 사람의 손바닥에 8 mm, 6 mm, 4 mm, 2 mm 간격의 순서로 측정 도구를 대고 살짝 누른 다음, 이쑤시개가 두 개로 느껴지는지, 한 개로 느껴지는지 말한다.

❸ 손가락 끝과 손등에 과정 ❷를 반복하고, 두 개의 점으로 느껴지는 최소 거리를 표에 기록한다.

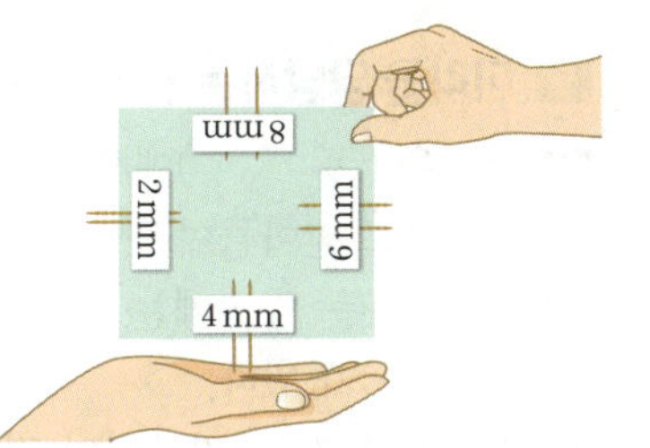

[실험 2] 피부의 온도 감각 알아보기

❶ 오른손은 15 ℃의 물, 왼손은 35 ℃의 물에 10초 동안 담근다.

❷ 10초 후, 두 손을 동시에 25 ℃의 물에 담근다.

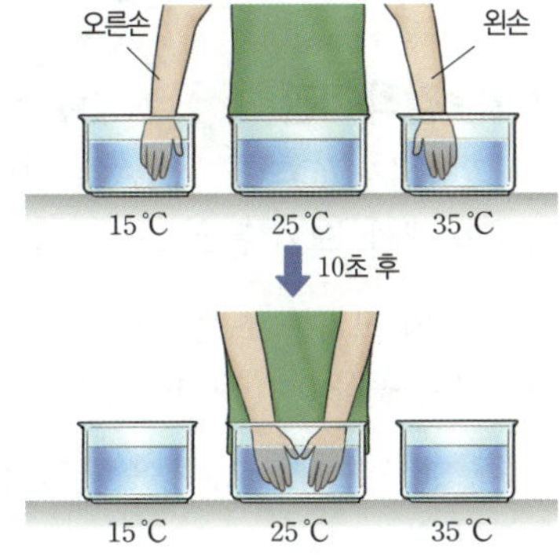

❸ 두 손에서 각각 어떤 감각을 느끼는지 기록한다.

결과 분석하기

- [실험 1] 몸의 부위마다 이쑤시개를 두 개로 느끼는 최소 거리가 다르다.

구분	손바닥	손가락 끝	손등
최소 거리(mm)	6	2	8

- 이쑤시개를 두 개로 느끼는 최소 거리가 짧을수록 감각점이 많이 분포하여 예민하다.
- [실험 2] 두 손을 동시에 25 ℃의 물에 담그면 오른손은 따뜻함을 느끼고, 왼손은 차가움을 느낀다.

스스로 정리하기

1 [실험 1]에서 몸의 부위에 따라 이쑤시개를 두 개로 느끼는 최소 거리가 다른 까닭을 설명해 보자.
  몸의 부위에 따라 분포하는 피부 (　　　　)의 개수가 다르기 때문이다.

2 [실험 1]에서 세 부위 중 접촉 자극에 대해 가장 예민한 곳은 어디인지 그 까닭과 함께 설명해 보자.
  이쑤시개를 두 개로 느끼는 최소 거리가 (㉠　　　　)수록 (㉡　　　　)이 많이 분포하여 예민한 부분이므로 (㉢　　　　)이 가장 예민하다.

3 [실험 2]를 통해 알 수 있는 피부 감각의 특징에 대해 설명해 보자.
  따뜻해지는 변화를 느끼는 (㉠　　　　)과 차가워지는 변화를 느끼는 (㉡　　　　)은 (㉢　　　　) 온도 변화를 감각한다.

🔍 탐구 핵심
1. 몸의 부위마다 이쑤시개를 두 점으로 느끼는 최소 거리가 다른 것은 몸의 부위에 따라 감각점이 분포하는 정도가 다르기 때문이다.
2. 몸의 피부 감각에서는 절대적인 온도를 감지하는 것이 아니라 차가워지거나 뜨거워지는 변화를 감지한다.

※ 다음 글의 빈칸에 알맞은 말을 쓰거나 고르시오.

1 자극과 감각

01 빛, 소리, 온도와 같이 생물에 작용하여 특정한 반응을 일으키는 환경 요인을 (　　　)이라고 한다.

02 주변에서 발생하는 자극을 받아들이는 기관을 (　　　) 기관이라고 한다.

2 시각을 담당하는 감각 기관

03 시각은 (㉠　　　)에서 (㉡　　　)을 자극으로 받아들여 물체의 형태와 색깔, 크기 등을 느끼는 감각이다.

04 눈의 구조 중 동공의 크기를 조절하여 눈으로 들어오는 빛의 양을 조절하는 곳을 (　　　)라고 한다.

05 (　　　)는 볼록 렌즈 모양으로, 빛을 굴절시켜 망막에 상이 맺히게 한다.

06 (　　　)은 상이 맺히는 곳으로, 시각 세포가 있다.

07 시각의 성립 경로는 빛 → (㉠　　　) → (㉡　　　) → 유리체 → (㉢　　　)의 시각 세포 → 시각 신경 → (㉣　　　)이다.

08 밝은 곳에서는 홍채가 (㉠ 축소, 확장)하면서 동공의 크기가 (㉡ 커진다, 작아진다).

09 먼 곳의 물체를 볼 때는 수정체가 (㉠ 얇아지고, 두꺼워지고), 가까운 곳의 물체를 볼 때는 수정체가 (㉡ 얇아진다, 두꺼워진다).

3 청각과 평형 감각을 담당하는 감각 기관

10 귀에서 공기의 진동을 자극으로 받아들여 소리를 듣는 감각을 (　　　)이라고 한다.

11 귀의 구조 중 (　　　)에 청각 세포가 분포한다.

12 청각의 성립 경로는 소리 → 귓바퀴 → (㉠　　　) → 고막 → 귓속뼈 → (㉡　　　)의 청각 세포 → 청각 신경 → 뇌이다.

13 눈으로 보지 않고도 몸이 회전하거나 기울어지는 것을 느낄 수 있는 감각을 (　　　)이라고 한다.

14 평형 감각 기관 중 반고리관과 관련 있는 현상은 '반', 전정 기관과 관련 있는 현상은 '전'을 쓰시오.

(1) 회전하는 놀이기구를 타고 내리면 어지럽다.(　　　)

(2) 돌부리에 걸려 넘어질 때 몸이 기울어지는 느낌을 받는다. (　　　)

(3) 제자리에서 여러 바퀴를 돌다 멈추면 계속 어지럽다. (　　　)

4 후각을 담당하는 감각 기관

15 후각은 (㉠　　　)에서 (㉡　　　) 상태의 화학 물질을 자극으로 받아들여 냄새를 느끼는 감각이다.

16 (　　　)는 점액으로 덮여 있으며, 후각 세포가 분포한다.

17 후각에 대한 설명으로 옳은 것은 ○, 옳지 <u>않은</u> 것은 ×로 표시하시오.

(1) 다른 감각에 비해 매우 예민하다. (○, ×)

(2) 쉽게 피로해져서 같은 냄새를 오랫동안 계속 느끼게 된다. (○, ×)

(3) 후각 세포에서 받아들인 자극은 후각 신경을 통해 대뇌로 전달된다. (○, ×)

5 미각을 담당하는 감각 기관

18 미각은 (㉠　　　)에서 (㉡　　　) 상태의 화학 물질을 자극으로 받아들여 맛을 느끼는 감각이다.

19 혀의 유두 옆면에는 여러 개의 맛세포가 모여 있는 (　　　)가 있다.

20 혀에서 느끼는 기본적인 맛에는 단맛, 신맛, 쓴맛, 짠맛, (　　　)맛의 5가지가 있다.

21 미각에 대한 설명으로 옳은 것은 ○, 옳지 <u>않은</u> 것은 ×로 표시하시오.

(1) 맛세포에서 받아들인 자극은 미각 신경을 통해 대뇌로 전달된다. (○, ×)

(2) 음식 맛을 다양하게 느끼는 것은 후각, 미각, 피부 감각 등이 상호 작용하기 때문이다. (○, ×)

(3) 매운맛은 입안의 압점에 의해 나타나는 피부 감각이다. (○, ×)

6 피부 감각을 담당하는 감각 기관

22 피부에는 부드러움, 딱딱함, 따뜻함, 차가움 등을 느낄 수 있는 (　　　)이 분포해 있다.

23 (㉠　　　)은 강한 자극을 받아들여 통증을 느끼며, (㉡　　　)은 누르는 압력이나 압박을 느낀다.

24 피부 감각에 대한 설명으로 옳은 것은 ○, 옳지 <u>않은</u> 것은 ×로 표시하시오.

(1) 한 가지 감각점은 여러 가지 감각을 느낄 수 있다. (○, ×)

(2) 냉점과 온점은 절대적인 온도를 자극으로 받아들여 감지한다. (○, ×)

(3) 일반적으로 감각점 중 통점이 가장 많이 분포한다. (○, ×)

◉ 시각

눈에서 빛을 자극으로 받아들여 물체의 형태와 색깔, 크기, 거리 등을 느끼는 감각

◉ 청각

귀에서 공기의 진동을 자극으로 받아들여 소리(파동)를 감지하는 감각

◉ 평형 감각

눈으로 보지 않고도 몸이 회전하거나 기울어지는 것을 느낄 수 있는 감각 ⇨ 반고리관, 전정 기관

◉ 후각

코에서 기체 상태의 화학 물질을 자극으로 받아들여 냄새를 느끼는 감각

◉ 미각

혀에서 액체 상태의 화학 물질을 자극으로 받아들여 맛을 느끼는 감각

◉ 피부 감각

피부에서 여러 가지 자극을 받아들여 부드러움, 딱딱함, 아픔, 따뜻함, 차가움 등을 느끼는 감각

눈의 구조와 기능

1 다음은 눈의 구조를 나타낸 것이다. 빈칸에 각 구조의 이름이나 기능을 쓰시오.

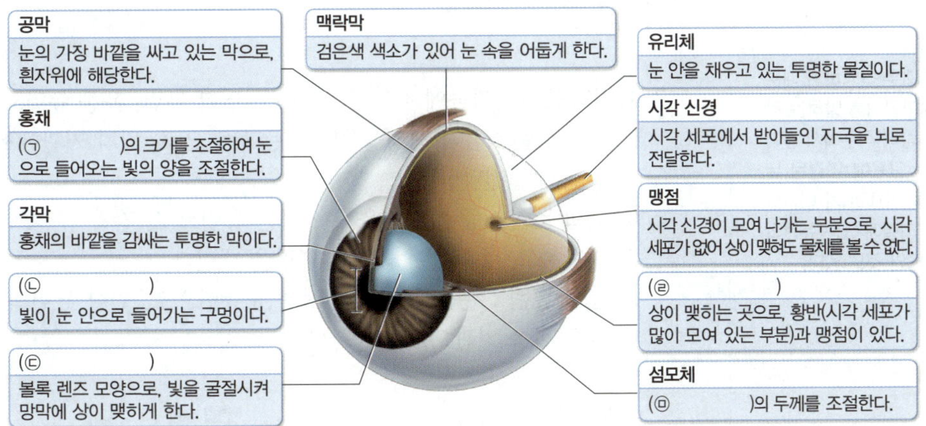

귀의 구조와 기능

2 다음은 귀의 구조를 나타낸 것이다. 빈칸에 각 구조의 이름이나 기능을 쓰시오.

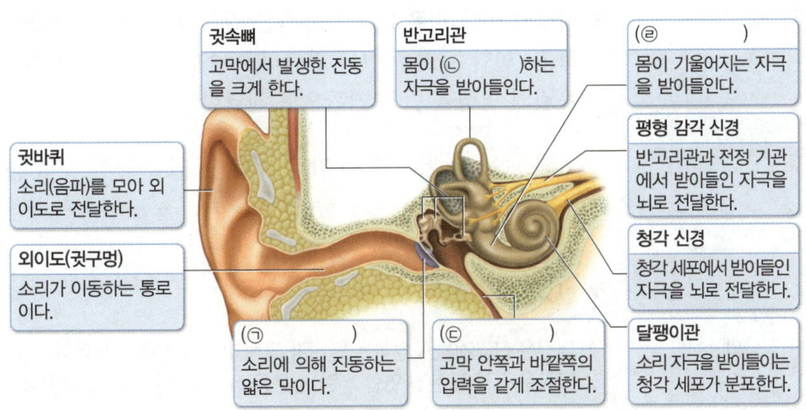

06 신경계

📖 Note

뉴런과 신경

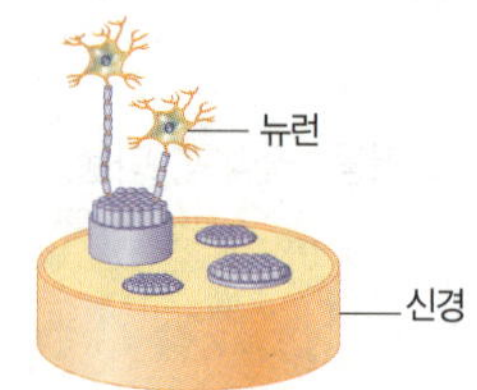

뉴런은 자극을 전달하는 한 개의 신경 세포이고, 신경은 여러 개의 뉴런이 모여 다발을 이룬 것이다.

뉴런의 평균 길이

뉴런은 그 길이가 매우 다양하기 때문에 평균 길이가 얼마인지를 말하는 것은 의미가 없다. 사람의 척수에서 뻗어 나와 엄지발가락의 근육에 연결된 뉴런의 경우는 그 길이가 1 m가 넘기도 한다. 하지만 대뇌 피질에 있는 뉴런의 경우는 수 μm 정도인 것도 있다.

신경계와 컴퓨터의 비교

신경계	컴퓨터
감각 기관	키보드
감각 뉴런	연결선
연합 뉴런	본체(CPU)
운동 뉴런	연결선
반응 기관	모니터 화면

➕ **용어**

자극

생물의 세포, 기관 등에 어떤 반응을 일으키거나 그러한 작용의 요인이 되는 것이다.

1 뉴런

1 신경계 : 감각 기관이 받아들인 자극을 전달하고, 이 자극을 판단하여 적절한 반응이 나타나도록 신호를 전달하는 체계로, 수많은 신경 세포로 구성되어 있다.

2 뉴런 : 신경계를 구성하는 신경 세포로, 신경 세포체, 가지 돌기, 축삭 돌기로 이루어져 있다. ⇨ 가지 돌기에 도달한 자극은 신경 세포체, 축삭 돌기 순서로 전달된다.

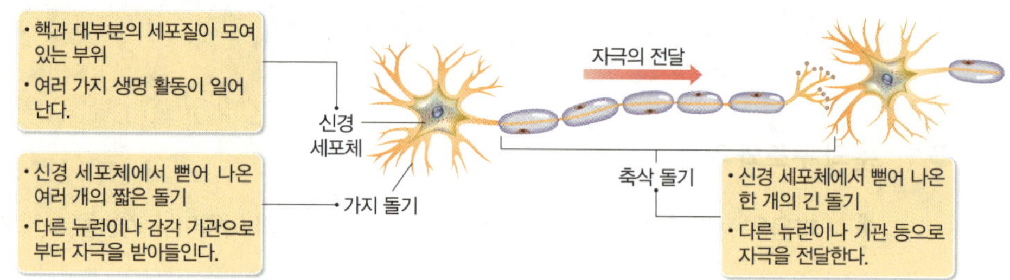

3 뉴런의 종류 : 기능에 따라 감각 뉴런, 연합 뉴런, 운동 뉴런으로 구분한다.
  (1) **감각 뉴런** : 감각 신경을 구성하는 뉴런으로, 감각 기관에서 받아들인 자극을 연합 뉴런으로 전달한다.
  (2) **연합 뉴런** : 중추 신경을 구성하는 뉴런으로, 감각 뉴런으로부터 전달받은 자극을 판단하고, 종합하여 적절한 명령을 내린다.
  (3) **운동 뉴런** : 운동 신경을 구성하는 뉴런으로, 연합 뉴런의 명령을 팔과 다리 등과 같은 반응 기관으로 전달한다.

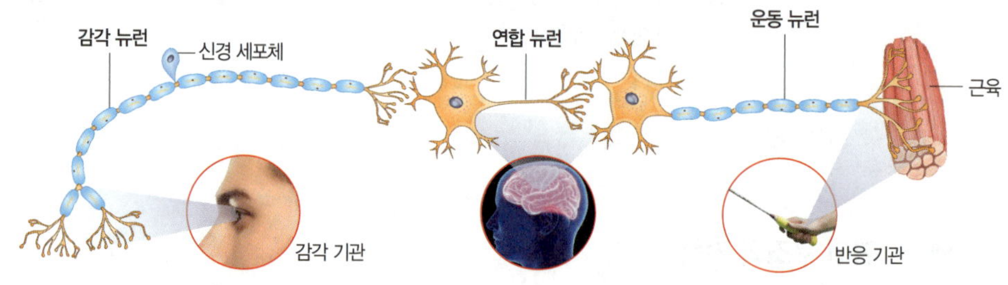

4 자극의 전달 경로 : 감각 뉴런은 감각 기관에서 받아들인 자극을 연합 뉴런으로 전달하고, 연합 뉴런은 이를 판단하고 종합하여 적절한 명령을 내리며, 운동 뉴런은 연합 뉴런의 명령을 반응 기관으로 전달한다.

> 자극 → 감각 기관 → 감각 뉴런 → 연합 뉴런 → 운동 뉴런 → 반응 기관 → 반응

⭐ **이것이 핵심!!**

1. 뉴런은 신경계를 구성하는 단위가 되는 하나의 신경 세포이다.
2. 자극은 감각 뉴런 → 연합 뉴런 → 운동 뉴런의 방향으로 전달된다.

2 신경계의 구조와 기능

1 중추 신경계

(1) 뇌와 척수로 이루어져 있으며, 자극에 대해 판단하고 적절한 명령을 내린다.

(2) 뇌는 대뇌, 소뇌, 간뇌, 중간뇌, 연수로 구성되어 있으며, 각 부분은 특정한 기능을 담당한다.

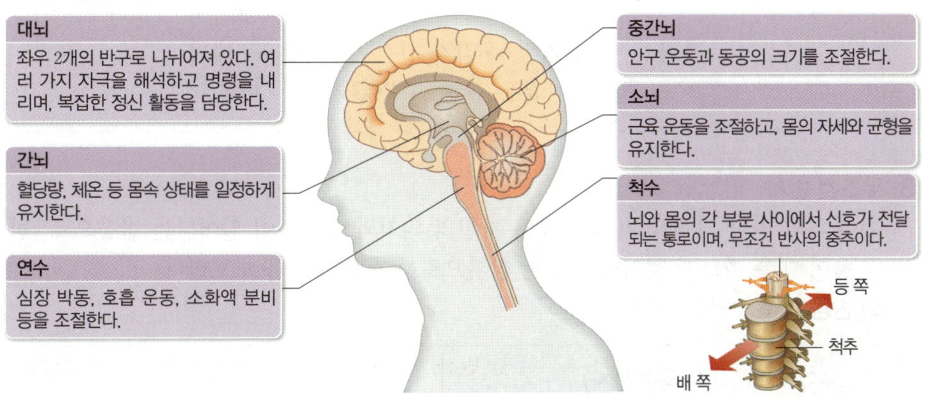

2 말초 신경계 : 중추 신경계에서 뻗어 나와 온몸에 퍼져 있는 신경으로, 감각 신경과 운동 신경으로 구성된다.

(1) 감각 신경 : 감각 기관으로부터 받아들인 자극을 중추 신경계로 전달한다.

(2) 운동 신경 : 중추 신경계에서 내린 명령을 반응 기관으로 전달하며, 체성 신경과 자율 신경으로 구분된다.

① 체성 신경 : 대뇌의 명령을 팔이나 다리 등의 근육으로 전달하여 몸을 움직이는 데 관여한다.

② 자율 신경 : 심장이나 소장 등 내장 기관에 연결되어 있어 대뇌의 직접적인 명령 없이 내장 기관의 운동을 조절하며, 교감 신경과 부교감 신경으로 구분된다.
⇨ 교감 신경과 부교감 신경은 서로 반대 작용을 한다.

더 알아보기 — 교감 신경과 부교감 신경

교감 신경과 부교감 신경은 같은 내장 기관에 분포하여 서로 반대 작용을 한다. 교감 신경은 긴장했을 때나 위기 상황에 처했을 때 우리 몸을 대처하기에 알맞은 상태로 만들고, 부교감 신경은 반대로 작용하여 이를 원래의 안정된 상태로 되돌리도록 조절한다.

구분	심장 박동	호흡 운동	소화 운동	침 분비	동공	방광
교감 신경	촉진	촉진	억제	억제	확대	확장
부교감 신경	억제	억제	촉진	촉진	축소	수축

3 자극에 대한 반응 경로

1 자극과 반응 : 자극으로부터 반응이 일어나기까지 감각 기관, 신경계, 반응 기관(운동 기관)이 함께 작용한다.

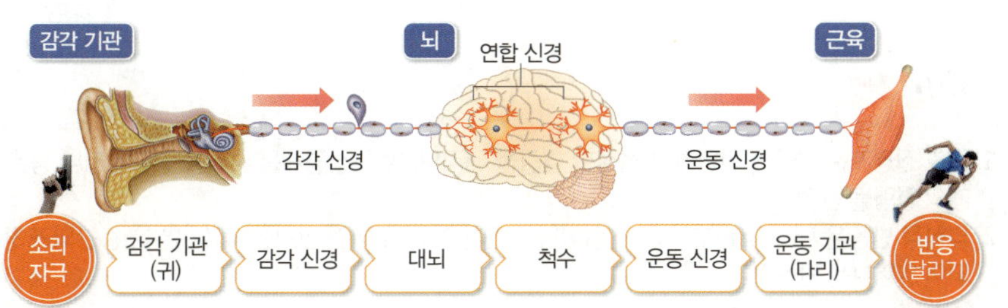

Note

신경계의 구조

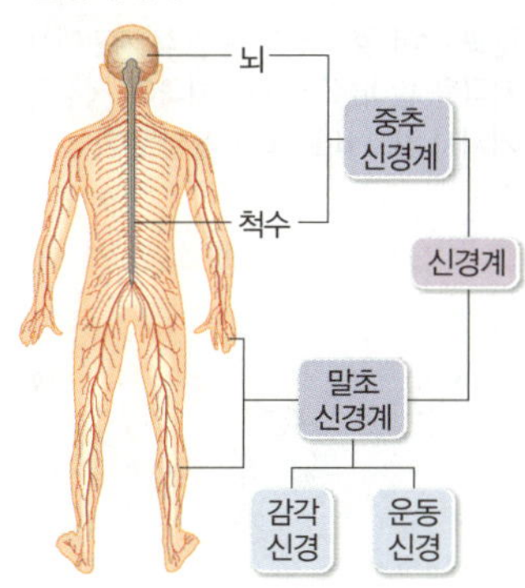

사람의 신경계는 중추 신경계와 말초 신경계로 구분된다.

연수에서의 신경 교차

연수에서는 신경의 교차가 일어나므로 대뇌의 오른쪽은 몸의 왼쪽 운동을, 대뇌의 왼쪽은 몸의 오른쪽 운동을 지배한다. 따라서 대뇌 오른쪽의 운동 중추를 다친다면 몸의 왼쪽을 움직일 수 없다.

척수

척수는 뇌와 말초 신경 사이의 신호 전달 통로로, 감각 기관에서 받아들인 자극을 뇌로 전달하고, 뇌의 명령을 반응 기관으로 전달하는 통로이다. 척수의 배 쪽으로는 운동 신경이, 등 쪽으로는 감각 신경이 연결되어 있다.

➕ 용어

말초

사물의 끝 부분

척수를 거치지 않는 의식적 반응

눈과 같이 얼굴에 있는 감각 기관에서 자극을 받아들일 때는 자극이 척수를 거치지 않고 바로 뇌로 전달된다.

의식적 반응보다 무조건 반사가 더 빠르게 일어나는 까닭

무조건 반사는 대뇌를 거치지 않고 반응이 일어나므로 자극에 대한 반응 경로가 짧아 대뇌의 판단 과정을 거쳐 일어나는 의식적 반응에 비해 빠르게 반응이 일어난다.

무조건 반사 자극의 감지

무조건 반사가 일어난다고 해서 감각 기관에서 받아들인 자극이 대뇌로 전달되지 않는 것은 아니다. 무릎을 치면 무조건 반사가 일어나지만, 무릎의 피부에 닿는 피부 감각과 반사에 의한 다리 근육의 움직임은 대뇌에서 의식하게 된다.

➕ 용어

무릎 반사

무릎뼈 아랫부분을 가볍게 치면 무의식적으로 다리가 올라갔다 내려오는 반응이다.

---

2 의식적 반응

(1) 대뇌의 판단 과정을 거쳐 자신의 의지에 따라 일어나는 반응이다.

(2) 반응 중추 : 대뇌

(3) 예 : 주전자를 들어 컵에 물을 따른다. 신호등을 보고 길을 건넌다. 야구 선수가 야구공을 보고 방망이로 친다. 등

(4) 의식적 반응의 경로 : 대뇌를 거쳐 반응이 일어난다.

> 자극 → 감각 기관 → 감각 신경 → (척수) → 대뇌
> → (척수) → 운동 신경 → 운동 기관 → 반응

3 무조건 반사

(1) 대뇌의 판단 과정을 거치지 않아 자신의 의지와 관계없이 일어나는 반응으로, 반응이 매우 빠르게 일어나 위급한 상황으로부터 우리 몸을 보호한다.

(2) 반응 중추 : 척수, 연수, 중간뇌

무조건 반사의 중추	척수(척수 반사)	무릎 반사, 뜨거운 물체나 뾰족한 물체가 몸에 닿았을 때 움츠리는 반응, 배변과 배뇨 등
	연수(연수 반사)	하품, 재채기, 기침, 구토, 딸꾹질 등
	중간뇌(중간뇌 반사)	동공 반사

(3) 무조건 반사의 경로 : 대뇌를 거치지 않고 반응이 일어난다.

> 자극 → 감각 기관 → 감각 신경 → 척수, 연수, 중간뇌
> → 운동 신경 → 운동 기관 → 반응

4 의식적 반응과 무조건 반사의 반응 경로 비교 : 의식적 반응은 자극이 감각 신경을 통해 대뇌로 전달되며, 대뇌의 명령이 척수와 운동 신경을 거쳐 근육으로 전달된다. 무조건 반사는 자극이 감각 신경을 통해 척수로 전달되며, 척수의 명령이 운동 신경을 통해 근육으로 전달된다.

구분	의식적 반응	무조건 반사(반응 중추가 척수일 때)
반응 경로		
	자극 → 감각 기관(눈) → 감각 신경 → 대뇌 → 척수 → 운동 신경 → 반응 기관(근육) → 반응	자극 → 감각 기관(피부) → 감각 신경 → 척수 → 운동 신경 → 반응 기관(근육) → 반응
예	주전자를 들고 컵에 물을 따르는 반응	뜨거운 물체가 몸에 닿았을 때 움츠리는 반응

★ 이것이 핵심!!

1. 중추 신경계는 자극을 판단하고 적절한 명령을 내리며, 말초 신경계는 자극을 전달하거나 중추 신경계의 명령을 전달한다.
2. 의식적 반응은 대뇌가 중추가 되어 일어나는 반응이고, 무조건 반사는 척수, 연수, 중간뇌가 중추가 되어 일어나는 반응이다.

탐구 A 자극에 대한 반응 실험하기

실험 설계하기

❶ 두 명이 모둠을 구성한 후, 한 사람(A)은 자의 윗부분을 잡고, 다른 사람(B)은 엄지손가락과 집게손가락을 벌려 엄지손가락이 눈금 0에 오도록 자의 높이를 조절한다.

❷ A가 예고 없이 자를 떨어뜨리고, B는 떨어지는 자를 보고 두 손가락으로 잡은 후 엄지손가락의 눈금을 읽어 자가 떨어진 거리를 측정한다.

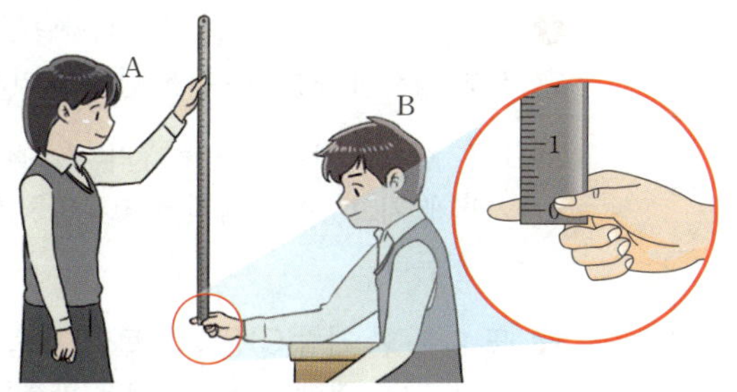

❸ 실험 설계하기 ❷를 4회 더 반복하여 자가 떨어진 거리의 평균값을 구한다.

❹ B의 눈을 안대로 가리고, A가 '땅' 소리를 내며 자를 떨어뜨리면, B는 소리만 듣고 두 손가락으로 자를 잡은 후 엄지손가락의 눈금을 읽어 자가 떨어진 거리를 측정한다.

❺ 실험 설계하기 ❹를 4회 더 반복하여 자가 떨어진 거리의 평균값을 구한다.

결과 분석하기

• 자가 떨어진 거리

구분	1회	2회	3회	4회	5회	평균값
눈으로만 볼 때(cm)	22	20	21	18	19	20
소리만 들을 때(cm)	32	31	32	28	27	30

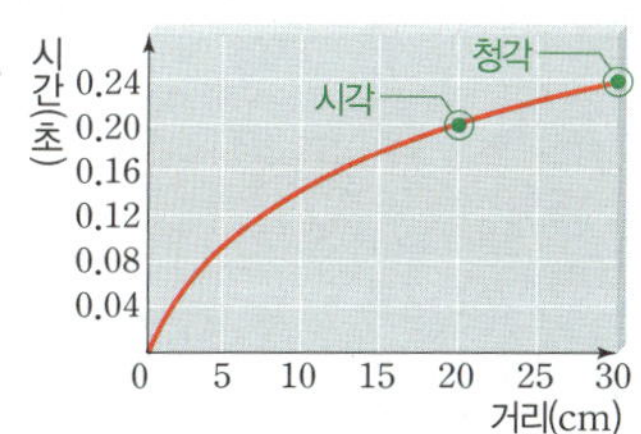

• 눈으로만 볼 때 반응 시간 : 0.20초(평균 거리가 20 cm일 때)
• 소리만 들을 때 반응 시간 : 0.24초(평균 거리가 30 cm일 때)
• 떨어지는 자를 눈으로만 보고 잡는 반응이 소리만 듣고 자를 잡는 반응보다 빠르다. ⇨ 자극의 종류에 따라 반응이 일어나기까지 걸리는 시간이 다르다.

스스로 정리하기

1 떨어지는 자를 눈으로만 보고 잡기까지의 반응 경로에 대해 설명해 보자.
떨어지는 자를 눈으로만 보고 잡기까지의 반응 경로는 '자극 → (㉠   ) → 시각 신경 → (㉡   ) → 척수 → (㉢   ) → 손의 근육 → 반응'이다.

2 시각에 의한 반응과 청각에 의한 반응의 속도를 비교해 보자.
떨어지는 자를 눈으로만 보고 잡을 때와 소리만 듣고 잡을 때 (㉠   )가 다르기 때문에 걸리는 시간에 차이가 있다. 걸리는 시간이 더 (㉡   ) 경우 반응 속도가 더 빠르므로, 시각과 청각 중 (㉢   )에 의한 반응이 더 빠르다.

3 실험 도중 B에게 말을 시킨다면 실험 결과는 어떻게 변하는지 설명해 보자.
(㉠   )는 자가 떨어지는 것을 인지하고 그에 대한 명령을 내림과 동시에 옆에서 하는 말을 받아들여 그 정보를 파악하는 일도 함께 처리해야 하기 때문에 자를 잡는 평균 거리가 더 (㉡   )질 것이다.

🔍 **탐구 핵심** 감각 기관에서 받아들인 자극을 대뇌에서 파악하고, 대뇌의 정보를 반응 기관에 전달하여 반응이 일어난다.

탐구 B   무조건 반사와 의식적 반응 비교하기

실험 설계하기

❶ 세 명이 모둠을 구성한 후, 한 사람(A)은 발이 바닥에 닿지 않도록 의자에 앉은 후, 눈을 감고 다리의 힘을 뺀다.

❷ 다른 한 사람(B)은 사람 A의 무릎뼈 바로 아래를 고무망치로 가볍게 치고, A는 다리에 고무망치가 닿는 것을 느끼는 즉시 팔을 든다.

❸ 또 다른 한 사람(C)은 스마트 기기로 실험 설계하기 ❷를 촬영하고, 서로 역할을 바꾸어 전체 과정을 반복한다.

❹ 촬영된 영상을 보고 다리가 들리는 반응과 팔을 드는 반응 중 더 빠르게 일어난 반응은 무엇인지 알아본다.

결과 분석하기

- 고무망치로 무릎뼈 바로 아랫부분을 치면 다리가 위로 올라갔다가 내려온다. ⇨ 무릎 반사는 자신의 의지와 관계없이 무의식적으로 일어나는 무조건 반사이며, 반응의 중추는 척수이다.
- 다리의 움직임이 일어난 후 무릎에 고무망치가 닿은 느낌이 든다. ⇨ 팔을 드는 반응은 자신의 의지에 따라 일어나는 의식적 반응이며, 반응의 중추는 대뇌이다.

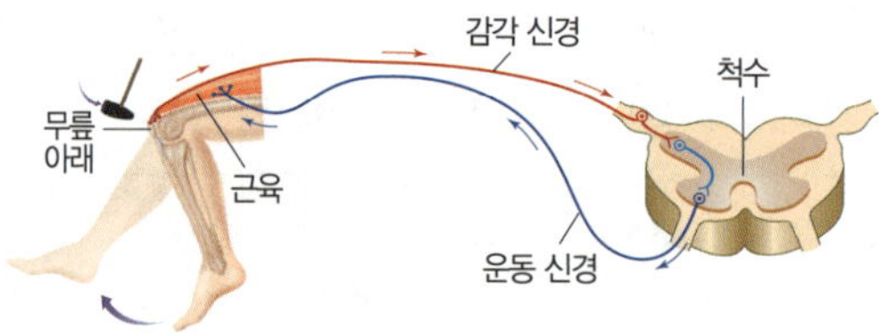

스스로 정리하기

1 다리가 들리는 반응의 반응 경로에 대해 설명해 보자.

다리가 들리는 반응의 반응 경로는 '자극 → 감각 기관 → (㉠   ) → (㉡   ) → 운동 신경 → 반응 기관 → 반응'이다.

2 팔을 드는 반응의 반응 경로에 대해 설명해 보자.

팔을 드는 반응의 반응 경로는 '자극 → 감각 기관 → (㉠   ) → (㉡   ) → (㉢   ) → (㉣   ) → (㉤   ) → 반응 기관 → 반응'이다.

3 다리가 들리는 반응과 팔을 드는 반응의 반응 경로를 비교하여 어떤 차이점이 있는지 설명해 보자.

다리가 들리는 반응의 중추는 (㉠   )이고, 반응 경로에서 자극이 (㉡   )까지 전달되지 않으며, 팔을 드는 반응의 중추는 (㉢   )이다. 따라서 다리가 들리는 반응은 팔을 드는 반응에 비해 자극에 대한 반응 속도가 (㉣   ).

🔍 **탐구 핵심**   무조건 반사는 위험한 상황에서 빠르게 대처하기 위해 반응 경로가 간소화되어 빠르게 반응하는 것이다.

※ 다음 글의 빈칸에 알맞은 말을 쓰거나 고르시오.

1 뉴런

01 신경계를 구성하는 신경 세포를 (　　　)이라고 한다.

02 (신경 세포체, 가지 돌기, 축삭 돌기)는 핵과 세포질이 모여 있는 부위로, 여러 가지 생명 활동이 일어난다.

03 (신경 세포체, 가지 돌기, 축삭 돌기)는 다른 뉴런이나 감각 기관으로부터 자극을 받아들인다.

04 (신경 세포체, 가지 돌기, 축삭 돌기)는 다른 뉴런이나 기관 등으로 자극을 전달한다.

05 하나의 뉴런에서 자극은 (㉠　　　) → (㉡　　　) → (㉢　　　)의 순서로 전달된다.

06 그림은 서로 다른 뉴런이 연결된 모습을 나타낸 것이다.

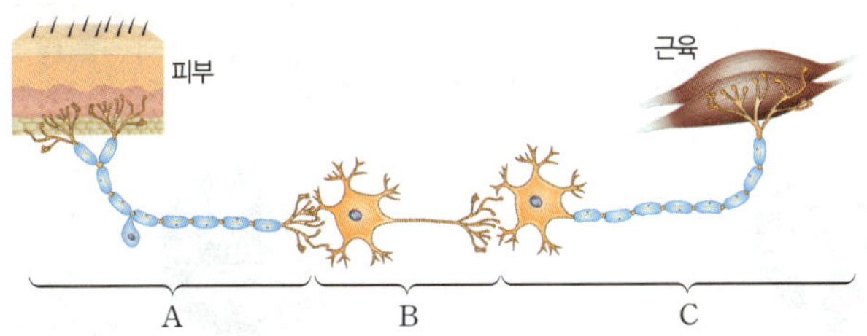

이에 대한 설명으로 옳은 것은 ○, 옳지 <u>않은</u> 것은 ×로 표시하시오.

(1) A는 감각 뉴런이다.　　　　　　　　(○, ×)

(2) B는 뇌와 척수를 구성하는 뉴런이다.　(○, ×)

(3) C는 운동 신경을 구성하는 뉴런이다.　(○, ×)

(4) 자극의 전달 경로는 C → B → A이다.　(○, ×)

2 신경계의 구조와 기능

07 (　　　) 신경계는 뇌와 척수로 이루어져 있다.

08 각 기능을 담당하는 중추 신경계의 구조를 |보기|에서 각각 고르시오.

보기
ㄱ. 대뇌　ㄴ. 간뇌　ㄷ. 중간뇌　ㄹ. 소뇌　ㅁ. 연수

(1) 동공의 크기 조절 : (　　　)

(2) 몸의 자세와 균형 유지 : (　　　)

(3) 복잡한 정신 활동의 중추 : (　　　)

(4) 체온 조절 및 혈당량 유지 : (　　　)

(5) 호흡 운동, 심장 박동 조절 : (　　　)

09 (　　　)는 뇌와 말초 신경 사이의 신호 전달 통로로, 무조건 반사의 중추이다.

10 (㉠　　　) 신경계는 중추 신경계에서 뻗어 나와 온몸에 퍼져 있는 신경으로, 감각 신경과 (㉡　　　) 신경으로 구성된다.

11 말초 신경계에 대한 설명으로 옳은 것은 ○, 옳지 <u>않은</u> 것은 ×로 표시하시오.

(1) 자극에 대해 판단하고 적절한 명령을 내리는 신경계이다.　　　　　　　　　　　　　　(○, ×)

(2) 몸의 각 부분에 그물처럼 퍼져 있다.　(○, ×)

(3) 감각 신경은 체성 신경과 자율 신경으로 구분된다.　　　　　　　　　　　　　　(○, ×)

(4) 체성 신경은 대뇌의 지배를 받는다.　(○, ×)

(5) 자율 신경은 내장 기관의 운동을 조절한다. (○, ×)

3 자극에 대한 반응 경로

12 자극으로부터 반응이 일어나기까지 감각 기관, (　　　), 반응 기관이 함께 작용한다.

13 대뇌가 자극을 판단하고 명령을 내려 이루어지는 반응을 (　　　)이라고 한다.

14 대뇌의 판단 과정을 거치지 않아 자신의 의지와 관계없이 일어나는 반응을 (　　　)라고 한다.

15 무릎 반사는 (척수, 연수, 중간뇌)가 중추가 되어 일어나는 반사이다.

16 하품, 재채기, 기침 등은 (척수, 연수, 중간뇌)가 중추가 되어 일어나는 반사이다.

17 눈에 강한 빛을 비췄을 때 동공의 크기가 줄어드는 것은 (척수, 연수, 중간뇌)가 중추인 반사이다.

18 다음 여러 가지 반응 중 의식적 반응은 '의', 무조건 반사는 '무'를 쓰시오.

(1) 매운 고추를 먹었더니 눈물이 나왔다.　(　　　)

(2) 뜨거운 냄비에 손이 닿자마자 움츠렸다.　(　　　)

(3) 육상 선수가 출발 신호를 듣고 출발했다.　(　　　)

(4) 발등에 앉은 파리를 손을 뻗어 쫓았다.　(　　　)

19 어두운 방에서 손을 더듬어 스위치를 누르는 행동의 반응 경로는 자극 → 감각 기관 → 감각 신경 → (㉠　　　) → (㉡　　　) → (㉢　　　) → 운동 신경 → 반응 기관 → 반응이다.

20 무조건 반사는 의식적 반응보다 (빠르게, 느리게) 반응이 일어난다.

● **뉴런**

신경계를 구성하는 신경 세포 ⇨ 기능에 따라 감각 뉴런, 연합 뉴런, 운동 뉴런으로 구분

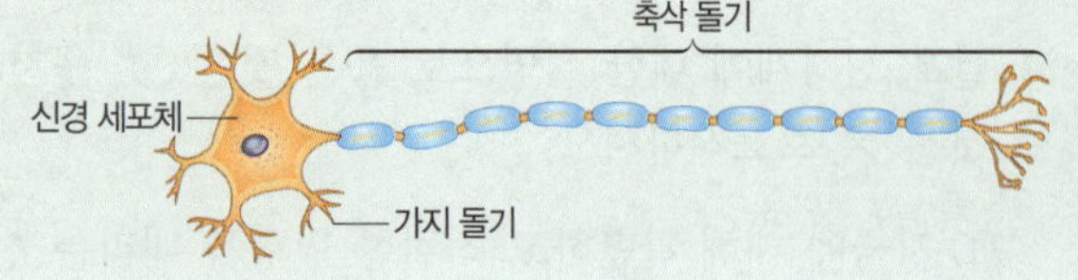

● **중추 신경계**

뇌와 척수로 이루어져 있으며, 자극에 대해 판단하고 적절한 명령을 내린다.

● **말초 신경계**

중추 신경계에서 뻗어 나와 온몸에 퍼져 있는 신경으로, 자극을 전달하거나 중추 신경계의 명령을 전달한다.

● **의식적 반응**

대뇌의 판단 과정을 거친 후 자신의 의지에 따라 일어나는 반응 ⇨ 대뇌가 중추

● **무조건 반사**

대뇌의 판단 과정을 거치지 않아 자신의 의지와 관계없이 일어나는 반응 ⇨ 척수, 연수, 중간뇌가 중추

● **뉴런**

1 그림은 뉴런이 연결된 모습을 나타낸 것이다. 빈칸에 알맞은 구조의 이름이나 기능을 쓰시오.

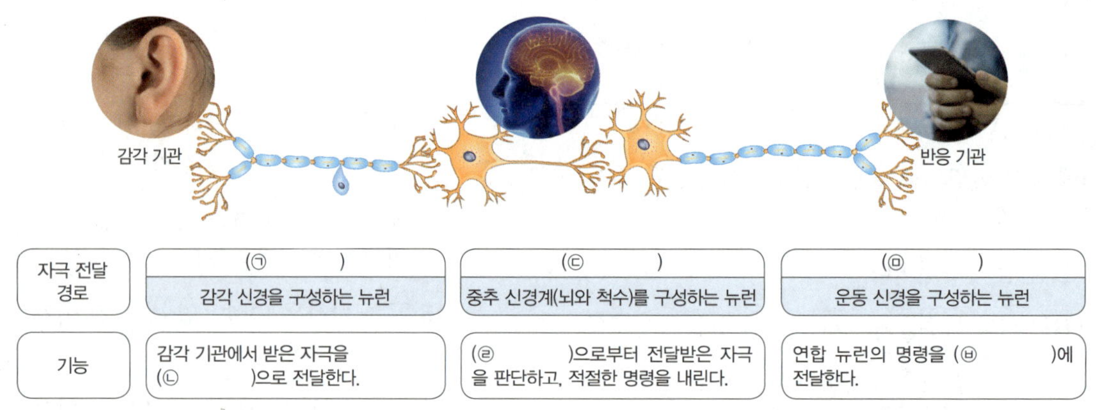

자극 전달 경로	(㉠)	(㉢)	(㉤)
	감각 신경을 구성하는 뉴런	중추 신경계(뇌와 척수)를 구성하는 뉴런	운동 신경을 구성하는 뉴런
기능	감각 기관에서 받은 자극을 (㉡)으로 전달한다.	(㉣)으로부터 전달받은 자극을 판단하고, 적절한 명령을 내린다.	연합 뉴런의 명령을 (㉥)에 전달한다.

● **중추 신경계**

2 그림은 사람 뇌의 구조를 나타낸 것이다. 빈칸에 알맞은 구조의 이름이나 기능을 쓰시오.

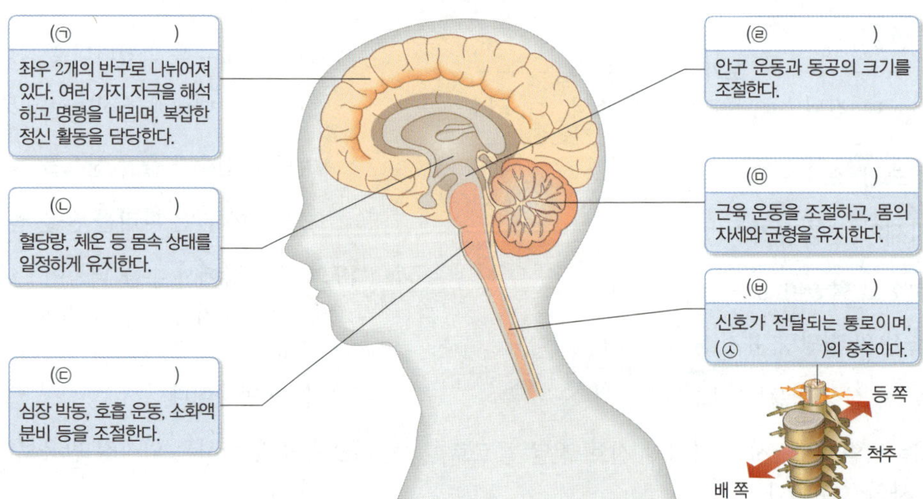

호르몬과 항상성 유지

1 호르몬

1 호르몬 : 내분비샘에서 분비되어 특정 세포나 기관으로 신호를 전달하여 몸의 생리 작용을 조절하는 화학 물질이다.

2 호르몬의 특징

(1) 내분비샘에서 생성되며, 별도의 분비관이 없어 혈액으로 직접 분비된다.

(2) 혈액을 통해 온몸으로 운반되는데, 표적 세포나 표적 기관에만 작용한다.

(3) 매우 적은 양으로 여러 가지 생리 작용과 기능을 조절한다.

(4) 분비량이 적으면 결핍증, 많으면 과다증이 일어난다.

(5) 척추동물 사이에서는 호르몬의 종류가 같으면 종이 다르더라도 대체로 같은 기능을 한다. ⇨ 종 특이성이 없다.

(6) 보통 신경계에 의한 반응보다 느리지만 지속적인 효과를 갖는다.

3 호르몬과 신경의 작용 비교 : 우리 몸은 감각 기관을 통해 환경의 변화가 감지되면 호르몬과 신경이 함께 작용하여 여러 기능을 조절한다.

(1) **호르몬의 작용** : 혈액에 의해 멀리 떨어져 있는 표적 세포나 표적 기관에 작용하므로, 신경에 비해 신호 전달 속도가 느리다.

(2) **신경의 작용** : 뉴런에 의해 일정한 방향으로만 신호를 전달하므로, 호르몬에 비해 신호 전달 속도가 빠르다.

구분	전달 매체	전달 속도	작용 범위	효과의 지속성
호르몬	혈액	느림	넓음	지속적
신경	뉴런	빠름	좁음	일시적

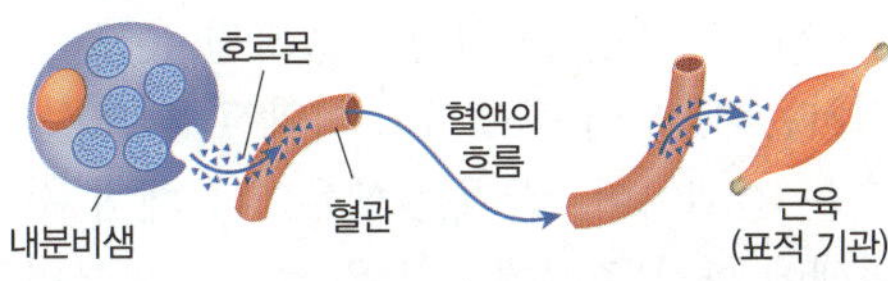
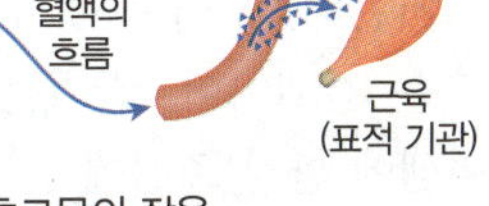

▲ 호르몬의 작용

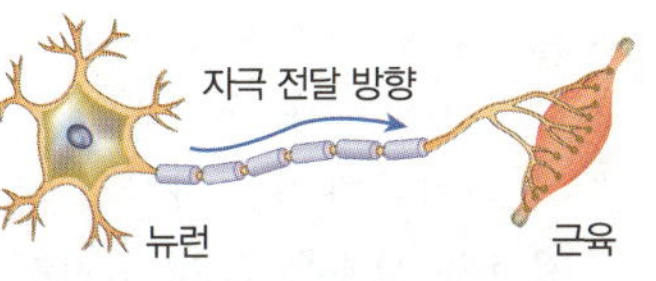

▲ 신경의 작용

4 사람의 내분비샘과 호르몬 : 사람의 내분비샘으로는 뇌하수체, 갑상샘, 부신, 이자, 난소, 정소 등이 있으며, 각 내분비샘에서는 다양한 호르몬을 분비하여 우리 몸의 기능을 조절한다.

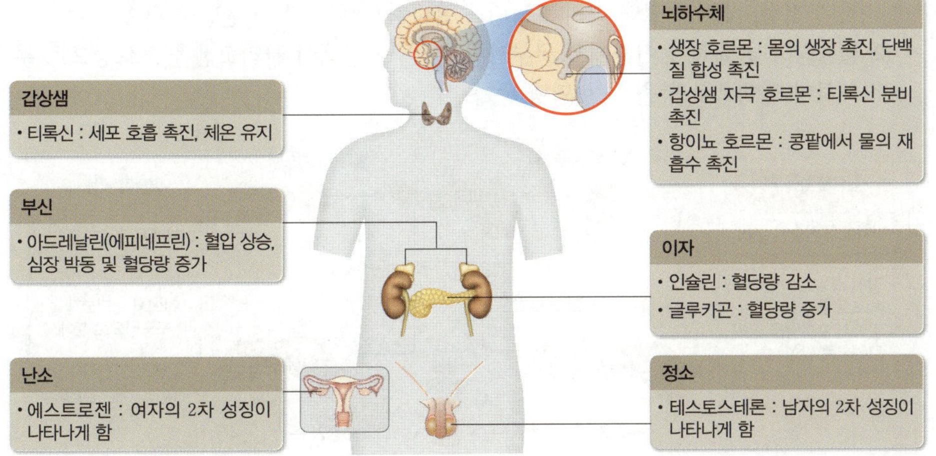

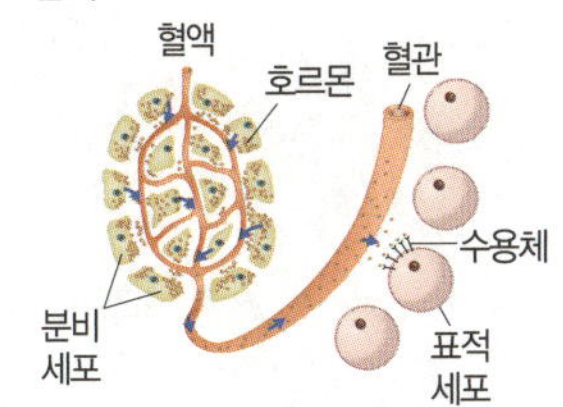

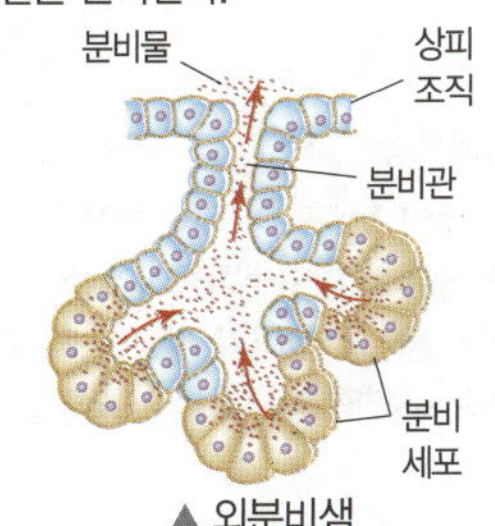

Note

호르몬 분비량 조절

갑상샘에서 티록신의 분비는 혈액 속 티록신의 농도에 따라 간뇌와 뇌하수체에 의해 조절된다.

글리코젠

여러 개의 포도당이 결합하여 만들어진 동물성 저장 탄수화물이다. 간과 근육에 저장되어 있다가 필요할 때 포도당으로 분해되어 부족한 포도당을 공급한다.

⊕ 용어

혈당량

혈액 속에 들어 있는 포도당의 양이다.

---

5 호르몬 관련 질병 : 호르몬의 분비량이 적절하지 않으면 몸에 여러 가지 이상 증상이 나타난다.

호르몬	분비량	질병	증상
생장 호르몬	결핍	소인증	뼈와 근육의 발달이 미흡하여 키가 잘 자라지 않는다. 키가 정상인에 비해 매우 작다.
	과다	거인증	키가 비정상적으로 크게 자란다. 키가 정상인에 비해 매우 크다.
		말단 비대증	입술과 코가 두꺼워져 얼굴 모습이 변하고, 손, 발 등과 같은 몸의 말단 부분이 커진다. 여러 가지 합병증이 나타난다.
티록신	결핍	갑상샘 기능 저하증	체중이 증가하고, 추위를 잘 타며, 쉽게 피로해진다.
	과다	갑상샘 기능 항진증	체중이 감소하고, 눈이 돌출되며, 맥박이 빨라진다.
인슐린	결핍	당뇨병	포도당이 오줌에 섞여 나오며, 오줌양이 증가하고, 갈증을 느낀다. 쉽게 피로해지고 체중이 감소한다.

★ 이것이 핵심!!

1. 호르몬은 내분비샘에서 분비되며, 소량으로 생리 작용을 조절한다.
2. 호르몬의 분비량이 너무 많으면 과다증, 너무 적으면 결핍증이 나타난다.

2 항상성

1 항상성

(1) 외부 환경의 변화에 적절하게 반응하여 몸의 상태를 일정하게 유지하려는 성질로, 신경계와 호르몬의 상호 작용으로 항상성이 유지된다.
　⑩ 혈당량 조절, 체온 조절, 체내 수분량 조절 등

(2) 항상성 유지 : 자동 온도 조절 장치는 원하는 온도를 설정해 놓으면 온도 변화를 감지하여 실내 온도를 일정하게 유지하는데, 우리 몸에서도 이와 같은 조절 작용이 일어난다. ⇨ 항상성 유지의 중추는 간뇌이며, 간뇌는 체온이나 체내 수분량 정보를 신경을 통해 수집하고 내분비샘에 환경 조건에 알맞은 호르몬을 분비하도록 명령한다.

2 혈당량 조절 : 혈당량은 이자에서 분비되는 호르몬인 인슐린과 글루카곤에 의해 일정하게 유지된다.

(1) 혈당량이 높을 때 : 이자에서 인슐린 분비 → 간에서 포도당을 글리코젠으로 전환하여 저장, 세포가 혈액 속의 포도당을 흡수하도록 촉진 → 혈당량 감소

(2) 혈당량이 낮을 때 : 이자에서 글루카곤 분비 → 간에서 글리코젠을 포도당으로 분해하여 혈액으로 방출 → 혈당량 증가

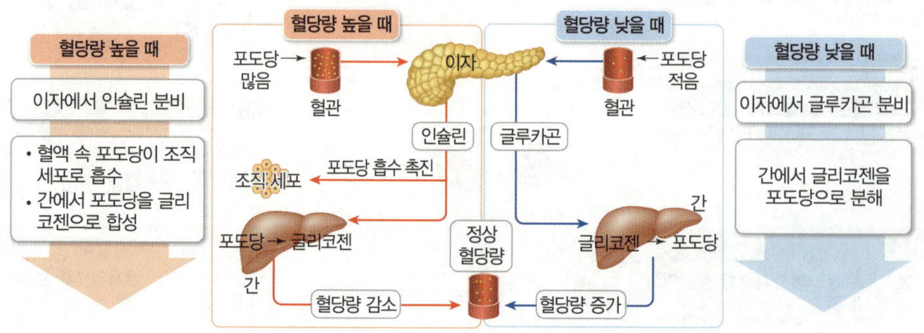

3 체온 조절 : 간뇌에서 체온 변화를 감지하고, 열 방출량과 열 발생량을 조절함으로써 체온이 일정하게 유지된다.
  (1) **추울 때** : 열 방출량 감소와 열 발생량 증가로 체온을 일정하게 유지
    ① 피부 근처 혈관 수축 → 피부로 흐르는 혈액의 양 감소 → 열 방출량 감소
    ② 티록신 분비 증가 → 세포 호흡 촉진, 근육의 떨림 → 열 발생량 증가
  (2) **더울 때** : 열 방출량 증가와 열 발생량 감소로 체온을 일정하게 유지
    ① 피부 근처 혈관 확장 → 피부로 흐르는 혈액의 양 증가, 땀 분비량 증가 → 열 방출량 증가
    ② 티록신 분비 감소 → 세포 호흡 감소 → 열 발생량 감소

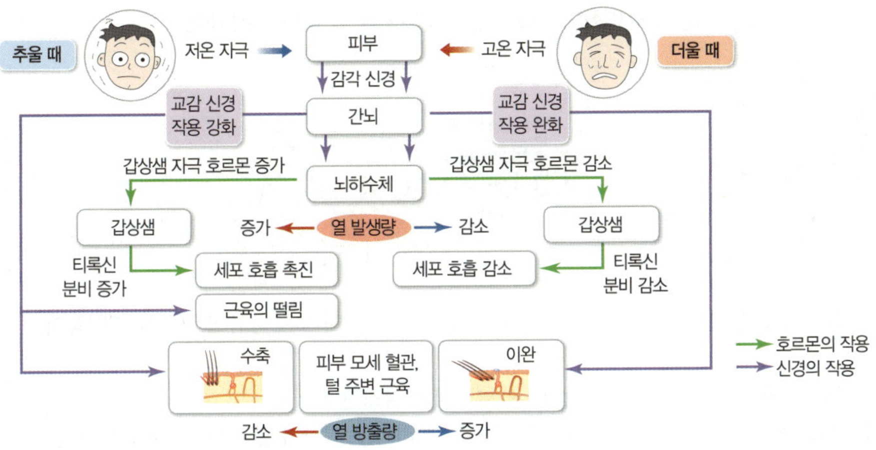

추울 때와 더울 때 피부 모세 혈관의 변화

추울 때는 열 방출량을 줄이고 열 발생량을 늘려야 하며, 더울 때는 열 방출량을 늘리고 열 발생량을 줄여야 한다.
따라서 추울 때는 피부 근처의 혈관이 수축하여 피부를 통한 열의 방출이 감소하고, 더울 때는 피부 근처의 혈관이 확장하여 피부를 통한 열의 방출이 증가한다.

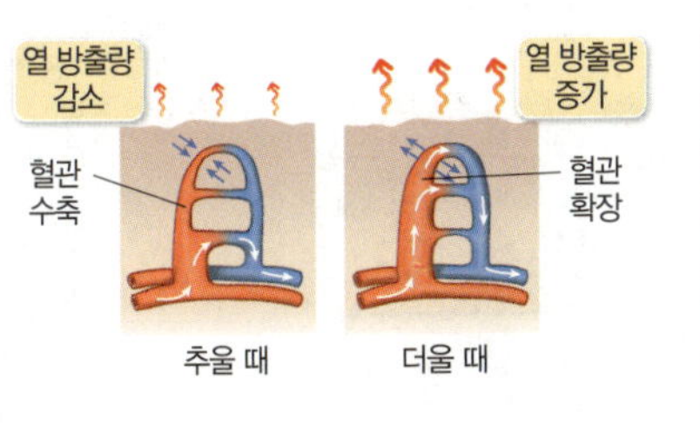

4 몸속 수분량 조절 : 항이뇨 호르몬에 의해 몸속 수분량이 일정하게 유지된다.
  (1) **몸속 수분량이 적을 때** : 뇌하수체에서 항이뇨 호르몬 분비 증가 → 콩팥에서 물의 재흡수 촉진 → 오줌의 양 감소 → 몸속 수분량 증가
  (2) **몸속 수분량이 많을 때** : 뇌하수체에서 항이뇨 호르몬 분비 감소 → 콩팥에서 물의 재흡수 감소 → 오줌의 양 증가 → 몸속 수분량 감소

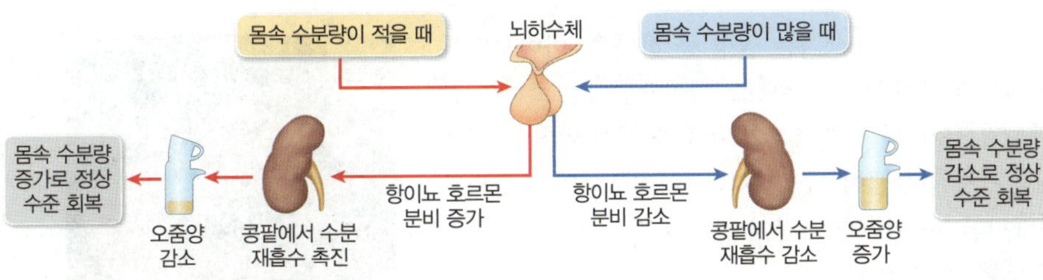

1. 항상성 유지는 호르몬과 신경계의 상호 작용에 의해 이루어진다.
2. 혈당량 조절에는 인슐린과 글루카곤, 체온 조절에는 티록신, 몸속 수분량 조절에는 항이뇨 호르몬이 관여한다.

땀 분비와 기화열
액체가 기화할 때는 주위의 열에너지를 흡수한다. 땀을 흘리면 땀이 기화하면서 피부의 열에너지를 흡수하여 체온이 낮아진다.

우리 몸의 항상성
우리 몸 내부에서 항상 일정하게 조절되는 것은 체온, 혈액 내의 산성도(pH), 혈압, 혈당량, 수분량 등이 있다. 이러한 항상성에 문제가 생기게 되면 건강이 악화되고 질병으로 나타나게 된다.

몸속 수분량의 항상성 유지와 관련된 현상
• 물을 많이 마시거나 수박을 먹고 나면 소변이 많이 나오게 된다.
• 운동을 하여 땀을 많이 흘리면 목이 말라 많은 양의 물을 마시게 되고 소변을 자주 보지 않게 된다. 소변을 보더라도 양이 적고 그 농도가 진하다.

용어
항이뇨
오줌의 양을 감소시키는 것이다.

호르몬과 관련된 질병

호르몬은 적은 양으로도 큰 효과를 내기 때문에 분비량이 적절하지 않으면 몸에 여러 가지 이상 증상이 나타난다.

1 당뇨병

당뇨병은 우리 몸에서 혈당 조절에 필요한 인슐린 분비량이 부족하거나 인슐린의 기능 장애로 인해 체내 혈당량이 높아지는 질병으로, 콩팥에서 포도당이 모두 재흡수되지 못하고 오줌으로 배출된다.

(1) 인슐린과 혈당량의 관계

그림은 식사와 운동을 했을 때 건강한 사람의 혈당량의 변화와 인슐린 분비량의 변화를 나타낸 것이다.

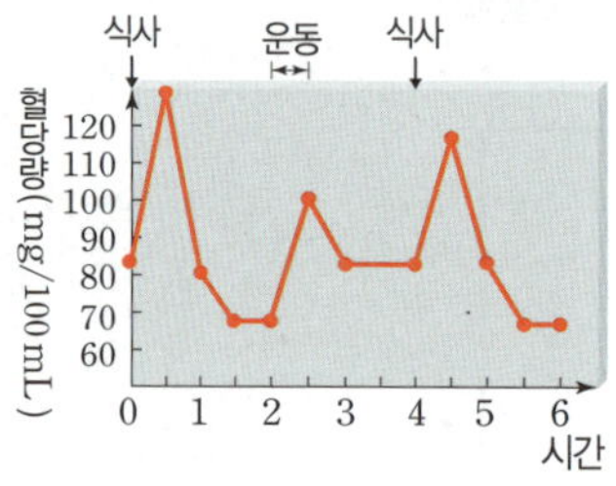
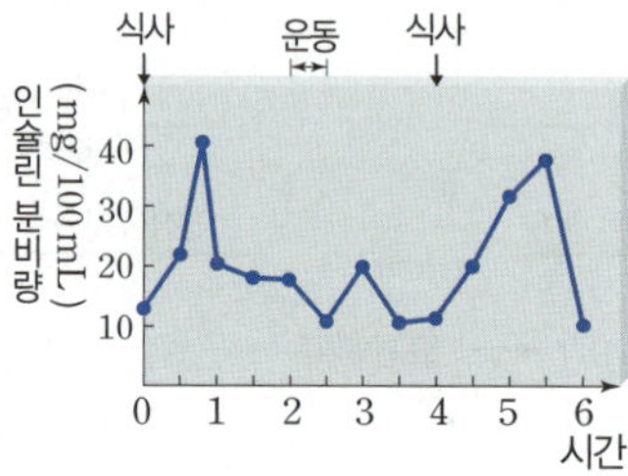

- 식사를 하면 소장에서 포도당이 흡수되어 혈당량이 증가하고, 운동을 하면 세포에서 포도당이 소모되어 혈당량이 감소한다.
- 혈당량이 증가하면 인슐린의 분비가 증가하고, 인슐린이 분비된 후 혈당량이 감소한다.
- 운동 시에는 에너지가 필요하므로 인슐린의 분비가 감소하고 글루카곤의 분비가 증가하여 혈당량이 증가하고, 운동 후에는 다시 인슐린의 분비가 증가하여 혈당량이 감소한다.
  ⇨ 인슐린은 혈당량을 낮추어 혈당량을 일정하게 유지함을 알 수 있다.

(2) 정상인과 당뇨병 환자의 식사 후 혈당량과 인슐린의 농도 변화

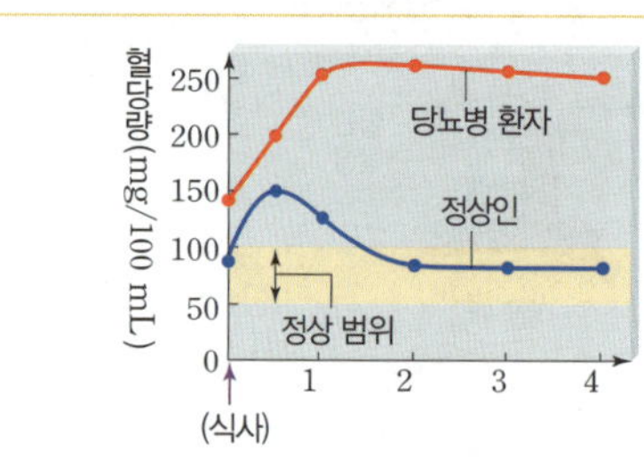
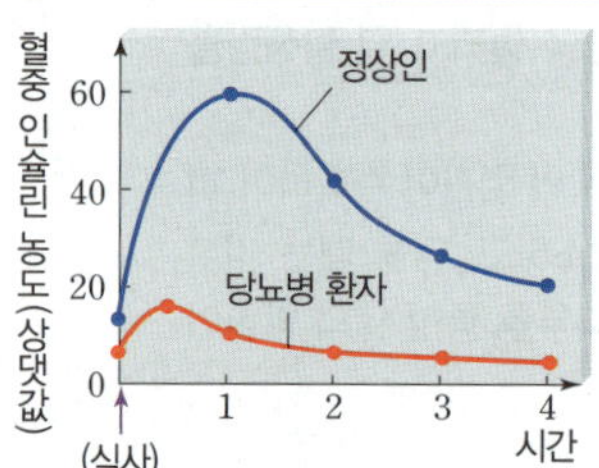

⇨ 식사 후 혈당량이 높아지면 정상인은 인슐린의 분비가 증가하여 혈당량을 낮춰주지만, 당뇨병 환자는 식사 후 혈당량이 증가해도 인슐린이 거의 분비되지 않아 혈당량이 높은 수준을 유지한다.

2 갑상샘종(갑상샘 비대증)

갑상샘종은 호르몬 분비가 제대로 되지 않아 생기는 질병 중 하나로, 아이오딘이 결핍되는 경우 생긴다. 아이오딘은 티록신의 주성분으로, 아이오딘이 부족하면 갑상샘에서 티록신을 제대로 만들지 못해 혈중 티록신의 농도가 낮아진다. 이것을 간뇌에서 인식하면 뇌하수체를 거쳐 갑상샘이 자극되지만, 아이오딘의 부족으로 티록신을 합성하지 못하게 된다. 따라서 이러한 과정이 지속되면 갑상샘이 지나치게 자극을 받아 비대해지는 갑상샘종이 나타난다.

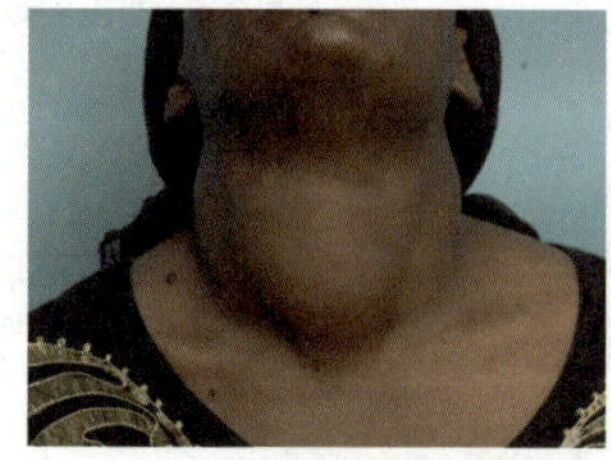

항상성 유지

1 혈당량 유지

식사 전후나 운동 시에는 혈당량이 변하는데, 간뇌는 이러한 변화를 감지하여 혈당량 조절을 위한 여러 가지 명령을 내린다. 이때 이자는 혈당량 조절 호르몬인 인슐린 혹은 글루카곤을 분비하여 혈당량을 일정하게 유지한다.

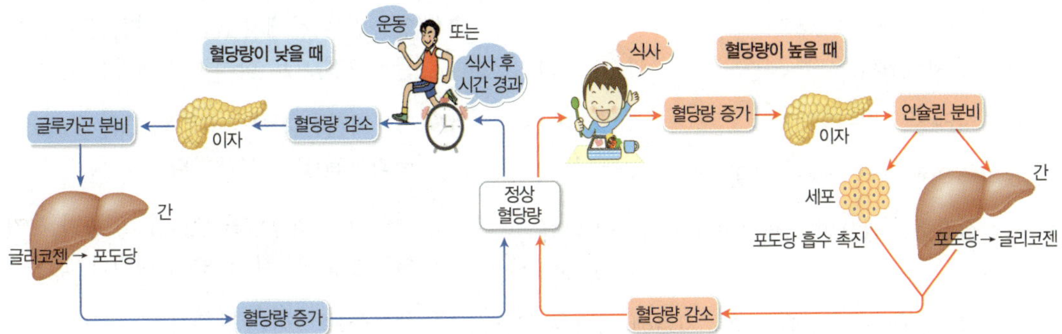

2 체온 유지

체온이 정상보다 낮아지면 우리 몸에서는 신경계의 조절 작용으로 혈관이 수축하여 몸 밖으로 빠져나가는 열이 줄어들고, 몸이 떨리면서 몸에서 발생하는 열의 양은 증가한다. 또한 호르몬에 의한 조절 작용으로 세포에서의 열 발생량도 증가하여 체온이 정상 수준으로 회복된다. 이와 같이 우리 몸은 주변의 온도에 따라 열 방출량과 열 발생량을 조절함으로써 체온을 일정하게 유지한다.

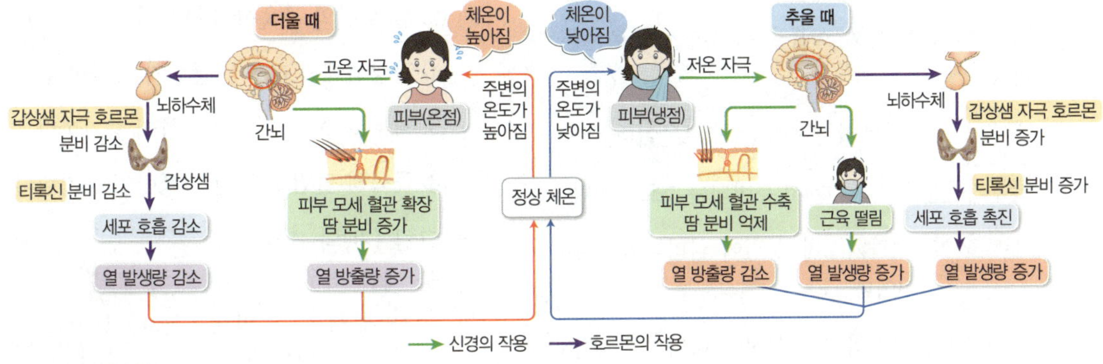

3 몸속 수분량 유지

물을 많이 마시는 등 몸속 수분량이 늘어나면 뇌하수체에서 항이뇨 호르몬 분비가 감소하고, 콩팥에서 물의 재흡수가 감소하여 오줌의 양이 증가한다. 반대로 땀을 흘려 몸속 수분량이 줄어들면 뇌하수체에서 항이뇨 호르몬 분비가 증가하여 오줌의 양은 감소하게 된다.

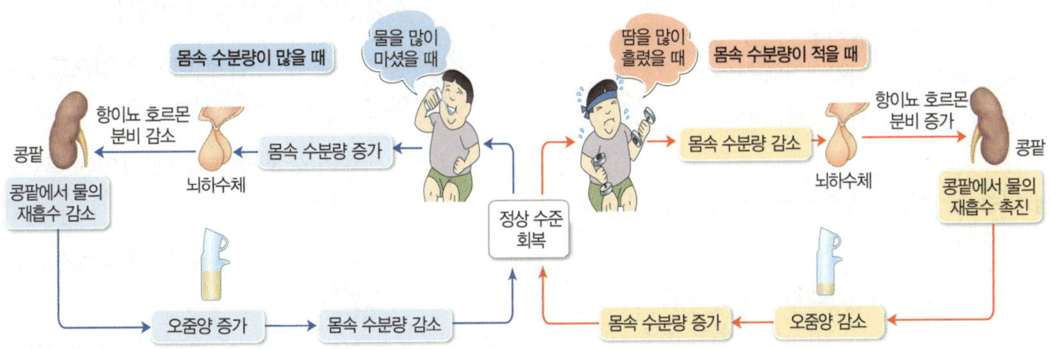

※ 다음 글의 빈칸에 알맞은 말을 쓰거나 고르시오.

1 호르몬

01 내분비샘에서 분비되며, 특정 세포나 기관으로 신호를 전달하는 화학 물질을 (　　　)이라고 한다.

02 호르몬의 특징에 대한 설명으로 옳은 것은 ○, 옳지 <u>않</u>은 것은 ×로 표시하시오.

(1) 모든 세포에 작용한다.　　　　　　　(○, ×)

(2) 항상성 유지에 관여한다.　　　　　　(○, ×)

(3) 적은 양으로 여러 생리 작용을 조절한다.　(○, ×)

(4) 분비량이 적절하지 않으면 결핍증이나 과다증이 나타난다.　　　　　　　　　　　　(○, ×)

03 다음 중 호르몬에 대한 설명에는 '호', 신경에 대한 설명에는 '신'이라고 쓰시오.

(1) 뉴런에 의해 전달된다. (　　　)

(2) 작용 범위가 비교적 넓다. (　　　)

(3) 신호 전달 속도가 빠르다. (　　　)

(4) 효과가 비교적 오래 지속된다. (　　　)

04 갑상샘에서 분비되며, 세포 호흡을 촉진하는 호르몬은 (　　　)이다.

05 생장 호르몬은 (　　　)에서 분비되는 호르몬이다.

06 인슐린과 글루카곤은 (　　　)에서 분비되는 호르몬이다.

07 난소에서 분비되며, 여자의 2차 성징이 나타나게 하는 호르몬은 (　　　)이다.

08 정소에서 분비되며, 남자의 2차 성징이 나타나게 하는 호르몬은 (　　　)이다.

09 호르몬의 결핍증과 과다증에 해당하는 질병을 옳게 짝지은 것을 |보기|에서 모두 고르시오. (　　　)

보기
ㄱ. 인슐린 결핍증 – 당뇨병
ㄴ. 티록신 결핍증 – 소인증
ㄷ. 티록신 과다증 – 갑상샘 기능 항진증
ㄹ. 생장 호르몬 과다증 – 말단 비대증

10 갑상샘 기능 항진증에 해당하는 증상을 |보기|에서 모두 고르시오. (　　　)

보기	
ㄱ. 체중이 증가한다.	ㄴ. 눈이 돌출된다.
ㄷ. 맥박이 빨라진다.	ㄹ. 추위를 잘 탄다.

2 항상성

11 외부 환경 변화와 관계없이 몸의 상태를 일정하게 유지하려는 성질을 (　　　)이라고 한다.

12 (　　　)은 인슐린과 글루카곤의 표적 기관이다.

13 운동을 하면 (인슐린, 글루카곤)의 분비량이 증가한다.

14 인슐린은 간에서 (㉠ 포도당, 글리코젠)을 (㉡ 포도당, 글리코젠)으로 합성하여 저장한다.

15 글루카곤은 간에서 (㉠ 포도당, 글리코젠)을 (㉡ 포도당, 글리코젠)으로 분해한다.

16 인슐린은 혈당량을 (㉠ 감소, 증가)시키고, 글루카곤은 혈당량을 (㉡ 감소, 증가)시킨다.

17 체온을 조절하는 중추는 (　　　)이다.

18 다음은 체온을 조절할 때 우리 몸에서 일어나는 신체 변화를 나타낸 것이다. 추울 때 일어나는 작용은 '추', 더울 때 일어나는 작용은 '더'라고 쓰시오.

(1) 세포 호흡이 촉진된다. (　　　)

(2) 피부 근처 혈관이 확장된다. (　　　)

(3) 털 주변의 근육이 수축한다. (　　　)

(4) 갑상샘에서 티록신 분비가 증가한다. (　　　)

(5) 피부로 흐르는 혈액의 양이 증가한다. (　　　)

(6) 근육의 떨림으로 열 발생량이 증가한다. (　　　)

19 그림 (가)와 (나)는 추울 때와 더울 때 피부 근처 혈관의 변화를 순서 없이 나타낸 것이다. (가)와 (나) 중 열이 외부로 더 많이 방출되는 것을 고르시오. (　　　)

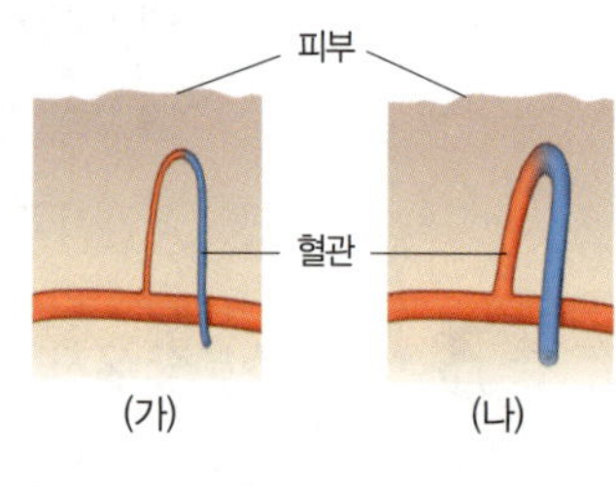

20 뇌하수체에서 분비되는 (　　　) 호르몬에 의해 몸속 수분량이 일정하게 유지된다.

21 몸속 수분량 조절에 대한 설명으로 옳은 것은 ○, 옳지 <u>않</u>은 것은 ×로 표시하시오.

(1) 체액의 농도가 높을 때 항이뇨 호르몬의 분비량은 증가한다.　　　　　　　　　　　　(○, ×)

(2) 몸속 수분량이 많을 때 콩팥에서는 물의 재흡수가 촉진된다.　　　　　　　　　　　　(○, ×)

(3) 항이뇨 호르몬의 분비량이 감소하면 몸속 수분량이 증가한다.　　　　　　　　　　　　(○, ×)

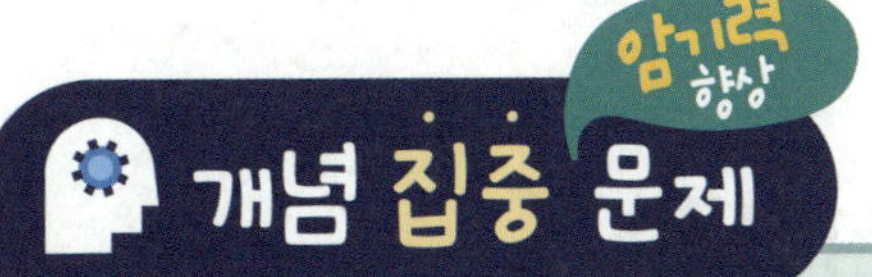

개념 집중 문제

● 호르몬

내분비샘에서 분비되어 특정 세포나 기관으로 신호를 전달하여 몸의 생리 작용을 조절하는 화학 물질 ⇨ 표적 세포나 표적 기관에만 작용

● 사람의 내분비샘과 호르몬

뇌하수체(생장 호르몬, 갑상샘 자극 호르몬, 항이뇨 호르몬), 갑상샘(티록신), 부신(아드레날린), 이자(인슐린, 글루카곤), 난소(에스트로젠), 정소(테스토스테론)

● 항상성 유지

(1) 혈당량 조절 : 이자에서 분비되는 호르몬인 인슐린과 글루카곤에 의해 혈당량이 일정하게 유지된다. ⇨ 0.1 %
(2) 체온 조절 : 간뇌에서 체온 변화를 감지하고, 열 방출량과 열 발생량을 조절함으로써 더울 때와 추울 때에 관계없이 체온이 일정하게 유지된다. ⇨ 36.5 ℃
(3) 몸속 수분량 조절 : 뇌하수체에서 분비되는 항이뇨 호르몬에 의해 오줌의 양을 조절하여 몸속 수분량이 일정하게 유지된다.

사람의 내분비샘과 호르몬

1 그림은 사람의 내분비샘을 나타낸 것이다. 빈칸에 알맞은 말을 쓰시오.

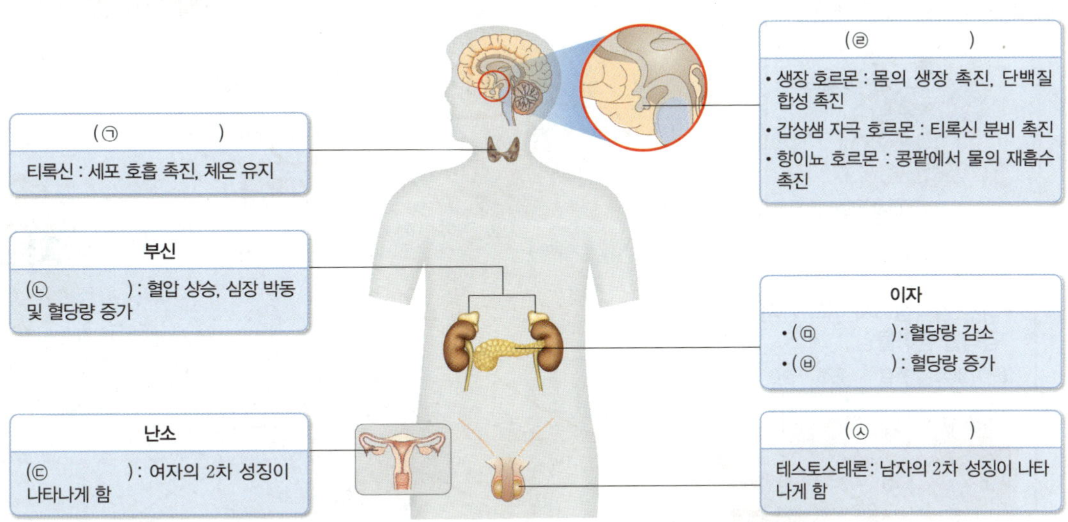

항상성 유지 - 혈당량 조절

2 그림은 혈당량 조절 과정을 나타낸 것이다. 빈칸에 알맞은 말을 쓰시오.

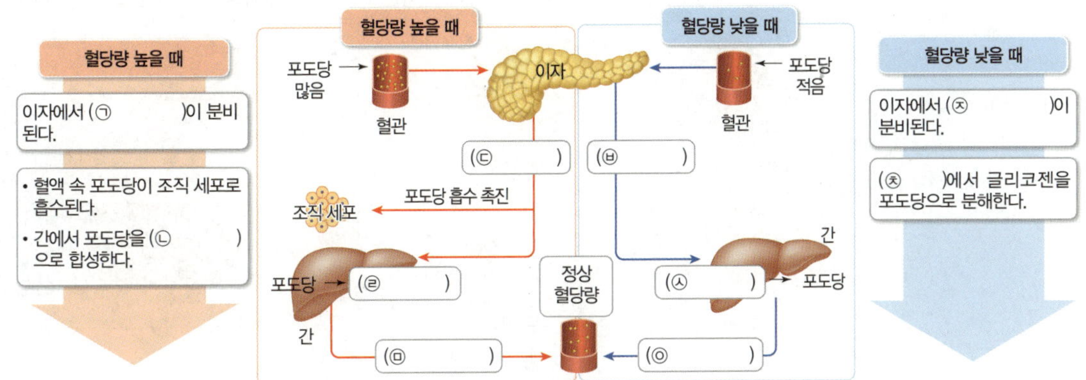

단원마무리 생각그물 완성하기

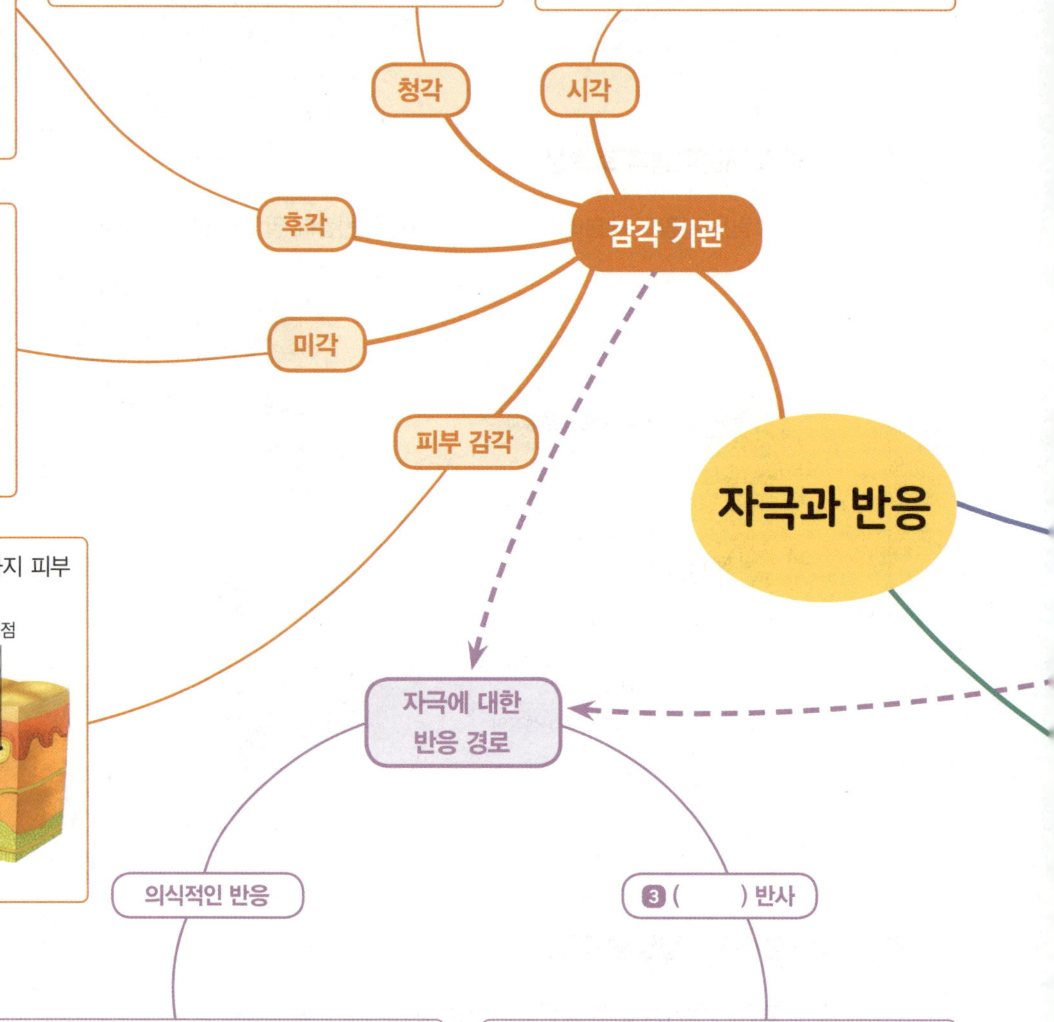

자극과 반응
감각 기관
청각
시각
후각
미각
피부 감각
자극에 대한 반응 경로
의식적인 반응
3 ( ) 반사

1 ( ) : 청각과 평형 감각 담당

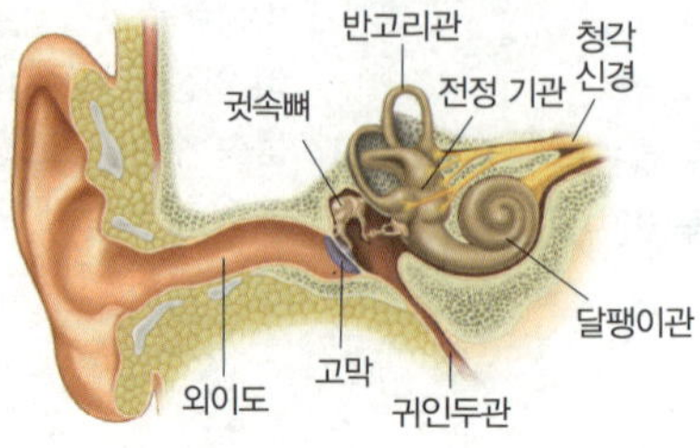

반고리관
청각 신경
귓속뼈
전정 기관
달팽이관
외이도
고막
귀인두관

2 ( ) : 시각 담당

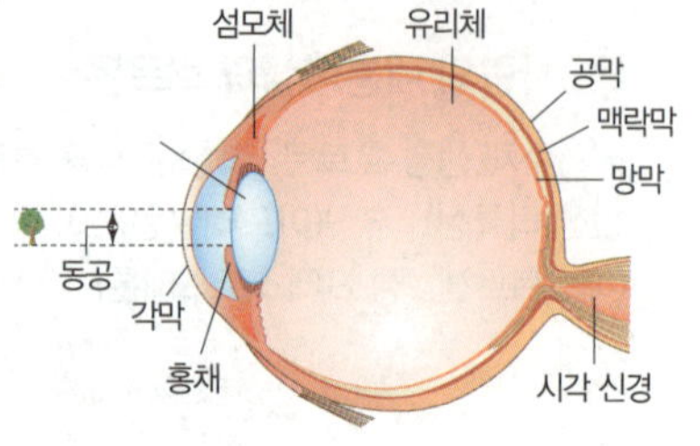

섬모체
유리체
공막
맥락막
망막
동공
각막
홍채
시각 신경

• 코의 상피 세포에서 기체 상태의 화학 물질 감지

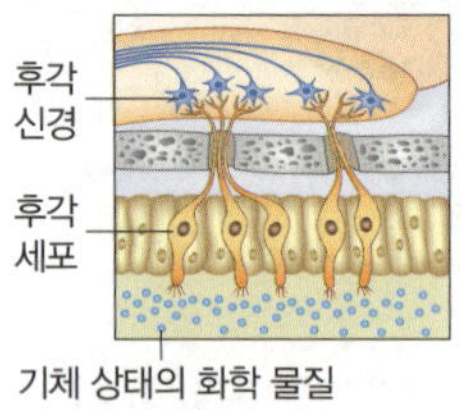

후각 신경
후각 세포
기체 상태의 화학 물질

• 혀의 맛봉오리에서 액체 상태의 화학 물질 감지

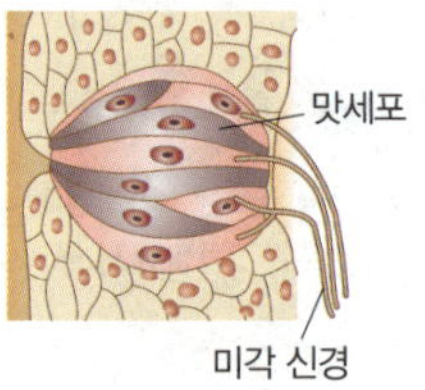

맛세포
미각 신경

• 피부 감각점에서 여러 가지 피부 감각을 받아들임.

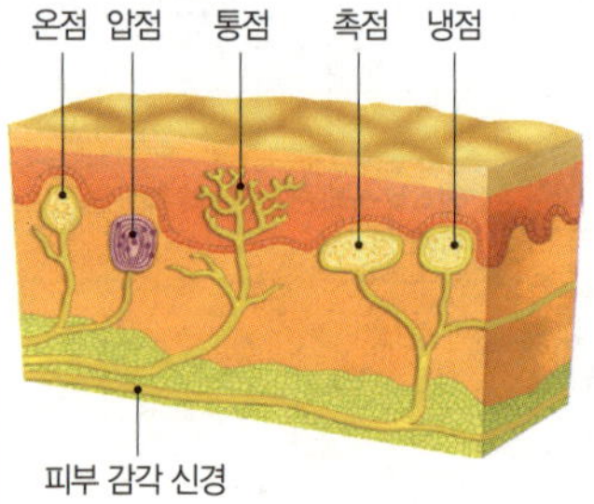

온점
압점
통점
촉점
냉점
피부 감각 신경

4 ( )를 거쳐서 자극에 대한 반응이 일어남.

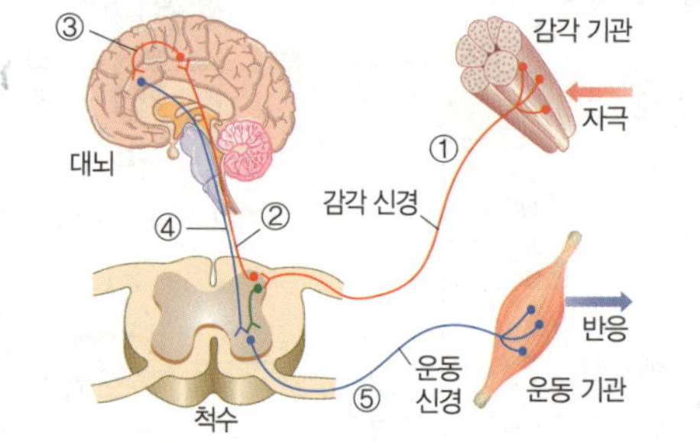

③
대뇌
④
②
감각 기관
자극
①
감각 신경
척수
⑤
운동 신경
반응
운동 기관

• 대뇌를 거치지 않고 반응이 빠르게 일어남.

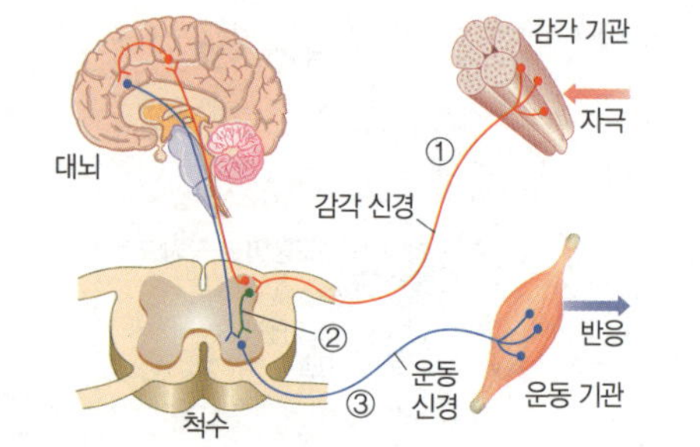

대뇌
감각 기관
자극
①
감각 신경
②
척수
③
운동 신경
반응
운동 기관

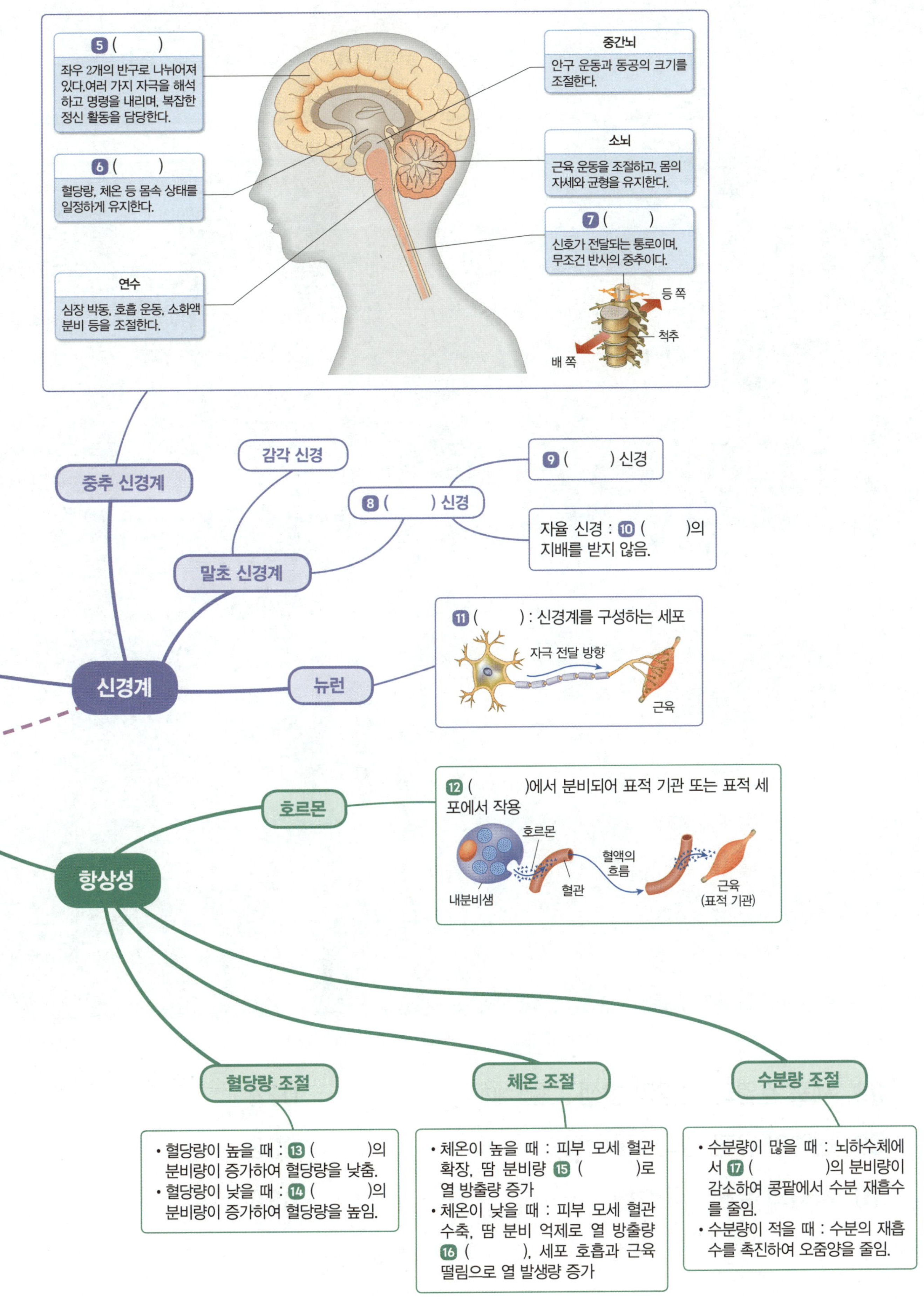
5 (   )
좌우 2개의 반구로 나뉘어져 있다.여러 가지 자극을 해석하고 명령을 내리며, 복잡한 정신 활동을 담당한다.
6 (   )
혈당량, 체온 등 몸속 상태를 일정하게 유지한다.
연수
심장 박동, 호흡 운동, 소화액 분비 등을 조절한다.
중간뇌
안구 운동과 동공의 크기를 조절한다.
소뇌
근육 운동을 조절하고, 몸의 자세와 균형을 유지한다.
7 (   )
신호가 전달되는 통로이며, 무조건 반사의 중추이다.
등 쪽
척추
배 쪽
중추 신경계
감각 신경
9 (   ) 신경
8 (   ) 신경
자율 신경 : 10 (   )의 지배를 받지 않음.
말초 신경계
신경계
뉴런
11 (   ) : 신경계를 구성하는 세포
자극 전달 방향
근육
항상성
호르몬
12 (   )에서 분비되어 표적 기관 또는 표적 세포에서 작용
호르몬
내분비샘
혈관
혈액의 흐름
근육
(표적 기관)
혈당량 조절
체온 조절
수분량 조절
• 혈당량이 높을 때 : 13 (   )의 분비량이 증가하여 혈당량을 낮춤.
• 혈당량이 낮을 때 : 14 (   )의 분비량이 증가하여 혈당량을 높임.
• 체온이 높을 때 : 피부 모세 혈관 확장, 땀 분비량 15 (   )로 열 방출량 증가
• 체온이 낮을 때 : 피부 모세 혈관 수축, 땀 분비 억제로 열 방출량 16 (   ), 세포 호흡과 근육 떨림으로 열 발생량 증가
• 수분량이 많을 때 : 뇌하수체에서 17 (   )의 분비량이 감소하여 콩팥에서 수분 재흡수를 줄임.
• 수분량이 적을 때 : 수분의 재흡수를 촉진하여 오줌양을 줄임.

IV

생식과 유전

세포 분열을 개체의 생장과 관련지어 설명하고, 염색체와 유전자의 관계를 이해하며, 체세포 분열과 생식세포 형성 과정의 특징을 염색체의 행동을 중심으로 설명할 수 있다. 또한 멘델 유전 실험의 의의와 원리를 이해하고, 멘델의 유전 원리가 적용되는 유전 현상을 파악하며, 사람의 유전 형질과 유전 연구 방법을 설명할 수 있다.

★ 세포가 분열하는 까닭은 무엇일까?

★ 염색체와 유전자가 무엇일까?

★ 멘델이 한 쌍의 대립 형질의 유전에서 밝힌 유전 원리는 무엇일까?

★ 사람의 유전 연구는 어떤 방법으로 이루어질까?

08 세포 분열과 사람의 발생

📖 Note

세포의 물질 교환

세포가 생명 활동을 유지하려면 필요한 물질을 흡수하고, 생명 활동의 결과로 생긴 노폐물을 내보내는 물질 교환이 일어나야 한다. 이 과정에서 영양소와 산소는 받아들이고, 노폐물과 이산화 탄소는 내보낸다.

세포의 부피와 표면적의 관계

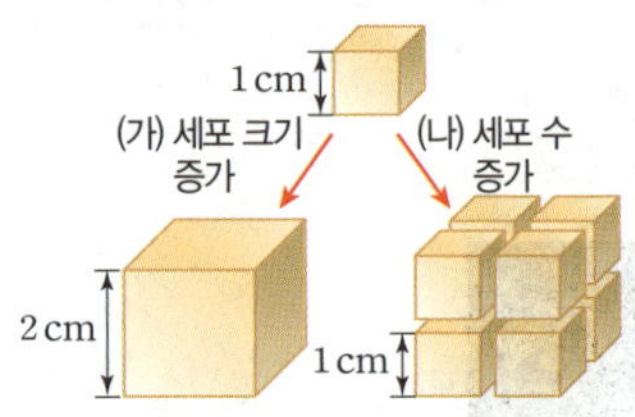

구분	(가)	(나)
부피(cm³)	8	8
표면적(cm²)	24	48
표면적(cm²)／부피(cm³)	3	6

정육면체를 세포라고 했을 때 크기가 작을수록 물질 교환에 유리하다.

생물의 염색체 수

생물	염색체 수
벼	24개
옥수수	20개
소나무	24개
초파리	8개
개	78개

• 생물종에 따라 염색체 수는 다양하며, 같은 종의 생물은 염색체 수와 모양이 일정하다. ⇨ 생물의 종을 판단할 수 있는 특징
• 서로 다른 종이라도 염색체 수가 같을 수 있으나 염색체의 크기, 모양, 유전자 등은 서로 다르다.

➕ **용어**

상동
서로 같다는 의미이다.

1 세포 분열과 염색체

1 세포 분열

(1) **세포 분열** : 하나의 세포가 둘로 나누어지는 과정이다.

(2) **세포 분열하는 까닭** : 세포가 커지면 부피에 대한 표면적이 상대적으로 작아져 물질 교환에 불리하다. 따라서 세포가 어느 정도 커지면 세포 분열을 통해 표면적을 넓혀 물질 교환이 효율적으로 일어나도록 한다.

2 염색체 : 세포가 분열할 때 나타나는 막대 모양의 구조물로, 유전 정보를 담아 전달하는 역할을 한다. DNA와 단백질로 구성되며, 세포 분열이 시작될 때 염색체는 두 가닥의 염색 분체로 이루어져 있다.

구분	특징
DNA	생물의 특징을 결정하는 유전 정보를 저장하고 있는 유전 물질을 말한다.
유전자	DNA에서 유전 정보를 저장하고 있는 특정 부위이다.
염색 분체	하나의 염색체를 이루는 각각의 가닥을 말하며, 복제되어 형성되었으므로 유전 정보가 같다.

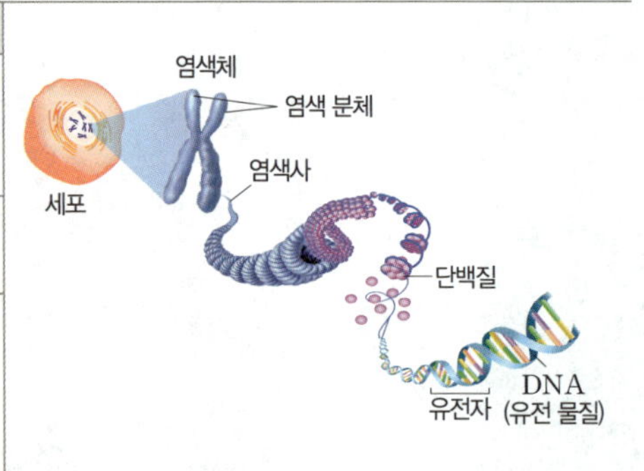

3 사람의 염색체

(1) 염색체의 종류

구분	특징
상동 염색체	체세포에 있는 모양과 크기가 같은 1쌍의 염색체로, 부모로부터 각각 1개씩 물려받으며 사람의 체세포에는 23쌍의 상동 염색체가 있다.
상염색체	성에 관계없이 남녀 공통으로 가지는 염색체
성염색체	성을 결정하는 염색체로, 여자의 성염색체는 XX, 남자의 성염색체는 XY이다.

(2) **사람의 염색체 구성** : 22쌍(44개)의 상염색체와 1쌍(2개)의 성염색체로 구성된다.

남자의 염색체 구성	여자의 염색체 구성
상염색체 44개(22쌍) / 1 2 3 4 5 6 / 7 8 9 10 11 12 / 13 14 15 16 17 18 / 19 20 21 22 / XY 성염색체 2개(1쌍)	상염색체 44개(22쌍) / 1 2 3 4 5 6 / 7 8 9 10 11 12 / 13 14 15 16 17 18 / 19 20 21 22 / XX 성염색체 2개(1쌍)
44＋XY ⇨ 어머니에게서 22＋X, 아버지에게서 22＋Y를 물려받았다.	44＋XX ⇨ 어머니에게서 22＋X, 아버지에게서 22＋X를 물려받았다.

2 체세포 분열

1 체세포 분열 : 생물의 몸을 구성하는 하나의 체세포가 두 개로 나누어지는 것이다.

2 세포 주기 : 세포 분열을 마친 세포가 자라서 다시 세포 분열을 마치기까지의 과정이다.

(1) 간기 : 세포가 생장하고 다음 분열을 준비하는 시기로, 세포 주기의 대부분을 차지한다.

(2) 분열기 : 세포가 분열하여 딸세포가 생성되는 시기로, 간기에 비해 짧다.

3 체세포 분열 과정 : 체세포 분열은 핵분열과 세포질 분열로 구분된다.

(1) 핵분열 : 간기를 거친 후 핵분열(전기 → 중기 → 후기 → 말기)이 일어난다.

간기 (분열 전 준비 단계)		• 핵막이 뚜렷하다. • 염색체가 핵 속에 실처럼 풀어져 있다. • 세포의 크기가 커지고, 유전 물질인 DNA가 복제되어 DNA양이 2배로 증가한다.
핵분열	전기	• 핵막이 사라진다. • 막대 모양의 염색체(두 가닥의 염색 분체로 구성)가 나타난다. • 방추사가 형성된다.
	중기	• 방추사가 부착된 염색체가 세포 중앙에 배열된다. • 염색체의 수와 모양을 가장 뚜렷하게 관찰할 수 있는 시기이다.
	후기	• 방추사에 의해 각 염색체의 염색 분체가 나누어져 세포의 양 끝으로 이동한다.
	말기	• 핵막이 나타나면서 2개의 핵이 형성된다. • 염색체가 실처럼 풀어진다. • 세포질 분열이 시작된다.

(2) 세포질 분열 : 핵분열 말기에 일어나며, 세포질이 나뉘어 2개의 딸세포가 생성된다. 식물 세포와 동물 세포에서 다르게 일어난다.

동물 세포	세포질이 바깥쪽으로부터 안쪽으로 오므라들면서 세포가 둘로 나누어져 2개의 딸세포가 만들어진다.	
식물 세포	세포 중앙부에서 세포판이 나타나 안쪽에서 바깥쪽으로 자라면서 세포질이 나누어져 2개의 딸세포가 만들어지고, 세포판은 세포벽이 된다.	

(3) 체세포 분열의 결과 : 모세포와 유전 정보, 염색체 수가 동일한 2개의 딸세포가 만들어지고, 생장이나 재생이 일어난다.

★ 이것이 핵심!!

1. 염색체는 세포 분열 시 관찰할 수 있는 막대 모양의 구조물로 유전 물질을 포함한다.
2. 사람의 염색체는 상염색체 22쌍(44개), 성염색체 1쌍(2개)이므로 총 23쌍(46개)이다.

📖 **Note**

모세포와 딸세포

모세포는 세포 분열이 일어나기 전의 세포를 말하고, 딸세포는 세포 분열 결과 새롭게 만들어진 세포를 말한다.

체세포 분열 장소

• 동물 : 몸 전체에서 체세포 분열이 일어나 생장한다.
• 식물 : 생장점, 형성층과 같은 특정 부위에서 체세포 분열이 일어나 생장한다.

체세포 분열의 의의

• 생장 : 세포 수가 늘어나 몸이 커진다. 예 키가 자란다, 뿌리가 자란다. 등
• 재생 : 상처가 나거나 손실된 부분의 세포가 새로 생긴다. 예 도마뱀의 꼬리가 재생된다. 상처가 아문다. 뼈가 붙는다. 등
• 생식 : 단세포 생물의 경우 체세포 분열이 곧 생식이 된다. 예 아메바의 분열법

➕ **용어**

방추사

세포 분열 시 형성되는 가는 실 모양의 섬유질 단백질로, 염색체를 세포 양 끝으로 끌어당긴다.

📖 Note

2가 염색체

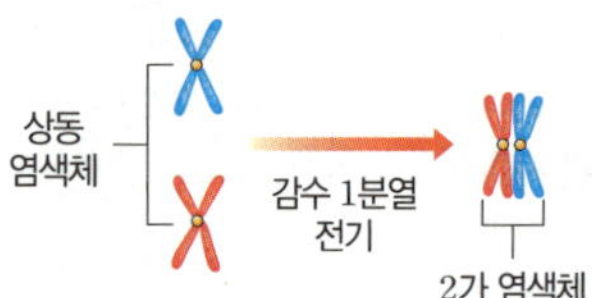

감수 분열(생식세포 분열)에서만 관찰되는 염색체의 형태로, 상동 염색체 1쌍이 결합한 것이다. 4개의 염색 분체가 붙어있다고 해서 4분 염색체라고도 한다.

감수 분열(생식세포 분열) 장소
- 식물: 밑씨(난세포 생성), 꽃밥(꽃가루 생성)
- 동물: 난소(난자 생성), 정소(정자 생성)

체세포 분열과 감수 분열(생식세포 분열)의 차이점

체세포 분열은 온몸의 모든 체세포에서 일어나고, 감수 분열(생식세포 분열)은 생식 기관에서 일어난다.

➕ **용어**

생식
생물이 자신과 닮은 자손을 만드는 것이다.

---

3 감수 분열(생식세포 분열)

1 감수 분열(생식세포 분열) : 생식세포를 만들 때 일어나는 세포 분열로, 딸세포의 염색체 수가 체세포의 절반으로 줄어든다.

2 감수 분열 과정 : 간기를 거친 후 감수 1분열과 감수 2분열이 연속해서 일어나며 4개의 딸세포가 생성된다.

(1) 감수 1분열 : 상동 염색체의 분리로 염색체의 수가 절반으로 감소하는 분열

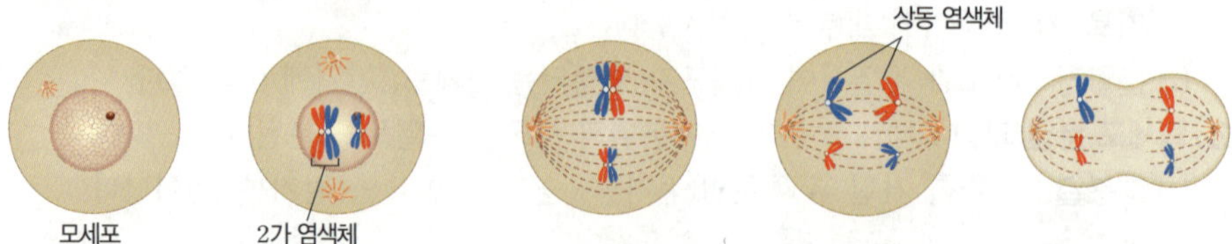

분열 전	감수 1분열			
간기	전기	중기	후기	말기 및 세포질 분열
• 핵막이 뚜렷하게 관찰된다. • DNA가 복제된다.	• 핵막이 사라진다. • 상동 염색체끼리 결합한 2가 염색체가 나타난다.	2가 염색체가 세포 중앙에 배열된다. ⇨ 염색체를 관찰하기 좋다.	상동 염색체가 분리되어 각 염색체가 세포 양 끝으로 이동한다.	핵막이 나타나고, 세포질 분열이 일어나 2개의 딸세포가 생성된다.

(2) 감수 2분열 : 염색 분체의 분리로 염색체의 수가 변하지 않는 분열

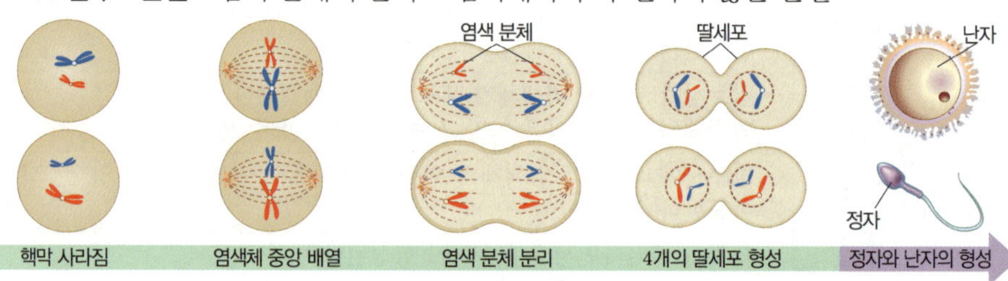

감수 2분열				생식세포 형성
전기	중기	후기	말기 및 세포질 분열	분열 완료
핵막이 사라지고, DNA 복제 없이 감수 2분열 전기가 시작된다.	염색체가 세포 중앙에 배열된다.	염색 분체가 분리되어 방추사에 의해 세포 양끝으로 이동한다.	핵막이 나타나고, 세포질 분열이 일어나 4개의 딸세포가 생성된다.	딸세포는 정자 또는 난자가 된다.

3 감수(생식세포) 분열의 의의 : 생식세포의 염색체 수가 반으로 줄어 자손은 어버이와 같은 염색체 수를 가진다. ⇨ 세대를 거듭하여도 염색체 수가 일정하게 유지된다.

4 체세포 분열과 감수(생식세포) 분열 비교

구분	체세포 분열	감수(생식세포) 분열
분열 횟수	1회	연속 2회
2가 염색체	형성하지 않음	감수 1분열 전기 때 형성
염색체 수	변화 없음	절반으로 줄어듦
딸세포 수	2개	4개
분열 결과	생장, 재생	생식세포 형성

⭐ **이것이 핵심!!**

1. 감수 1분열에서는 상동 염색체가 나누어져서 염색체 수가 반으로 줄어든다.
2. 감수 2분열에서는 염색 분체가 나누어져서 염색체 수가 반으로 줄어든 상태가 유지된다.

4 사람의 수정과 발생

1 사람의 생식세포 형성 : 정소에서는 정자, 난소에서는 난자가 만들어진다.

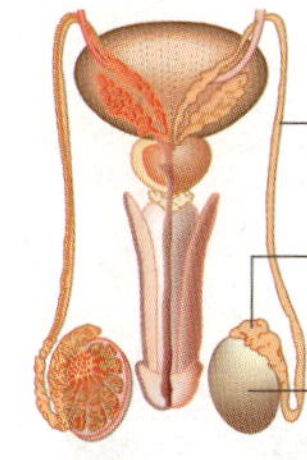

정자		난자
머리와 꼬리로 구분되며 머리에는 DNA(유전 물질)가 들어 있는 핵이 있고, 꼬리를 이용하여 이동할 수 있다.	▲ 정자　▲ 난자	DNA(유전 물질)가 들어 있는 핵이 있고, 세포질에는 발생에 필요한 많은 양의 양분이 저장되어 있다.

2 수정 : 정자와 난자가 수란관에서 만나 결합하는 과정으로, 정자와 난자의 염색체 수는 체세포의 절반이므로 수정란은 체세포와 염색체 수가 같다.

3 발생 : 수정란이 세포 분열을 통해 하나의 개체로 되기까지의 과정이다.

(1) 배란에서 착상까지의 과정 : 배란 → 수정 → 난할 → 착상

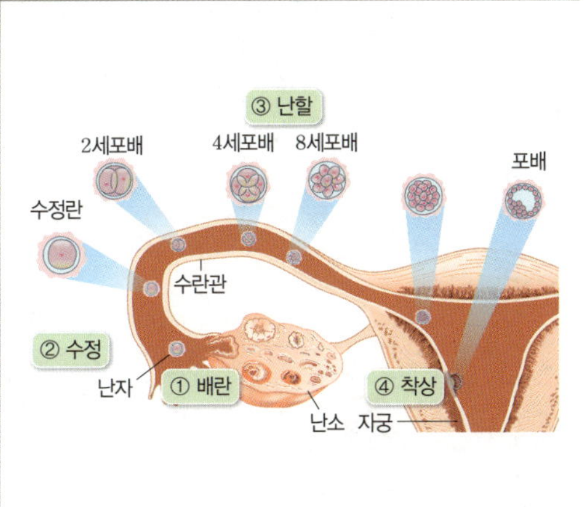

배란에서 착상까지의 과정	
배란	난자가 난소에서 수란관으로 배출된다.
수정	수란관에서 정자와 난자가 만나 수정이 이루어진다.
난할	수정란의 초기의 세포 분열로, 난할이 진행될수록 세포 1개의 크기는 점점 작아지며, 수정란은 수란관을 따라 자궁으로 이동한다.
착상	수정 후 5~7일 후에 수정란이 포배가 되어 자궁 안쪽 벽을 파고 들어가는 현상이다. 이때부터 임신하였다고 한다.

(2) **모체와 태아의 물질 교환** : 착상 후 태아와 모체를 연결하는 태반이 형성되고, 태반을 통해 모체와 물질 교환을 한다.

(3) **태아의 발생** : 자궁에서 배아는 체세포 분열을 계속하여 여러 조직과 기관을 만들어 하나의 개체로 성장한다.

① 배아 : 정자와 난자가 수정된 후 사람의 모습을 갖추기 전 7주까지의 상태

② 태아 : 수정 후 사람의 모습을 갖추기 시작한 상태

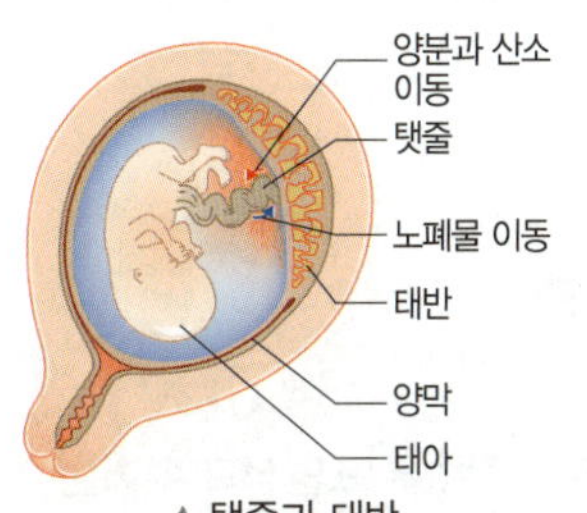

▲ 탯줄과 태반

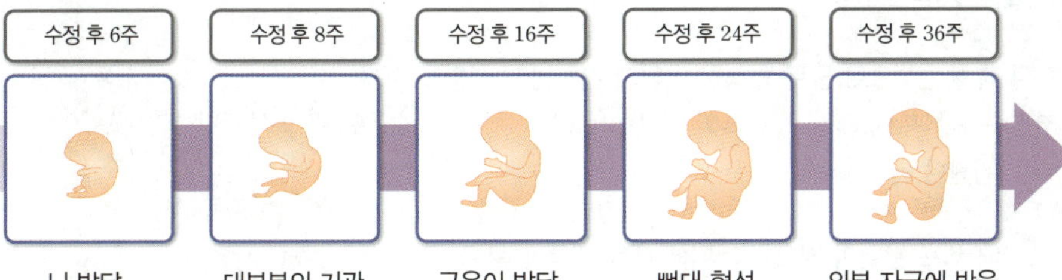

뇌 발달, 심장 박동 시작	대부분의 기관 형성	근육이 발달, 성별 구분 가능	뼈대 형성, 몸의 방향 전환 가능	외부 자극에 반응, 표정을 짓기 시작

4 출산 : 수정된 날로부터 약 266일(38주)이 지나면 자궁이 수축하여 자궁 입구가 열리고 태아가 질을 통해 모체의 몸 밖으로 나온다.

★ 이것이 핵심!!

1. 정자와 난자가 수정되어 만들어진 수정란은 염색체 수가 체세포와 같아진다.
2. 난할은 체세포 분열의 일종이므로 난할이 진행될수록 세포 1개의 크기는 작아지지만 염색체 수는 변함 없다.

📖 Note

정자와 난자의 비교

구분	정자	난자
생성 장소	정소	난소
크기	작다	크다
운동성	있다	없다
염색체 수	23개	23개

사람의 생식 기관

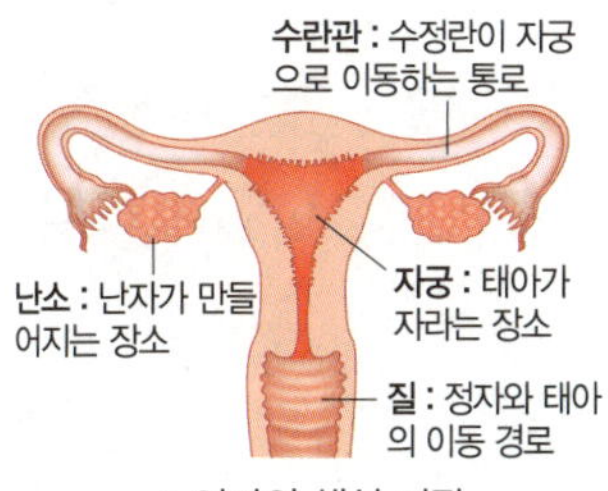

▲ 남자의 생식 기관

▲ 여자의 생식 기관

난할 진행 시 일어나는 변화

세포 1개당 염색체 수	변화 없다
세포 수	증가한다
세포 1개의 크기	작아진다
전체 크기	수정란과 비슷하다

➕ 용어

난할

수정란의 초기 세포 분열로, 체세포 분열의 일종이다.

포배

속이 빈 공 모양의 세포 덩어리이다.

탐구 A 세포의 부피와 표면적의 관계

● 실험 설계하기

❶ 페놀프탈레인 용액을 넣어 만든 우무 덩어리를 잘라 한 변이 각각 1 cm, 2 cm, 3 cm인 정육면체를 만든다.

❷ ❶의 우무 조각을 비커에 넣은 후 우무 조각이 잠길 정도로 비눗물을 부었다가 10분 후 꺼내어 종이 수건으로 표면을 닦는다.

❸ ❷의 우무 조각을 반으로 잘라 단면을 관찰하여 붉은색으로 물든 부분을 표시하고, 각각의 단위 부피당 표면적을 계산한다.

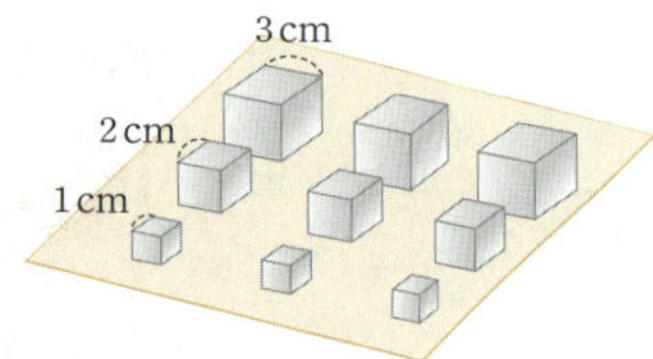

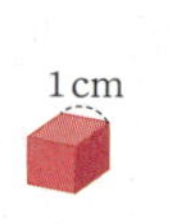
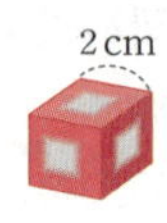
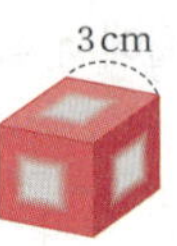

● 결과 분석하기

한 변의 길이(cm)	1	2	3
단면의 모습			
표면적(cm²)	6	24	54
부피(cm³)	1	8	27
$\dfrac{표면적(cm^2)}{부피(cm^3)}$	$\dfrac{6}{1}=6$	$\dfrac{24}{8}=3$	$\dfrac{54}{27}=2$

● 스스로 정리하기

1 우무 조각의 크기가 커질수록 표면적과 부피는 어떻게 되는지 설명해 보자.

우무 조각의 크기가 커질수록 표면적과 부피가 (　　　　)한다.

2 우무 조각의 크기가 커질 때 붉은색으로 물든 면은 어떻게 변하는지 설명해 보자.

우무 조각의 크기가 커질수록 부피에 대한 표면적의 비율이 (㉠　　　　)하므로 단위 부피당 붉은색으로 물든 면적은 (㉡　　　　)진다.

3 우무 조각을 세포라고 할 때 세포 분열이 필요한 까닭에 대해 설명해 보자.

세포가 커지면 부피에 대한 표면적이 (㉠　　　　)지기 때문에 세포에 필요한 영양소를 흡수하는 데 불리하다. 따라서 세포는 어느 정도 커지면 분열하여 그 수를 (㉡　　　　)다.

🔍 **탐구 핵심** 세포의 크기가 커지는 것보다 세포의 수가 많아지면 부피에 따른 표면적의 비가 커져서 물질 교환에 유리하다.

탐구 B 체세포 분열 관찰

실험 설계하기

❶ 고정 : 양파를 물에 담그고 뿌리가 1~2 cm 정도 자랐을 때 뿌리 끝을 1 cm 가량 잘라 에탄올과 아세트산을 3:1로 섞은 용액에 하루 정도 담가 둔다. ⇨ 양파 뿌리 세포를 살아 있는 상태와 같게 고정한다.

❷ 해리 : 뿌리 조각을 묽은 염산에 넣고 55~60 ℃의 온도에서 6~8분 동안 물 중탕한 다음 증류수로 씻는다. ⇨ 조직을 연하게 한다.

❸ 염색 : 뿌리 조각의 끝부분을 1 mm 정도 잘라 받침 유리에 놓고, 아세트산 카민 용액을 1방울 떨어뜨린다. ⇨ 양파 세포의 핵과 염색체를 염색하여 뚜렷하게 보이게 한다.

❹ 분리 : 뿌리 끝을 해부침으로 잘게 찢은 후 덮개 유리를 덮어 연필에 달린 고무로 가볍게 두드린다.

❺ 압착 및 관찰 : 현미경 표본을 거름종이로 덮고 엄지손가락으로 지그시 눌러 여분의 용액을 제거한 후 현미경으로 관찰한다.

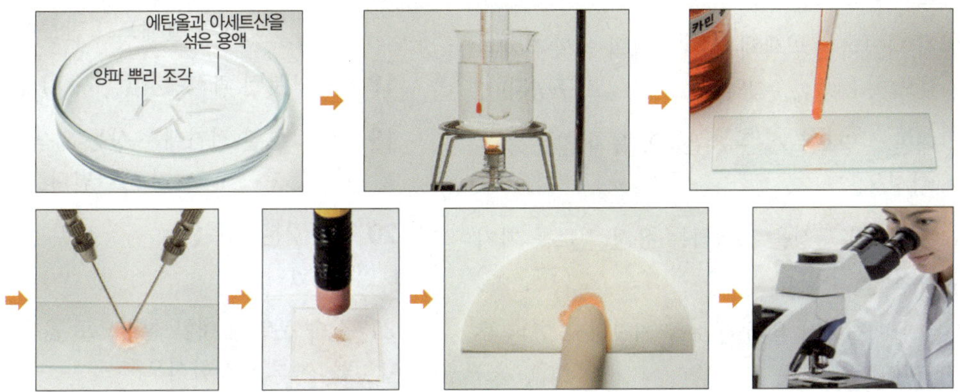

결과 분석하기

- 간기, 전기, 중기, 후기, 말기의 세포들이 관찰된다.
- 간기의 세포가 가장 많이 발견된다.
- 분열이 막 끝난 세포는 분열 전의 세포에 비해 크기가 작다.

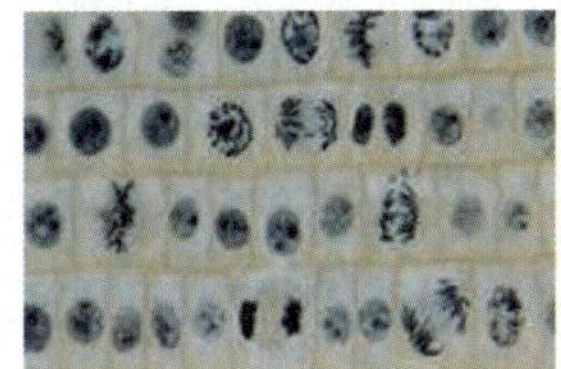

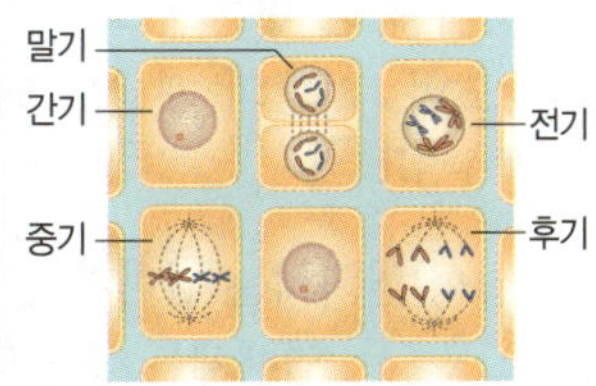

스스로 정리하기

1 양파 뿌리 체세포 분열 관찰 실험의 과정에 대해 설명해 보자.
양파 뿌리의 체세포 분열 관찰 실험의 과정은 고정 → (㉠　　　　　) → (㉡　　　　　) → 분리 → 압착 및 관찰이다.

2 간기의 세포가 가장 많이 발견되는 까닭에 대해 설명해 보자.
간기는 세포 주기 중 가장 (　　　　)기 때문에 가장 많이 발견된다.

🔍 탐구 핵심 　1. 고정은 세포를 살아 있는 상태와 똑같이 유지하는 과정이고, 해리는 조직을 연하게 하는 과정이다.
　2. 분열하는 세포 관찰에서 세포 수가 많을수록 그 단계의 길이가 긴 것을 의미한다.

※ 다음 글의 빈칸에 알맞은 말을 쓰거나 고르시오.

1 세포 분열과 염색체

01 (   )은 하나의 세포가 두 개로 나누어져 새로운 세포가 만들어지는 현상이다.

02 세포가 어느 정도 커지면 세포 분열이 일어나 부피에 대한 (   )의 비가 커진다.

03 세포의 크기가 계속 커지는 것보다 세포가 분열하여 총 표면적이 (넓어, 좁아)질수록 물질 교환에 유리하다.

04 세포가 분열할 때 염색사가 응축하여 나타나는 막대 모양의 구조물을 (㉠   )라고 하며, (㉡   )를 담아 전달하는 역할을 한다.

05 세포 분열시 나타나는 염색체는 두 가닥의 염색 분체로 이루어져 있으며, (㉠   )와 (㉡   )로 구성된다.

06 염색체에 대한 설명으로 옳은 것은 ○, 옳지 않은 것은 ×로 표시하시오.

　(1) DNA는 생물의 특징을 결정하는 유전 정보를 가지고 있는 유전 물질이다. 　　　　　(○, ×)

　(2) 유전자는 단백질에서 유전 정보를 저장하고 있는 특정 부위이다. 　　　　　(○, ×)

　(3) 하나의 염색체를 이루는 두 염색 분체는 유전 정보가 서로 다르다. 　　　　　(○, ×)

07 상동 염색체 한 쌍은 부모로부터 각각 (㉠   )개씩 물려받으며, 사람의 체세포에는 (㉡   )쌍의 상동 염색체가 있다.

08 (㉠ 상, 성)염색체는 남녀가 공통으로 가지는 염색체이고, (㉡ 상, 성) 염색체는 성을 결정하는 염색체이다.

09 사람의 염색체는 상염색체 (㉠   )쌍과 성염색체 (㉡   )쌍으로 구성되어 있다.

2 체세포 분열

10 생물의 몸을 구성하는 하나의 체세포가 두 개로 나누어지는 것을 (   ) 분열이라고 한다.

11 동물은 (㉠ 몸 전체, 특정 부위)에서, 식물은 (㉡ 몸 전체, 특정 부위)에서 체세포 분열이 일어나 생장한다.

12 체세포 분열은 (㉠   ) → 전기 → 중기 → (㉡   ) → (㉢   )의 과정을 거친다.

13 (㉠   )는 세포 분열 준비 단계라고도 하며, 세포가 생장하고, (㉡   )가 복제된다.

14 체세포 분열 과정 중 (㉠   )에 핵막이 사라지고, (㉡   )에 핵막이 나타난다.

15 세포질이 나뉘어 (㉠   )개의 딸세포가 생성되는 것을 (㉡   ) 분열이라고 하며, 식물 세포와 동물 세포에서 (㉢ 같게, 다르게) 나타난다.

16 체세포 분열에 의해 생물의 세포 수가 늘어나 (㉠   )하며, 손실된 부분의 세포가 새로 생겨 (㉡   )이 이루어진다.

3 감수 분열(생식세포 분열)

17 생식세포 분열은 연속 (㉠   )회의 분열이 일어나 (㉡   )개의 딸세포가 만들어진다.

18 감수 1분열 과정에서 (   ) 염색체가 분리된다.

19 감수 1분열 전기에는 상동 염색체 1쌍이 결합하여 만들어지는 (   )가 나타난다.

20 감수 2분열은 (   ) 분열과 같은 방식으로 분열이 일어난다.

21 감수 분열에 대한 설명으로 옳은 것은 ○, 옳지 않은 것은 ×로 표시하시오.

　(1) 감수 1분열 과정이 끝나면 염색체 수가 반으로 줄어든다. 　　　　　(○, ×)

　(2) 감수 1분열과 감수 2분열 사이에 DNA가 복제되어 DNA 양이 2배가 된다. 　　　　　(○, ×)

　(3) 감수 2분열 과정에서 염색 분체가 분리된다. (○, ×)

　(4) 감수 분열에 의해 세대를 거듭하면서 자손의 염색체 수가 줄어든다. 　　　　　(○, ×)

4 사람의 수정과 발생

22 정자는 머리에 (㉠   )이 들어 있고, (㉡   )를 이용하여 스스로 이동할 수 있다.

23 난자는 유전 물질이 들어 있는 (㉠   )과 발생에 필요한 양분이 저장된 (㉡   )로 구성되어 있다.

24 수정란은 정자와 난자가 (㉠   )에서 만나 (㉡   )되어 만들어진다.

25 난할이 거듭될수록 세포 수는 (㉠ 많아, 적어)지고, 세포 1개의 크기는 점점 (㉡ 커, 작아)진다.

26 태반을 통해 모체에서 태아로 (㉠   )와 (㉡   )가 이동하고, 태아에서 모체로 (㉢   )와 (㉣   )이 이동한다.

개념 집중 문제

● **체세포 분열**

생물의 몸을 구성하는 체세포 하나가 둘로 나누어지는 것
(1) 핵분열 : 연속적으로 진행, 염색체의 모양과 행동에 따라 전기, 중기, 후기, 말기의 네 단계로 구분
(2) 세포질 분열 : 핵분열 말기에 일어나며, 두 개의 딸세포가 만들어진다. 동물 세포와 식물 세포에서 다르게 일어난다.

● **감수 분열**

생식세포를 만들 때 일어나는 세포 분열로, 염색체 수가 체세포의 절반으로 줄어든다.
(1) 감수 1분열 : 상동 염색체의 분리로 염색체 수가 절반으로 감소하는 분열
(2) 감수 2분열 : 염색 분체의 분리로 염색체 수가 변하지 않는 분열

체세포 분열

1 그림은 어떤 생물의 체세포에 들어 있는 염색체를 나타낸 것이다. 각 설명에 해당하는 세포의 염색체 구성을 그려 넣으시오.

(1) 체세포 분열이 일어날 때 전기에 해당하는 세포	(2) 체세포 분열 결과 형성되는 딸세포

감수 분열

2 다음은 감수 분열 과정을 나타낸 것이다. 빈칸에 알맞은 말을 쓰시오.

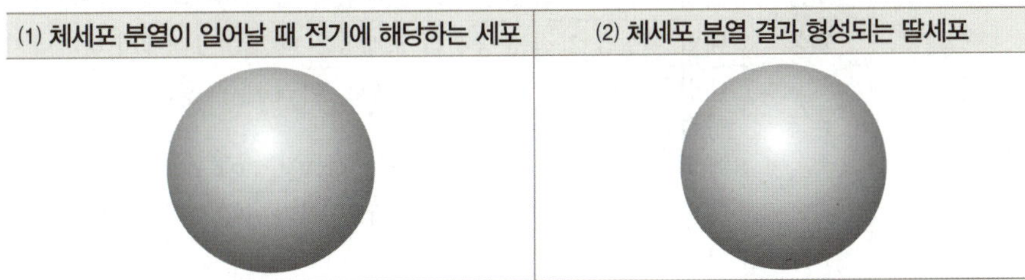

분열 준비 단계	감수 1분열 : 상동 염색체 분리 ⇨ 염색체 수가 (㉠　　).			
(㉡　　)	(㉢　　)	중기	후기	말기
(㉣　　) 복제	상동 염색체끼리 결합한 (㉤　　)가 나타남	2가 염색체가 세포 중앙에 배열되어 관찰하기 좋음	(㉥　　) 염색체가 분리되고 양 끝으로 이동	(㉦　　)이 일어나 2개의 딸세포 생성

감수 2분열 : 염색 분체 분리 ⇨ 염색체 수가 (㉧　　).				(㉨　　)세포 형성
전기	중기	후기	말기	분열 완료
DNA 복제 없이 감수 2분열 전기가 시작	염색체가 세포 중앙에 배열	(㉩　　)가 분리되어 방추사에 의해 양끝으로 이동	세포가 나누어지고 4개의 딸세포가 생성됨	딸세포는 정자 또는 난자가 됨

09 멘델의 유전 원리

📖 Note

대립유전자

하나의 형질을 결정하는 유전자로, 상동 염색체의 같은 위치에 존재한다. 우성 유전자는 알파벳 대문자로, 열성 유전자는 알파벳 소문자로 나타낸다.

우성과 열성

우성과 열성은 대립 형질로 결정되는 생물의 특성일 뿐, 특성이 우수한 것과는 관계가 없다.

1 유전 용어

형질	생물이 지니고 있는 여러 가지 특성 예 완두 씨의 모양, 사람의 혈액형 등
유전	부모의 형질이 자손에게 전달되는 현상
대립 형질	하나의 형질에 대해 서로 뚜렷하게 구별되는 특성 예 노란색 완두 ↔ 초록색 완두, 둥근 완두 ↔ 주름진 완두 등
표현형	생물이 가지고 있는 특성 중 겉으로 드러나는 형질 예 완두 씨의 모양, 완두 씨의 색깔 등
유전자형	형질이 나타나는 데 관여하는 대립유전자의 구성을 알파벳 기호로 나타낸 것 예 RR, Rr, rr 등
우성	대립 형질을 가진 순종끼리 교배했을 때 잡종 1대에서 나타나는 형질
열성	대립 형질을 가진 순종끼리 교배했을 때 잡종 1대에서 나타나지 않는 형질
순종	대립유전자의 구성이 같은 개체로, 여러 세대 동안 반복하여 자가 수분할 때 같은 형질의 자손만 나타난다. 예 RR, rr, YY, yy, RRYY, RRyy, rrYY, rryy 등
잡종	대립유전자의 구성이 다른 개체로, 자가 수분했을 때 우성과 열성의 자손이 모두 나타난다. 예 Rr, Yy, RrYy 등

더 알아보기

자가 수분과 타가 수분

자가 수분	타가 수분
수술의 꽃가루를 같은 그루의 꽃에 있는 암술에 묻혀 일어나는 수분이다. ⇨ 한 꽃에서 일어나는 수분	수술의 꽃가루를 다른 그루의 꽃에 있는 암술에 묻혀 일어나는 수분이다. 이때 꽃가루를 묻히는 꽃은 수술을 제거한다.

2 멘델의 유전 원리

1 멘델의 유전 실험 : 멘델은 완두를 이용한 교배 실험을 통해 부모의 형질이 자손에게 전달되는 유전의 기본 원리를 과학적으로 설명하였다.

(1) 멘델이 완두를 유전 실험의 재료로 선택한 까닭

① 주변에서 구하기 쉽고, 재배하기 쉽다.

② 대립 형질이 뚜렷하여 교배 결과를 명확하게 해석할 수 있다.

③ 한 세대가 짧고, 한 번의 교배로 얻을 수 있는 자손의 수가 많아 통계적인 분석에 유리하다.

④ 자가 수분이 쉽고, 타가 수분이 가능하다.

➕ 용어

수분

꽃가루가 암술머리에 붙는 현상이다.

(2) 완두의 7가지 대립 형질

구분	씨 모양	씨 색깔	꽃 색깔	콩깍지 모양	콩깍지 색깔	꽃이 피는 위치	줄기의 키
우성	둥글다	노란색	보라색	매끈하다	초록색	잎겨드랑이	크다
열성	주름지다	초록색	흰색	잘록하다	노란색	줄기의 끝	작다

2 멘델의 가설 : 유전 실험 결과를 해석하기 위해 여러 가지 가설을 세웠다.

(1) 생물에는 한 가지 형질을 결정하는 한 쌍의 유전 인자가 있으며, 이 한 쌍의 유전 인자는 부모로부터 각각 하나씩 물려받은 것이다.

(2) 특정 형질에 대한 한 쌍의 유전 인자가 서로 다르면 그중 하나는 표현되고, 다른 하나는 표현되지 않는다. ⇨ 우열의 원리

(3) 한 쌍의 유전 인자는 생식세포가 만들어질 때 각각 다른 생식세포로 나누어 들어가고, 생식세포의 수정을 통해 자손에게 전달된 유전 인자는 다시 쌍을 이룬다. ⇨ 분리의 법칙

더 알아보기

분꽃의 꽃잎 색깔 유전

- 순종의 붉은색 분꽃(RR)과 흰색 분꽃(WW)을 교배하면 붉은색 꽃잎 유전자(R)와 흰색 꽃잎 유전자(W) 사이의 우열 관계가 뚜렷하지 않아 잡종 1대에서 중간 형질인 분홍색 분꽃(RW)만 나타난다.
- 잡종 1대를 자가 수분하면 잡종 2대에서 분리의 법칙에 의해 붉은색 분꽃(RR), 분홍색 분꽃(RW), 흰색 분꽃(WW)이 1 : 2 : 1의 비율로 나타난다.
- ⇨ 분꽃의 꽃잎 색깔 유전에서 우열의 원리는 성립하지 않지만, 분리의 법칙은 성립한다.

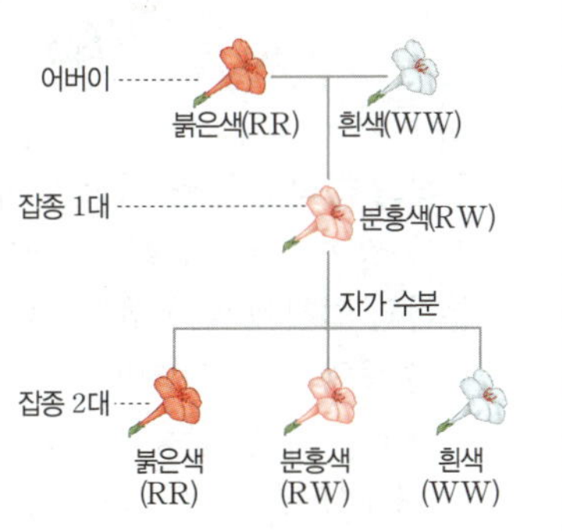

3 한 쌍의 대립 형질의 유전

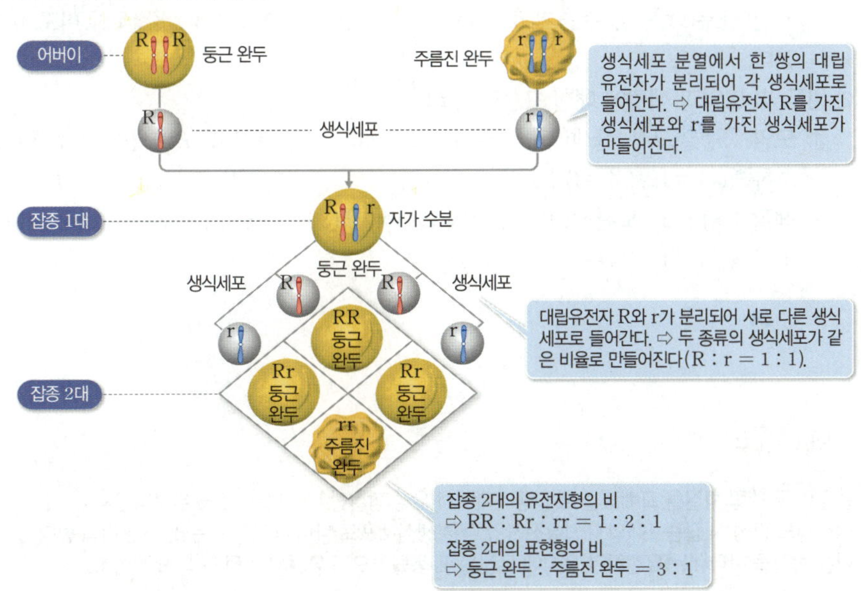

검정 교배

유전자형을 모르는 우성 개체를 열성 순종 개체와 교배하여 유전자형을 알아보기 위한 것

- 우성 개체가 순종일 때 자손에서 우성 형질만 나온다.
  예 RR × rr → Rr
- 우성 개체가 잡종일 때 자손에서 우성과 열성 형질이 1 : 1로 나온다.
  예 Rr × rr → Rr, rr

중간 유전

대립유전자 사이의 우열 관계가 뚜렷하지 않아 잡종 1대에서 부모의 중간 형질이 나타나는 유전 현상

중간 유전의 예

분꽃의 색깔 외에도 금어초나 카네이션의 꽃 색깔, 개의 꼬리 길이, 안달루시안 종 병아리 깃털의 색, 토끼의 털 길이 등 다양한 예가 있다.

용어

유전 인자

생물체의 개개의 유전 형질을 발현시키는 원인이 되는 것을 의미하는데, 오늘날에는 유전자라고 한다.

(1) **우열의 원리** : 순종의 둥근 완두(RR)와 주름진 완두(rr)를 교배하였더니 잡종 1대 에서 모두 둥근 완두(Rr)만 나타났다. ⇨ 잡종 1대에서 나타나는 둥근 형질(R)은 우성, 나타나지 않는 주름진 형질(r)은 열성이다.

(2) **분리의 법칙** : 잡종 1대의 둥근 완두(Rr)를 자가 수분하였더니 잡종 2대에서 둥근 완두(RR, Rr)와 주름진 완두(rr)가 약 3 : 1의 비율로 나타났다. ⇨ 잡종 1대에 서 나타나지 않는 열성 형질이 일정 비율로 드러난다.

4 두 쌍의 대립 형질의 유전

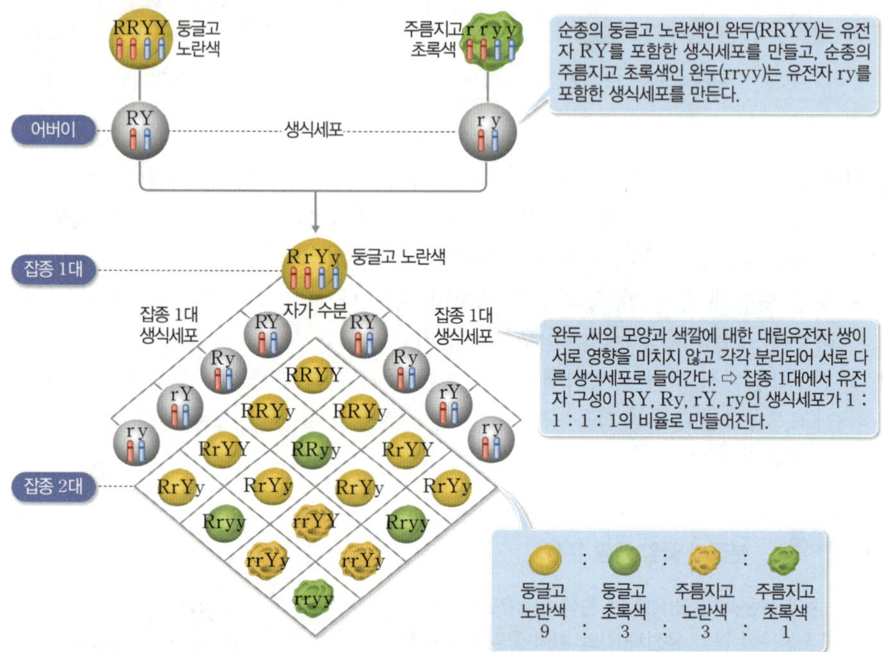

독립의 법칙과 유전자의 위치

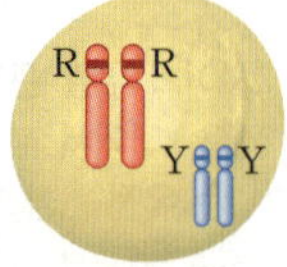

독립의 법칙은 두 쌍의 대립유전자가 서로 다른 염색체에 있을 때 성립한다. 완두 씨의 모양을 나타내는 유전자(R) 와 완두 씨의 색깔을 나타내는 유전자 (Y)는 서로 다른 상동 염색체에 있다.

(1) **독립의 법칙** : 두 쌍 이상의 대립 형질이 동시에 유전될 때, 한 형질을 나타내는 유 전자 쌍이 다른 형질을 나타내는 유전자 쌍에 영향을 받지 않고 독립적으로 각각 분리의 법칙에 따라 유전된다.

① 순종의 둥글고 노란색인 완두(RRYY)와 주름지고 초록색인 완두(rryy)를 교 배하여 얻은 잡종 1대에서 둥글고 노란색인 완두(RrYy)만 나왔다. ⇨ 잡종 1 대에서 나타나는 둥근 형질(R)과 노란색 형질(Y)은 우성, 나타나지 않는 주름 진 형질(r)과 초록색 형질(y)은 열성이다.

② 잡종 1대의 둥글고 노란색인 완두(RrYy)를 자가 수분하여 얻은 잡종 2대에서 둥글고 노란색인 완두(R_Y_), 둥글고 초록색인 완두(R_yy), 주름지고 노란 색인 완두(rrY_), 주름지고 초록색인 완두(rryy)가 9 : 3 : 3 : 1의 비로 나타 났다.

(2) **완두 씨 모양과 색깔에 대한 표현형의 비**

① 모양 : 둥글고 노란색(9)＋둥글고 초록색(3) : 주름지고 노란색(3)＋주름지고 초록색(1)＝12 : 4＝3 : 1

② 색깔 : 둥글고 노란색(9)＋주름지고 노란색(3) : 둥글고 초록색(3)＋주름지고 초록색(1)＝12 : 4＝3 : 1

독립의 법칙이 성립하지 않는 경우

독립의 법칙은 두 쌍의 대립유전자가 서로 다른 염색체에 있을 때 성립하므 로 같은 염색체에 있을 경우 독립의 법칙이 성립하지 않는다.

1. 순종의 두 대립 형질을 교배했을 때 잡종 1대에서 우성 형질만 나타나는 것 → 우열의 원리
2. 생식세포 형성 시 잡종 1대의 대립유전자가 다른 생식세포로 하나씩 들어가는 것 → 분리의 법칙
3. 다른 형질을 나타내는 유전자가 동시에 유전될 때 독립적으로 유전되는 것 → 독립의 법칙

탐구 — 멘델의 유전 모의 실험

실험 설계하기

① 두 개의 주머니를 준비하고 한 주머니에는 '수술', 다른 주머니에는 '암술'이라고 표시한다.

② 각 주머니에 둥근 형질을 나타내는 우성 유전자(대문자 R)를 표시한 검은색 바둑알 20개와 주름진 형질을 나타내는 열성 유전자(소문자 r)를 표시한 흰색 바둑알 20개씩 넣는다.

③ 주머니 속을 보지 않고 '수술' 주머니와 '암술' 주머니에서 각각 바둑알을 하나씩 꺼내어 짝 지은 다음, 이를 기록하고 꺼낸 바둑알은 다시 각 주머니에 넣는다. **각 주머니에서 꺼낸 바둑알은 생식세포 한 개를 의미해~!**

④ ③을 40회 반복하여 결과를 표에 기록한다.

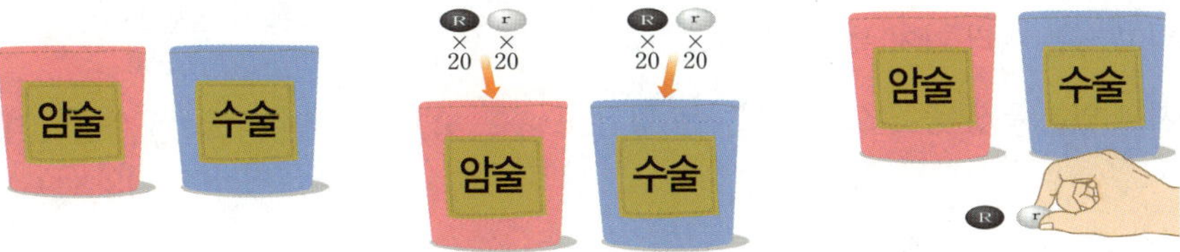

결과 분석하기

잡종 2대	바둑알의 조합	R와 R	R와 r	r와 R	r와 r
	유전자형	RR	Rr	Rr	rr
	표현형	둥글다	둥글다	둥글다	주름지다
	횟수	10	11	9	10

- 유전자형의 비＝RR : Rr : rr＝10 : 20 : 10＝1 : 2 : 1
- 표현형의 비＝둥글다 : 주름지다＝30 : 10＝3 : 1

스스로 정리하기

1 검은색 바둑알과 흰색 바둑알은 각각 무엇을 의미하는지 설명해 보자.

검은색 바둑알과 흰색 바둑알은 각각 (   )를 포함한 생식세포이다.

2 암술 주머니와 수술 주머니에서 각각 바둑알을 하나씩 꺼내어 조합하는 것은 무엇을 의미하는지 설명해 보자.

암술 주머니에서 꺼낸 바둑알은 난세포, 수술 주머니에서 꺼낸 바둑알은 꽃가루의 정핵, 즉 생식세포를 의미한다. 두 주머니에서 각각 바둑알을 하나씩 꺼내어 조합을 하는 것은 (㉠   )의 (㉡   )을 의미한다.

3 위 실험에서 나타낸 멘델의 가설에 대해 설명해 보자.

검은색 바둑알과 흰색 바둑알을 각 주머니에서 하나씩 꺼낸 것은 생식세포 형성 시 (㉠   )가 각각 다른 생식세포로 들어간다는 (㉡   )을 나타낸 것이고, 바둑알 조합이 다를 경우 우성 형질만 표현되는 것은 (㉢   )를 나타낸 것이다.

🔍 **탐구 핵심** 암술 주머니와 수술 주머니에서 꺼낸 바둑알은 생식세포를 의미하고, 생식세포의 조합으로 형질이 결정된다.

※ 다음 글의 빈칸에 알맞은 말을 쓰거나 고르시오.

① 유전 용어

01 다음 설명에 해당하는 용어를 |보기|에서 골라 기호를 쓰시오.

보기
ㄱ. 유전　　ㄴ. 형질　　ㄷ. 대립 형질
ㄹ. 표현형　ㅁ. 유전자형　ㅂ. 우성
ㅅ. 열성　　ㅇ. 순종　　ㅈ. 잡종

(1) 생물이 지니고 있는 여러 가지 특성 : (　　　)

(2) 생물이 가지고 있는 특성 중 겉으로 드러나는 형질 :
(　　　)

(3) 대립유전자의 구성이 같은 개체 : (　　　)

(4) 대립유전자의 조합을 알파벳 기호로 나타낸 것 :
(　　　)

(5) 완두의 모양이 둥글거나 주름진 것처럼 한 형질에 대해 뚜렷이 대비되는 특징 : (　　　)

(6) 자가 수분했을 때 우성과 열성의 자손이 모두 나타나는 개체 : (　　　)

(7) 대립 형질을 가진 순종끼리 교배했을 때 잡종 1대에서 나타나는 형질 : (　　　)

(8) 대립 형질을 가진 순종끼리 교배했을 때 잡종 1대에서 나타나지 않는 형질 : (　　　)

(9) 부모의 형질이 자손에게 전달되는 현상 : (　　　)

02 유전 용어에 대한 설명으로 옳은 것은 ○, 옳지 <u>않은</u> 것은 ×로 표시하시오.

(1) 우성 형질은 열성 형질보다 생존에 유리하다.
(○ , ×)

(2) 일반적으로 우성 유전자는 알파벳 대문자로, 열성 유전자는 알파벳 소문자로 나타낸다. (○ , ×)

② 멘델의 유전 원리

03 완두가 유전 실험의 재료로 적합한 까닭에 대한 설명으로 옳은 것은 ○, 옳지 <u>않은</u> 것은 ×로 표시하시오.

(1) 한 세대가 길다. (○ , ×)

(2) 대립 형질이 뚜렷하다. (○ , ×)

(3) 주변에서 구하기 쉽고, 재배하기 쉽다. (○ , ×)

(4) 한 번의 교배로 얻을 수 있는 자손의 수가 많다.
(○ , ×)

04 순종의 두 대립 형질을 교배했을 때 잡종 1대에서 우성 형질만 나타나는 현상을 (　　　)라고 한다.

05 생식세포가 만들어질 때 대립유전자가 분리되어 서로 다른 생식세포로 나뉘어 들어가는 현상을 (　　　)이라고 한다.

06 순종의 노란색 완두와 순종의 초록색 완두를 교배하여 노란색 완두만 얻었을 경우 노란색 형질은 (㉠ 우성, 열성), 초록색 형질은 (㉡ 우성, 열성)이다.

07 유전자형이 Rr인 형질에 대해 완두가 만들 수 있는 생식세포는 (㉠　　　)와 (㉡　　　)를 가진 생식세포이다.

08 순종의 둥근 완두(RR)와 순종의 주름진 완두(rr)를 교배하여 얻은 자손을 자가 수분했을 때 표현형의 비(둥근 완두 : 주름진 완두)는 (　　　)이다.

09 두 가지 이상의 형질이 함께 유전될 때, 서로 영향을 미치지 않고 각각 독립적으로 분리되고 유전되는 현상을 (　　　)이라고 한다.

10 유전자형이 RrYy인 완두가 만들 수 있는 생식세포의 종류는 (　　　)가지이다.

11 둥글고 노란색인 완두(RrYy)를 자가 수분했을 때 표현형의 비(둥글고 노란색 : 둥글고 초록색 : 주름지고 노란색 : 주름지고 초록색)는 (　　　)이다.

12 둥글고 노란색인 완두(RrYy)를 자가 수분하여 총 400개의 완두를 얻었을 때, 둥글고 초록색인 완두는 이론적으로 (　　　)개이다.

13 유전과 유전 형질의 특징에 대한 설명으로 옳은 것은 ○, 옳지 <u>않은</u> 것은 ×로 표시하시오.

(1) 순종의 둥근 완두와 순종의 주름진 완두를 교배하여 나온 자손은 모두 잡종이다. (○ , ×)

(2) 모든 대립유전자는 우열 관계가 뚜렷하여 우성의 형질만 나타난다. (○ , ×)

(3) 둥글고 노란색인 완두(RrYy)를 자가 수분했을 때 모양과 관계없이 노란색인 완두와 초록색인 완두는 3 : 1의 비율로 나타난다. (○ , ×)

(4) 서로 다른 두 종류의 형질을 결정하는 대립유전자가 모두 하나의 염색체에 함께 있을 때 독립의 법칙이 성립한다. (○ , ×)

● **우열의 원리**

순종의 두 대립 형질을 교배했을 때 잡종 1대에서 우성 형질만 나타나는 것

● **분리의 법칙**

생식세포 형성 시 대립유전자가 나뉘어 서로 다른 생식세포로 하나씩 들어가는 것

● **독립의 법칙**

두 가지 이상의 형질이 함께 유전될 때, 서로 영향을 미치지 않고 각각 독립적으로 분리의 법칙에 따라 유전되는 것

한 쌍의 대립유전자의 유전

1 그림은 순종의 둥근 완두(RR)와 순종의 주름진 완두(rr)를 교배하여 얻은 잡종 1대와 이를 자가 수분하였을 때 만들어지는 잡종 2대를 나타낸 것이다.

(1) 빈칸에 알맞은 유전자형을 쓰시오.

(2) 잡종 2대에서 나타나는 유전자형의 비(RR : Rr : rr)를 구하시오.

(3) 잡종 2대에서 나타나는 표현형의 비(둥근 완두 : 주름진 완두)를 구하시오.

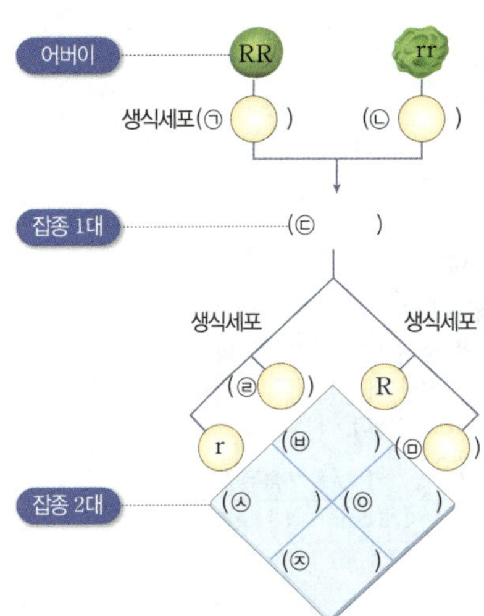

두 쌍의 대립유전자의 유전

2 그림은 순종의 둥글고 노란색인 완두(RRYY)와 순종의 주름지고 초록색인 완두(rryy)를 교배하여 얻은 잡종 1대와 이를 자가 수분하였을 때 만들어지는 잡종 2대를 나타낸 것이다.

(1) 빈칸에 알맞은 유전자형을 쓰시오.

(2) 잡종 2대에서 나타나는 완두의 모양과 색깔에 대한 표현형의 비(둥글고 노란색 : 둥글고 초록색 : 주름지고 노란색 : 주름지고 초록색)를 구하시오.

(3) 잡종 2대에서 나타나는 완두 모양에 대한 표현형의 비(둥근 완두 : 주름진 완두)를 구하시오.

(4) 잡종 2대에서 나타나는 완두 색깔에 대한 표현형의 비(노란색 완두 : 초록색 완두)를 구하시오.

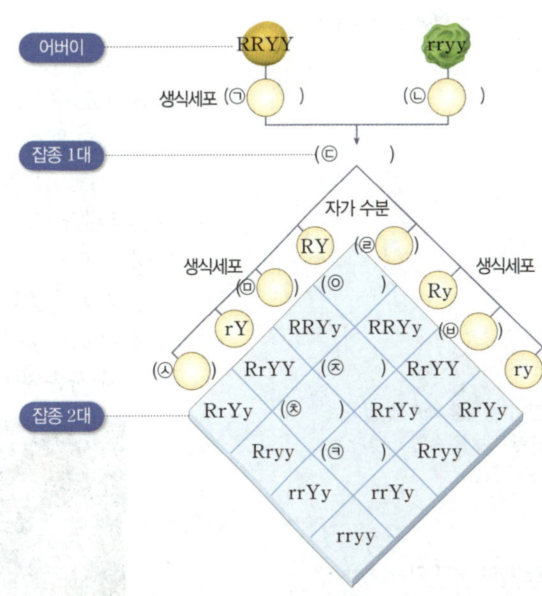

10 사람의 유전

📖 Note

쌍둥이의 발생 과정

• 1란성 쌍둥이 : 한 개의 난자와 한 개의 정자가 수정된 하나의 수정란이 발생 초기에 둘로 분열되어 각각 태아로 자란다.
• 2란성 쌍둥이 : 두 개의 난자에 서로 다른 정자가 각각 수정된 두 개의 수정란이 태아로 자란다.

쌍둥이 연구

1란성 쌍둥이 (가)~(다) 중 (가)와 (나)는 같은 환경에서 자라고, (다)만 다른 환경에서 자랐을 때 (가)~(다)의 키와 몸무게가 표와 같았다.

구분	키	몸무게
(가)	175 cm	68 kg중
(나)	174.5 cm	69 kg중
(다)	175 cm	82 kg중

• 키 : 자란 환경에 상관없이 거의 비슷하다. ⇨ 유전자의 영향을 많이 받는 형질
• 몸무게 : 같은 환경에서 자랐을 때보다 다른 환경에서 자랐을 때 차이가 크다. ⇨ 환경의 영향을 많이 받는 형질

➕ **용어**

가계도

가족 간의 관계를 빠르게 알아보고 필요한 정보를 손쉽게 얻기 위한 그림이다.

통계

일상생활이나 여러 가지 현상에 대한 자료를 한눈에 알아보기 쉽게 수치로 나타내는 것이다.

1 사람의 유전 연구

1 사람의 유전 연구가 어려운 까닭

(1) 한 세대가 길고, 자손의 수가 적다. ⇨ 여러 세대를 확인하고, 통계 처리를 하기 어렵다.
(2) 연구자가 임의로 교배 실험을 할 수 없다.
(3) 대립 형질이 복잡하고 환경의 영향을 많이 받는다.

2 사람의 유전 연구 방법 : 주로 간접적인 방법을 이용한다.

(1) **가계도 조사** : 특정한 유전 형질을 가지고 있는 집안에서 여러 세대에 걸쳐 형질이 어떻게 유전되는지 가계도를 그려서 알아보는 방법이다. 가계도를 분석하면 특정 형질의 우열 관계를 판단할 수 있고, 가족 구성원의 유전자형을 알 수 있으며 앞으로 태어날 자손의 형질을 예측할 수도 있다.

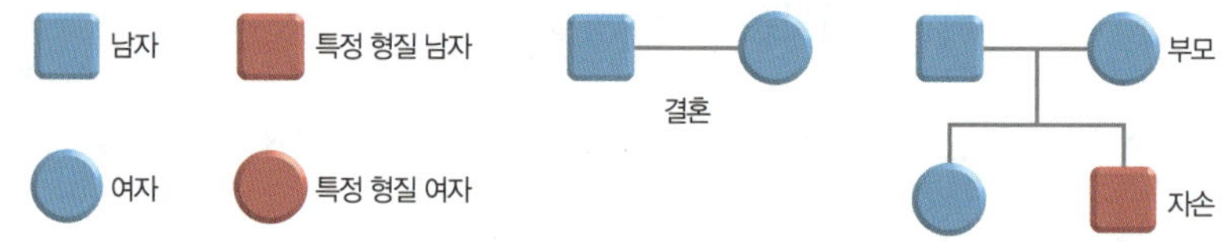

(2) **쌍둥이 연구** : 쌍둥이를 통해 유전과 환경이 사람의 특정한 형질에 미치는 영향을 알아보는 방법이다.

① 1란성 쌍둥이는 하나의 수정란이 둘로 나뉘어 발생한 것으로, 유전자의 구성이 같기 때문에 1란성 쌍둥이 사이의 형질 차이는 환경의 영향을 받는다.

② 2란성 쌍둥이는 유전자 구성이 다르기 때문에 2란성 쌍둥이 사이의 형질 차이는 유전과 환경의 영향을 모두 받는다.

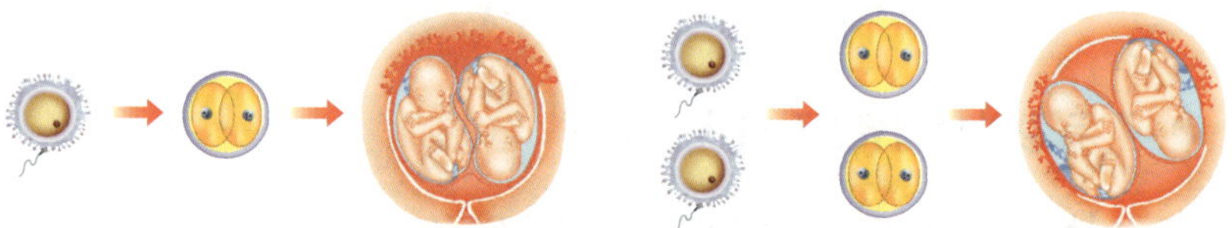

▲ 1란성 쌍둥이의 발생 과정   ▲ 2란성 쌍둥이의 발생 과정

(3) **통계 조사(집단 조사)** : 가능한 많은 사람들로부터 특정 형질에 대해 조사하여 얻은 자료를 통계적으로 처리하고 분석하여 유전 원리, 유전 형질의 특징, 유전자 분포, 집단 전체의 유전 현상 등을 연구하는 방법이다.

(4) **염색체와 DNA 분석** : 생명 과학 기술의 발달로 염색체의 수와 모양을 직접 분석하여 자손에게 유전병이 생기는 원리와 유전 방식을 연구하는 방법이다.

① **염색체 분석** : 염색체 이상에 의한 유전병을 진단할 수 있다.

② **DNA 분석** : 특정 형질이 나타나는 것과 관련된 유전자의 정보를 얻거나 부모와 자손의 DNA를 비교하여 특정 형질의 유전 여부를 알아낼 수 있다.

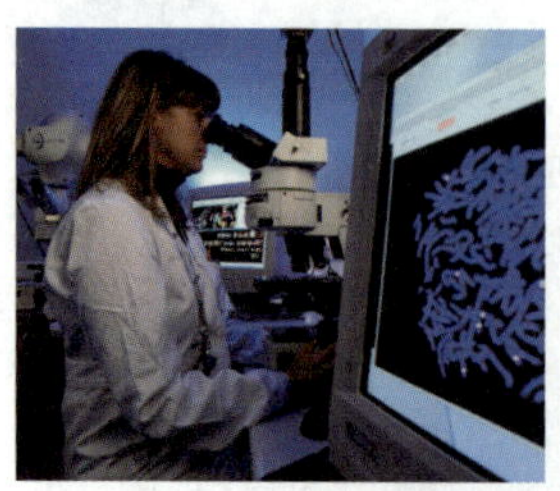

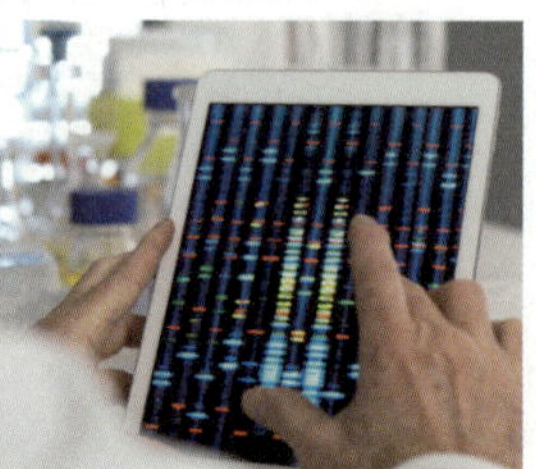

▲ 염색체 관찰 및 분석   ▲ DNA 분석

2 상염색체에 의한 유전

1 사람의 유전 형질

(1) 혈액형이나 눈꺼풀 모양처럼 대립 형질이 뚜렷하게 구분되는 유전 형질도 있지만, 키나 피부색처럼 대립 형질이 뚜렷하게 구분되지 않는 유전 형질도 있다.

(2) 키나 피부색처럼 대립 형질이 뚜렷하게 구분되지 않는 유전 형질은 환경의 영향을 많이 받는다.

2 상염색체 유전 : 멘델의 유전 원리에 따라 유전되며, 대립 형질이 비교적 명확하게 구분되고, 남녀에 따라 형질이 나타나는 빈도에 차이가 없다.

(1) 상염색체에 있는 한 쌍의 대립유전자에 의해 결정되는 사람의 유전 형질

구분	혀 말기	귓불 모양	눈꺼풀	보조개	이마선	엄지 모양	귀지
우성	가능	분리형	쌍꺼풀	있음	V자형	굽는 엄지	젖은 귀지
열성	불가능	부착형	외까풀	없음	일자형	굽지 않는 엄지	마른 귀지

(2) **미맹 유전** : PTC 용액의 쓴맛을 느끼지 못하는 유전 형질로, 쓴맛을 느끼지 못하는 대립유전자(t)는 쓴맛을 느끼는 대립유전자(T)에 대해 열성이다.

① 정상인 부모 1과 2 사이에서 미맹인 자녀 3이 태어남 ⇨ 미맹 형질(t)이 정상(T)에 대해 열성임을 알 수 있다.

② 미맹인 자녀 3은 부모로부터 대립유전자 t를 하나씩 물려받음 ⇨ 정상인 부모 1과 2의 유전자형은 Tt임을 알 수 있다.

③ 자녀 4의 유전자형은 TT 또는 Tt이다.

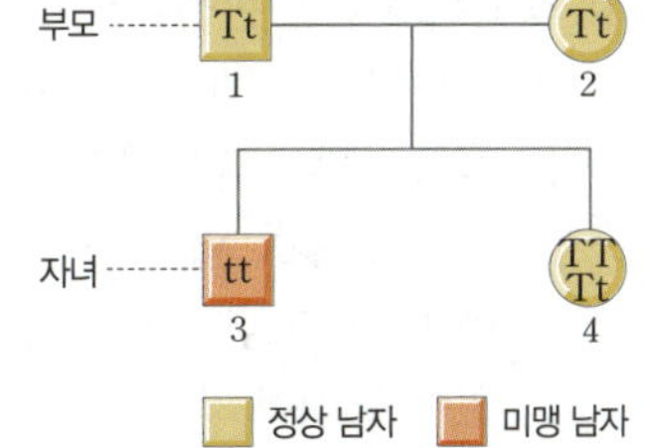

(3) **ABO식 혈액형 유전** : 사람의 혈액형은 상염색체에 있는 한 쌍의 대립유전자에 의해 결정되는 형질이지만 A, B, O의 3가지 대립유전자가 관여하며, 대립유전자 A, B는 대립유전자 O에 대해 우성이고, A와 B 사이에는 우열 관계가 없다.

⇨ 표현형은 4가지, 유전자형은 6가지가 존재한다.

표현형	A형		B형		AB형	O형
유전자형	AA	AO	BB	BO	AB	OO
대립유전자	A A	A O	B B	B O	A B	O O

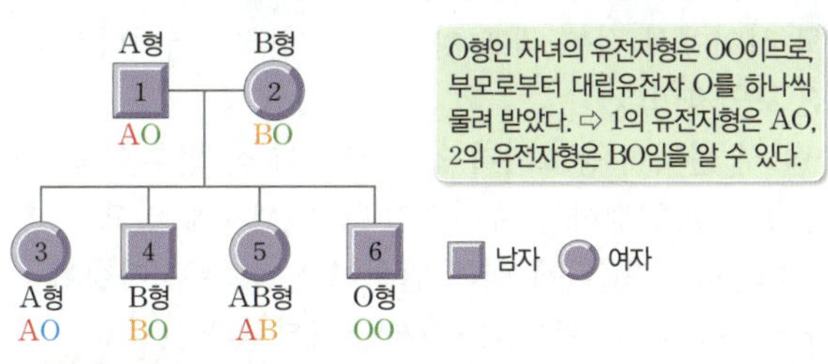

O형인 자녀의 유전자형은 OO이므로, 부모로부터 대립유전자 O를 하나씩 물려 받았다. ⇨ 1의 유전자형은 AO, 2의 유전자형은 BO임을 알 수 있다.

유전자형이 AO와 BO인 부모에게서 태어날 수 있는 자녀의 유전자형

생식세포	A	O
B	AB	BO
O	AO	OO

복대립 유전

하나의 형질을 나타내는 데 3개 이상의 대립유전자가 관여하는 유전 현상
예 ABO식 혈액형 유전

공동 우성

우열 관계가 분명하지 않아 두 가지 형질이 공동으로 표현되는 유전 현상
예 AB형(ABO식 혈액형)

부모와 자녀의 혈액형

• 유전자형이 AO와 BO인 부모 사이에서 태어나는 자녀에게는 4가지 종류의 혈액형이 모두 나타난다. (AO×BO → AB, AO, BO, OO)

• AB형과 O형인 부모 사이에서 태어나는 자녀는 부모와 다른 혈액형인 A형과 B형이다. (AB×OO → AO, BO)

➕ 용어

PTC
페닐싸이오카바마이드
(Phenylthiocarbamide)의 약자로, 쓴맛을 내는 물질이다.

⭐ **이것이 핵심!!**

1. 사람의 유전 연구는 주로 간접적인 방법(가계도 조사, 쌍둥이 연구, 통계 조사 등)으로 이루어진다.
2. 대립유전자가 상염색체에 존재하는 유전은 남녀에 따라 형질이 나타나는 빈도에 차이가 없다.

➕ 알아보기

또 다른 혈액형, Rh식 혈액형

붉은털원숭이(Rhesus monkey)의 혈액을 토끼에게 주사하면 붉은털원숭이의 혈액에 면역이 된 토끼의 혈청을 얻을 수 있는데, 이것을 사람 적혈구와 반응시켜 결과에 따라 혈액형을 구분하는 것을 Rh식 혈액형이라고 한다. 토끼의 혈청과 사람의 적혈구가 응집하는 것을 Rh^+형, 응집하지 않는 것을 Rh^-형이라고 하며, Rh^+형이 Rh^-형에 대해 우성이다. Rh^-형은 같은 Rh^-형에게만 수혈을 받을 수 있으며, 우리나라의 경우 Rh^-형을 가진 사람이 5% 미만이어서 수혈에 어려움을 겪고 있다.

사람의 성 결정

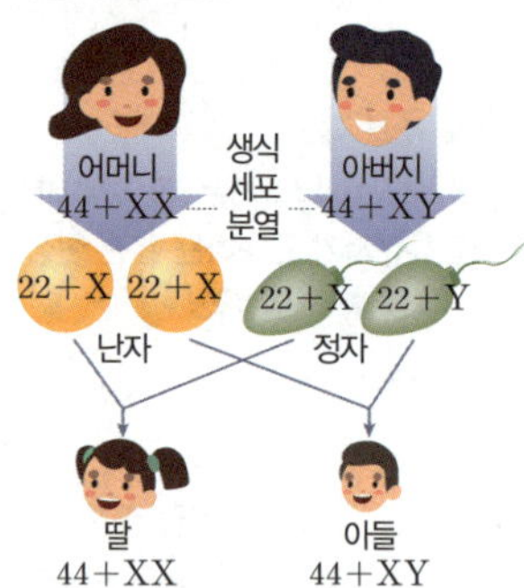

③ 성염색체에 의한 유전

1 성염색체 유전(반성유전) : 유전자가 성염색체에 있는 유전으로 남녀에 따라 유전 형질이 나타나는 빈도에 차이가 있다.

(1) **적록 색맹** : 붉은색과 초록색을 잘 구별하지 못하는 유전 형질로, 형질을 결정하는 유전자가 X 염색체에 있으며, 적록 색맹 대립유전자(X')는 정상 대립유전자(X)에 대해 열성이다. ⇨ 남자는 X 염색체가 1개여서 적록 색맹 대립유전자가 1개만 있어도 적록 색맹이 되지만, 여자는 2개의 X 염색체에 모두 적록 색맹 대립유전자가 있어야 적록 색맹이 된다.

구분	남자		여자		
표현형	정상	색맹	정상	정상(보인자)	색맹
유전자형	XY	$X'Y$	XX	XX'	$X'X'$
대립유전자	X Y	X' Y	X X	X X'	X' X'

① 아버지가 적록 색맹일 때 딸은 항상 적록 색맹 대립유전자를 보유한다. ⇨ 딸은 보인자이거나 적록 색맹이다.

② 어머니가 적록 색맹일 때 아들은 항상 적록 색맹이다.

③ 정상 부모 사이에서 적록 색맹 아들이 태어나면 어머니가 적록 색맹 대립유전자를 가진 보인자이다.

(2) **혈우병** : 출혈 시 혈액이 응고되지 않아 출혈이 잘 멈추지 않는 유전병으로, 적록 색맹과 같이 형질을 결정하는 유전자가 X 염색체에 있으며, 혈우병 대립유전자(X')가 정상 대립유전자(X)에 대해 열성이다. ⇨ 유전자형이 $X'X'$인 태아는 대부분 발생 도중 유산되어 주로 남자에게만 나타난다.

2 Y 염색체에 의한 유전

(1) Y 염색체는 남자만 가지는 염색체이므로 유전 현상(형질)은 남자에게만 나타난다.

(2) 아버지가 유전 현상(형질)을 나타내면 아들은 반드시 유전 현상(형질)을 나타낸다.
⇨ 아버지의 유전병은 반드시 아들에게 유전된다.

(3) **귓속 털 유전** : Y 염색체에 의한 유전의 대표적인 예이다.

치사 유전

치사 유전자란 정상적인 수명 이전의 일정 시기에 개체를 죽음에 이르게 하는 유전자를 의미한다. 이러한 치사 유전자에 의한 유전 현상을 치사 유전자라고 하는데, 혈우병의 경우 한 쌍의 혈우병 유전자를 가진 태아는 죽게 되는 치사 유전의 예이다.

➕ 용어

보인자

겉으로는 정상인과 차이가 없지만 유전 형질을 나타내는 열성 대립유전자를 가지고 있어 자손에게 유전 형질을 전달할 수 있는 사람이다.

⭐ 이것이 핵심!!

유전자가 성염색체에 존재하는 유전은 남녀에 따라 형질이 나타나는 빈도에 차이가 있다.

탐구

적록 색맹 가계도 분석하기

실험 설계하기

❶ 어느 집안의 적록 색맹 유전을 조사한다.

❷ 조사한 적록 색맹 유전 현상을 가계도로 나타낸다.

❸ 가계도를 분석하여 집안 구성원의 적록 색맹에 대한 유전자형을 써본다. (단, 정상 대립유전자는 X, 적록 색맹 대립유전자는 X'으로 나타낸다.)

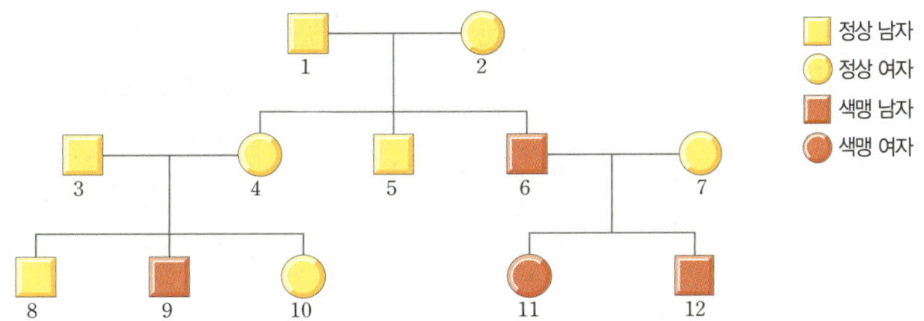

결과 분석하기

구분	1	2	3	4	5	6
유전자형	XY	XX′	XY	XX′	XY	X′Y
구분	7	8	9	10	11	12
유전자형	XX′	XY	X′Y	XX 또는 XX′	X′X′	X′Y

스스로 정리하기

1 정상과 적록 색맹 형질 중 어느 형질이 열성인지 설명해 보자.

정상인 부모 1과 2 사이에서 적록 색맹인 자녀 6이 태어났으므로, (㉠　　　　) 형질이 (㉡　　　　) 형질에 대해 열성이다.

2 9에서 적록 색맹 대립유전자가 전달된 경로를 설명해 보자.

9는 적록 색맹 남자이므로, 어머니로부터 적록 색맹 대립유전자를 물려받았다. 따라서 9는 (㉠　　　　) 에게서 적록 색맹 대립유전자를 물려받았다. 또한 4의 적록 색맹 대립유전자는 부모인 1과 2가 모두 정상이므로, (㉡　　　　)에게서 물려받았다. 즉, 9의 적록 색맹 대립유전자는 2 → 4 → 9로 전달되었다.

3 여자보다 남자에게서 적록 색맹이 더 많이 나타나는 까닭을 설명해 보자.

적록 색맹 유전자는 (㉠　　　　) 염색체에 존재한다. 따라서 남자는 부모로부터 적록 색맹 대립유전자를 (㉡　　　　)개만 물려받아도 적록 색맹이 나타나지만 여자는 (㉢　　　　)개를 물려받아야 적록 색맹이 나타나기 때문이다.

🔍 **탐구 핵심**　부모의 형질이 같을 때 자손에게서 다른 형질이 나타나면 부모의 형질이 우성, 자손의 형질이 열성이다. 부모와 자손의 형질을 통해 우열 관계와 어떤 염색체에 의한 유전인지 등을 확인할 수 있다.

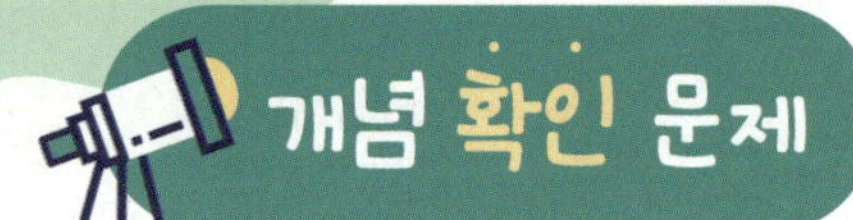

개념 확인 문제

※ 다음 글의 빈칸에 알맞은 말을 쓰거나 고르시오.

1 사람의 유전 연구

01 사람의 유전 연구가 어려운 까닭은 한 세대가 (㉠ 길, 짧)고, 자손의 수가 (㉡ 많, 적)기 때문이다.

02 사람의 유전 연구는 주로 (직접, 간접)적인 방법을 이용한다.

03 어느 집안에서 나타나는 특정한 형질의 유전을 기호를 이용하여 나타낸 그림을 (　　　)라고 한다.

04 가능한 많은 사람들로부터 특정 형질에 대해 조사하여 얻은 자료를 통해 유전 원리 등을 연구하는 방법을 (　　　) 조사라고 한다.

05 사람의 유전 연구 방법 중 유전과 환경이 사람의 특정한 형질에 미치는 영향을 알아보는 방법을 (쌍둥이 연구, DNA 조사)라고 한다.

06 사람의 유전 연구에 대한 설명으로 옳은 것은 ◯, 옳지 <u>않은</u> 것은 ✕로 표시하시오.

(1) 사람의 유전에서 각 유전 형질에 영향을 미치는 대립유전자는 항상 두 가지 대립유전자만 관여한다. (◯, ✕)

(2) 1란성 쌍둥이에게 나타나는 형질의 차이는 주로 환경의 영향을 받은 것이다. (◯, ✕)

(3) 생명 과학 기술의 발달로 염색체의 수와 모양을 직접 분석하여 유전병을 연구할 수 있다. (◯, ✕)

2 상염색체에 의한 유전

07 유전 형질을 결정하는 유전자가 상염색체에 있는 경우 성별에 따라 나타나는 빈도에 차이가 (있다, 없다).

08 부모가 모두 혀 말기가 가능할 때 자녀는 혀 말기가 불가능하다면, 혀 말기가 가능한 형질은 (우성, 열성)이다.

09 부모가 모두 분리형 귓불일 때 첫째 자녀가 부착형 귓불이라면, 둘째 자녀가 부착형 귓불일 확률은 (　　　) % 이다.

10 ABO식 혈액형에서 대립유전자는 (　　　)가지이다.

11 ABO식 혈액형의 표현형은 (㉠　　　)가지, 유전자형은 (㉡　　　)가지이다.

12 ABO식 혈액형을 결정하는 대립유전자 중 A와 B는 (우열의 원리, 분리의 법칙)가 성립하지 않는다.

13 부모의 유전자형이 AO와 BO일 때, 자녀에게서 나타날 수 있는 혈액형은 (　　　)가지이다.

14 상염색체에 의한 유전에 대한 설명으로 옳은 것은 ◯, 옳지 않은 것은 ✕로 표시하시오.

(1) 눈꺼풀 모양은 상염색체에 존재하는 한 쌍의 대립유전자에 의해 결정된다. (◯, ✕)

(2) 미맹이 아닌 부모 사이에서 미맹인 자녀가 태어났을 때, 부모의 유전자형은 서로 다르다. (◯, ✕)

(3) 상염색체에 의한 유전에서 부모가 모두 혀 말기가 가능할 때 딸이 혀 말기가 불가능하면 혀 말기 불가능 형질이 우성이다. (◯, ✕)

(4) AB형과 O형인 부모 사이에서 태어난 자녀의 혈액형은 항상 부모와 다르다. (◯, ✕)

3 성염색체에 의한 유전

15 유전자가 성염색체에 있어 남녀에 따라 유전 형질이 나타나는 빈도가 다른 것을 (　　　)유전이라고 한다.

16 적록 색맹을 결정하는 유전자는 (상, 성)염색체에 존재한다.

17 적록 색맹 대립유전자는 정상 대립유전자에 대해 (우성, 열성)이다.

18 적록 색맹은 여자보다 남자에게서 더 (많이, 적게) 나타난다.

19 정상인 부모 사이에서 태어난 아들이 적록 색맹일 경우, 아들은 적록 색맹 대립유전자를 (아버지, 어머니)로부터 물려받았다.

20 정상인 부모 사이에서 태어난 첫째 아들이 적록 색맹일 때, 둘째 아들이 적록 색맹일 확률은 (25, 50) %이다.

21 성염색체에 의한 유전에 대한 설명으로 옳은 것은 ◯, 옳지 <u>않은</u> 것은 ✕로 표시하시오.

(1) 성염색체에 의한 유전은 멘델의 유전 법칙이 성립하지 않는다. (◯, ✕)

(2) 적록 색맹은 남자와 여자 모두 보인자가 될 수 있다. (◯, ✕)

(3) 어머니가 적록 색맹이면 아들은 항상 적록 색맹이다. (◯, ✕)

(4) 아버지가 적록 색맹일 경우 정상인 딸은 항상 보인자이다. (◯, ✕)

(5) 혈우병은 주로 여자에게 나타나는 유전 형질이다. (◯, ✕)

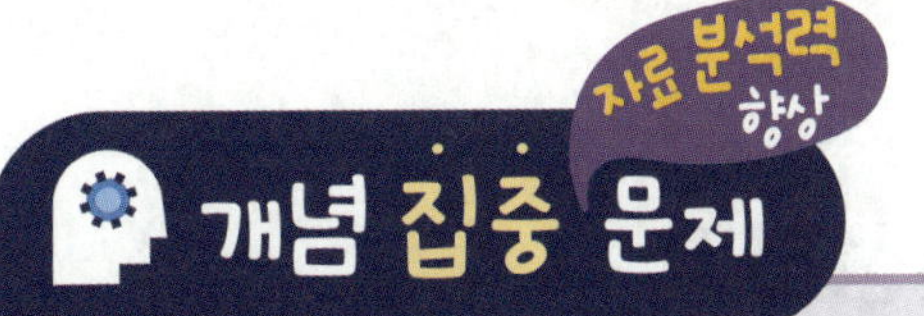

개념 집중 문제

사람의 유전 연구

사람의 유전 연구는 가계도 조사, 쌍둥이 연구, 통계 조사(집단 조사), 염색체와 DNA 분석 등 주로 간접적인 방법을 통해 이루어진다.

(1) 가계도 조사 : 가계도 분석을 통해 특정 형질의 우열 관계, 가족 구성원의 유전자형을 알 수 있다.

(2) 쌍둥이 연구 : 유전과 환경이 사람의 특정한 형질에 미치는 영향을 알 수 있다.

(3) 통계 조사(집단 조사) : 특정한 유전 형질이 유전되는 특징과 유전자의 분포 등을 알 수 있다.

(4) 염색체와 DNA 분석 : 염색체 이상에 의한 유전병 또는 특정 형질을 결정하는 유전자의 종류 등을 알 수 있다.

상염색체에 의한 유전과 성염색체에 의한 유전

(1) 상염색체에 의한 유전 : 형질을 나타내는 유전자가 상염색체에 존재하며, 남녀에 따라 형질이 나타나는 빈도에 차이가 없다.

(2) 성염색체에 의한 유전 : 형질을 나타내는 유전자가 성염색체에 존재하며, 남녀에 따라 형질이 나타나는 빈도에 차이가 있다.

사람의 유전 연구

[1~2] 다음은 어느 1란성 쌍둥이에 대한 설명이다.

> 한 부모에게서 태어난 세 명의 1란성 쌍둥이 (가)~(다)는 중학생 시절까지 같이 자랐지만, 이후 (다)는 진학을 위해 형제들과 떨어져 다른 곳에서 생활하였다. 떨어져 지낸 지 10년이 지난 후 (가)~(다)의 혈액형, 키, 몸무게는 다음과 같다.
>
> | 구분 | (가) | (나) | (다) |
> |---|---|---|---|
> | 혈액형 | B형 | B형 | B형 |
> | 키(cm) | 178.3 | 178.1 | 178.8 |
> | 몸무게(kg) | 72 | 73 | 85 |

1 (가)~(다)의 유전자 구성에 대해 서술하시오.

2 혈액형, 키, 몸무게 중에서 환경의 영향을 가장 많이 받는 것은 무엇인지 쓰시오.

상염색체에 의한 유전과 성염색체에 의한 유전

[3~4] 그림은 어느 집안의 유전병 가계도를 나타낸 것이다.

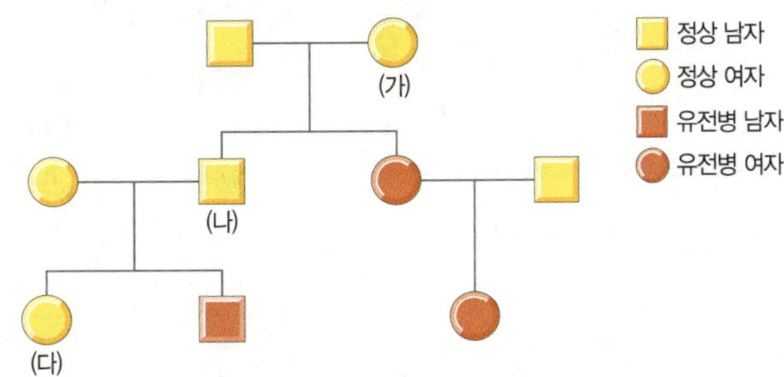

3 유전병을 나타내는 유전자는 어느 염색체에 존재하는지 쓰시오.

4 우성 대립유전자를 T, 열성 대립유전자를 t라고 할 때, (가)~(다)의 유전자형을 쓰시오.

단원마무리 생각그물 완성하기

생식과 유전

생식

세포 분열

1 (　　　) 분열

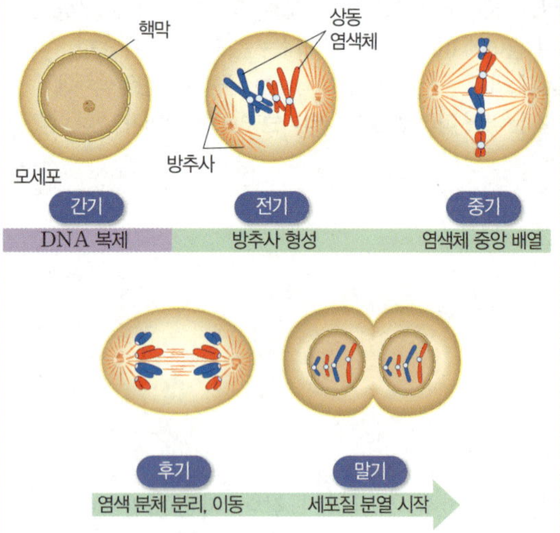

핵막
상동 염색체
모세포
방추사
간기
전기
중기
DNA 복제
방추사 형성
염색체 중앙 배열
후기
말기
염색 분체 분리, 이동
세포질 분열 시작

감수 분열 : 2 (　　　) 분열

2번의 연속적인 분열로 3 (　　　) 수가 반으로 줄어든 생식세포 형성

(1) 감수 1분열 : 전기에 4 (　　　)가 형성되며, 상동 염색체가 분리되어 염색체 수가 반으로 줄어듦

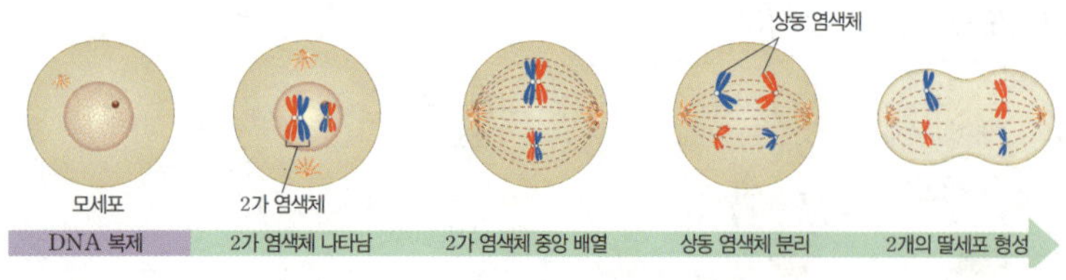

상동 염색체
모세포
2가 염색체
DNA 복제
2가 염색체 나타남
2가 염색체 중앙 배열
상동 염색체 분리
2개의 딸세포 형성

(2) 감수 2분열 : 5 (　　　)가 나누어지므로 염색체 수에 변화가 없음

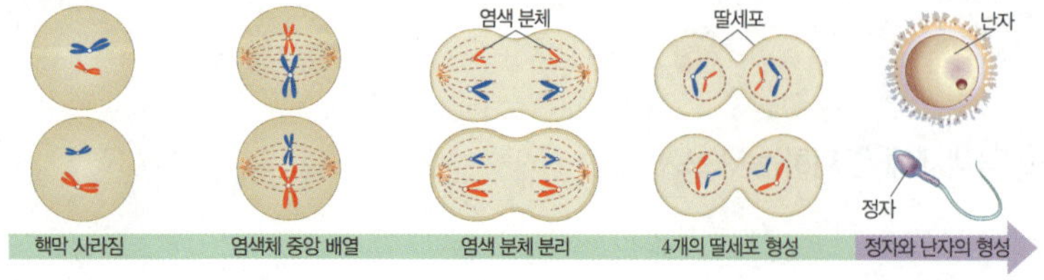

염색 분체
딸세포
난자
정자
핵막 사라짐
염색체 중앙 배열
염색 분체 분리
4개의 딸세포 형성
정자와 난자의 형성

염색체

세포가 분열할 때 나타나는 막대 모양의 구조물

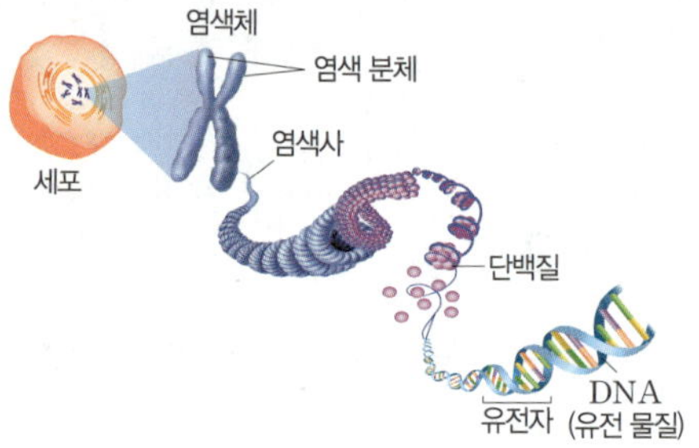

염색체
염색 분체
염색사
세포
단백질
DNA
유전자
(유전 물질)

사람의 염색체 구성

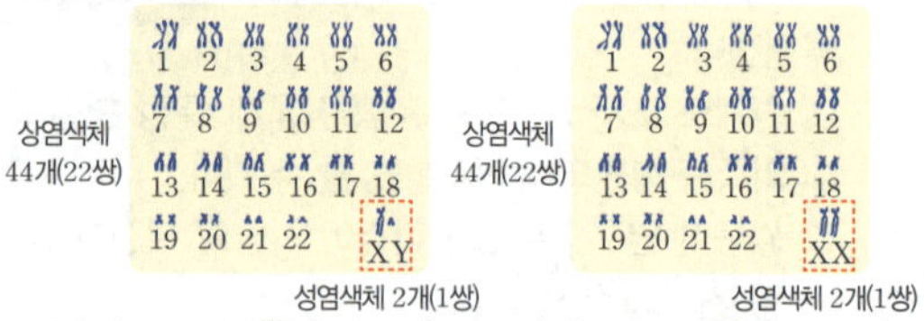

상염색체 44개(22쌍)
XY
XX
성염색체 2개(1쌍)

- 남자 : 44 + 6 (　　　)
- 여자 : 44 + 7 (　　　)

사람의 수정과 발생

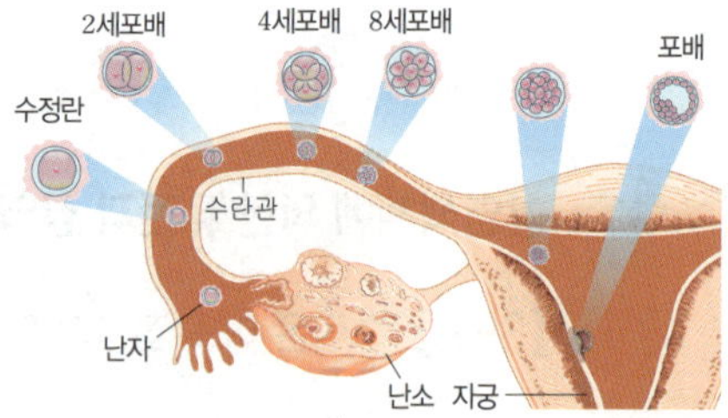

2세포배
4세포배
8세포배
포배
수정란
수란관
난자
난소
자궁

8 (　　　) : 난소에서 난자가 나옴

9 (　　　) : 난자와 정자가 만남

10 (　　　) : 수정란의 세포 분열

11 (　　　) : 포배 상태로 자궁 내막에 파묻힘 → 임신되었다고 함

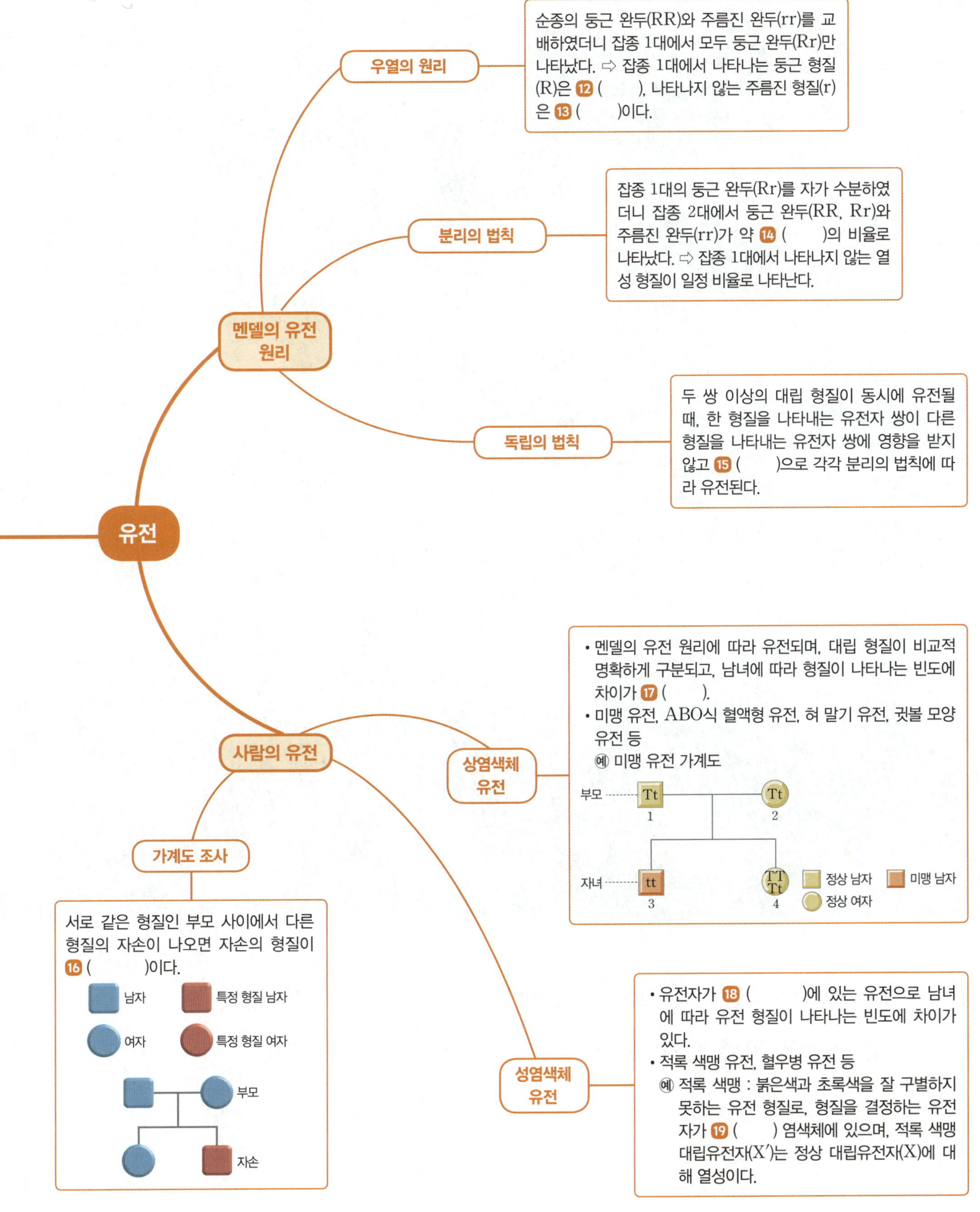
유전

멘델의 유전 원리

우열의 원리
순종의 둥근 완두(RR)와 주름진 완두(rr)를 교배하였더니 잡종 1대에서 모두 둥근 완두(Rr)만 나타났다. ➡ 잡종 1대에서 나타나는 둥근 형질(R)은 ⑫ (　　), 나타나지 않는 주름진 형질(r)은 ⑬ (　　)이다.

분리의 법칙
잡종 1대의 둥근 완두(Rr)를 자가 수분하였더니 잡종 2대에서 둥근 완두(RR, Rr)와 주름진 완두(rr)가 약 ⑭ (　　)의 비율로 나타났다. ➡ 잡종 1대에서 나타나지 않는 열성 형질이 일정 비율로 나타난다.

독립의 법칙
두 쌍 이상의 대립 형질이 동시에 유전될 때, 한 형질을 나타내는 유전자 쌍이 다른 형질을 나타내는 유전자 쌍에 영향을 받지 않고 ⑮ (　　)으로 각각 분리의 법칙에 따라 유전된다.

사람의 유전

상염색체 유전
• 멘델의 유전 원리에 따라 유전되며, 대립 형질이 비교적 명확하게 구분되고, 남녀에 따라 형질이 나타나는 빈도에 차이가 ⑰ (　　).
• 미맹 유전, ABO식 혈액형 유전, 혀 말기 유전, 귓볼 모양 유전 등
㉔ 미맹 유전 가계도

부모
Tt 1
Tt 2
자녀
tt 3
TT
Tt 4
정상 남자　미맹 남자
정상 여자

가계도 조사
서로 같은 형질인 부모 사이에서 다른 형질의 자손이 나오면 자손의 형질이 ⑯ (　　)이다.
남자　특정 형질 남자
여자　특정 형질 여자
부모
자손

성염색체 유전
• 유전자가 ⑱ (　　)에 있는 유전으로 남녀에 따라 유전 형질이 나타나는 빈도에 차이가 있다.
• 적록 색맹 유전, 혈우병 유전 등
㉔ 적록 색맹 : 붉은색과 초록색을 잘 구별하지 못하는 유전 형질로, 형질을 결정하는 유전자가 ⑲ (　　) 염색체에 있으며, 적록 색맹 대립유전자(X′)는 정상 대립유전자(X)에 대해 열성이다.

V

생물의 다양성

지구상의 생물은 환경과 변이에 의해 다양한 종이 존재하고, 같은 종 내에서도 다양한 변이가 나타남을 알고, 다양한 생물을 구분하는 분류 체계를 이해하도록 한다. 생물 다양성의 의미를 파악하고 유지를 위한 활동을 조사하여 생물 다양성의 중요성과 필요성을 이해하도록 한다.

★ 얼룩말의 무늬는 왜 다를까?

★ 예전에는 흔히 볼 수 있었던 따오기를 왜 볼 수 없을까?

★ 말과 당나귀를 다른 종으로 분류하는 까닭은 무엇일까?

★ 세균은 균계에 속하는 생물일까?

11 생물의 다양성과 보전

📖 Note

다양한 생태계의 생물
- 초원 : 얼룩말, 코끼리, 기린 등의 초식 동물과 사자, 표범 등의 육식 동물
- 열대 우림 : 곤충, 새, 악어, 원숭이 등
- 남극 : 펭귄, 바다표범 등
- 사막 : 낙타, 전갈, 도마뱀 등

바나나의 멸종

▲ 그로 미셸

한때 많이 재배되었던 그로 미셸이라는 바나나는 유전적 다양성이 낮았기 때문에 전염병에 적응하여 생존할 수 있는 개체가 없어서 멸종되었다. 만약 그로 미셸 바나나마다 특성이 달랐고, 그중에 전염병에 강한 개체가 있었다면 멸종되지 않았을 것이다.

➕ 용어

생태계
생물이 일정한 장소에서 환경이나 다른 생물과 서로 영향을 주고받으며 살아가는 체계이다.

멸종
생태계에서 생물이 사라지는 것이다.

1️⃣ 생물 다양성

1 생물 다양성 : 특정 지역에 살고 있는 생물의 다양한 정도를 생물 다양성이라고 한다.

(1) **생태계 다양성** : 생물이 서식하는 생태계가 다양할수록 생물 다양성이 높다.
> ⑩ 숲, 초원, 사막, 연못, 강, 갯벌, 바다 등의 생태계에는 각 환경에 맞는 다양한 생물이 살고 있다.

(2) **종 다양성** : 일정한 지역에 살고 있는 생물의 종류가 많을수록 생물 다양성이 높다.
> ⑩ 우포늪과 같은 자연 습지는 다른 생태계보다 많은 종류의 생물이 살기 때문에 생물 다양성이 높다.

(3) **유전적 다양성** : 같은 종에 속하는 생물 사이에 나타나는 유전적인 다양성이 높을수록 생물 다양성이 높다.
> ⑩ 전 세계에 분포하는 소는 모두 같은 종이지만 특징이 다양하다.

▲ 생태계 다양성

▲ 습지의 종 다양성

▲ 소의 유전자 다양성

더 알아보기

두 지역의 생물 다양성 비교

생물 다양성은 생물종의 수가 많을수록, 생물종이 고르게 분포할수록 높아진다.

(나)가 (가)보다 생물 다양성이 높다. ⇨ (가)와 (나)는 생물의 종류가 4종으로 같지만, (나)에 더 고르게 분포하므로 (나) 생태계의 생물 다양성이 더 높다.

2 환경에 따른 생물 다양성

(1) **변이** : 같은 종류의 생물 사이에서 나타나는 서로 다른 특징을 변이라고 한다.
> ⑩ 얼룩말의 줄무늬, 무당벌레 무늬, 코스모스의 꽃잎 색깔 등

▲ 얼룩말의 줄무늬

▲ 무당벌레의 무늬

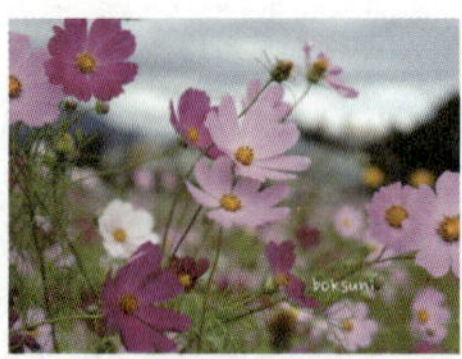
▲ 코스모스의 꽃잎 색깔

(2) **생물 다양성의 형성 과정** : 생물은 환경이나 유전적인 영향으로 다양한 변이가 나타나며, 각각의 환경에 알맞은 변이를 지닌 생물이 살아남아 자손을 남긴다. 매우 오랜 세월 동안 이 과정이 반복되면 생물 다양성이 증가하게 된다.

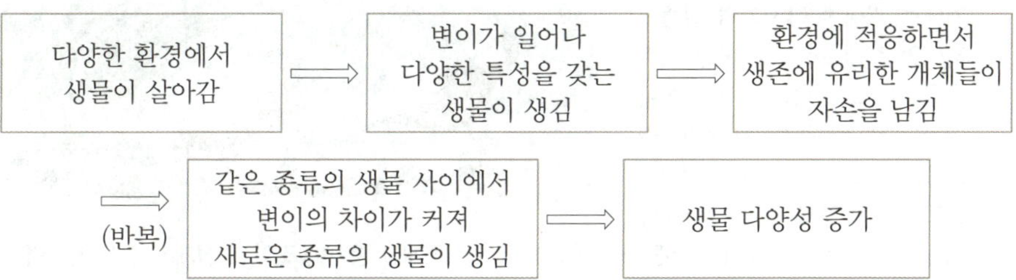

⑩ 갈라파고스제도의 핀치, 갈라파고스땅거북, 북극토끼와 캘리포니아멧토끼, 열대 우림 식물과 선인장 등

(3) **환경에 따른 다양한 생물의 모습**

예	생물의 모습
북극여우와 사막여우	북극여우는 귀가 작고 몸집이 커서 몸의 열을 쉽게 빼앗기지 않지만, 사막여우는 귀가 크고 몸집이 작아서 몸의 열을 방출하기 쉽다. ⇨ 온도에 적응한 결과이다. ▲ 북극여우　　▲ 사막여우
물살이 센 곳과 약한 곳의 소라	물살이 센 곳에 사는 소라는 껍데기에 뿔이 발달하여 물에 쉽게 떠내려가지 않지만, 물살이 약한 곳에 사는 소라는 껍데기에 뿔이 없다. ⇨ 물살에 적응한 결과이다. ▲ 물살이 센 곳의 소라　　▲ 물살이 약한 곳의 소라
봄 호랑나비와 여름 호랑나비	봄에 태어난 호랑나비는 여름에 태어난 호랑나비에 비해 몸의 크기가 작고 색깔도 연하다. ⇨ 계절에 적응한 결과이다. ▲ 봄 호랑나비　　▲ 여름 호랑나비

2 생물 다양성의 중요성

1 **생태계 평형 유지** : 생물 다양성이 높으면, 생태계의 먹이 사슬이 복잡해서 생태계가 더 안정적으로 유지된다.

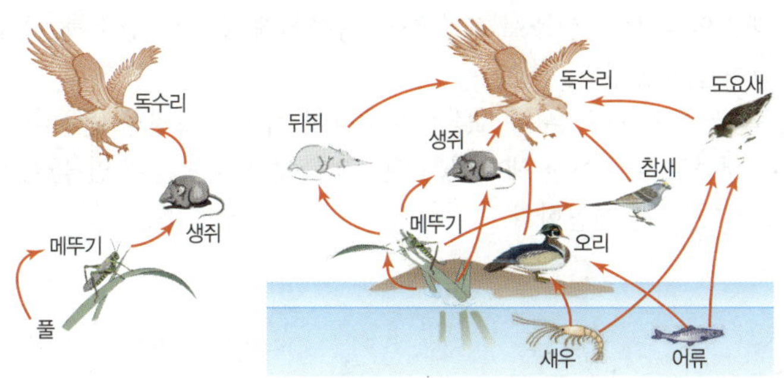

(1) **생물 다양성이 낮은 생태계** : 어떤 생물이 사라지면 그 생물과 먹이 관계로 얽혀 있는 생물이 영향을 받기 때문에 쉽게 파괴된다.

(2) **생물 다양성이 높은 생태계** : 어떤 생물이 사라지더라도 먹이 관계에서 사라진 생물을 대체하는 생물이 있기 때문에 안정을 유지한다.

변이와 생물 생존

변이가 다양하면 급격한 환경 변화에도 살아남는 생물이 있어 멸종할 가능성이 낮다.

먹이에 따른 핀치의 부리 모양

갈라파고스제도에 사는 핀치는 먹이의 종류에 따라 부리가 다르게 나타난다.

생태계 평형

생태계를 이루는 생물의 종류와 수가 크게 변하지 않고 안정된 상태를 유지하는 것

➕ 용어

먹이 사슬

생태계를 구성하는 생물 사이에 먹고 먹히는 순서가 사슬처럼 연결되어 있는 것이다.

더 알아보기 · **해달이 해양 생태계에 미치는 영향**

해달이 살고 있는 어느 해양 생태계에는 거대한 다시마의 일종인 자이언트 켈프로 이루어진 해조 숲을 터전으로 다양한 해양 생물이 살고 있다. 해달은 자이언트 켈프를 먹이로 하는 성게를 먹으며 살아간다. 만약 이 해양 생태계에

서 남획으로 인해 해달이 사라진다면 해달의 먹이인 성게가 증가할 것이고, 성게가 증가하면 먹이인 자이언트 켈프가 감소하여 해조 숲의 다양한 해양 생물이 서식지를 잃게 될 것이다.

2 생물 자원의 제공 : 인간은 다양한 생물에서 살아가는 데 필수적인 자원을 얻을 수 있다.

(1) 생활에 필요한 재료

① 식량으로의 이용 : 벼, 보리, 밀 등은 인간의 중요한 식량이 된다.

② 의약품으로의 이용 : 버드나무는 진통 해열제인 아스피린의 원료이며, 푸른곰팡이는 항생제인 페니실린의 원료, 주목은 항암제의 원료로 이용된다.

③ 섬유로의 이용 : 목화, 누에고치 등은 옷감의 재료로 이용된다.

(2) 산업용 재료나 아이디어 : 생물의 생김새나 모습을 통해 여러 가지 아이디어를 얻어 유용한 도구를 발명할 수 있다.

① 벨크로 : 옷에 붙어 잘 떨어지지 않는 도꼬마리를 통해 벨크로를 만들었다.

② 소형 비행기 : 곤충이 나는 모습을 통해 소형 비행기를 만들었다.

▲ 도꼬마리와 벨크로

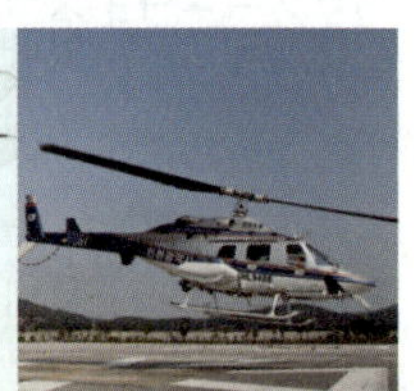
▲ 잠자리와 소형 비행기

(3) 관광 자원 : 생물 다양성이 보전된 생태계는 여유와 심리적 안정을 주어 휴식과 여가 생활의 공간을 제공한다.

예 산이나 바닷가에서 여가 활동을 통해 몸과 마음을 건강하게 한다.

3 지구 환경의 유지 및 보전 : 생물 다양성은 생물이 살 수 있는 적절한 자연 환경을 보전해 준다.

(1) 숲은 대기의 이산화 탄소를 흡수하고 생물에게 필요한 산소를 공급하며, 동물에게 서식처를 제공한다.

(2) 버섯, 곰팡이, 세균 등은 동식물을 분해하여 비옥한 토양을 만든다.

(3) 다양한 생물로 이루어진 생태계는 일상생활에서 나오는 오염 물질을 분해하여 깨끗한 공기와 물을 제공한다.

플라스틱(합성수지)

합성수지의 원료인 석탄이나 석유는 생물의 사체가 변하여 만들어진 것으로, 생물에서 얻은 재료이다.

생물 다양성을 보전해야 하는 까닭

생물 다양성이 보전되면 인간도 혜택을 얻으며, 인간도 지구에 살고 있는 생물 중 하나이므로 생물 다양성이 파괴되면 인간도 피해를 입을 수 있다.

➕ 용어

해열제

체온이 비정상적으로 높아졌을 때 정상 수준으로 낮추는 약이다.

벨크로

한쪽에 갈고리, 다른 한쪽에 걸림고리가 있어 서로 붙였다 떼었다 할 수 있는 제품이다.

이것이 핵심!!

1. 생태계가 다양할수록, 생물의 종류가 많을수록, 생물의 유전적 다양성이 높을수록 생물 다양성이 높다.
2. 같은 종류의 생물 사이에서 나타나는 서로 다른 특징을 변이라고 한다.
3. 생물 다양성은 인간에게 다양한 혜택을 주기 때문에 생물 다양성을 보전해야 한다.

3 생물 다양성의 보전

1 생물 다양성의 감소 원인 : 생물 다양성이 감소하는 주된 원인은 과도한 인간의 활동과 관계가 깊다.

(1) 외래종 유입

① 외래종이 유입되면 천적이 없어 폭발적으로 개체 수가 늘어나기 때문에 토종 생물을 위협하여 생물 다양성이 감소한다.

▲ 뉴트리아　　　▲ 큰입배스　　　▲ 가시박　　　▲ 황소개구리

② 대책 : 외래종의 무분별한 유입을 방지하고, 꾸준한 감시와 퇴치 활동을 한다.

(2) 서식지 파괴

① 무분별한 개발로 생물의 서식지가 파괴되거나 분리되면 생물의 수가 줄어들어 생물 다양성이 감소한다.

② 대책 : 지나친 개발을 자제하고 보호 구역을 지정하는 등 서식지를 보존하고, 생태 통로를 설치한다.

(3) 불법 포획과 남획

① 야생 동물을 불법적으로 포획하거나, 경제적인 까닭으로 남획을 하게 되면 생물의 개체 수가 줄어들어 생물 다양성이 감소한다. 예 코뿔소, 코끼리, 고래 등

② 대책 : 불법 포획과 남획에 대한 법률을 강화하고, 멸종 위기 생물을 지정하여 관리한다.

(4) 환경 오염

① 환경이 오염되면 오염에 약한 생물들이 사라져 생물 다양성이 감소한다.

② 대책 : 쓰레기 배출량을 줄이는 생활 습관을 가지고, 환경 정화 시설을 설치하는 등 환경을 보존한다.

2 생물 다양성 보전을 위한 사회적 활동

(1) 국제 수준의 활동 : 생물 다양성 보전에 대한 협약을 맺어 국가 간 야생 동물 보호 및 생물 자원을 공동 관리한다.

① 생물 다양성 협약 : 지구에 사는 생물의 멸종을 막기 위해 동·식물 및 천연자원을 보전하기 위한 협약

② 람사르 협약 : 물새 서식지로서 국제적으로 중요한 습지 보호에 관한 협약

⇨ 습지 보호

③ CITES : 멸종 위기에 처한 생물의 국제 거래에 관한 협약

⇨ 멸종 위기 종 보호

(2) 국가 및 지역 사회 수준의 활동 : 생물 보호 구역을 지정하고, 별도의 시설에서 멸종 위기 생물 등을 복원하거나 야생 생물 보호 및 관리에 관한 관련 법률을 제정한다. 종자 은행 등을 설립하고, 환경 영향 평가를 시행하기도 한다.

(3) 개인 수준의 활동 : 쓰레기 분리수거를 잘 하고, 친환경 제품을 이용하거나 옥상 정원과 같은 생물의 서식지를 만든다. 또한 희귀한 동물을 애완용으로 기르지 않도록 한다.

★ 이것이 핵심!!

1. 생물 다양성의 감소 요인에는 외래종의 유입, 서식지 파괴, 불법 포획과 남획, 환경 오염 등이 있다.
2. 생물 다양성 보전을 위해 국제 수준, 국가와 사회 수준, 개인 수준의 활동이 필요하다.

외래종

- 원래 살던 곳을 벗어나 다른 곳에서 사는 생물
- 천적이 없어 과도하게 번식하여 토종 생물의 생존을 위협하고 먹이 사슬에 변화를 일으켜 생태계 평형을 파괴

생태 통로

숲 가운데에 도로를 만들면 야생 동물의 서식지가 단절되어 내부 서식지의 크기가 줄어들고, 생물종의 이동을 제한하여 생물 다양성이 감소한다. 생태 통로는 이러한 현상을 최소화시켜 생물 다양성을 보전시킨다.

종자 은행

고유의 우수한 종자를 관리하고 배양하며, 농가에 보급하는 역할을 하는 곳이다.

➕ 용어

포획

물고기나 동물을 잡는 행위이다.

남획

생물을 과도하게 많이 잡는 행위이다.

생물 다양성의 형성

어떤 생물이 먹이나 온도 등의 주위 환경에 적응하면서 다양한 종이 만들어지는 과정을 자세히 살펴보자~!

1 갈라파고스제도의 핀치

원래 같은 종류였던 핀치는 갈라파고스제도의 여러 섬에 흩어져 살게 되었는데, 각 섬은 환경에 따라 먹이의 종류가 달랐다. 핀치는 각 섬의 환경에 적응하면서 서로 다른 부리 모양을 가지게 되었다.

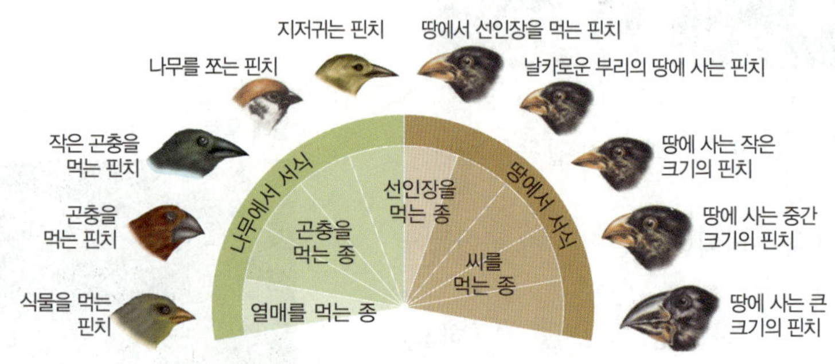

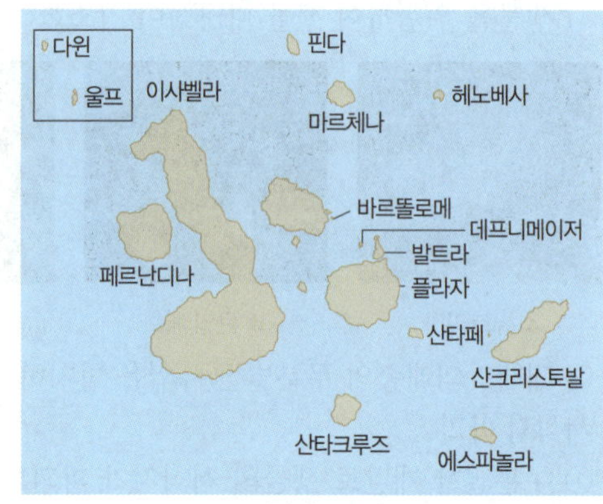

▲ 갈라파고스제도

• 핀치의 종류가 다양해진 과정

| 핀치새가 갈라파고스제도의 여러 섬에 나뉘어 살게 되었다. | ⇨ | 각 섬마다 다른 먹이를 먹기에 유리한 부리의 모양을 가진 새들이 살아남게 되었다. | ⇨ | 오랜 시간이 지나 먹이에 따라 핀치의 부리 모양과 크기 차이가 커졌고, 서로 완전히 다른 종으로 분화되었다. |

2 갈라파고스땅거북의 종이 다양해진 과정

갈라파고스제도에 사는 갈라파고스땅거북은 환경이 다른 각 섬에 떨어져 살고 있으며, 각 섬에 있는 먹이의 종류에 따라 목의 길이가 조금씩 다르게 나타난다.

개념 확인 문제

※ 다음 글의 빈칸에 알맞은 말을 쓰거나 고르시오.

1 생물 다양성

01 특정 지역에 살고 있는 생물의 다양한 정도를 (　　　)이라고 한다.

02 일정한 지역에 살고 있는 생물의 종류가 (많, 적)을수록 생물 다양성이 높다.

03 같은 종류의 생물 사이에서 나타나는 서로 다른 특징을 (　　　)라고 한다.

04 생물 다양성에 대한 설명으로 옳은 것은 ○, 옳지 않은 것은 ×로 표시하시오.

(1) 생태계의 다양한 정도가 포함된다. 　　(○, ×)

(2) 같은 종류에 속하는 생물의 특성이 다양할수록 급격한 환경 변화에 의해 멸종할 위험이 높다. 　(○, ×)

(3) 거미와 개미의 다리 수가 다른 것은 변이에 해당한다. 　　(○, ×)

2 생물 다양성의 중요성

05 생태계를 구성하는 생물이 일정한 수준을 유지하여 안정된 상태를 이루고 있는 것을 (　　　)이라고 한다.

06 생물 다양성은 인간에게 필요한 재료나 아이디어, 휴식 공간 등을 제공하는 (　　　)으로서의 가치를 지닌다.

07 생물 다양성의 중요성에 대한 설명으로 옳은 것은 ○, 옳지 않은 것은 ×로 표시하시오.

(1) 생물 다양성이 높은 생태계일수록 먹이 그물이 복잡하다. 　　(○, ×)

(2) 생물 다양성이 감소하더라도 인간은 피해를 입지 않는다. 　　(○, ×)

3 생물 다양성의 보전

08 생물 다양성이 감소하는 주된 원인은 (인간, 자연)의 활동이다.

09 생물 다양성 감소 원인과 관계있는 것을 선으로 연결하시오.

(1) 외래종 유입 •　　　　　• ㉠ 코끼리

(2) 서식지 파괴 •　　　　　• ㉡ 습지 개발

(3) 불법 포획과 남획 •　　　　• ㉢ 황소개구리

10 도로를 건설할 때는 서식지가 끊어지는 것을 막기 위해 (　　　)를 설치한다.

11 국제 사회에서는 생물 다양성의 보전을 위해 다양한 (　　　)을 맺어 야생 동물을 보호하고 다양한 생물 자원을 관리한다.

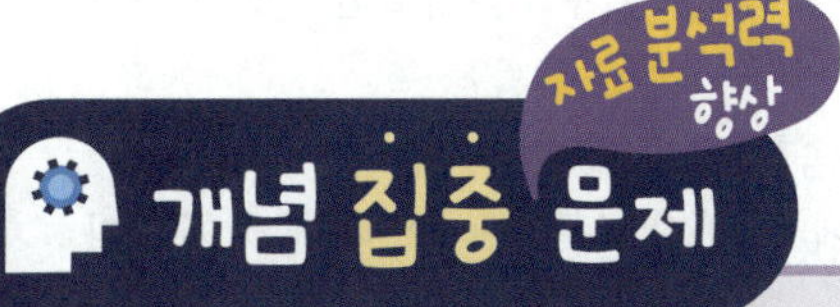

개념 집중 문제

● **생물 다양성**

특정 지역에 살고 있는 생물의 다양한 정도 ⇨ 생태계가 다양할수록, 생물의 종류가 많을수록, 생물의 유전적인 다양성이 높을수록 생물 다양성이 높다.

생물 다양성

1 그림 (가)와 (나)는 서로 다른 두 지역에 사는 생물의 종류와 수를 나타낸 것이다.

(가)　　　　　　(나)

생물 다양성이 더 높은 지역을 쓰고, 그렇게 생각한 까닭을 설명하시오.

생물의 분류

📖 Note

생물 사이의 가깝고 먼 관계(유연관계)
개와 새우는 운동 기관이 있고, 먹이를 섭취하는 공통점이 있지만, 개와 닭은 이 특징 외에 척추가 있고, 폐로 숨을 쉬는 공통점이 있으므로, 개와 닭이 더 가까운 관계임을 알 수 있다.

생물 고유의 특징에 따른 분류의 예

종

진돗개와 풍산개 사이에서 태어난 풍진개는 새끼를 낳을 수 있으므로 진돗개와 풍산개는 같은 종이다.

➕ **용어**

유연관계
두 생물 사이의 가까운 정도를 의미하며, 공통점이 많을수록 유연관계가 가깝다.

1 생물 분류의 목적과 기준

1 생물 분류 : 다양한 생물을 일정한 기준에 따라 비슷한 종류의 무리로 나누는 것

2 생물 분류의 목적
(1) 생물 사이의 가깝고 먼 관계를 파악할 수 있다.
(2) 같은 무리에 속하는 생물의 특징을 미루어 짐작할 수 있다.
(3) 새로운 생물이 발견됐을 때 어느 무리에 속하는지 결정하는 데 도움을 준다.

3 생물 분류의 기준 : 과학에서는 생물 고유의 특징에 따라 분류한다.

사람 편의에 따른 분류(인위 분류)	생물 고유의 특징에 따른 분류(자연 분류)
약용 여부, 식용 여부, 서식지(육상 동물과 수중 동물) 등	생김새, 속 구조, 광합성 여부, 번식 방법, 유전적 특징 등

4 생물 분류 과정 : 생물 고유의 특징 관찰하기 → 공통점과 차이점 찾기 → 분류 기준 정하기 → 분류 기준에 따라 비슷한 생물끼리 무리를 지어 나누기

2 생물의 분류 체계

1 종 : 자연 상태에서 교배하여 생식 능력이 있는 자손을 낳을 수 있는 생물 무리 ⇨ 생물을 분류하는 기본 단위

2 생물의 분류 단계 : 종<속<과<목<강<문<계
(1) 비슷한 특징을 가진 종이 모여서 하나의 속을 이루고, 비슷한 특징을 가진 속이 모여 하나의 과를 이룬다.
(2) 종에서 계로 갈수록 같은 분류 단계에 속한 생물이 다양해진다.
(3) 계에서 종으로 갈수록 같은 분류 단계에 속한 생물들 사이의 관계가 가깝다.

⭐ **이것이 핵심!!**

1. 생물 분류를 통해 생물 상호 간의 가깝고 먼 관계를 파악할 수 있다.
2. 생물의 분류 단계는 종<속<과<목<강<문<계이다.

더 알아보기 — 서로 다른 종끼리의 교배

서로 다른 종인 암말과 수탕나귀 사이에 태어난 노새는 생식 능력이 없다. 노새 외에도 서로 다른 종끼리 교배하여 태어난 것이 있는데, 라이거는 수사자와 암호랑이 사이에서 태어난 개체이고, 타이곤은 암사자와 수호랑이 사이에서 태어난 개체이다.

이렇게 서로 다른 종끼리 교배해서 태어난 개체는 대부분 생식 능력이 없지만, 각 부모 종의 우수한 점만을 물려받는 경우가 많아서 이를 인간이 여러 목적에 이용하게 된다.

③ 생물의 5계 분류

1 5계 분류 : 원핵생물계, 원생생물계, 균계, 식물계, 동물계의 5가지 계로 나누어 분류하는 것 ⇨ 핵(핵막)이나 세포벽의 유무, 세포 수, 광합성 여부 등에 따라 구분할 수 있다.

2 생물의 분류

(1) **원핵생물계** : 핵막으로 구분된 뚜렷한 핵이 없는 단세포 생물로, 세균이라고 부르는 생물은 여기에 속한다. ㉘ 남세균, 대장균, 폐렴균, 젖산균 등

① 세포 내 핵이 존재하지 않는 단세포 생물이다.

② 세포벽이 있어 세포의 모양을 유지하고, 세포 내부를 보호한다.

③ 대부분 광합성을 하지 않지만, 남세균처럼 광합성을 하는 생물도 있다.

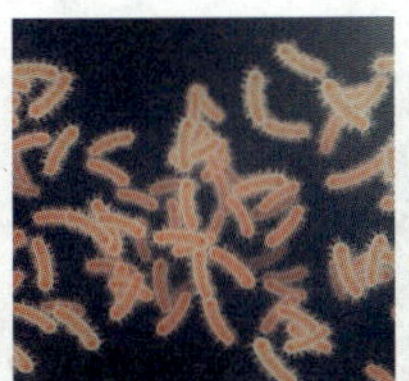
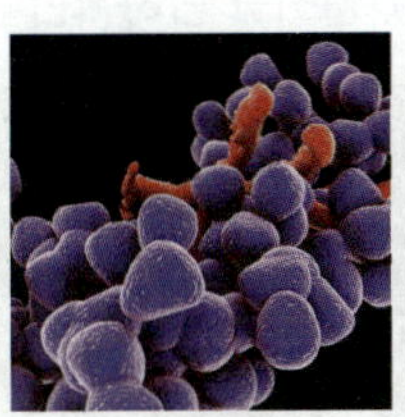
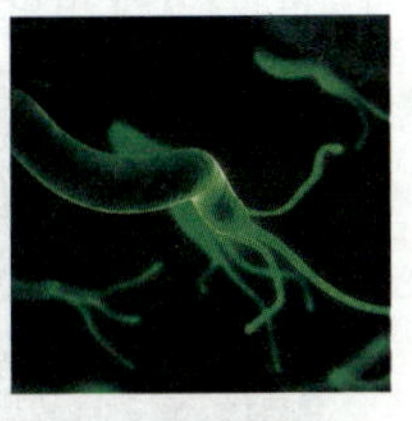

▲ 남세균   ▲ 대장균   ▲ 폐렴균   ▲ 헬리코박터파일로리균

(2) **원생생물계** : 세포에 핵막으로 둘러싸인 핵이 있는 생물 중 균계, 식물계, 동물계에 속하지 않는 생물 무리이다. ㉘ 아메바, 짚신벌레, 유글레나, 미역, 김 등

① 대부분 단세포 생물이지만, 다세포 생물도 있다. ⇨ 미역과 다시마는 광합성을 하는 다세포 생물이다.

② 먹이를 섭취하는 종류와 광합성을 하는 종류가 있다.

③ 동물이나 식물과 달리 조직이나 기관이 발달하지 않았다.

④ 대부분 수중 생활을 하며, 육상에 살아도 수분이 있는 곳에 산다.

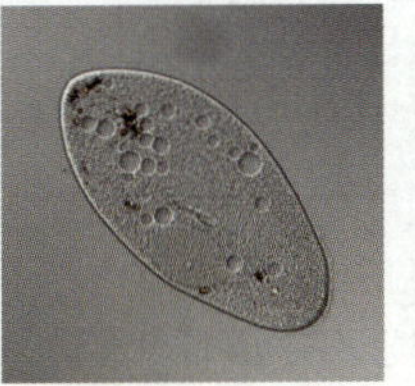

▲ 아메바   ▲ 짚신벌레   ▲ 미역   ▲ 다시마

📖 Note

보스턴테리어

불테리어와 불도그 사이에 태어난 자손이다. 불테리어, 불도그, 보스턴테리어는 생식 능력이 있으므로 모두 같은 종이다.

세포벽

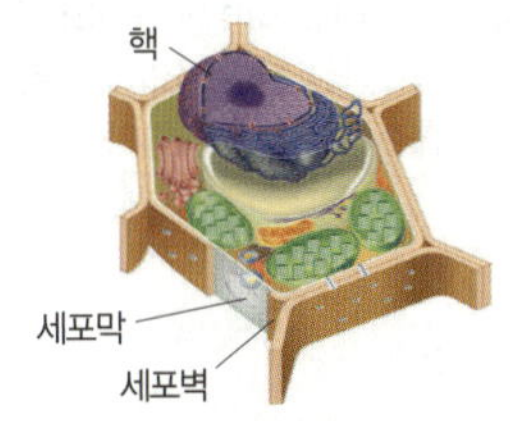

세포벽은 동물계의 세포를 제외한 다른 계에서 관찰된다. 이러한 세포벽은 외부로부터 세포를 보호하는 기능뿐만 아니라, 세포의 모양을 유지하는 역할을 한다.

기관

일정한 모양과 기능을 나타내는 생물체의 부분으로, 식물의 기관에는 뿌리, 줄기, 잎, 꽃, 열매가 있고, 동물의 기관에는 심장, 뇌, 간, 소장 등이 있다.

대장균과 짚신벌레

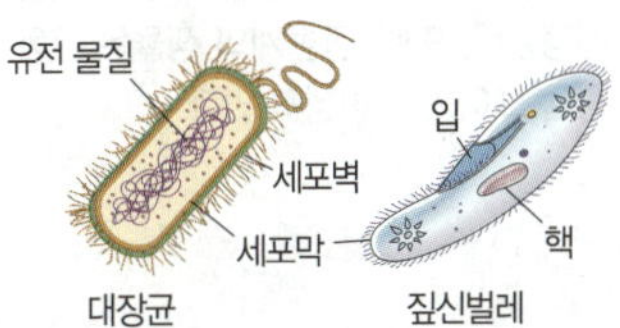

대장균은 핵막이 없어서 유전 물질이 세포 전체에 퍼져 있고 핵을 관찰할 수 없지만, 짚신벌레는 막으로 둘러싸인 핵이 뚜렷하게 관찰된다.

➕ 용어

단세포 생물
몸이 하나의 세포로 이루어져 있는 생물이다. ㉘ 아메바

다세포 생물
몸이 여러 개의 세포로 이루어져 있는 생물이다. ㉘ 호랑이

📖 Note

균사

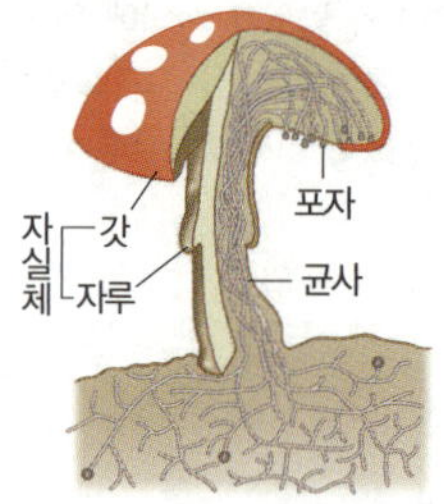

균사는 곰팡이를 비롯한 균계의 몸을 이루는 가느다란 실 모양의 세포로, 영양분을 흡수하는 작용을 한다.

균계와 동물계

균계와 동물계는 모두 엽록체가 없어 광합성을 하지 못하기 때문에 외부에서 생존에 필요한 에너지를 흡수하게 된다. 이때, 균계의 생물은 생물의 밖에서 소화를 진행한 후 흡수하고, 동물계의 생물은 체내로 섭취 후 소화를 진행한다. 또한, 동물계의 생물은 운동성을 보이는 차이점이 있다.

➕ **용어**

서식지

생물이 살아가는 곳이다.

(3) 균계 : 세포에 핵막으로 둘러싸인 핵이 있고, 광합성을 하지 못하며 운동성이 없는 생물 무리이다. 📢 버섯, 곰팡이류, 효모 등
① 대부분 몸이 균사라고 하는 실 모양의 구조로 이루어져 있다.
② 균사는 세포벽이 있는 여러 개의 세포로 이루어져 있다.
③ 스스로 양분을 만들 수 없으며, 대부분 죽은 생물의 몸을 분해하여 양분을 얻는다.

▲ 송이버섯

▲ 누룩곰팡이

▲ 푸른곰팡이

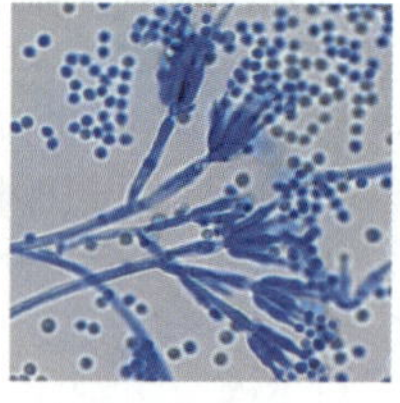

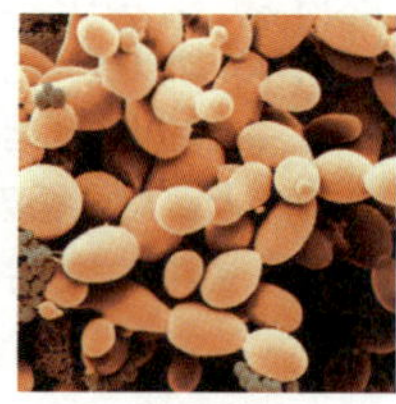

▲ 효모

(4) 식물계 : 세포에 핵막으로 둘러싸인 핵이 있고, 광합성을 하여 스스로 양분을 얻는 생물 무리이다. 📢 이끼, 고사리, 소나무, 해바라기 등
① 세포벽이 있으며, 다세포 생물이다.
② 대부분 뿌리, 줄기, 잎과 같은 기관이 발달하였다.
③ 움직이지 않고 한곳에 뿌리를 내리며 생활한다.

▲ 우산이끼

▲ 고사리

▲ 해바라기

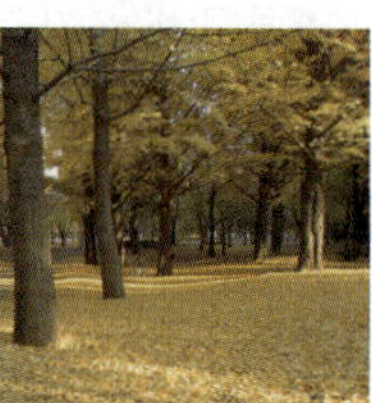

▲ 은행나무

(5) 동물계 : 세포에 핵막으로 둘러싸인 핵이 있고, 먹이의 섭취와 소화를 통해 영양분을 얻는 생물 무리이다. 📢 호랑이, 달팽이, 해파리, 말 등
① 세포벽이 없으며, 다세포 생물이다.
② 대부분 기관과 기관계가 발달하여 다양한 기능을 수행한다.
③ 운동성이 있으며, 다른 생물을 먹이로 삼아 양분을 얻는다.
④ 먹이에 따라 서식지가 다양하다.

▲ 해파리

▲ 메뚜기

▲ 금붕어

▲ 호랑이

더 알아보기

5계의 특징 정리

구분	원핵생물계	원생생물계	균계	식물계	동물계
핵(핵막)	×	○			
세포벽	○	○ / ×	○		×
광합성	대부분 ×	○ / ×	×	○	×
세포 수	단세포	대부분 단세포	대부분 다세포	다세포	

⭐ **이것이 핵심!!**

1. 생물이 가진 특징을 기준으로 원핵생물계, 원생생물계, 균계, 식물계, 동물계로 분류한다.
2. 핵(핵막)이나 세포벽의 유무, 세포 수, 광합성 여부 등에 따라 5계 분류가 이루어진다.

탐구

생물을 계 수준에서 분류하기

실험 설계하기

❶ 두 명이 모둠을 구성한 후, 주변의 생물 중 8가지를 선택한다. ⑩ 짚신벌레, 메뚜기, 미역, 고사리, 은행나무, 푸른곰팡이, 버섯, 대장균

❷ 각 계의 특성을 이용하여 생물 카드의 빈칸을 채워 넣는다.

결과 분석하기

이름	짚신벌레	
핵(핵막)	☑ 있다.	☐ 없다.
세포벽	☐ 있다.	☑ 없다.
세포 수	☑ 단세포	☐ 다세포
광합성	☐ 한다.	☑ 안 한다.
특징	연못이나 논에서 흔히 발견된다.	

이름	메뚜기	
핵(핵막)	☑ 있다.	☐ 없다.
세포벽	☐ 있다.	☑ 없다.
세포 수	☐ 단세포	☑ 다세포
광합성	☐ 한다.	☑ 안 한다.
특징	식물의 잎을 먹고 살며, 기관이 발달하였다.	

이름	미역	
핵(핵막)	☑ 있다.	☐ 없다.
세포벽	☑ 있다.	☐ 없다.
세포 수	☐ 단세포	☑ 다세포
광합성	☑ 한다.	☐ 안 한다.
특징	바닷속에 살며, 기관이 발달하지 않았다.	

이름	고사리	
핵(핵막)	☑ 있다.	☐ 없다.
세포벽	☑ 있다.	☐ 없다.
세포 수	☐ 단세포	☑ 다세포
광합성	☑ 한다.	☐ 안 한다.
특징	뿌리, 줄기, 잎이 발달하였다.	

이름	은행나무	
핵(핵막)	☑ 있다.	☐ 없다.
세포벽	☑ 있다.	☐ 없다.
세포 수	☐ 단세포	☑ 다세포
광합성	☑ 한다.	☐ 안 한다.
특징	씨가 밖에 나와 있으며, 기관이 발달하였다.	

이름	푸른곰팡이	
핵(핵막)	☑ 있다.	☐ 없다.
세포벽	☑ 있다.	☐ 없다.
세포 수	☐ 단세포	☑ 다세포
광합성	☐ 한다.	☑ 안 한다.
특징	몸이 균사로 되어 있고, 운동성이 없다.	

이름	버섯	
핵(핵막)	☑ 있다.	☐ 없다.
세포벽	☑ 있다.	☐ 없다.
세포 수	☐ 단세포	☑ 다세포
광합성	☐ 한다.	☑ 안 한다.
특징	몸이 균사로 이루어져 있다.	

이름	대장균	
핵(핵막)	☐ 있다.	☑ 없다.
세포벽	☑ 있다.	☐ 없다.
세포 수	☑ 단세포	☐ 다세포
광합성	☐ 한다.	☑ 안 한다.
특징	복통과 설사를 일으킨다.	

원핵생물계	원생생물계	균계	식물계	동물계
대장균	짚신벌레, 미역	푸른곰팡이, 버섯	고사리, 은행나무	메뚜기

스스로 정리하기

1 생물을 5가지 계로 분류하는 기준에 대해 설명해 보자.
생물은 핵(핵막)의 유무, 세포 수, 균사의 유무, 광합성 여부 등에 따라 원핵생물계, 원생생물계, (   ), 식물계, 동물계로 분류할 수 있다.

2 원생생물계, 균계, 식물계, 동물계와 구분되는 원핵생물계의 특징에 대해 설명해 보자.
원핵생물계는 세포에 핵막으로 둘러싸인 (   )이 없다.

🔍 **탐구 핵심** 핵막, 세포벽, 세포 수, 광합성의 여부 등을 이용하여 5계를 분류할 수 있다.

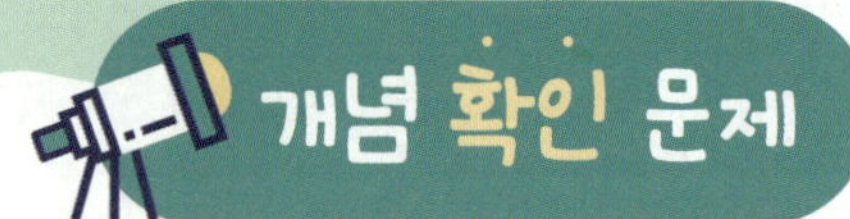

※ 다음 글의 빈칸에 알맞은 말을 쓰거나 고르시오.

1 생물 분류의 목적과 기준

01 다양한 생물을 어떤 기준을 정해 공통점과 차이점에 따라 무리로 나누는 것을 (   )라고 한다.

02 생물 고유의 특징에 따라 생물을 분류하면 사람마다 (같은, 다른) 분류 결과를 얻을 수 있다.

03 생물 분류의 여러 기준 중 사람 편의에 따른 인위 분류는 '인', 생물 고유의 특징에 따른 자연 분류는 '자'를 쓰시오.

(1) 붕어를 알을 낳는 동물로 분류하였다. (   )

(2) 오징어를 척추가 없는 동물로 분류하였다. (   )

(3) 서식지에 따라 육상 동물과 수중 동물로 분류하였다.
(   )

(4) 이용 목적에 따라 약용 식물과 식용 식물로 분류하였다.
(   )

2 생물의 분류 체계

04 생물을 분류하는 기본 단위는 (   )이다.

05 생물의 분류 단계는 (㉠   ) < (㉡   ) < 과 < (㉢   ) < 강 < 문 < 계이다.

06 생물의 분류 단계에 대한 설명으로 옳은 것은 ○, 옳지 않은 것은 ✕로 표시하시오.

(1) 하나의 속에는 여러 과가 속해 있다. (○, ✕)

(2) 같은 속에 속해 있는 두 생물은 같은 강에 속한다.
(○, ✕)

(3) 작은 분류 단위에 같이 속해 있을수록 가까운 관계이다.
(○, ✕)

07 불테리어와 불도그 사이에서 태어난 보스턴테리어는 생식 능력이 있으므로, 불테리어와 불도그는 (같은, 다른) 종이다.

08 표는 사람, 개, 고양이, 원숭이의 분류 단계를 나타낸 것이다.

종	사람	개	고양이	원숭이
속	사람속	개속	고양이속	원숭이속
과	사람과	갯과	고양잇과	원숭잇과
목	영장목	식육목	식육목	영장목
강	포유강	포유강	포유강	포유강

이에 대한 설명으로 옳은 것은 ○, 옳지 않은 것은 ✕로 표시하시오.

(1) 사람은 개보다 원숭이와 더 가깝다. (○, ✕)

(2) 개와 고양이는 같은 과에 속한다. (○, ✕)

(3) 개는 사람보다 고양이와 더 가깝다. (○, ✕)

3 생물의 5계 분류

09 생물은 (㉠   )생물계, 원생생물계, (㉡   )계, 식물계, 동물계의 5가지 계로 분류할 수 있다.

10 원핵생물계에 속하는 생물은 (단세포, 다세포) 생물이다.

11 원생생물계의 생물은 균계, (㉠   ), 동물계에 속하지 않는 생물로, 핵막으로 둘러싸인 (㉡   )이 있는 세포로 이루어져 있다.

12 균계에 속하는 생물은 대부분 몸이 (   )로 이루어져 있다.

13 식물계에 속하는 생물은 (㉠   )가 있어 광합성을 하고, 대부분 뿌리, 줄기, 잎과 같은 (㉡   )이 발달하였다.

14 동물계에 속하는 생물은 (   )에 따라 서식지가 다양하다.

15 생물의 5가지 계에 대한 설명으로 옳은 것은 ○, 옳지 않은 것은 ✕로 표시하시오.

(1) 원핵생물계에 속하는 생물은 모두 광합성을 한다.
(○, ✕)

(2) 원생생물계에 속하는 생물은 기관이 발달하였다.
(○, ✕)

(3) 원생생물계에 속하는 생물은 대부분 육지에 살고 있다.
(○, ✕)

(4) 원핵생물계와 원생생물계에 속하는 생물은 핵막으로 둘러싸인 핵의 유무에 차이가 있다. (○, ✕)

(5) 균계에 속하는 생물은 대부분 광합성을 한다.
(○, ✕)

(6) 균계에 속하는 생물은 스스로 양분을 만들 수 없다.
(○, ✕)

(7) 식물계에 속하는 생물은 운동성이 없다. (○, ✕)

(8) 동물계에 속하는 생물은 세포벽을 가지고 있다.
(○, ✕)

(9) 식물계와 동물계에 속하는 생물은 모두 다세포 생물이다. (○, ✕)

16 (1)~(4)에 해당하는 생물을 |보기|에서 모두 고르시오.

보기
ㄱ. 고사리   ㄴ. 폐렴균   ㄷ. 해파리   ㄹ. 효모
ㅁ. 이끼   ㅂ. 호랑이   ㅅ. 소나무   ㅇ. 송이버섯

(1) 원핵생물계 : (   )   (2) 균계 : (   )

(3) 식물계 : (   )   (4) 동물계 : (   )

● 생물 분류의 기준

(1) 사람 편의에 따른 분류 : 이용 목적, 서식지 등
(2) 생물 고유의 특징에 따른 분류 : 생김새, 광합성 여부, 유전적 특징 등

● 종

자연 상태에서 교배하여 생식 능력이 있는 자손을 낳을 수 있는 생물 무리 ⇨ 생물을 분류하는 기본 단위

● 생물의 분류 단계

종<속<과<목<강<문<계

● 생물의 5계 분류

(1) 원핵생물계 : 세포에 핵막으로 둘러싸인 핵이 없는 생물
(2) 원생생물계 : 핵이 있는 세포로 이루어진 생물 중 균계, 식물계, 동물계에 속하지 않는 생물
(3) 균계 : 운동성이 없고 광합성을 하지 못하며, 몸이 대부분 균사로 이루어져 있는 생물
(4) 식물계 : 광합성을 할 수 있으며, 대부분 뿌리, 줄기, 잎과 같은 기관이 발달한 생물
(5) 동물계 : 다른 생물을 먹이로 삼아 양분을 얻으며, 대부분 몸에 기관이 발달한 생물

생물 분류의 기준

1 │보기│는 생물을 분류하는 여러 가지 기준을 나타낸 것이다.

┌─────────────── │보기│ ───────────────┐
ㄱ. 광합성을 하는가?　　ㄴ. 어디에 살고 있는가?　　ㄷ. 영양분을 어떻게 얻는가?
ㄹ. 사람이 키울 수 있는가?　ㅁ. 핵막으로 둘러싸인 핵이 있는가?　ㅂ. 먹어도 되는 생물인가?
└──────────────────────────────────┘

(1) 사람의 편의에 따라 분류하는 기준을 │보기│에서 모두 골라 기호를 쓰시오.

(2) 생물이 가지고 있는 고유의 특징에 따라 분류하는 기준을 │보기│에서 모두 골라 기호를 쓰시오.

생물의 분류 단계

2 다음은 생물의 분류 단계를 순서 없이 나타낸 것이다.

목　　계　　과　　문　　속　　강　　종

분류 단계가 큰 것부터 순서대로 나열하시오.

생물의 5계 분류

3 표는 5계의 특징을 정리하여 나타낸 것이다. 빈칸에 알맞은 말을 쓰시오.

구분	핵(핵막)	세포벽	광합성	세포 수
원핵생물계	(1)	○	대부분 ×	(2)
원생생물계		○ / ×	○ / ×	대부분 단세포
균계	(3)	(4)	(5)	대부분 다세포
식물계			(6)	(9)
동물계		(7)	(8)	

단원마무리

생각그물 완성하기

생물이 서식하는 환경이 다양할수록 생물 다양성이 높다.
일정한 지역에 살고 있는 생물의 종류가 많을수록 생물 다양성이 높다.
같은 종에 속하는 생물 사이의 유전적인 특성이 다양할수록 생물 다양성이 높다.
2 ( ) 다양성
3 ( ) 다양성
4 ( ) 다양성
5 ( )
같은 종류의 생물 사이에서 나타나는 서로 다른 특징
1 ( )
특정 지역에 살고 있는 생물의 다양한 정도
생물 다양성과 보전
생물 다양성의 중요성
생물 다양성의 보전
6 ( ) 유지
7 ( ) 제공
생물 다양성이 높을수록 생태계 평형이 유지되기 쉽다.
생활에 필요한 재료나 아이디어, 휴식 공간 등을 제공한다.
감소 원인
보전 방안
• 8 ( ) 유입
예 뉴트리아, 가시박 등
• 9 ( )
예 코끼리, 고래 등
• 서식지 파괴
• 환경 오염 등
• 국제 수준 : 생물 다양성 보전에 대한 10 ( ) 체결
• 국가 수준 : 생물 보호 구역 지정
• 개인 수준 : 쓰레기 분리수거, 친환경 제품 이용, 희귀한 동물의 애완용 사육 금지

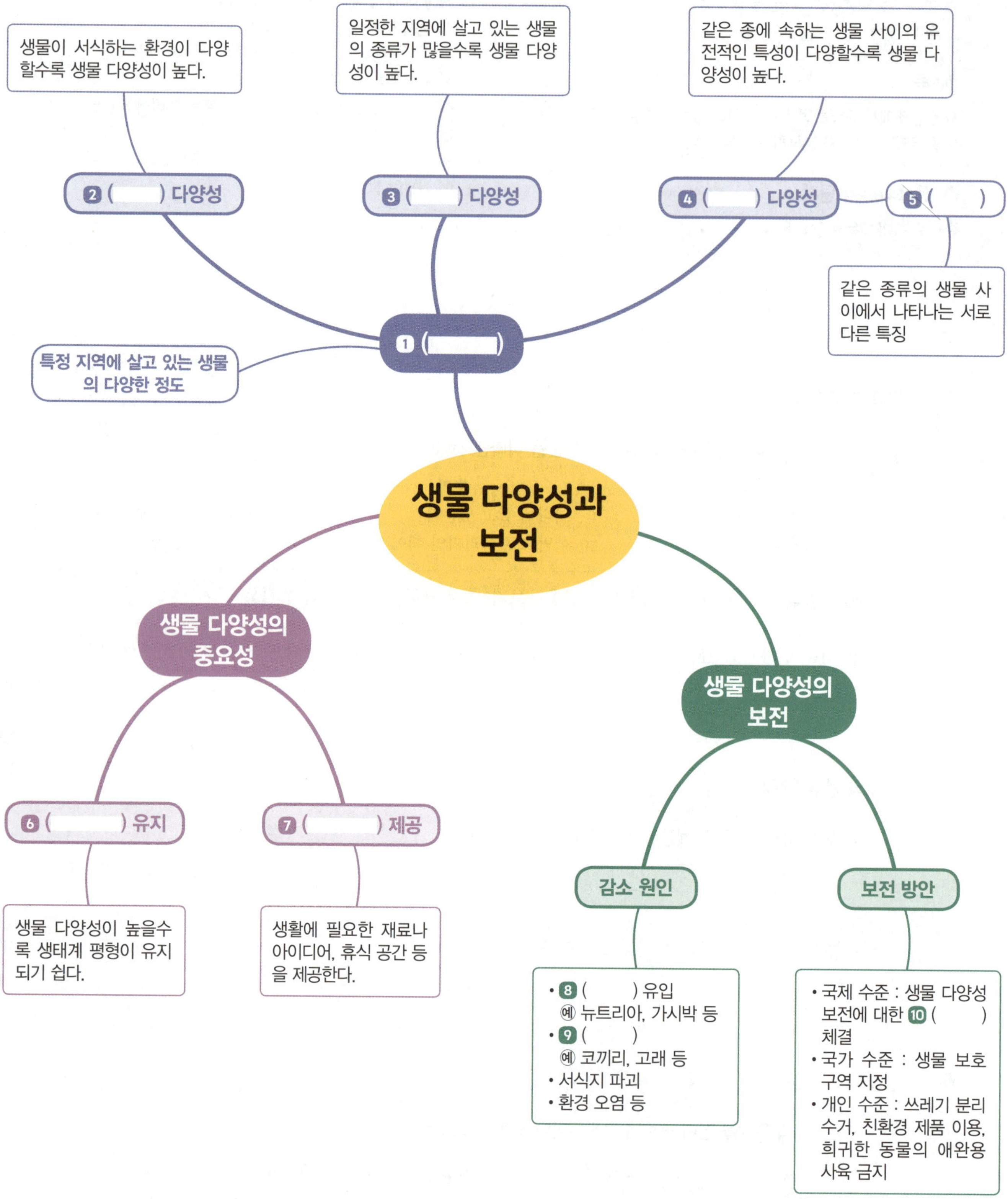

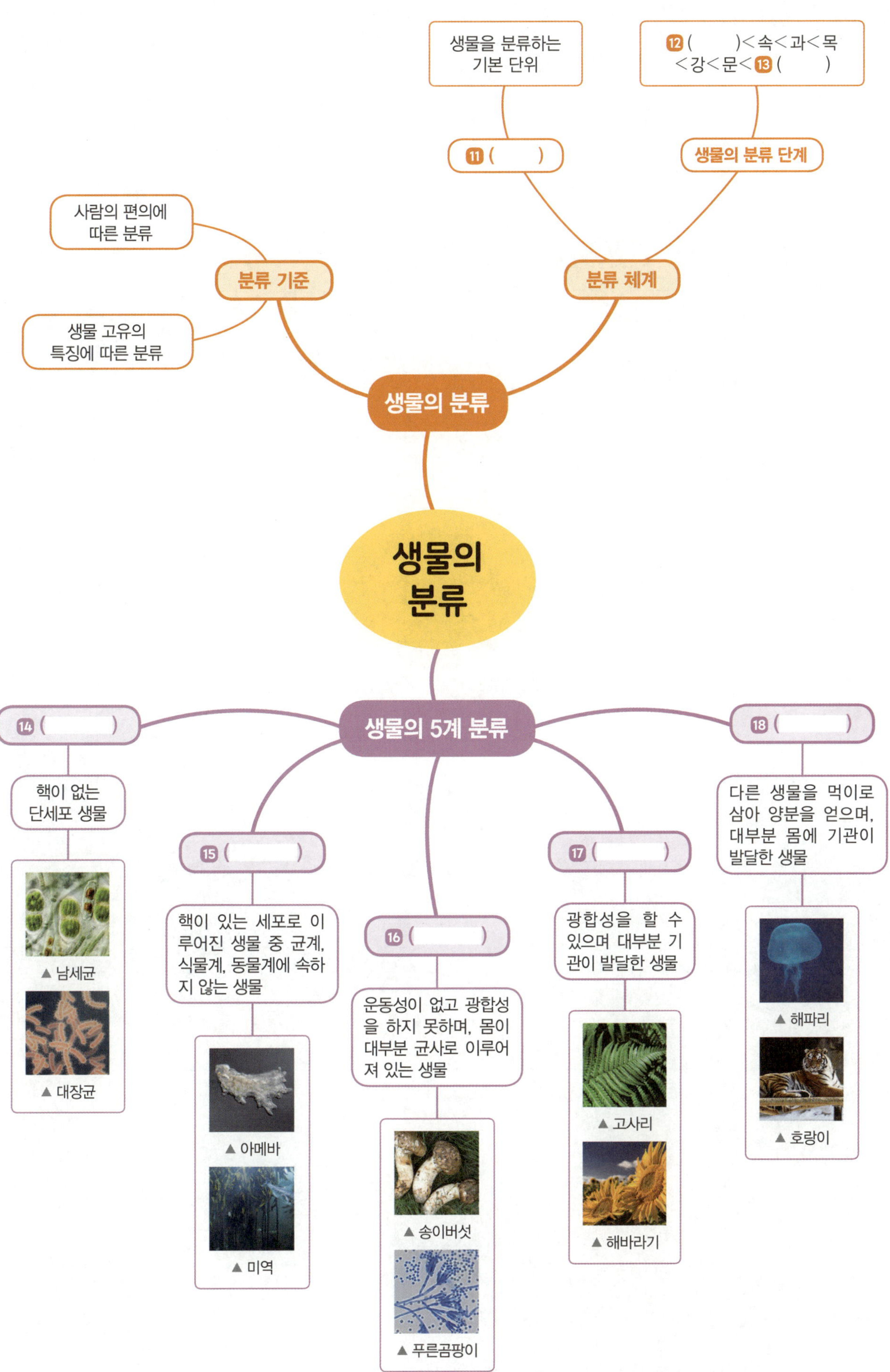
생물을 분류하는 기본 단위
12 ( )<속<과<목<강<문<13 ( )
11 ( )
생물의 분류 단계
사람의 편의에 따른 분류
분류 기준
분류 체계
생물 고유의 특징에 따른 분류
생물의 분류
생물의 분류
생물의 5계 분류
14 ( )
핵이 없는 단세포 생물
▲ 남세균
▲ 대장균
15 ( )
핵이 있는 세포로 이루어진 생물 중 균계, 식물계, 동물계에 속하지 않는 생물
▲ 아메바
▲ 미역
16 ( )
운동성이 없고 광합성을 하지 못하며, 몸이 대부분 균사로 이루어져 있는 생물
▲ 송이버섯
▲ 푸른곰팡이
17 ( )
광합성을 할 수 있으며 대부분 기관이 발달한 생물
▲ 고사리
▲ 해바라기
18 ( )
다른 생물을 먹이로 삼아 양분을 얻으며, 대부분 몸에 기관이 발달한 생물
▲ 해파리
▲ 호랑이

MEMO

백신과학

중등 생명과학

중 1·2·3 과정을 한 권에!

영역별 통합 기본서

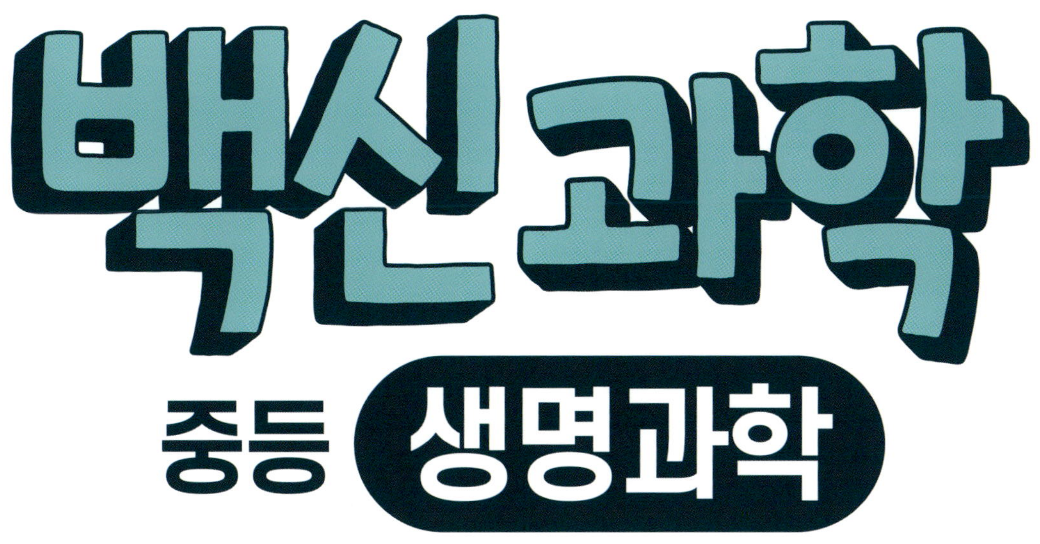

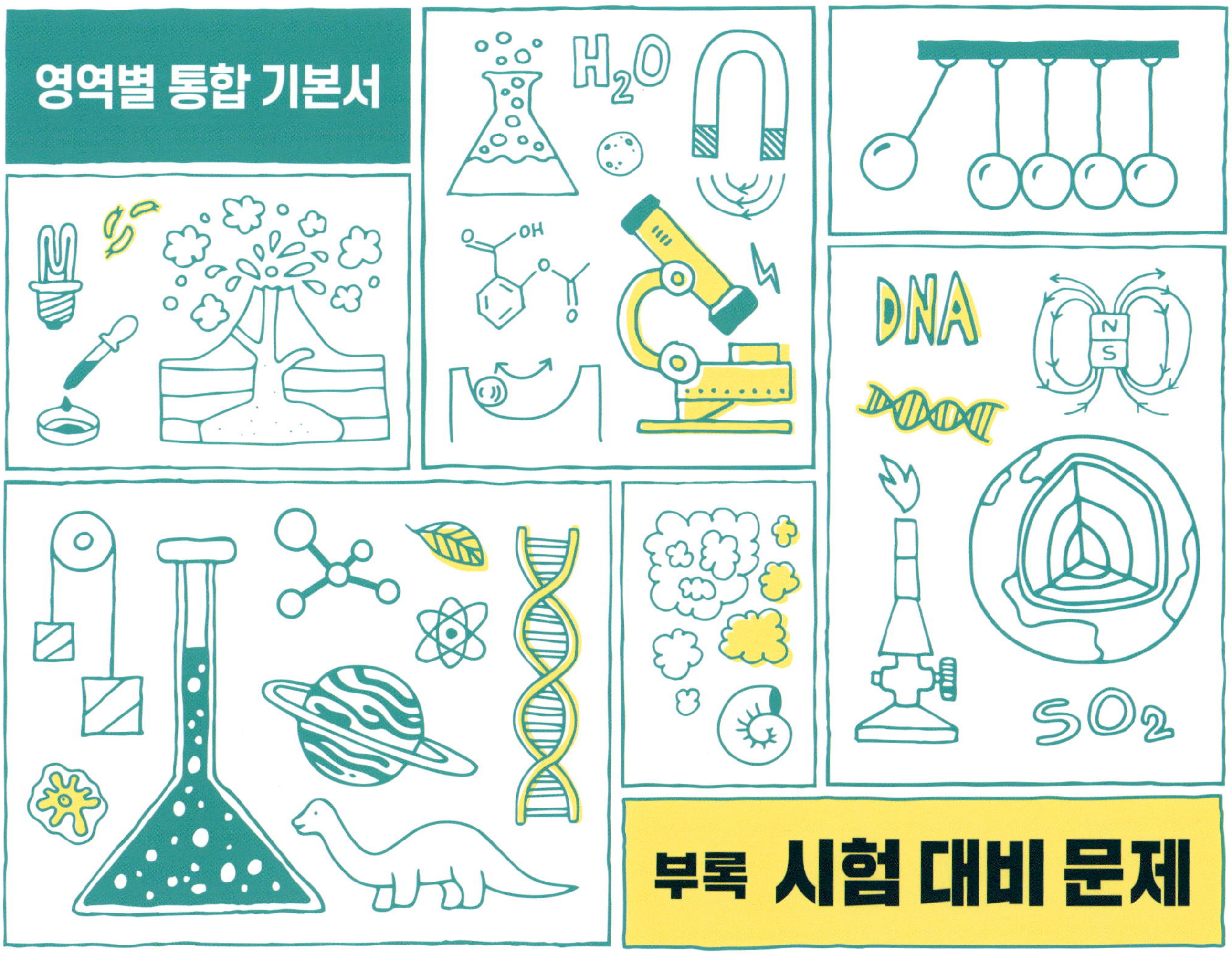

부록 **시험 대비 문제**

백신과학
중등 생명과학

중 1, 2, 3 과정을 한권 에! 영역별 통합 기본서

백신 과학

중등 생명과학

부록 시험 대비 문제

01 광합성

01 광합성에 대한 설명으로 옳지 <u>않은</u> 것은?

① 엽록체에서 일어난다.
② 빛이 있을 때만 일어난다.
③ 엽록체의 엽록소에서 빛에너지를 흡수한다.
④ 물과 산소를 재료로 양분을 만드는 과정이다.
⑤ 처음 만들어지는 양분의 형태는 포도당이다.

[02~03] 숨을 충분히 불어넣어 파란색에서 노란색으로 변한 BTB 용액을 시험관 A와 B에 각각 나누어 담고 시험관 C에는 파란색 BTB 용액을 담은 후, 시험관 A~C에 검정말을 넣고 그림과 같이 장치하여 햇빛이 잘 드는 곳에 충분히 놓아두었다.

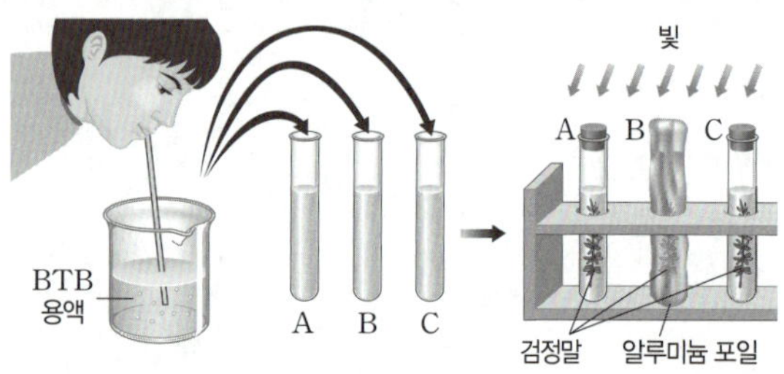

02 시험관 A와 B에 대한 설명으로 옳은 것을 |보기|에서 모두 고른 것은?

| 보기 |

ㄱ. 시험관 A에서는 이산화 탄소가 감소한다.
ㄴ. 시험관 A의 색깔은 변하지 않는다.
ㄷ. 시험관 B에서는 광합성이 일어나지 않는다.
ㄹ. 시험관 B의 색깔이 파란색으로 변한다.

① ㄱ, ㄷ　　② ㄴ, ㄹ　　③ ㄱ, ㄴ, ㄷ
④ ㄱ, ㄴ, ㄹ　　⑤ ㄴ, ㄷ, ㄹ

03 광합성에 필요한 물질과 이를 알아내기 위해 비교해야 하는 시험관을 옳게 짝지은 것은?

	광합성에 필요한 물질	비교해야 할 시험관
①	산소	시험관 A, 시험관 B
②	빛에너지	시험관 A, 시험관 B
③	빛에너지	시험관 B, 시험관 C
④	이산화 탄소	시험관 A, 시험관 B
⑤	이산화 탄소	시험관 B, 시험관 C

04 식물이 광합성을 통해 만드는 양분을 알아보기 위해 녹색 식물의 잎의 일부분을 알루미늄 포일로 감싸고 햇빛에 충분히 놓아두었다가 그림과 같이 실험하였다.

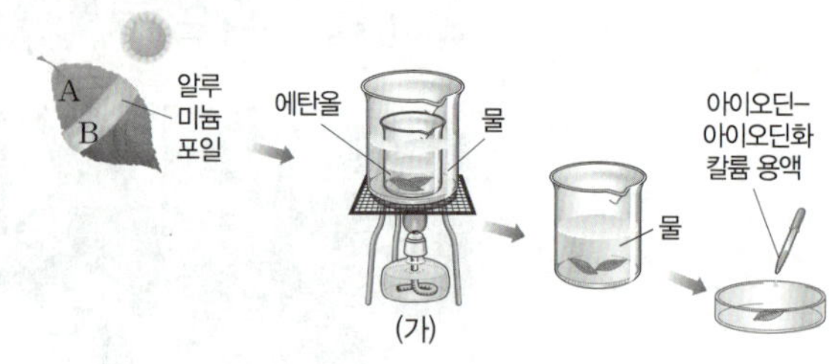

이에 대한 설명으로 옳지 <u>않은</u> 것은?

① 광합성에 빛이 필요하다는 것을 알 수 있다.
② (가) 과정은 엽록소를 제거하기 위한 과정이다.
③ 실험 결과 A 부분만 청람색으로 변한다.
④ 광합성을 통해 산소가 생성된다는 것을 알 수 있다.
⑤ 광합성을 통해 녹말이 생성된다는 것을 알 수 있다.

[05~06] 그림과 같이 탄산수소 나트륨 수용액에 검정말을 넣고 그림과 같이 장치한 후 전등을 검정말 쪽으로 이동하면서 1분 동안 검정말에서 발생하는 기포 수를 측정하였다. (단, 물의 온도는 일정하게 유지한다.)

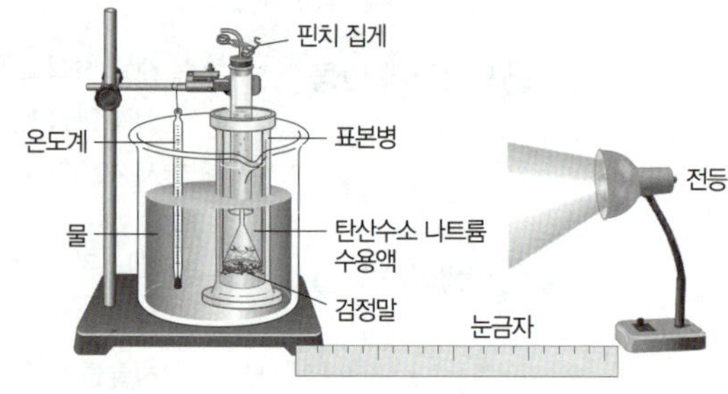

05 탄산수소 나트륨을 사용하는 까닭으로 옳은 것은?

① 산소를 공급하기 위해
② 포도당을 공급하기 위해
③ 용액의 온도를 높이기 위해
④ 이산화 탄소를 공급하기 위해
⑤ 발생하는 기포 수를 억제하기 위해

06 이 실험에 대한 설명으로 옳은 것을 |보기|에서 모두 고른 것은?

| 보기 |

ㄱ. 발생하는 기포의 종류는 산소이다.
ㄴ. 빛의 세기와 광합성량의 관계를 알아보는 실험이다.
ㄷ. 전등의 거리가 가까워질수록 발생하는 기포의 수는 계속 증가한다.

① ㄱ
② ㄷ
③ ㄱ, ㄴ
④ ㄴ, ㄷ
⑤ ㄱ, ㄴ, ㄷ

07 광합성에 영향을 미치는 환경 요인과 광합성량의 관계를 옳게 나타낸 것은?

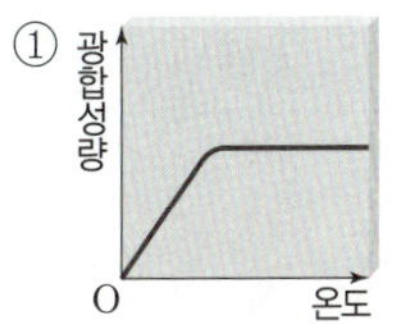

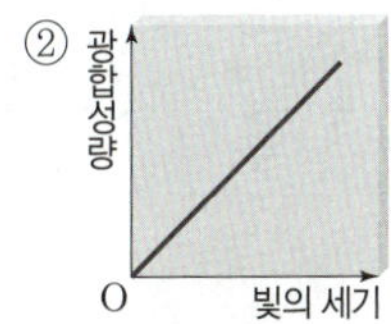

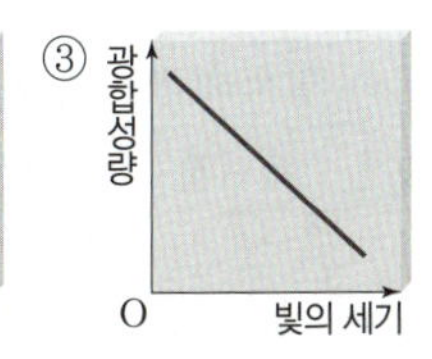

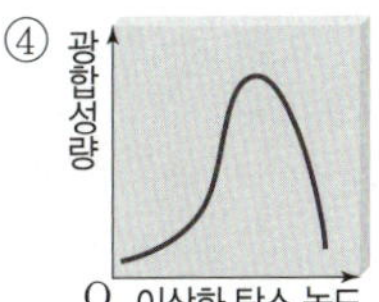

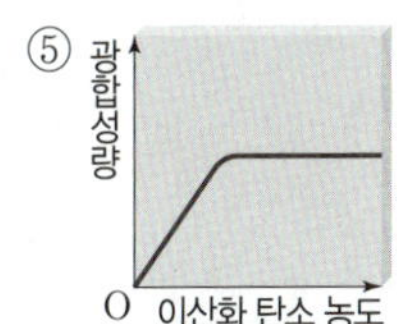

08 그림은 잎 뒷면에 있는 표피를 현미경으로 관찰한 모습을 나타낸 것이다. A~C의 이름을 옳게 짝지은 것은?

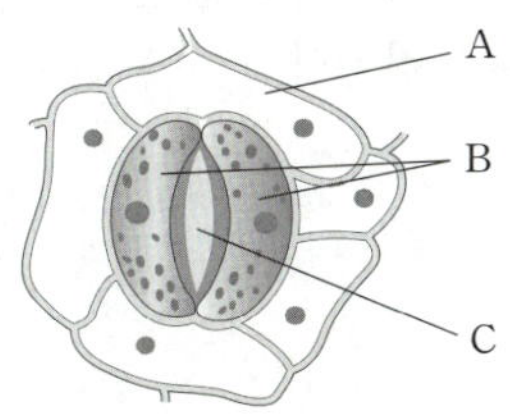

	A	B	C
①	표피 세포	기공	공변세포
②	표피 세포	공변세포	기공
③	기공	표피 세포	공변세포
④	공변세포	기공	표피 세포
⑤	공변세포	표피 세포	기공

[09~10] 다음은 증산 작용을 알아보기 위한 실험 과정이다.

[실험 과정]

(가) 같은 양의 물이 담긴 눈금 실린더 A~C를 준비한다.
(나) 눈금 실린더 A에는 잎이 모두 제거된 줄기를, 눈금 실린더 B와 C에는 같은 수의 잎이 달린 줄기를 넣고, C의 잎만 비닐봉지로 덮는다.
(다) 눈금 실린더 A~C에 식용유를 두세 방울 떨어뜨린 후 햇빛이 잘 드는 곳에 놓아둔다.

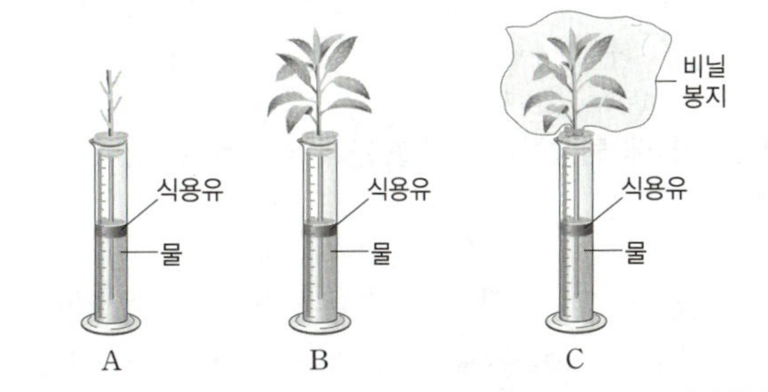

09 이에 대한 설명으로 옳지 <u>않은</u> 것은?

① A와 B를 비교하면 식물의 잎에서 증산 작용이 일어나는 것을 알 수 있다.
② B와 C를 비교하면 습도가 증산 작용에 미치는 영향을 알 수 있다.
③ 증산 작용은 B에서 가장 활발하게 일어난다.
④ C에서는 증산 작용이 일어나지 않는다.
⑤ 식용유는 눈금 실린더 속 물의 증발을 막는 역할을 한다.

10 눈금 실린더 A~C에서 줄어든 물의 양이 많은 순서대로 옳게 나열한 것은?

① A>B>C
② A>C>B
③ B>A>C
④ B>C>A
⑤ C>B>A

02 식물의 호흡과 에너지

[11~12] 그림 (가)와 (나)는 빛이 강할 때와 없을 때 식물에서 기체가 교환되는 모습을 순서 없이 나타낸 것이다. A~D는 각각 산소와 이산화 탄소 중 하나이다.

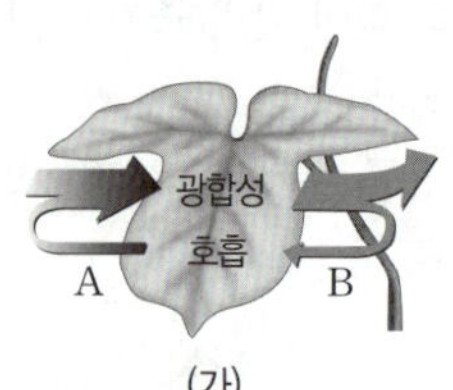
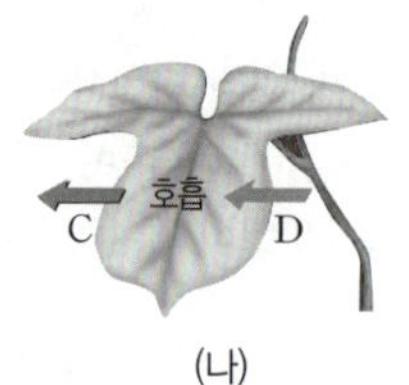

11 A~D에 해당하는 기체를 옳게 짝지은 것은?

	A	B	C	D
①	산소	산소	이산화 탄소	이산화 탄소
②	산소	이산화 탄소	이산화 탄소	산소
③	이산화 탄소	이산화 탄소	산소	산소
④	이산화 탄소	산소	산소	이산화 탄소
⑤	이산화 탄소	산소	이산화 탄소	산소

12 이에 대한 설명으로 옳지 않은 것은?

① (가)는 빛이 강할 때, (나)는 빛이 없을 때이다.
② (가)에서 호흡으로 생성된 물질은 광합성에 이용된다.
③ (가)에서는 광합성량보다 호흡량이 많다.
④ (나)의 D는 식물의 호흡에 필요한 기체이다.
⑤ (나)는 식물이 에너지를 얻기 위한 기체 교환이다.

[13~14] 그림과 같이 숨을 불어넣은 초록색 BTB 용액을 A~D 시험관에 넣고, 그림과 같이 장치하여 햇빛이 잘 드는 곳에 놓아두었다.

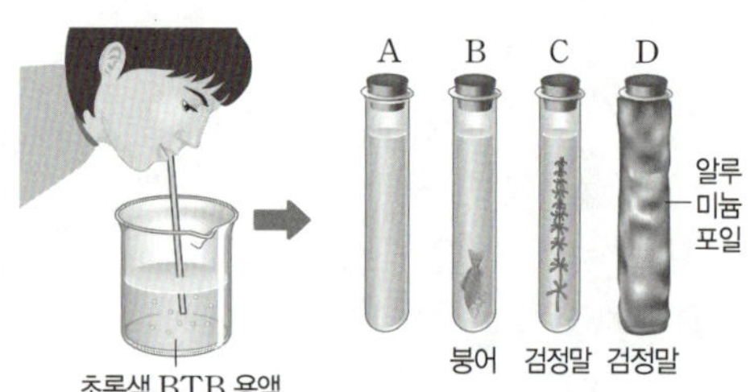

13 시험관 A~D의 색깔을 옳게 짝지은 것은?

	A	B	C	D
①	파란색	초록색	노란색	초록색
②	초록색	파란색	파란색	노란색
③	초록색	노란색	파란색	노란색
④	초록색	노란색	노란색	파란색
⑤	노란색	파란색	노란색	초록색

14 이에 대한 설명으로 옳은 것을 |보기에서 모두 고른 것은?

| 보기 |
ㄱ. B에서 용액 속 이산화 탄소의 양은 증가한다.
ㄴ. C에서는 광합성만 일어난다.
ㄷ. D에서는 광합성량과 호흡량이 같다.

① ㄱ   ② ㄷ   ③ ㄱ, ㄴ
④ ㄴ, ㄷ   ⑤ ㄱ, ㄴ, ㄷ

15 광합성과 호흡을 비교한 것으로 옳지 않은 것은?

	구분	광합성	호흡
①	양분	합성	분해
②	장소	엽록체가 있는 세포	살아 있는 모든 세포
③	시간	낮	밤
④	발생 기체	산소	이산화 탄소
⑤	에너지	흡수	발생

16 광합성으로 만들어지는 양분에 대한 설명으로 옳지 않은 것은?

① 주로 밤에 이동한다.
② 설탕의 형태로 이동한다.
③ 체관을 통해 이동한다.
④ 식물의 생명 활동에 필요한 에너지원으로 사용된다.
⑤ 사용하고 남은 양분은 각 기관에서 녹말의 형태로만 저장된다.

17 식물에 따른 양분의 저장 형태를 옳게 짝지은 것은?

① 쌀 — 단백질   ② 양파 — 포도당
③ 땅콩 — 녹말   ④ 고구마 — 포도당
⑤ 사탕수수 — 지방

실력 향상 문제

01 그림은 식물의 잎에서 광합성이 일어나는 과정을 나타낸 것이다.

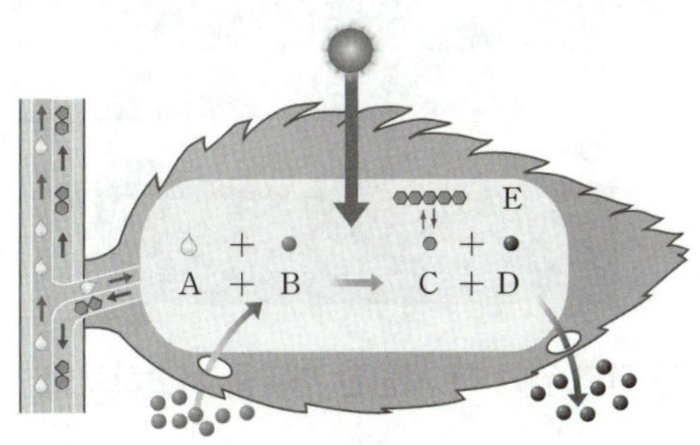

이에 대한 설명으로 옳지 <u>않은</u> 것은?

① A는 물관을 통해 이동한다.
② B의 농도는 광합성량에 영향을 주지 않는다.
③ C는 광합성으로 만들어진 최초의 양분이다.
④ D는 식물의 호흡에 이용된다.
⑤ E는 물에 잘 녹지 않는다.

02 그림 (가)와 (나)는 서로 다른 환경에 있는 잎의 일부를 현미경으로 관찰한 모습을 나타낸 것이다.

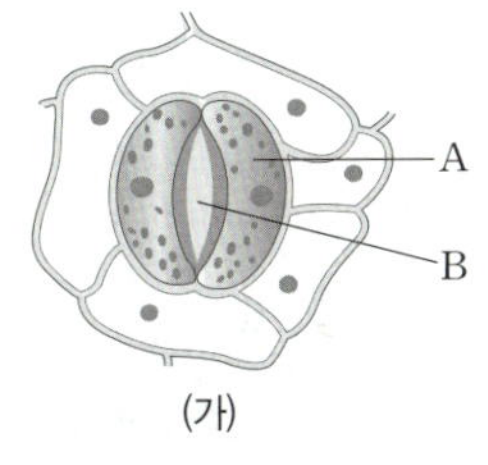
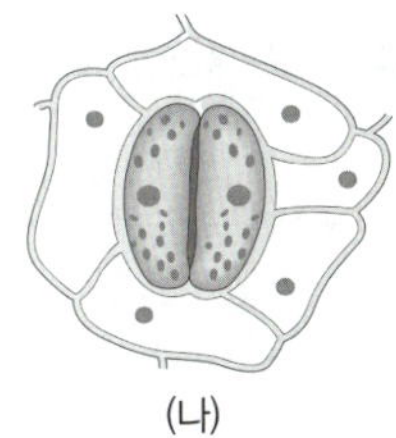

이에 대한 설명으로 옳지 <u>않은</u> 것은?

① A에서는 광합성이 일어난다.
② B를 통해 호흡에 필요한 물질이 모두 이동한다.
③ 증산 작용은 (가)일 때 더 활발하게 일어난다.
④ (가)는 주로 낮, (나)는 주로 밤에 관찰할 수 있다.
⑤ A 내부에 물이 들어오면 (나)에서 (가)로 바뀐다.

03 그림과 같이 (가)에는 촛불만, (나)에는 촛불과 식물을 함께 유리종 안에 넣은 뒤 햇빛을 비추었다.

이에 대한 설명으로 옳은 것을 |보기|에서 모두 고른 것은?

| 보기 |

ㄱ. (나)에서 식물은 산소를 방출한다.
ㄴ. 촛불이 꺼지는 시간은 (가)가 (나)보다 빠르다.
ㄷ. (나)에만 햇빛을 차단한다면 촛불이 꺼지는 시간은 (가)가 (나)보다 느릴 것이다.

① ㄱ ② ㄷ ③ ㄱ, ㄴ
④ ㄴ, ㄷ ⑤ ㄱ, ㄴ, ㄷ

04 그림과 같이 사과나무 줄기의 바깥쪽 껍질을 동그랗게 벗겨 냈더니 A의 위쪽이 부풀어 올랐다. 이에 대한 설명으로 옳은 것을 |보기에서 모두 고른 것은?

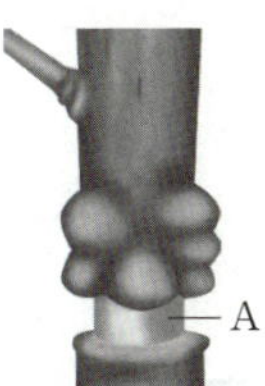

| 보기 |

ㄱ. A 부분의 체관과 물관이 모두 제거되었다.
ㄴ. A의 위쪽에서는 광합성이 일어나지 않는다.
ㄷ. A의 아래쪽보다 위쪽에 열리는 사과가 더 잘 자란다.

① ㄱ ② ㄷ ③ ㄱ, ㄴ
④ ㄴ, ㄷ ⑤ ㄱ, ㄴ, ㄷ

05 표는 하루 동안 고구마의 잎과 뿌리에 저장되어 있는 녹말의 양을 나타낸 것이다. +가 많을수록 녹말의 양이 많고, −는 녹말이 없음을 의미한다.

시간	잎	뿌리	시간	잎	뿌리
4시	−	+	16시	++	++
8시	+	+	20시	+	+++
12시	+++	+	24시	−	+++

이에 대한 설명으로 옳은 것을 |보기|에서 모두 고른 것은?

| 보기 |

ㄱ. 12시에는 광합성이 활발하게 일어난다.
ㄴ. 잎의 녹말은 형태가 변하지 않고 뿌리로 이동한다.
ㄷ. 양분은 주로 밤에 이동한다.

① ㄱ ② ㄴ ③ ㄱ, ㄷ
④ ㄴ, ㄷ ⑤ ㄱ, ㄴ, ㄷ

단답형으로 쓰기

개념

01 다음은 광합성과 호흡의 과정을 식으로 나타낸 것이다.

$$\text{물} + (\text{A}) \xrightleftharpoons[\text{D(에너지 발생)}]{\text{C(빛에너지 흡수)}} \text{포도당} + (\text{B})$$

A~D에 해당하는 물질과 과정을 쓰시오. (단, A와 B는 물질이고, C와 D는 과정이다.)

(1) A : ________ (2) B : ________
(3) C : ________ (4) D : ________

탐구력

02 그림은 하루 동안 광합성량과 호흡량의 변화를 순서 없이 나타낸 것이다.

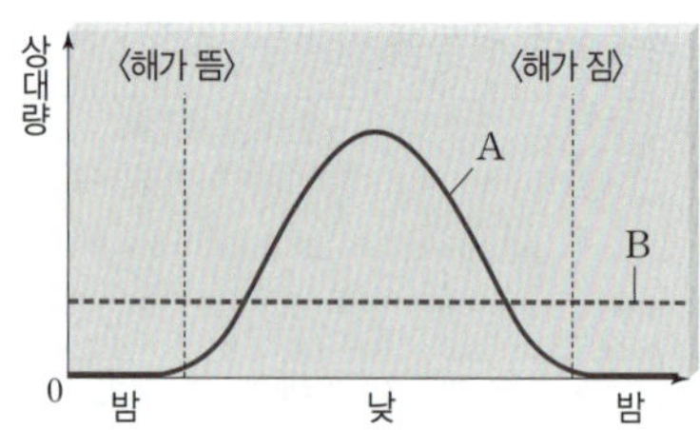

(1) A와 B가 광합성량과 호흡량 중 무엇을 나타내는지와 (2) 밤 동안 식물의 잎에서 흡수되는 기체를 쓰시오.

(1) A : __________, B : __________
(2) 밤 동안 식물의 잎에서 흡수되는 기체 : __________

키워드를 모두 이용하여 서술하기

실생활

03 비닐하우스 안에서 식물을 키울 때 식물이 잘 자라도록 연탄을 피우는 까닭을 서술하시오.

키워드 이산화 탄소의 농도, 광합성량

____
____

실생활

04 햇빛이 내리쬐는 날에는 흙바닥보다 잔디 위에 앉는 것이 더 시원하다.

흙바닥보다 잔디 위가 더 시원한 까닭을 서술하시오.

키워드 증산 작용

____
____

실생활

05 그림과 같이 겨울철 잎이 다 떨어진 나무에서는 낮과 밤에 기체 교환이 어떻게 일어나는지 서술하시오.

키워드 잎, 광합성, 호흡

____
____

실생활

06 그림은 열매가 많이 열려 있는 나무에서 어린 열매의 일부를 솎아 내는 모습을 나타낸 것이다.

어린 열매 일부를 솎아 내는 까닭을 양분의 사용과 관련지어 서술하시오.

키워드 양분의 이동, 양분의 저장

____
____

 개념 완성 문제

01 그림은 동물의 구성 단계를 순서 없이 나타낸 것이다.

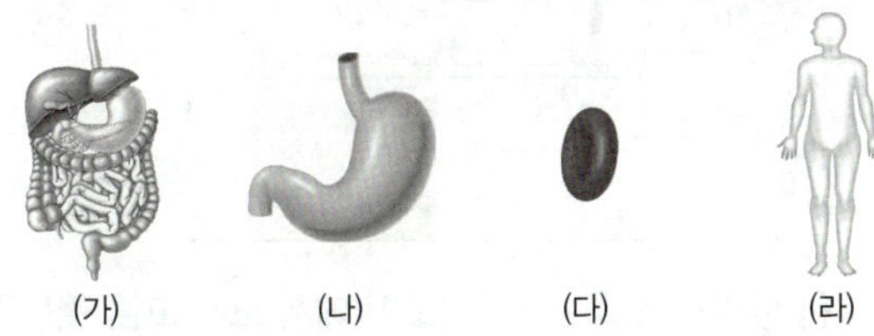

(가)   (나)   (다)   (라)

각 단계의 이름을 옳게 짝지은 것은?

	(가)	(나)	(다)	(라)
①	기관계	기관	세포	조직
②	기관계	기관	세포	개체
③	기관계	세포	조직	기관
④	기관	세포	조직	기관
⑤	기관	세포	개체	기관계

02 다음은 동물의 구성 단계를 나타낸 것이다.

세포 → 조직 → A → B → 개체

이에 대한 설명으로 옳은 것을 |보기에서 모두 고른 것은?

| 보기 |
ㄱ. 위, 폐, 심장은 A 단계이다.
ㄴ. 소화계, 호흡계, 순환계는 B 단계이다.
ㄷ. 연관된 기능을 하는 A가 모여 B를 구성한다.

① ㄱ   ② ㄴ   ③ ㄱ, ㄷ
④ ㄴ, ㄷ   ⑤ ㄱ, ㄴ, ㄷ

03 기관계에 대한 설명으로 옳지 <u>않은</u> 것은?

① 식물의 구성 단계에는 속하지 않는다.
② 콩팥과 방광은 배설계를 구성하는 기관이다.
③ 기관계들은 서로 밀접한 연관성을 갖고 상호 작용한다.
④ 소화계에서는 산소와 이산화 탄소의 교환이 이루어진다.
⑤ 영양소와 산소를 우리 몸의 적절한 곳으로 운반하는 것은 순환계이다.

04 영양소에 대한 설명으로 옳은 것을 <u>모두</u> 고르면?

① 지방은 주영양소에 포함되지 않는다.
② 무기염류는 우리 몸의 구성 성분은 아니지만 몸의 기능을 조절한다.
③ 뷰렛 용액으로 검출할 수 있는 영양소는 벼, 보리, 밀 등에 많이 함유되어 있다.
④ 무기염류와 바이타민은 체내에서 합성되지 않기 때문에 반드시 식품으로 섭취해야 한다.
⑤ 탄수화물은 대부분 에너지원으로 사용되기 때문에 섭취량에 비해 몸의 구성 비율이 낮다.

05 다음의 영양소를 검출하는 방법으로 옳은 것은?

- 1 g당 9 kcal의 에너지를 낸다.
- 사용하고 남은 것은 피부 아래나 내장에 저장된다.
- 깨, 땅콩, 버터에 많이 포함되어 있다.

① 수단 Ⅲ 용액을 떨어뜨린다.
② 페놀프탈레인 용액을 떨어뜨린다.
③ 베네딕트 용액을 떨어뜨린 뒤 가열한다.
④ 아이오딘－아이오딘화 칼륨 용액을 떨어뜨린다.
⑤ 수산화 나트륨 용액과 황산 구리 용액을 떨어뜨린다.

06 바이타민에 대한 설명으로 옳은 것은?

① 뼈, 이, 혈액 등을 구성한다.
② 결핍증과 과다증이 나타난다.
③ 나트륨, 칼륨, 철이 포함된다.
④ 영양소와 노폐물을 운반한다.
⑤ 체온을 일정하게 유지하는 데 도움을 준다.

[07~08] 그림은 사람의 소화 기관을 나타낸 것이다.

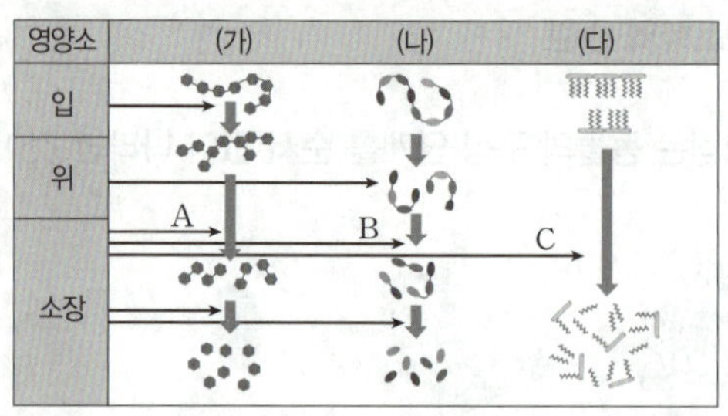

07 그림에 대한 설명으로 옳지 않은 것은?

① A에서는 기계적 소화만 일어난다.
② B에서 생성된 쓸개즙은 G에 저장된다.
③ D에는 주영양소의 소화 효소를 모두 생성한다.
④ E에서는 소화가 일어나지 않고 수분이 흡수된다.
⑤ F에서는 영양소의 최종 분해 산물이 흡수된다.

08 소화 기관 C에서 일어나는 소화 작용에 대한 설명으로 옳은 것을 |보기|에서 모두 고른 것은?

보기

ㄱ. 기계적 소화로 분절 운동과 저작 운동이 일어난다.
ㄴ. C에서 분비되는 소화 효소는 염산의 도움을 받아야 소화 작용을 일으킬 수 있다.
ㄷ. A에서 분비된 소화 효소는 C에서도 활발하게 작용하여 음식물의 소화 작용이 계속 일어난다.

---

① ㄱ　　　　② ㄴ　　　　③ ㄱ, ㄷ
④ ㄴ, ㄷ　　　⑤ ㄱ, ㄴ, ㄷ

09 그림은 소장의 융털을 나타낸 것이다. 이에 대한 설명으로 옳지 않은 것은?

① A는 모세 혈관이다.
② A에서는 포도당과 아미노산이 흡수된다.
③ B에서는 지용성 바이타민이 흡수된다.
④ A와 B에서 흡수된 영양소는 간을 거치지 않고 바로 심장으로 이동한다.
⑤ 영양소는 소장의 융털에 있는 A와 B를 통해 흡수되어 온몸으로 운반된다.

10 그림은 사람의 소화 과정을 나타낸 것이다.

영양소	(가)	(나)	(다)
입			
위	A	B	C
소장			

이에 대한 설명으로 옳은 것을 |보기|에서 모두 고른 것은?

보기

ㄱ. A는 아밀레이스, B는 펩신, C는 라이페이스이다.
ㄴ. (가)는 입에서, (나)는 위에서, (다)는 소장에서 최초로 소화가 일어난다.
ㄷ. 각 영양소의 최종 소화 산물은 (가)는 포도당, (나)는 아미노산, (다)는 지방산과 모노글리세리드이다.

---

① ㄱ　　　　② ㄴ　　　　③ ㄱ, ㄷ
④ ㄴ, ㄷ　　　⑤ ㄱ, ㄴ, ㄷ

[11~12] 그림은 사람의 심장을 나타낸 것이다.

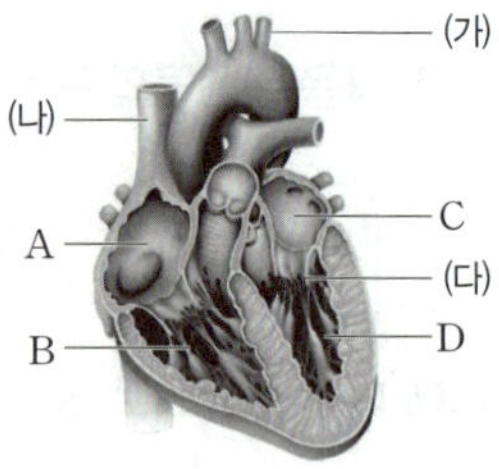

11 각 부분에 대한 설명으로 옳은 것을 |보기|에서 모두 고른 것은?

보기

ㄱ. (가)는 동맥이고, (나)는 정맥이다.
ㄴ. A는 좌심방, B는 좌심실이며, 산소가 많은 혈액이 있다.
ㄷ. C는 우심방, D는 우심실이며, 폐에서 돌아와 이산화 탄소가 많은 혈액이 있다.

---

① ㄱ　　　　② ㄴ　　　　③ ㄱ, ㄷ
④ ㄴ, ㄷ　　　⑤ ㄱ, ㄴ, ㄷ

12 (다)에 대한 설명으로 옳지 않은 것은?

① (다)는 판막이다.
② 혈액의 역류를 방지한다.
③ 혈액 속의 노폐물을 걸러낸다.
④ 혈액을 심방에서 심실 방향으로 흐르게 한다.
⑤ 혈액이 한 방향으로 흐를 수 있게 열리고 닫힌다.

13 그림은 혈관의 구조를 나타낸 것이다.

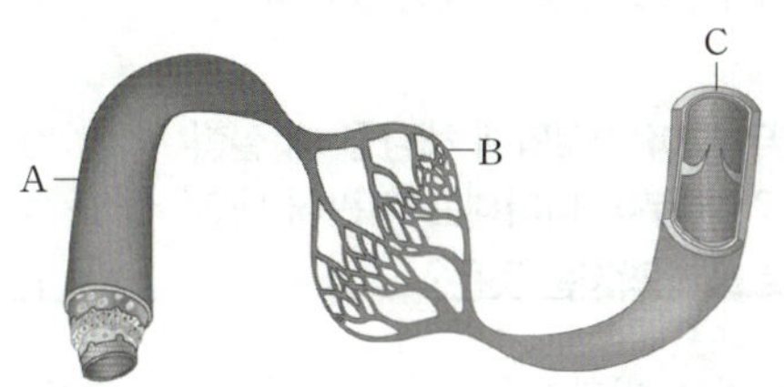

이에 대한 설명으로 옳은 것을 |보기|에서 모두 고른 것은?

┤ 보기 ├

ㄱ. A는 심실의 수축에 의한 압력을 가장 많이 받는 곳이다.
ㄴ. B는 혈관 중 총 단면적이 가장 넓다.
ㄷ. C에는 판막이 존재하여 혈액이 거꾸로 흐르는 것을 방지한다.

① ㄱ　　　　　② ㄴ　　　　　③ ㄱ, ㄷ
④ ㄴ, ㄷ　　　　⑤ ㄱ, ㄴ, ㄷ

16 그림은 우리 몸에서 혈액 순환의 경로를 나타낸 것이다. 이에 대한 설명으로 옳은 것을 <u>모두</u> 고르면?

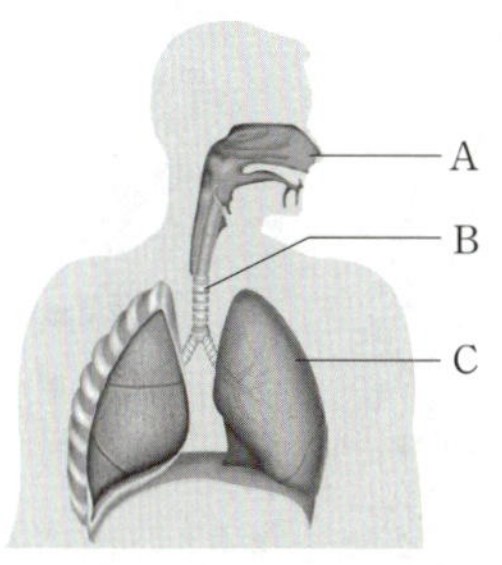

① 혈액 순환 중 온몸 순환만을 나타낸 것이다.
② 좌심실 수축 시의 압력이 우심실 수축 시의 압력보다 크다.
③ 소장에서 흡수된 모든 영양소는 A를 통해 심장으로 이동한다.
④ 폐를 제외한 몸의 다른 부분을 흐르는 순환은 온몸 순환에 속한다.
⑤ 정맥은 심실의 수축으로부터 가장 멀기 때문에 혈류의 속도가 가장 느리다.

[14~15] 그림은 혈액의 구성 성분을 나타낸 것이다.

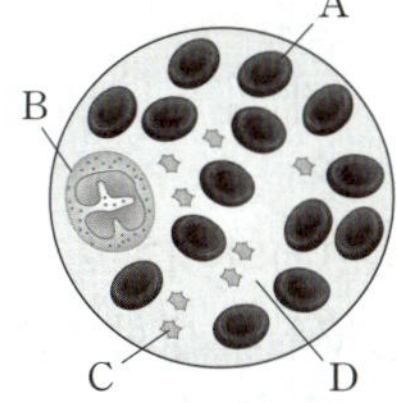

14 A~D에 대한 설명으로 옳은 것은?

① A는 영양소를 운반한다.
② B는 모양이 일정하며 핵이 있다.
③ C는 세균에 감염되면 그 수가 증가한다.
④ D는 영양소, 이산화 탄소, 노폐물을 운반한다.
⑤ A~D가 김사액에 염색되면 모두 보라색을 띠게 된다.

15 다음은 A~D 중 한 성분에 대한 설명이다.

• 혈구 중 크기가 가장 작다.
• 상처 부위의 혈액을 응고시킨다.

이에 해당하는 성분의 기호와 이름을 옳게 짝지은 것은?

① A － 적혈구　　　② B － 백혈구
③ C － 혈소판　　　④ C － 백혈구
⑤ D － 혈소판

04 호흡과 배설

17 그림은 사람의 호흡 기관을 나타낸 것이다.

이에 대한 설명으로 옳은 것을 |보기|에서 모두 고른 것은?

┤ 보기 ├

ㄱ. A에 있는 점액과 털이 공기의 먼지와 세균을 거른다.
ㄴ. B는 A에서 걸러지지 않은 세균 등의 이물질을 거른다.
ㄷ. C는 근육으로 구성되어 있으며, 스스로 운동하는 기관이다.

① ㄱ　　　　　② ㄴ　　　　　③ ㄷ
④ ㄱ, ㄴ　　　　⑤ ㄴ, ㄷ

18 그림과 같이 2개의 비커에 푸른색의 BTB 용액을 넣은 후 A에는 공기 펌프로 공기를 불어 넣고, B에는 빨대를 이용하여 입김을 불어 넣었다.

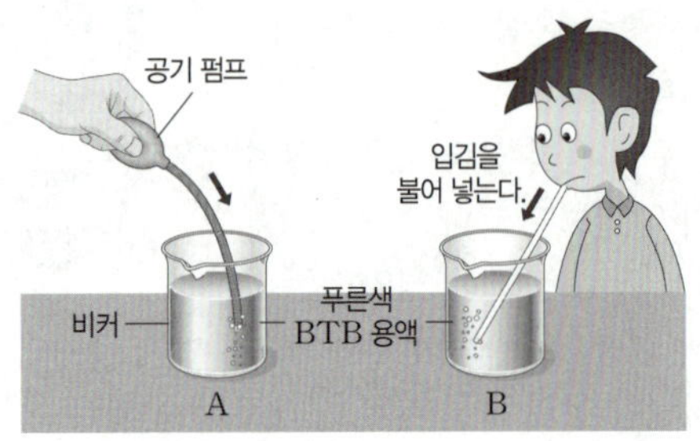

이에 대한 설명으로 옳지 <u>않은</u> 것은?

① A에는 들숨을 넣은 것이다.
② B의 BTB 용액은 더욱 파랗게 변한다.
③ A보다 B에서 용액의 색이 빠르게 변한다.
④ 이산화 탄소가 BTB 용액의 색을 변하게 한다.
⑤ 들숨보다 날숨에 이산화 탄소가 더 많이 포함되어 있다.

19 그림 (가)와 (나)는 사람의 호흡 운동을 나타낸 것이다.

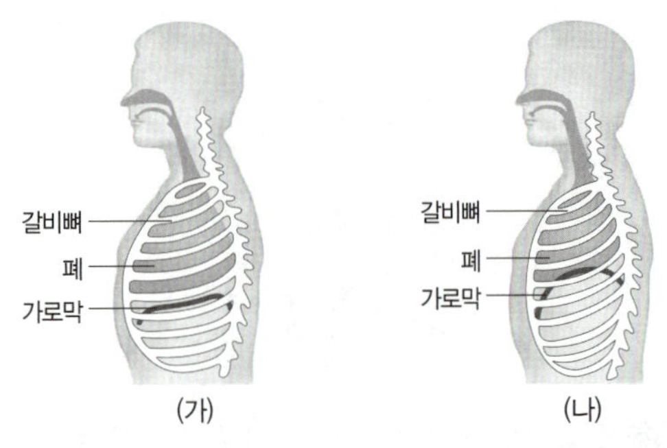

이에 대한 설명으로 옳은 것을 |보기|에서 모두 고른 것은?

| 보기 |
ㄱ. (가)는 날숨, (나)는 들숨일 때이다.
ㄴ. 폐 내부의 압력은 (가)보다 (나)에서 높다.
ㄷ. 이산화 탄소의 양은 (가)보다 (나)의 숨에서 더 적다.

① ㄱ 　② ㄴ 　③ ㄱ, ㄷ
④ ㄴ, ㄷ 　⑤ ㄱ, ㄴ, ㄷ

[20~21] 그림은 호흡 운동의 원리를 알아보기 위한 실험을 나타낸 것이다.

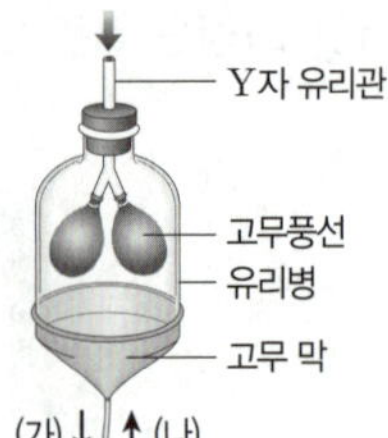

20 고무 막이 가로막에 해당될 때 실험 장치의 각 부분이 나타내는 기관에 대한 설명으로 옳게 짝지은 것은?

	Y자 유리관	고무풍선	유리병
①	폐	기관(기관지)	흉강
②	폐	흉강	기관(기관지)
③	기관(기관지)	폐	흉강
④	기관(기관지)	흉강	갈비뼈
⑤	흉강	폐	갈비뼈

21 (가)와 (나) 방향으로 고무 막을 잡아당기거나 밀어 올렸을 때에 대한 설명으로 옳지 <u>않은</u> 것은?

① (가) 방향은 날숨, (나) 방향은 들숨에 해당한다.
② (가)의 방향으로 잡아당기면 유리병 내부의 기압이 낮아진다.
③ (가)의 방향으로 잡아당기면 공기가 고무풍선으로 들어온다.
④ (나)의 방향으로 밀어 올리면 고무풍선이 수축한다.
⑤ (나)의 방향으로 밀어 올리면 유리병 내부의 부피가 작아진다.

22 그림은 폐포에서 일어나는 기체 교환 과정을 나타낸 것이다. A와 B는 산소와 이산화 탄소 중 하나이다. 이에 대한 설명으로 옳은 것을 |보기|에서 모두 고른 것은?

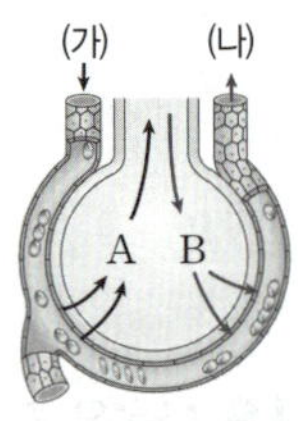

| 보기 |
ㄱ. (가)는 정맥혈, (나)는 동맥혈이 흐른다.
ㄴ. 산소의 농도는 (가)보다 (나)에서 높다.
ㄷ. 기체 A와 B는 모두 확산에 의해 이동한다.
ㄹ. A는 폐정맥을 통해 폐로 들어오고, B는 폐동맥을 통해 심장으로 이동한다.

① ㄱ, ㄷ 　② ㄴ, ㄹ 　③ ㄱ, ㄴ, ㄷ
④ ㄱ, ㄴ, ㄹ 　⑤ ㄱ, ㄴ, ㄷ, ㄹ

23 그림은 사람의 몸속에서 음식물 속의 영양소 A가 소화되어 에너지원으로 사용되고 난 후, 그 결과로 생성된 노폐물이 배설되는 과정을 나타낸 것이다.

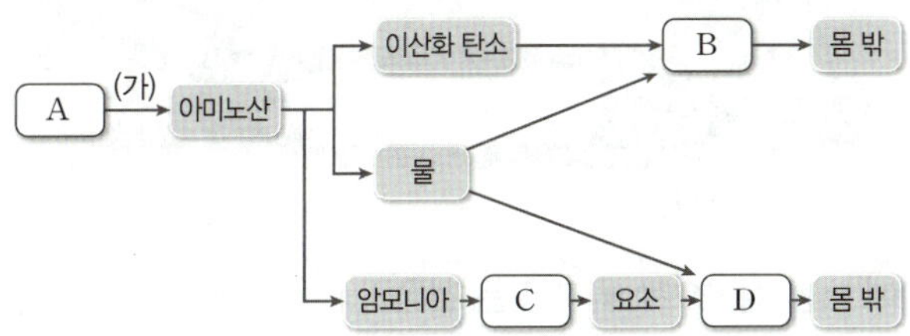

이에 대한 설명으로 옳은 것을 <u>모두</u> 고르면? (단, B~D는 기관이다.)

① (가) 과정은 입과 소장에서 일어난다.
② A는 뷰렛 반응을 통해 검출되는 영양소이다.
③ B는 물과 이산화 탄소를 몸 밖으로 배출하는 배설계의 기관이다.
④ C는 독성이 있거나 해로운 물질을 해독해 주는 기관이다.
⑤ D는 순환계의 기관이며, 오줌을 생성하여 몸 밖으로 내보낸다.

24 그림은 콩팥의 단면을 나타낸 것이다.

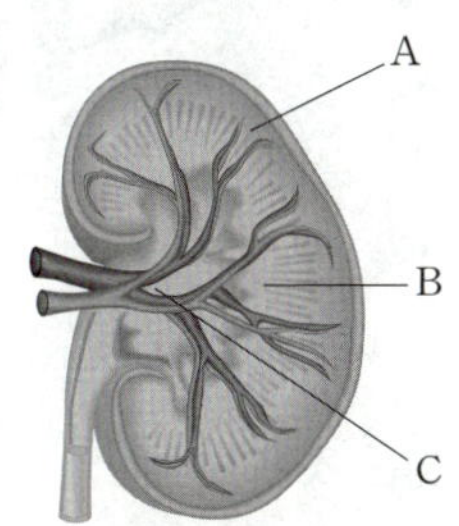

이에 대한 설명으로 옳지 <u>않은</u> 것은?

① A는 콩팥의 겉질, B는 속질이다.
② 네프론은 A에만 분포한다.
③ B에는 주로 세뇨관이 분포한다.
④ B에서 만들어진 오줌은 C에 모여 오줌관으로 이동한다.
⑤ 콩팥에서는 혈액 속의 노폐물을 걸러 오줌을 만든다.

25 그림은 콩팥에서 오줌이 생성되는 과정을 나타낸 것이다.

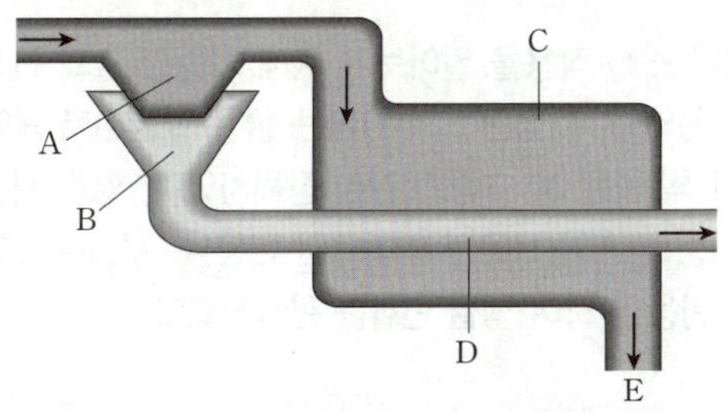

이에 대한 설명으로 옳은 것을 |보기|에서 모두 고른 것은?

| 보기 |

ㄱ. A에서 B로 단백질은 이동하지 못한다.
ㄴ. C에서 D로 미처 여과되지 못한 노폐물의 일부가 분비된다.
ㄷ. 포도당과 아미노산은 D에서 C로 100 % 재흡수된다.

① ㄱ   ② ㄴ   ③ ㄱ, ㄷ
④ ㄴ, ㄷ   ⑤ ㄱ, ㄴ, ㄷ

26 그림은 우리 몸의 각 기관계의 관계를 나타낸 것이다.

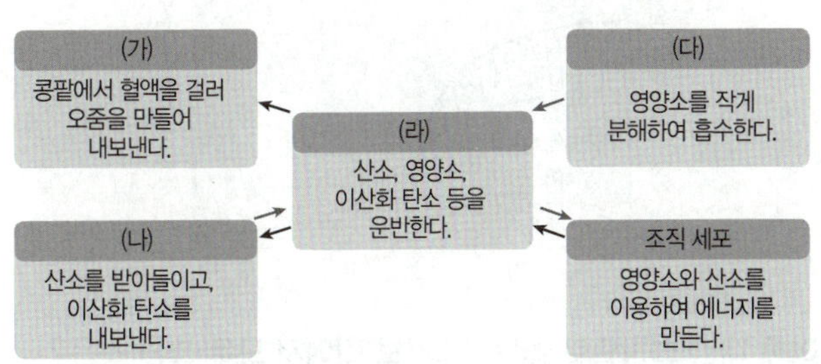

(가)~(라)를 옳게 짝지은 것은?

	(가)	(나)	(다)	(라)
①	순환계	배설계	소화계	호흡계
②	배설계	소화계	순환계	호흡계
③	배설계	호흡계	소화계	순환계
④	호흡계	소화계	순환계	배설계
⑤	소화계	순환계	호흡계	배설계

01 침의 소화 작용을 알아보기 위해 시험관 A와 B에는 묽은 녹말 용액을, 시험관 C와 D에는 묽은 달걀흰자 용액을 각각 5 mL씩 넣은 후 그림과 같이 장치하였다. 일정 시간이 지난 후 시험관 A와 B에는 아이오딘 반응을, 시험관 C와 D에는 뷰렛 반응을 하여 색깔 변화를 관찰하였다.

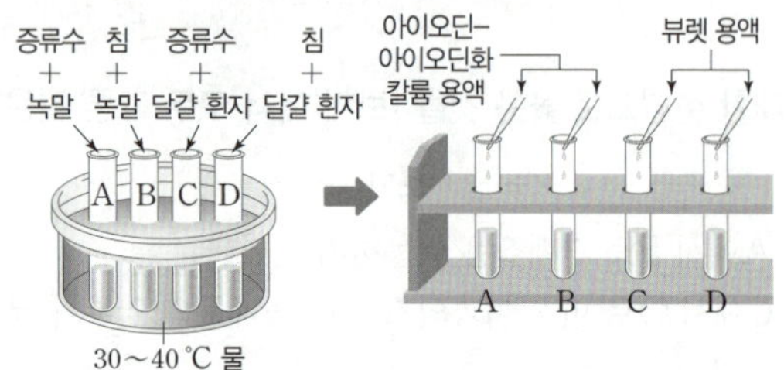

이에 대한 설명으로 옳은 것을 |보기|에서 모두 고른 것은?

| 보기 |

ㄱ. 아이오딘 반응 결과, 청람색으로 변하는 시험관은 A 이다.
ㄴ. 침에는 녹말을 분해하는 소화 효소가 들어 있다.
ㄷ. 시험관 C와 D는 뷰렛 반응 결과, 모두 보라색으로 변한다.

① ㄱ ② ㄴ ③ ㄱ, ㄷ
④ ㄴ, ㄷ ⑤ ㄱ, ㄴ, ㄷ

02 그림은 우리 몸에 분포하는 혈관 (가)~(다)의 특징을 나타낸 것이다. (가)~(다)는 각각 동맥, 모세 혈관, 정맥이다.

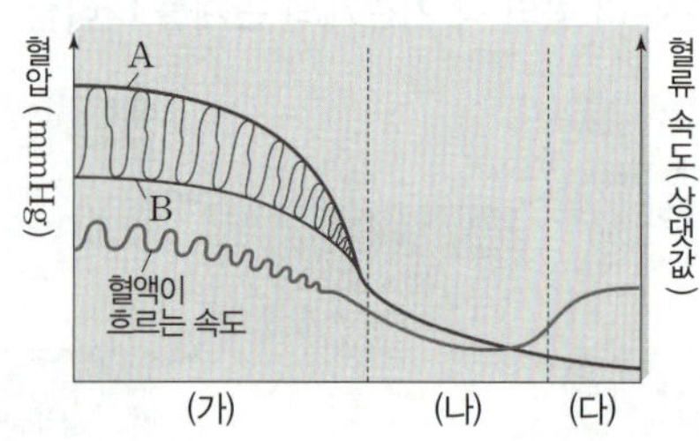

이에 대한 설명으로 옳은 것을 |보기|에서 모두 고른 것은?

| 보기 |

ㄱ. 혈관 벽의 두께는 (가) > (다) > (나) 순이다.
ㄴ. A는 심실이 수축할 때, B는 심방이 이완할 때의 혈압이다.
ㄷ. 혈관 벽의 두께가 얇을수록 혈액이 흐르는 속도가 느리다.

① ㄱ ② ㄴ ③ ㄷ
④ ㄴ, ㄷ ⑤ ㄱ, ㄴ, ㄷ

03 그림은 사람의 폐와 조직 세포에서 일어나는 기체 교환 과정을 나타낸 것이다. A와 B는 기체이다.

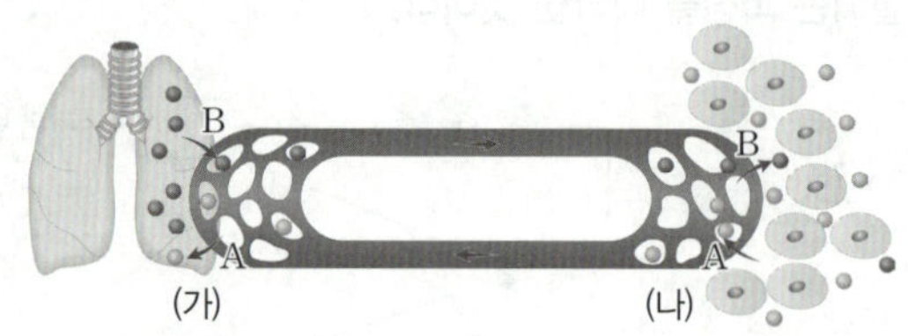

이에 대한 설명으로 옳지 <u>않은</u> 것은?

① A의 농도는 조직 세포 > 모세 혈관 > 폐포 순이다.
② B는 들숨에 비해 날숨에 들어 있는 양이 적다.
③ (가)는 폐순환, (나)는 온몸 순환이다.
④ (가) 과정은 폐포가 근육 운동을 하기 때문에 일어난다.
⑤ (나) 과정에서 B는 농도가 높은 쪽에서 낮은 쪽으로 이동한다.

04 그림은 콩팥의 일부분을 나타낸 것이다.

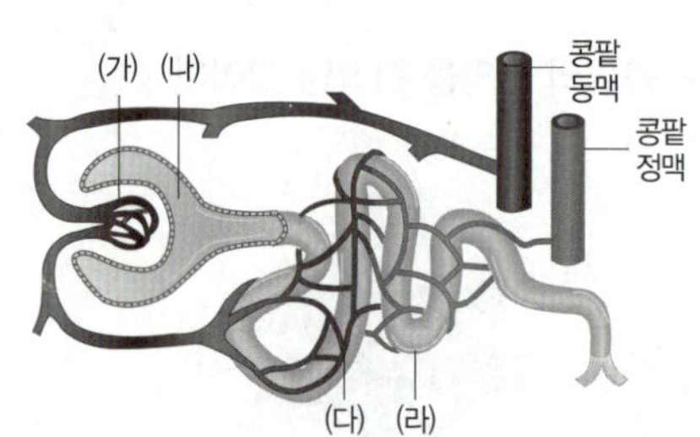

이에 대한 설명으로 옳은 것은?

① (가)에서 (나)로 물, 요소, 포도당과 같은 크기가 작은 물질이 이동한다.
② (나)를 통과한 여과액은 단백질을 포함하고 있다.
③ (나)와 (라)의 액체 성분은 동일하다.
④ (라)에서 (다)로 노폐물이 이동하면서 분비가 이루어진다.
⑤ (라)에 모인 오줌에는 포도당과 아미노산이 소량 포함되어 있다.

서술형 문제

단답형으로 쓰기

개념

01 그림은 혈액을 구성하고 있는 성분을 나타낸 것이다. 각 성분의 이름을 쓰시오.

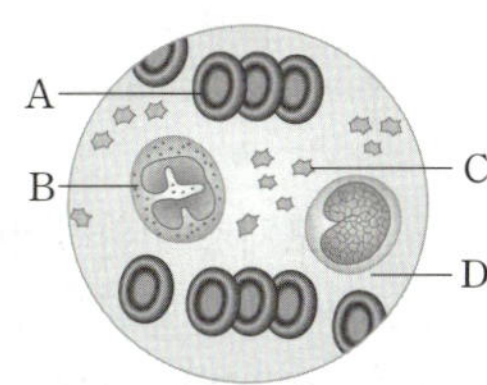

(1) A : ________
(2) B : ________
(3) C : ________
(4) D : ________

개념

02 그림은 콩팥 속에 있는 어떤 구조의 모식도이다. A, B의 이름을 쓰시오.

(1) A : ________
(2) B : ________

키워드를 모두 이용하여 서술하기

탐구력

06 그림과 같이 같은 양의 녹말이 들어 있는 시험관 A, B, C에 침, 끓인 침, 증류수를 넣어 장치하였다. 일정 시간 후 베네딕트 반응을 하였을 때 황적색으로 변하는 시험관을 쓰고, 그렇게 생각한 까닭을 서술하시오.

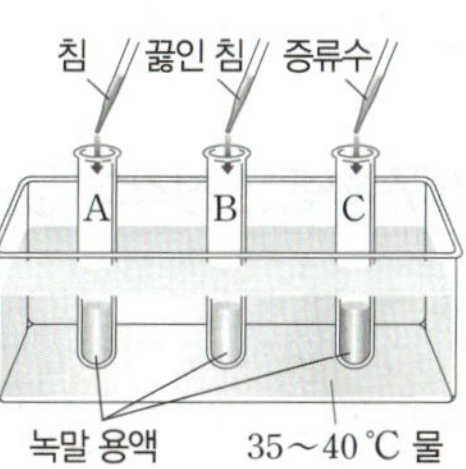

키워드 침, 아밀레이스, 엿당

____
____
____

탐구력

04 그림은 소장 안쪽 벽의 구조를 나타낸 것이다.

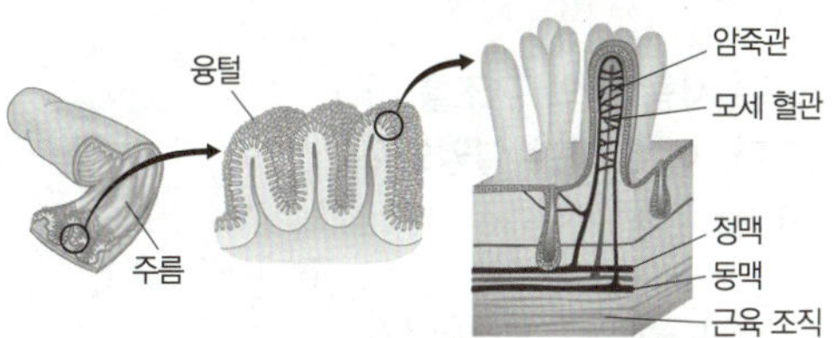

소장 안쪽 벽에 주름이 많고, 주름 표면에 융털이 많이 있는 까닭을 영양소의 흡수와 관련 지어 서술하시오.

키워드 주름, 융털, 표면적

____
____

실생활

05 고산 지대는 평지보다 산소의 양이 부족하다. 이러한 환경에 적응한 사람들은 평지에 사는 사람들과 혈액 구성 성분의 비율이 다르다.

고산 지대에 사는 사람들이 정상적으로 산소를 공급받을 수 있는 까닭을 혈액의 성분과 관련지어 서술하시오.

키워드 적혈구, 헤모글로빈, 산소 운반

____
____

실생활

06 오줌에 일정량 이상의 단백질이 있으면 오줌 검사 종이의 색깔이 초록색으로 변한다. 이처럼 오줌에서 단백질이 검출되는 것은 오줌의 생성 과정 중 어떤 과정에서 문제가 생긴 것인지 쓰고, 그렇게 생각한 까닭을 서술하시오.

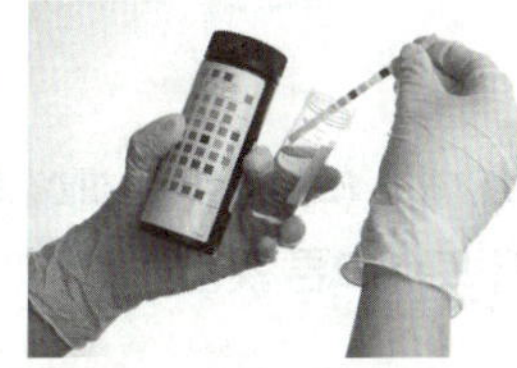

키워드 여과, 단백질, 물질의 크기

____
____

05 감각 기관

01 그림은 사람 눈의 구조를 나타낸 것이다. 이에 대한 설명으로 옳은 것은?

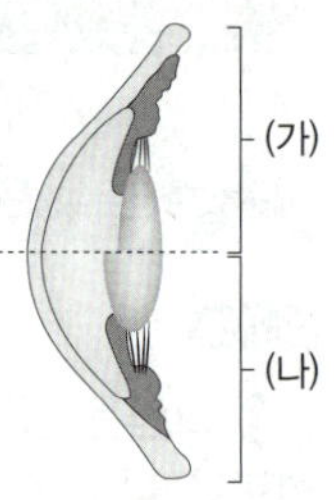

① A는 빛이 눈 안으로 들어가는 구멍이다.
② B는 눈의 형태를 유지한다.
③ C는 A의 두께를 조절한다.
④ D는 내부를 어둡게 만들어준다.
⑤ E에는 시각 세포가 분포한다.

02 시각의 성립 경로를 옳게 나열한 것은?

① 빛 → 각막 → 수정체 → 유리체 → 망막의 시각 세포 → 시각 신경 → 뇌
② 빛 → 각막 → 수정체 → 유리체 → 맥락막의 시각 세포 → 시각 신경 → 뇌
③ 빛 → 각막 → 수정체 → 시각 신경 → 유리체 → 망막의 시각 세포 → 뇌
④ 빛 → 망막 → 수정체 → 유리체 → 각막의 시각 세포 → 시각 신경 → 뇌
⑤ 빛 → 망막 → 유리체 → 수정체 → 각막의 시각 세포 → 시각 신경 → 뇌

03 그림은 주변의 밝기에 따라 눈에서 일어나는 변화를 나타낸 것이다.

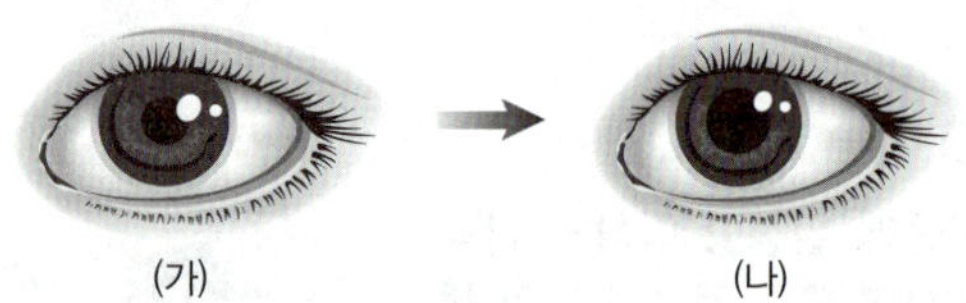

(가)에서 (나)로 변할 때에 대한 설명으로 옳은 것을 |보기에서 모두 고른 것은?

─ 보기 ─
ㄱ. 홍채가 확장되었다.
ㄴ. 눈으로 들어오는 빛의 양이 감소한다.
ㄷ. 불이 켜진 방안에서 어두운 바깥으로 나갔을 때 이러한 현상이 나타난다.

① ㄱ   ② ㄷ   ③ ㄱ, ㄴ
④ ㄴ, ㄷ   ⑤ ㄱ, ㄴ, ㄷ

04 그림은 눈과 물체 사이의 거리에 따라 눈에서 일어나는 변화를 나타낸 것이다. (나)에서 (가)로 변할 때에 대한 설명으로 옳은 것을 |보기에서 모두 고른 것은?

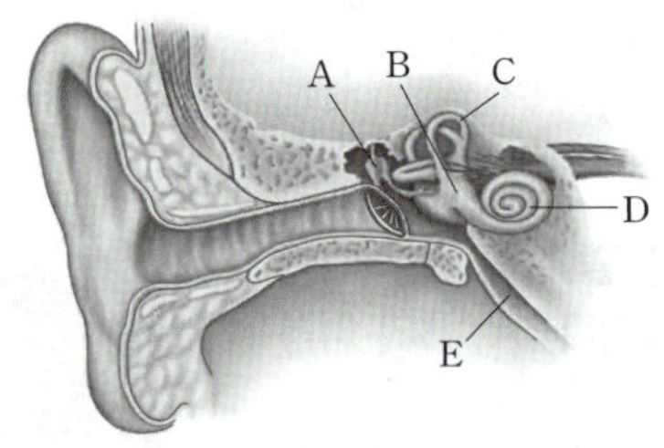

─ 보기 ─
ㄱ. 섬모체가 이완하였다.
ㄴ. 수정체가 얇아졌다.
ㄷ. 휴대 전화를 보다가 창밖의 먼 산을 바라볼 때 이러한 현상이 나타난다.

① ㄱ   ② ㄴ   ③ ㄱ, ㄷ
④ ㄴ, ㄷ   ⑤ ㄱ, ㄴ, ㄷ

[05~06] 그림은 사람 귀의 구조를 나타낸 것이다.

05 이에 대한 설명으로 옳은 것은?

① A는 고막의 진동을 증폭시킨다.
② B는 몸이 회전하는 자극을 받아들인다.
③ C는 소리 자극을 청각 신경으로 전달한다.
④ D는 청각과 직접적인 관계가 없다.
⑤ E에는 청각 세포가 분포한다.

06 높은 산에 올라가면 귀가 먹먹해지지만 하품을 하거나 침을 삼키면 먹먹한 것이 사라진다. 이러한 현상과 가장 관련이 깊은 귀의 구조는?

① A   ② B   ③ C   ④ D   ⑤ E

07 다음은 청각의 성립 경로를 나타낸 것이다.

소리 → 귓바퀴 → 외이도 → (㉠) → 귓속뼈
→ (㉡)의 청각 세포 → 청각 신경 → 뇌

빈칸에 들어갈 말을 옳게 짝지은 것은?

	㉠	㉡		㉠	㉡
①	고막	반고리관	②	고막	달팽이관
③	달팽이관	고막	④	달팽이관	반고리관
⑤	반고리관	달팽이관			

08 그림은 사람 귀의 구조 중 일부를 나타낸 것이다. (가)와 (나)의 현상과 가장 관련이 깊은 귀의 구조를 옳게 짝지은 것은?

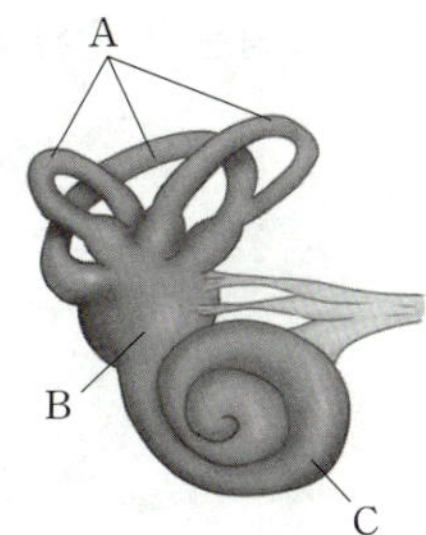

(가) 돌부리에 걸려 넘어질 때 몸이 기울어지는 것을 느낀다.
(나) 제자리에서 여러 바퀴를 돌고 멈추면 어지러움을 느낀다.

	(가)	(나)		(가)	(나)
①	A	B	②	A	C
③	B	A	④	B	C
⑤	C	B			

09 후각에 대한 설명으로 옳지 <u>않은</u> 것은?

① 사람의 감각 기관 중 가장 예민하다.
② 기체 상태의 화학 물질을 받아들인다.
③ 후각 상피에는 후각 세포가 분포한다.
④ 감각점에서 여러 가지 냄새 자극을 받아들인다.
⑤ 어떤 냄새에 피로해지더라도 냄새의 종류가 달라지면 달라진 냄새를 맡을 수 있다.

10 그림은 사람 코의 구조를 나타낸 것이다.

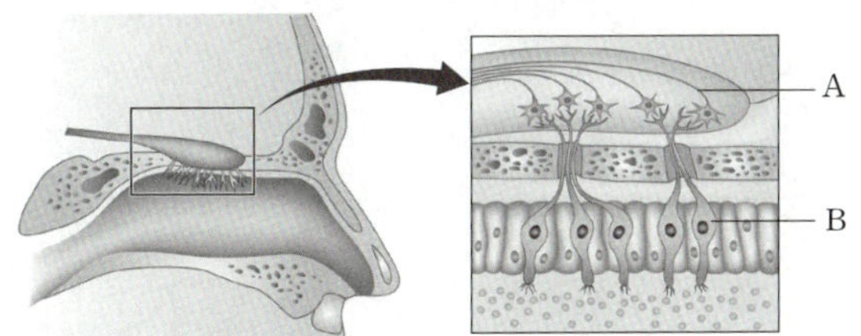

이에 대한 설명으로 옳은 것을 |보기|에서 모두 고른 것은?

| 보기 |

ㄱ. A는 점액으로 덮여 있다.
ㄴ. B는 후각 세포이다.
ㄷ. 후각의 전달 경로는 B → A → 뇌이다.

① ㄱ　　　　② ㄴ　　　　③ ㄷ
④ ㄱ, ㄷ　　　⑤ ㄴ, ㄷ

11 그림은 사람 혀의 구조 중 일부를 나타낸 것이다.

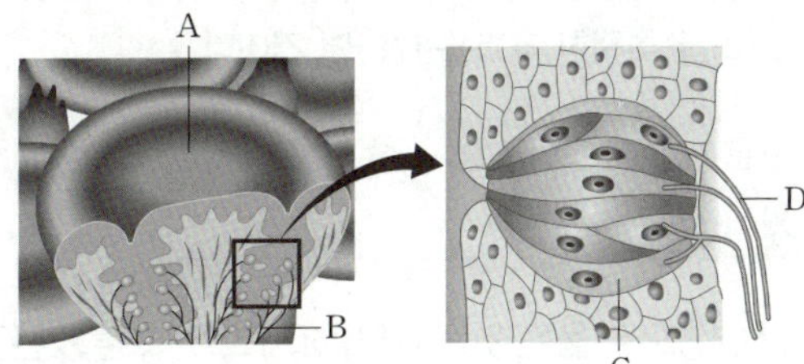

이에 대한 설명으로 옳지 <u>않은</u> 것은?

① A는 혀 표면에 있는 좁쌀 모양의 돌기이다.
② B는 맛봉오리이다.
③ C에서는 매운맛을 느낄 수 있다.
④ C는 액체 상태의 화학 물질을 자극으로 받아들인다.
⑤ D는 C에서 받아들인 자극을 뇌로 전달한다.

12 다음은 후각과 미각에 대해 알아보는 실험을 나타낸 것이다.

[실험 과정]
(가) 눈을 가린 상태에서 포도주스와 사과주스의 맛을 구분해 본다.
(나) 눈을 가린 상태에서 코를 막고 포도주스와 사과주스의 맛을 구분해 본다.

[실험 결과]
(가)에서는 맛을 구분할 수 있지만, (나)에서는 맛을 구분하기 어렵다.

이 실험을 통해 알 수 있는 사실로 옳은 것은?

① 맛은 후각을 통해서만 느낀다.
② 후각이 미각보다 훨씬 예민하다.
③ 미각에 이상이 생기면 후각도 느낄 수 없다.
④ 혀의 부위에 따라 강하게 느끼는 맛이 다르다.
⑤ 맛은 후각과 미각이 함께 상호 작용하여 느낀다.

13 피부 감각에 대한 설명으로 옳지 <u>않은</u> 것은?

① 내장 기관에도 감각점이 분포한다.
② 한 가지 감각점은 한 가지 감각만 느낀다.
③ 피부에 있는 감각점에서 자극을 받아들인다.
④ 감각점의 수는 일반적으로 온점이 가장 많다.
⑤ 냉점과 온점은 절대적인 온도가 아닌 상대적인 온도 변화를 감지한다.

14 표는 이쑤시개 두 개 사이의 거리를 점점 좁혀 가면서 몸의 여러 부위에 대었을 때, 이쑤시개가 두 개의 점으로 느껴지는 최소 거리를 측정한 결과를 나타낸 것이다.

구분	입술	손바닥	발바닥
최소 거리(mm)	6	10	24

이에 대한 설명으로 옳은 것을 |보기|에서 모두 고른 것은?

| 보기 |
ㄱ. 손바닥보다 발바닥이 예민하다.
ㄴ. 손바닥보다 입술에 감각점이 많이 분포한다.
ㄷ. 몸의 부위에 따라 분포하는 감각점의 개수가 다르다.

① ㄱ   ② ㄷ   ③ ㄱ, ㄴ
④ ㄴ, ㄷ   ⑤ ㄱ, ㄴ, ㄷ

---

06 신경계

15 그림은 뉴런의 구조를 나타낸 것이다.

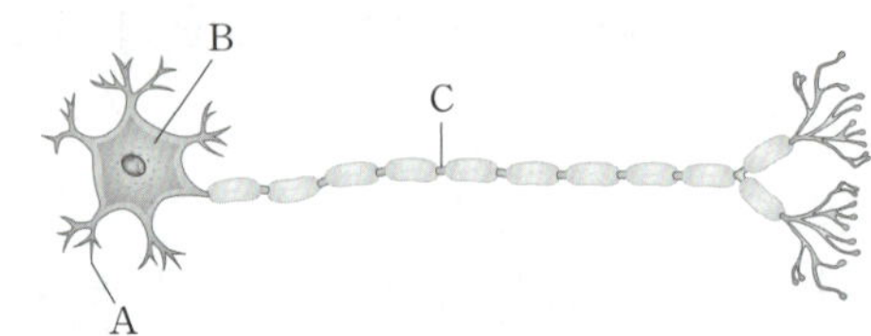

이에 대한 설명으로 옳은 것은?

① 신경계를 구성하는 신경 조직이다.
② A에는 핵과 세포질이 존재한다.
③ B에서는 다양한 생명 활동이 일어난다.
④ C는 다른 뉴런이나 감각 기관으로부터 자극을 받아들인다.
⑤ 자극은 C → B → A 방향으로 전달된다.

16 각 부분의 기호와 이름을 옳게 짝지은 것은?

① A − 가지 돌기   ② A − 신경 세포체
③ B − 축삭 돌기   ④ B − 가지 돌기
⑤ C − 신경 세포체

---

17 그림은 세 종류의 뉴런이 연결된 모습을 나타낸 것이다.

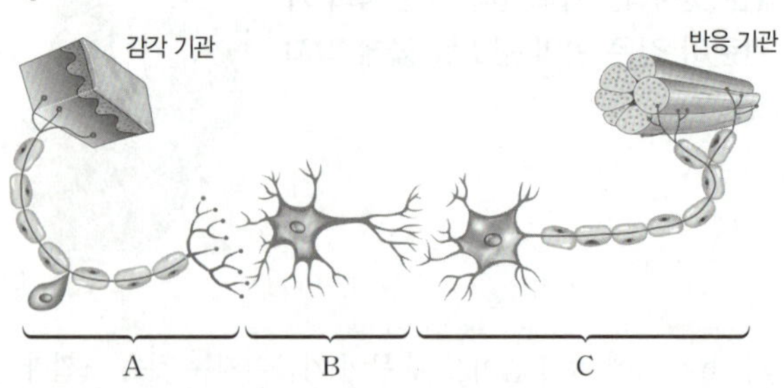

이에 대한 설명으로 옳지 <u>않은</u> 것은?

① A는 뇌와 척수를 구성한다.
② B는 연합 뉴런이다.
③ B는 자극을 판단하고 명령을 내린다.
④ C는 운동 신경을 구성하는 뉴런이다.
⑤ 자극은 A → B → C 방향으로 전달된다.

18 그림은 사람의 신경계를 나타낸 것이다. 이에 대한 설명으로 옳은 것을 <u>모두</u> 고르면?

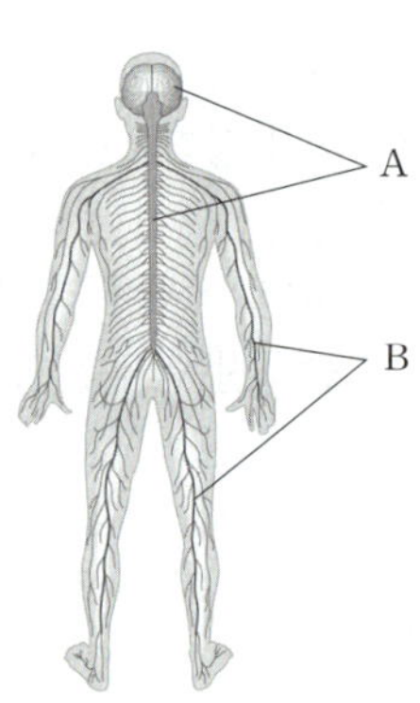

① A는 자극에 대해 판단한다.
② 시각 신경은 A에 포함된다.
③ B는 A와 온몸을 연결한다.
④ B는 모두 대뇌의 의지대로 조절되는 신경이다.
⑤ B는 연합 뉴런으로 구성된다.

19 그림은 사람 뇌의 구조를 나타낸 것이다. 이에 대한 설명으로 옳은 것은?

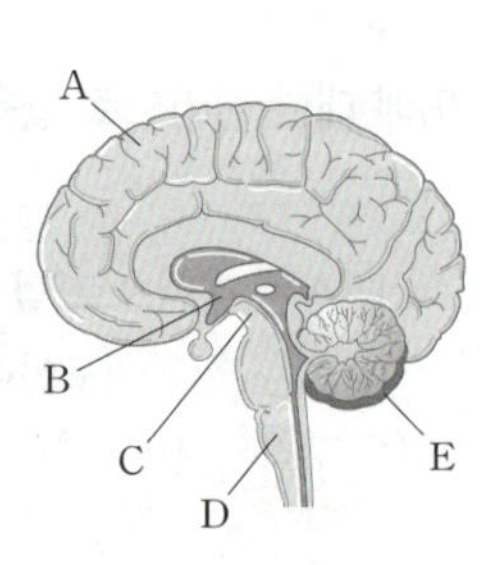

① A는 동공의 크기를 조절한다.
② B는 체온을 조절하는 중추이다.
③ C는 몸의 자세와 균형을 유지한다.
④ D는 조건 반사의 중추이다.
⑤ E는 기억, 판단 등 복잡한 정신 활동의 중추이다.

20 그림은 식물인간 상태인 사람의 뇌에서 기능이 손상된 부위를 나타낸 것이다. 이에 대한 설명으로 옳은 것을 |보기|에서 모두 고른 것은?

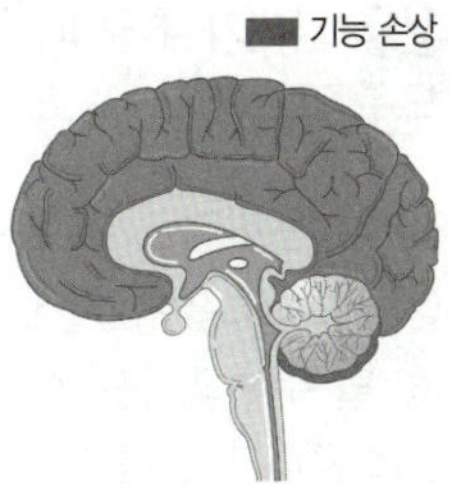

| 보기 |

ㄱ. 스스로 호흡이 불가능하다.
ㄴ. 듣거나 냄새를 맡을 수 없다.
ㄷ. 무릎 반사가 일어나지 않는다.

① ㄱ   ② ㄴ   ③ ㄱ, ㄷ
④ ㄴ, ㄷ   ⑤ ㄱ, ㄴ, ㄷ

21 교감 신경과 부교감 신경의 작용을 비교하여 옳게 짝지은 것은?

	구분	교감 신경	부교감 신경
①	심장 박동	억제	촉진
②	호흡 운동	억제	촉진
③	소화 운동	촉진	억제
④	동공	축소	확대
⑤	방광	확장	수축

22 다음은 우리 몸에서 일어나는 서로 다른 종류의 반응을 나타낸 것이다.

(가) 발로 압정을 밟았을 때 나도 모르게 발을 움츠렸다.
(나) 주머니에서 손으로 더듬어 500원짜리 동전을 꺼낸다.

이에 대한 설명으로 옳지 <u>않은</u> 것은?

① (가)는 무조건 반사이다.
② (가) 반응의 중추는 척수이다.
③ (나)는 의식적 반응이다.
④ (나) 반응의 중추는 연수이다.
⑤ (가)는 (나)보다 반응이 빠르게 일어난다.

23 그림은 자극의 전달 경로를 나타낸 것이다.

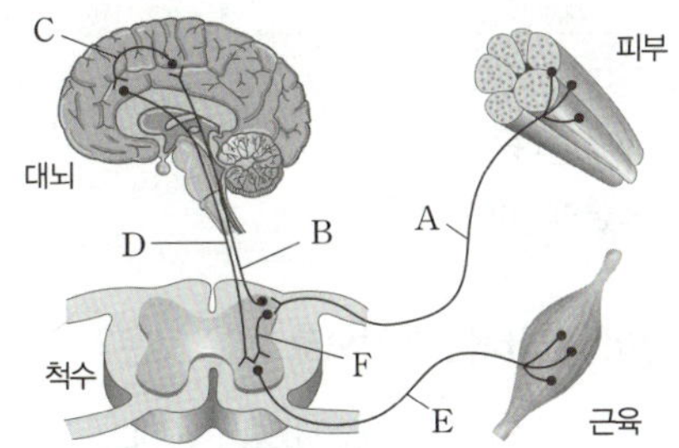

이에 대한 설명으로 옳은 것을 |보기|에서 모두 고른 것은?

| 보기 |

ㄱ. A와 E는 말초 신경계를 구성한다.
ㄴ. C와 F는 연합 뉴런이다.
ㄷ. 무릎 반사의 전달 경로는 A → B → C → D → E이다.

① ㄱ   ② ㄷ   ③ ㄱ, ㄴ
④ ㄴ, ㄷ   ⑤ ㄱ, ㄴ, ㄷ

24 호르몬과 신경에 대한 설명으로 옳지 <u>않은</u> 것은?

① 호르몬은 특정 세포에만 작용한다.
② 호르몬은 내분비샘에서 만들어져 분비된다.
③ 호르몬은 아주 적은 양으로 생리 작용을 조절한다.
④ 호르몬은 신경에 비해 전달 속도가 빠르다.
⑤ 호르몬은 신경에 비해 효과가 오래 지속된다.

25 그림은 사람의 내분비샘을 나타낸 것이다. 이에 대한 설명으로 옳지 <u>않은</u> 것은?

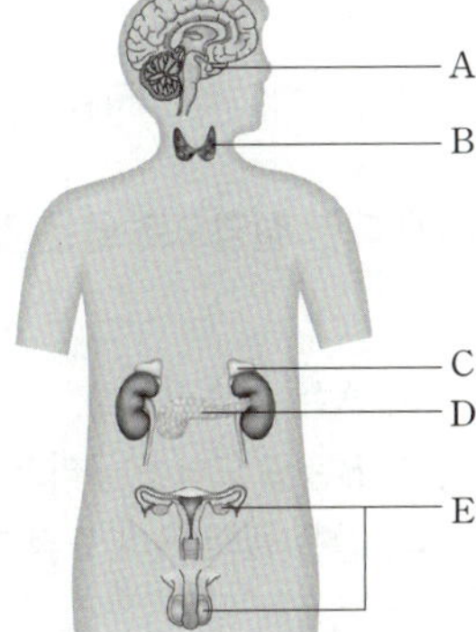

① A에서는 생장 호르몬이 분비된다.
② B에서는 티록신이 분비된다.
③ C에서 분비되는 호르몬은 콩팥에서 물의 재흡수를 촉진한다.
④ D에서 분비되는 호르몬에 의해 혈당량이 조절된다.
⑤ E에서 분비되는 호르몬은 2차 성징 발현에 관여한다.

26 다음은 어떤 호르몬의 분비 이상에 의한 질병의 증상을 나타낸 것이다.

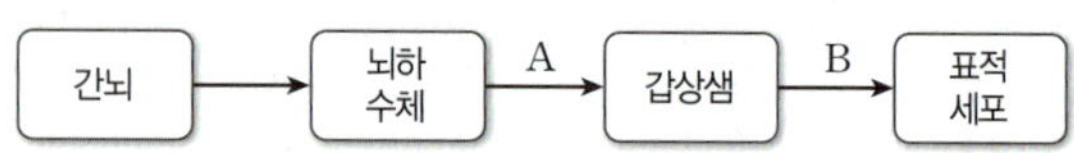

- 갈증을 느낀다.
- 오줌량이 증가한다.
- 포도당이 오줌에 섞여 나온다.

이와 같은 증상이 나타나는 까닭으로 옳은 것은?

① 인슐린 결핍 　　② 인슐린 과다
③ 티록신 결핍 　　④ 티록신 과다
⑤ 생장 호르몬 과다

27 그림은 뇌하수체와 갑상샘 호르몬의 분비 조절 과정을 나타낸 것이다.

간뇌 → 뇌하수체 ─A→ 갑상샘 ─B→ 표적 세포

이에 대한 설명으로 옳은 것을 |보기|에서 모두 고른 것은?

| 보기 |
ㄱ. A의 표적 기관은 뇌하수체이다.
ㄴ. A의 분비가 증가하면 B의 분비도 증가한다.
ㄷ. 혈중 B의 농도가 높으면 세포 호흡이 활발해진다.

① ㄱ　　　　② ㄴ　　　　③ ㄱ, ㄷ
④ ㄴ, ㄷ　　　⑤ ㄱ, ㄴ, ㄷ

28 그림은 사람의 몸에서 혈당량이 조절되는 과정을 나타낸 것이다.

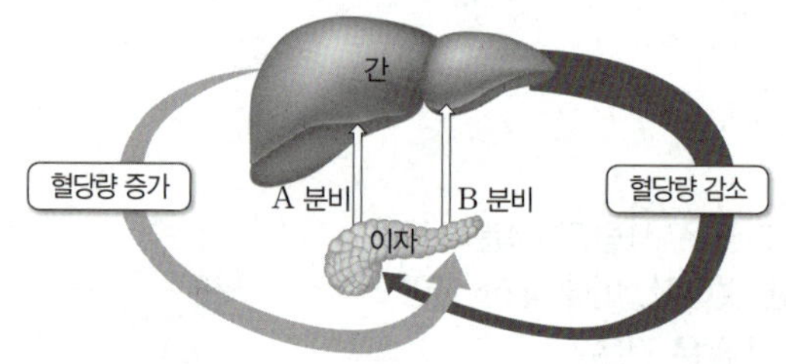

이에 대한 설명으로 옳은 것을 |보기|에서 모두 고른 것은?

| 보기 |
ㄱ. A는 인슐린이다.
ㄴ. B는 포도당이 글리코젠으로 합성되는 과정을 촉진한다.
ㄷ. 간은 A와 B의 표적 기관이다.

① ㄱ　　　　② ㄴ　　　　③ ㄱ, ㄷ
④ ㄴ, ㄷ　　　⑤ ㄱ, ㄴ, ㄷ

29 날씨가 추울 때 우리 몸에서 일어나는 변화로 옳은 것을 모두 고르면?

① 땀 분비가 증가한다.
② 세포 호흡이 억제된다.
③ 털 주변의 근육이 수축한다.
④ 피부 근처 혈관이 확장된다.
⑤ 근육이 떨려 열 발생량이 증가한다.

30 그림은 운동을 한 후 시간에 따른 체온의 변화를 나타낸 것이다.

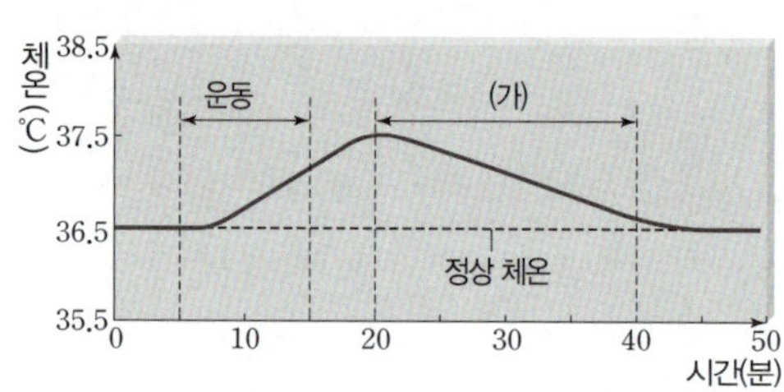

(가) 구간에서 나타나는 현상에 대한 설명으로 옳은 것을 |보기|에서 모두 고른 것은?

| 보기 |
ㄱ. 열 방출량이 증가한다.
ㄴ. 티록신의 분비가 증가한다.
ㄷ. 피부로 흐르는 혈액의 양이 증가한다.

① ㄱ　　　　② ㄴ　　　　③ ㄱ, ㄷ
④ ㄴ, ㄷ　　　⑤ ㄱ, ㄴ, ㄷ

31 다음은 몸속 수분량을 조절하는 방법을 나타낸 것이다.

물을 많이 마셨을 때는 뇌하수체에서 항이뇨 호르몬 분비가 (㉠)하여 콩팥에서 물의 재흡수를 (㉡)하고, 오줌량이 (㉢)하여 몸속 수분량이 (㉣)한다.

㉠~㉣에 들어갈 말을 옳게 짝지은 것은?

	㉠	㉡	㉢	㉣
①	증가	촉진	감소	증가
②	증가	억제	증가	감소
③	감소	촉진	감소	증가
④	감소	억제	감소	증가
⑤	감소	억제	증가	감소

 # 실력 향상 문제

01 다음은 시각과 관련된 실험 과정을 나타낸 것이다.

> **[실험 과정]**
>
> 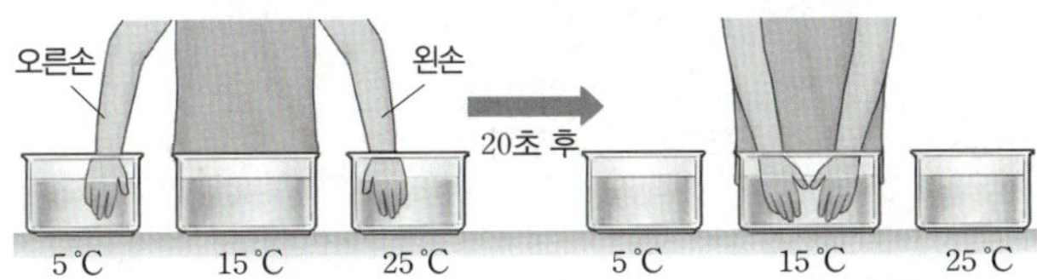
>
>
> (가) 그림으로부터 약 20 cm 떨어진 거리에서 왼쪽 눈을 가리고 오른쪽 눈으로 왼쪽의 십자가를 바라본다.
> (나) 오른쪽 눈동자를 움직이지 않고 십자가를 계속 주시하면서 천천히 그림을 눈 앞으로 움직여 보고, 오른쪽의 점이 안 보이는 때를 찾는다.

이에 대한 설명으로 옳은 것을 |보기|에서 모두 고른 것은?

> ─── 보기 ───
> ㄱ. 왼쪽 눈의 망막에 십자가의 상이 맺힌다.
> ㄴ. 점이 안 보이는 순간 점의 상은 맹점에 맺힌다.
> ㄷ. (나)에서 수정체는 두꺼워진다.

① ㄱ　　　② ㄴ　　　③ ㄱ, ㄷ
④ ㄴ, ㄷ　　　⑤ ㄱ, ㄴ, ㄷ

02 그림과 같이 오른손은 5 ℃의 물에, 왼손은 25 ℃의 물에 20초 정도 담갔다가 두 손을 동시에 15 ℃의 물에 담갔다.

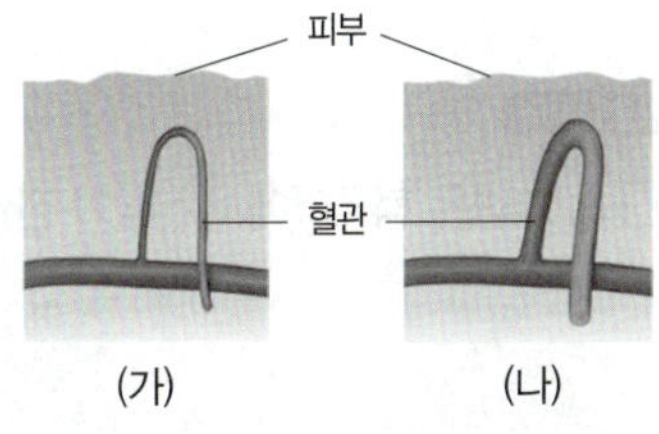

이에 대한 설명으로 옳은 것을 |보기|에서 모두 고른 것은?

> ─── 보기 ───
> ㄱ. 두 손 모두 차가움을 느낀다.
> ㄴ. 오른손은 냉점이 자극을 받아들인다.
> ㄷ. 냉점과 온점은 상대적인 온도 변화를 감지한다.

① ㄱ　　　② ㄷ　　　③ ㄱ, ㄴ
④ ㄴ, ㄷ　　　⑤ ㄱ, ㄴ, ㄷ

03 그림은 사람의 신경계 중 일부를 나타낸 것이다. A에 대한 설명으로 옳은 것을 |보기|에서 모두 고른 것은?

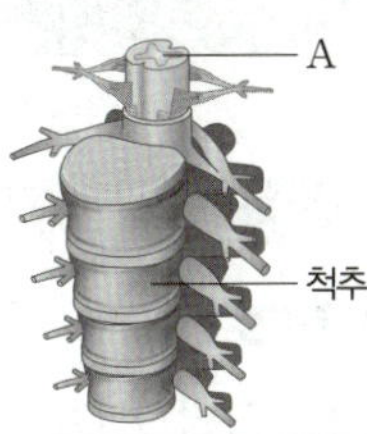

> ─── 보기 ───
> ㄱ. 중추 신경계에 속한다.
> ㄴ. 연수 아래쪽으로 뻗어 있다.
> ㄷ. 뇌와 말초 신경 사이의 신호 전달 통로이다.

① ㄱ　　　② ㄷ　　　③ ㄱ, ㄴ
④ ㄴ, ㄷ　　　⑤ ㄱ, ㄴ, ㄷ

04 그림은 식사 후 건강한 사람과 환자의 혈당량과 인슐린 농도 변화를 나타낸 것이다.

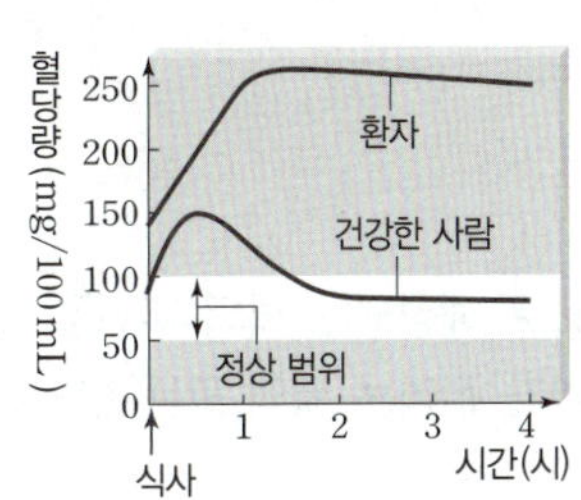

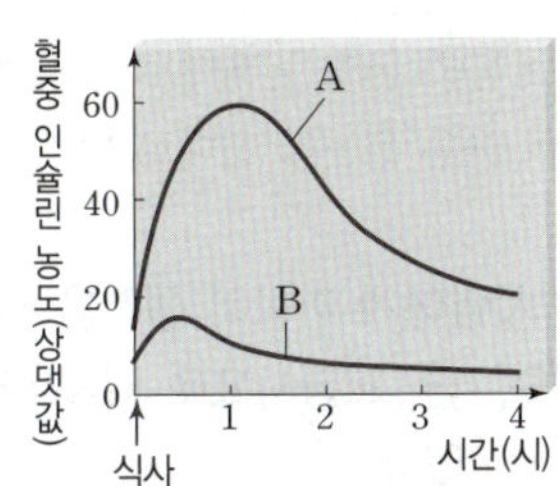

이에 대한 설명으로 옳은 것을 |보기|에서 모두 고른 것은?

> ─── 보기 ───
> ㄱ. A는 건강한 사람의 인슐린 농도 변화이다.
> ㄴ. 환자는 인슐린 부족에 의한 증상이 나타난다.
> ㄷ. 환자는 건강한 사람보다 혈액 중 포도당 농도가 높다.

① ㄱ　　　② ㄴ　　　③ ㄱ, ㄷ
④ ㄴ, ㄷ　　　⑤ ㄱ, ㄴ, ㄷ

05 그림 (가)와 (나)는 더울 때와 추울 때 피부 근처 혈관의 모습을 순서 없이 나타낸 것이다. 이에 대한 설명으로 옳은 것을 |보기|에서 모두 고른 것은?

> ─── 보기 ───
> ㄱ. (가)는 냉점이 자극되었을 때의 모습이다.
> ㄴ. (가)일 때 갑상샘 자극 호르몬의 분비는 감소한다.
> ㄷ. (나)일 때 피부에서는 땀 분비량이 감소한다.

① ㄱ　　　② ㄴ　　　③ ㄱ, ㄷ
④ ㄴ, ㄷ　　　⑤ ㄱ, ㄴ, ㄷ

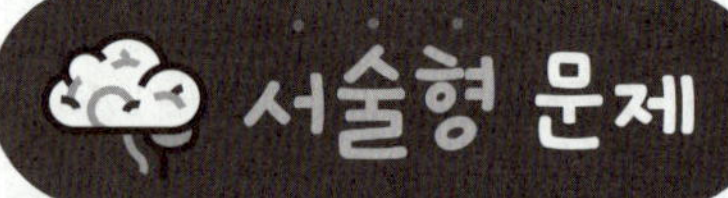

단답형으로 쓰기

개념

01 그림과 같이 비커 안에 개구리를
넣고, 비커를 한쪽으로 기울였더니 개
구리가 몸의 균형을 유지하지 못했다.
이 개구리는 귀의 어떤 부분이 파괴되
었는지 쓰시오.

실생활

02 어떤 사람이 교통사고로 뇌를 다친 후 다음과 같은 반응
을 보였다.

- 몸의 균형을 제대로 잡지 못한다.
- 근육 운동이 제대로 되지 않는다.

이 사람에게 이상이 생겼을 것으로 예상되는 뇌의 부위를 쓰
시오. (단, 교통사고로 뇌를 다치기 전에는 뇌의 모든 활동이
정상이었다.)

키워드를 모두 이용하여 서술하기

창의력

03 혀를 통해 느끼는 기본적인 맛은 5가지이지만, 우리가 느
끼는 음식의 맛은 이보다 더 다양하다. 그 까닭을 서술하시오.

키워드 시각, 미각, 후각

탐구력

04 그림은 컴퓨터에서 신호가 전달되는 과정을 나타낸 것이다.

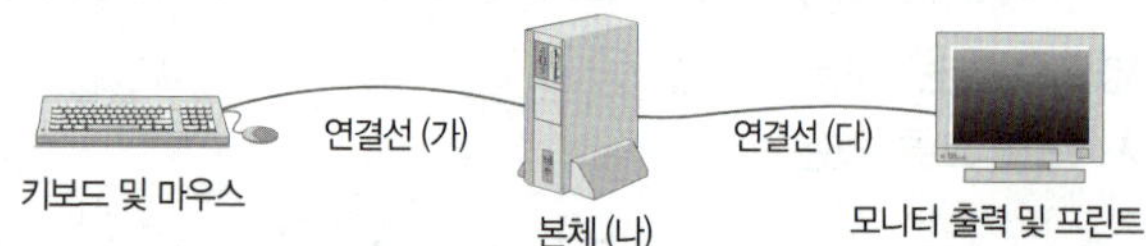

(가)~(다)는 우리 몸의 신경계 구성 중 어디에 해당하는지 쓰
고, 그렇게 생각한 까닭을 서술하시오.

키워드 중추 신경계, 말초 신경계

탐구력

05 그림은 자극의 전달 경로를 모식적으로 나타낸 것이다.

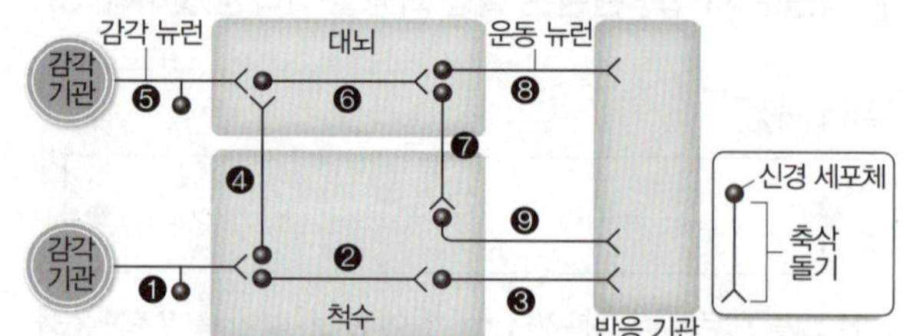

얼굴이 가려워 손으로 긁는 반응의 경로를 쓰고, 그렇게 생각
한 까닭을 서술하시오.

키워드 감각 기관, 자극, 반응기

실생활

06 (가)~(다) 반응의 중추를 각각 쓰고, 그렇게 생각한 까닭
을 서술하시오.

(가) 신호등을 보고 길을 건넌다.
(나) 콧속을 간질이면 재채기가 나온다.
(다) 어두운 곳에서 밝은 곳으로 가면 동공이 커진다.

키워드 의식적 반응, 무조건 반사

실생활

07 갑상샘종 환자의 신체 변화를 호르몬 분비량과 관련지어
두 가지 이상 서술하시오.

키워드 티록신, 포도당, 체중, 추위

창의력

08 운동을 하면 혈당량이 감소하지만 곧 정상 수준으로 올
라가는 까닭을 호르몬의 작용과 관련지어 서술하시오.

키워드 포도당, 글루카곤, 글리코젠

개념 완성 문제

08 세포 분열과 사람의 발생

01 그림 (가)~(다)는 한 변의 길이가 1 cm, 2 cm, 3 cm 인 정육면체의 모습을 나타낸 것이고, 표는 각 정육면체의 표면적과 부피를 나타낸 것이다.

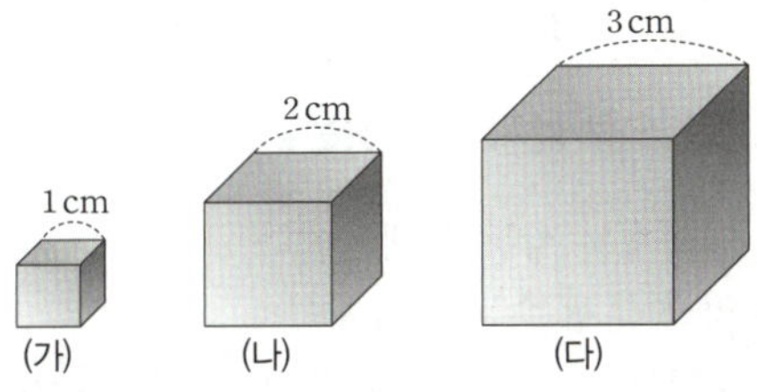

구분	(가)	(나)	(다)
표면적(cm²)	6	24	㉠
부피(cm³)	1	8	27

이에 대한 설명으로 옳은 것을 |보기|에서 모두 고른 것은?

| 보기 |

ㄱ. ㉠은 54이다.

ㄴ. (가)에서 (다)로 갈수록 $\frac{\text{표면적}}{\text{부피}}$ 의 값은 감소한다.

ㄷ. 각 정육면체를 세포라고 가정하면 물질 교환은 (가)일 때 가장 잘 일어난다.

① ㄱ   ② ㄴ   ③ ㄱ, ㄷ
④ ㄴ, ㄷ   ⑤ ㄱ, ㄴ, ㄷ

02 그림은 염색체의 구조를 나타낸 것이다.

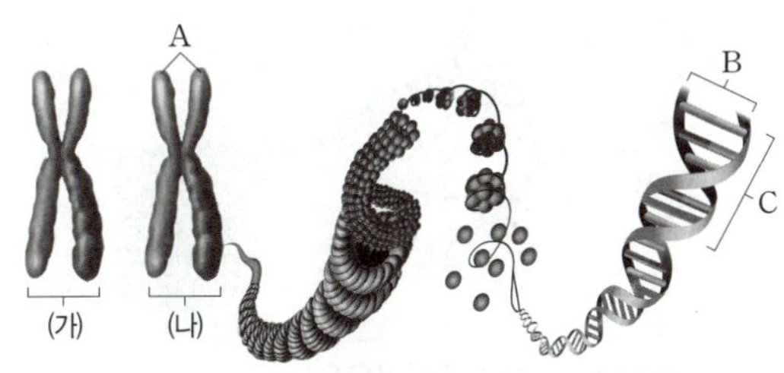

이에 대한 설명으로 옳지 않은 것은?

① (가)와 (나)는 상동 염색체이다.
② 염색체는 DNA와 단백질로 구성되어 있다.
③ A는 염색 분체로, 같은 유전 정보를 가진다.
④ B는 DNA로, 1개당 하나의 유전자를 담고 있다.
⑤ C는 특정 유전 형질에 대한 정보가 들어 있는 DNA의 특정 부위이다.

03 염색체에 대한 설명으로 옳지 않은 것을 모두 고르면?

① 염색체는 유전 물질을 가지고 있다.
② 상동 염색체는 서로 같은 유전 정보로 구성된다.
③ 2가 염색체는 4개의 염색 분체로 이루어져 있다.
④ 분열하지 않을 때는 핵 속에 실처럼 풀어져 있다.
⑤ 염색체의 수가 같으면 반드시 같은 종의 생물이다.

04 그림은 사람의 체세포에서 관찰된 염색체의 구성을 나타낸 것이다.

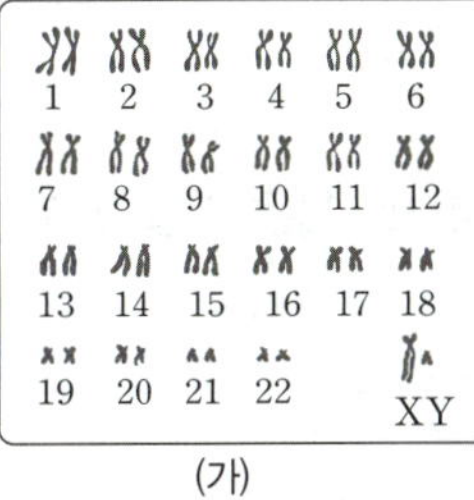

이에 대한 설명으로 옳은 것을 |보기|에서 모두 고른 것은?

| 보기 |

ㄱ. (가)는 여자의 염색체 구성이다.

ㄴ. (나)의 성염색체는 모두 어머니에게서 물려받았다.

ㄷ. 사람의 체세포 하나에는 46개의 염색체가 들어 있다.

① ㄱ   ② ㄴ   ③ ㄷ
④ ㄱ, ㄴ   ⑤ ㄴ, ㄷ

05 세포 분열에 대한 설명으로 옳지 않은 것은?

① 체세포 분열로 새로운 개체를 형성하는 생물이 있다.
② 상처가 나면 생식세포 분열에 의해 재생이 이루어진다.
③ 동물은 몸 전체에서 체세포 분열이 일어나 크기가 커진다.
④ 염색체의 모양과 행동에 따라 전기, 중기, 후기, 말기로 구분한다.
⑤ 체세포 분열 결과 모세포와 유전 정보와 염색체 수가 동일한 딸세포가 2개 형성된다.

Ⅳ 생식과 유전

[06~07] 그림은 어떤 생물의 조직에서 일어나는 세포 분열 과정을 나타낸 것이다.

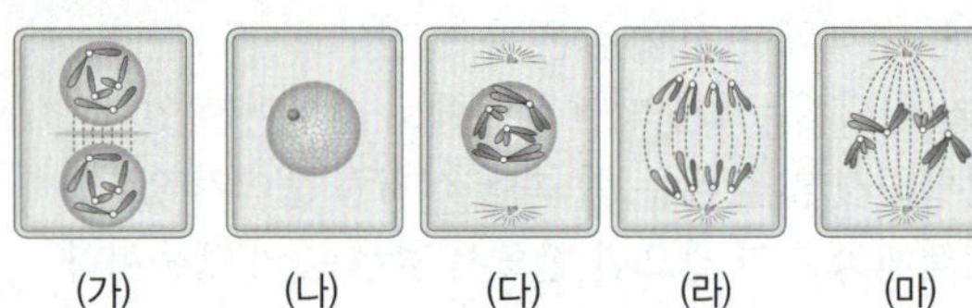

06 세포 분열 과정을 간기부터 순서대로 옳게 나열한 것은?

① (가) → (다) → (라) → (마) → (나)
② (나) → (다) → (마) → (라) → (가)
③ (나) → (라) → (다) → (마) → (가)
④ (다) → (가) → (라) → (마) → (나)
⑤ (다) → (가) → (마) → (라) → (나)

07 세포 분열 과정에 대한 설명으로 옳은 것을 |보기|에서 모두 고른 것은?

| 보기 |

ㄱ. 동물 세포의 분열 과정이다.
ㄴ. (가)에서는 세포질 분열이 시작된다.
ㄷ. (라)에서는 DNA가 복제되어 양이 2배로 증가한다.

① ㄱ 　　② ㄴ 　　③ ㄱ, ㄷ
④ ㄴ, ㄷ 　　⑤ ㄱ, ㄴ, ㄷ

08 그림은 동물 세포와 식물 세포에서 세포질이 나누어지는 모습을 순서 없이 나타낸 것이다.

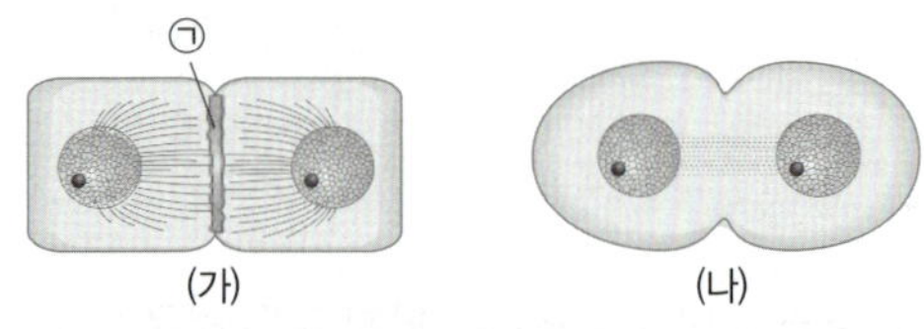

이에 대한 설명으로 옳은 것은?

① (가)는 동물 세포, (나)는 식물 세포이다.
② (가)의 ㉠은 분열이 끝나면 세포막이 된다.
③ (나)에서는 세포질 분열이 핵분열보다 먼저 일어난다.
④ (가)와 (나)의 세포질 분열이 일어나는 방향은 반대이다.
⑤ 세포질 분열이 끝나면 (가)와 (나)는 4개의 딸세포를 형성한다.

09 그림은 어떤 생물의 세포 분열 과정을 나타낸 것이다.

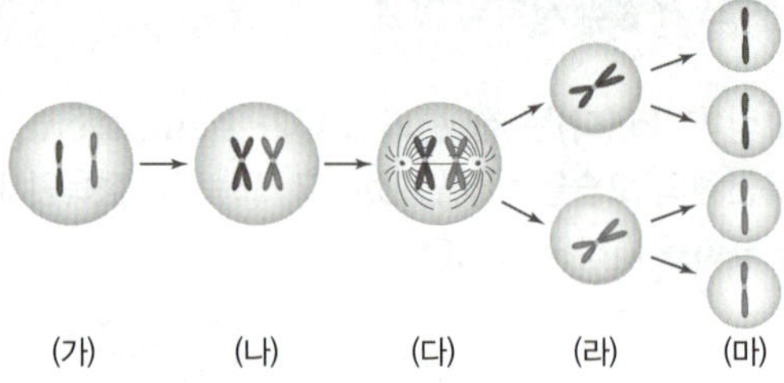

이에 대한 설명으로 옳지 않은 것은?

① (가)의 염색체는 상동 염색체이다.
② (나)의 염색 분체 수는 총 4개이다.
③ (다)에서 (라)로 가면서 상동 염색체가 분리된다.
④ (라)는 감수 1분열이 끝난 상태이다.
⑤ (마)의 염색체 수는 (가)에서와 같다.

10 그림은 어떤 동물의 세포 분열 과정 중 감수 2분열 중기의 모습을 나타낸 것이다. 이에 대한 설명으로 옳지 않은 것은?

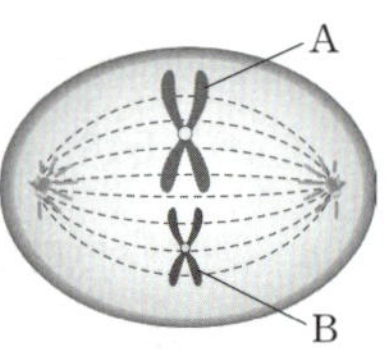

① A와 B는 상동 염색체이다.
② 유전 물질의 상대량은 모세포와 같다.
③ 이후에는 염색 분체의 분리가 일어난다.
④ 이 동물의 체세포의 염색체 수는 4개이다.
⑤ 감수 1분열에서 생성된 딸세포 중 하나이다.

11 그림은 사람의 수정과 발생 과정을 나타낸 것이다.

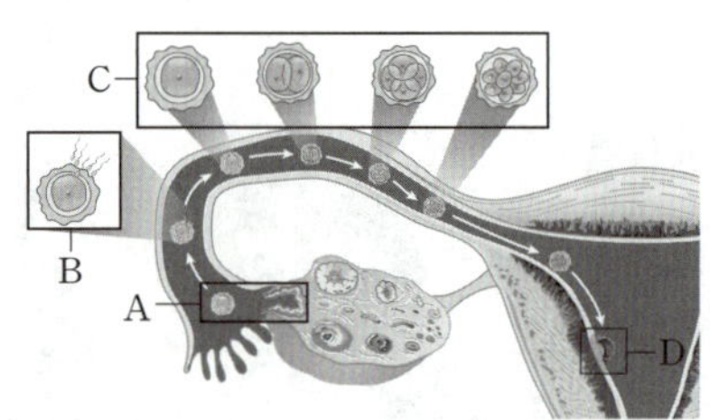

이에 대한 설명으로 옳지 않은 것은?

① A는 수정란이 배출되는 배란이다.
② B는 난자와 정자가 만나는 수정이다.
③ C는 세포 하나의 크기는 점점 작아지는 시기이다.
④ D는 포배 상태의 수정란이 자궁 내막을 파고들어 가는 착상이다.
⑤ 수정란이 자궁까지 이동하여 착상하는 데 일주일 정도의 시간이 소요된다.

12 유전 용어에 대한 설명으로 옳지 <u>않은</u> 것은?

① 대립 형질은 하나의 형질에 대해 서로 뚜렷하게 구별되는 특징이다.
② 표현형은 생물이 가지고 있는 특성 중 겉으로 드러나는 형질이다.
③ 유전자형은 형질을 나타내는 유전자의 구성을 알파벳으로 표시한 것이다.
④ 생물의 표현형이 같더라도 유전자형은 다를 수 있다.
⑤ 열성 형질은 대립 형질을 가진 순종끼리 교배했을 때 잡종 1대에서 나타나는 형질이다.

13 유전자형이 순종인 것을 |보기|에서 모두 고른 것은?

보기
ㄱ. RR ㄴ. Aa ㄷ. RrYY
ㄹ. AABb ㅁ. rrYY ㅂ. AAbbCC

① ㄱ, ㄷ, ㄹ　　② ㄱ, ㅁ, ㅂ　　③ ㄷ, ㄹ, ㅂ
④ ㄷ, ㅁ, ㅂ　　⑤ ㄹ, ㅁ, ㅂ

[14~15] 그림은 순종의 둥근 완두(RR)와 주름진 완두(rr)를 교배하여 잡종 1대를 얻는 과정을 나타낸 것이다.

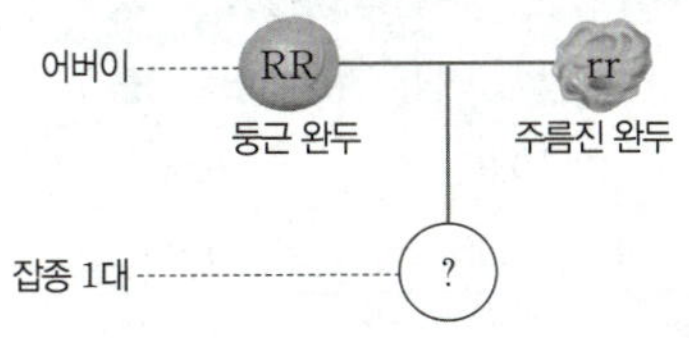

14 잡종 1대의 염색체에서 유전자가 위치하고 있는 모습으로 옳은 것은?

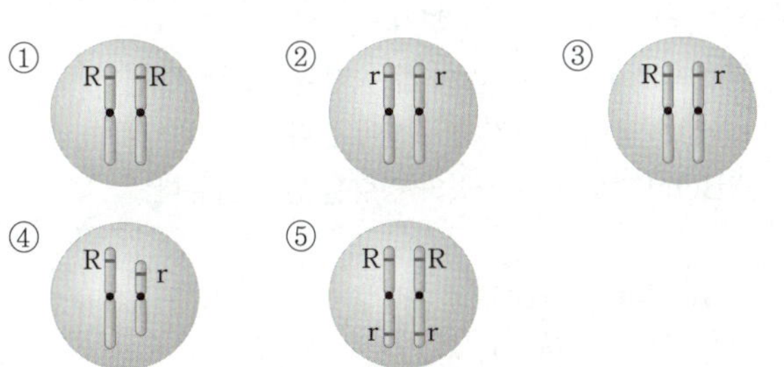

15 이에 대한 설명으로 옳은 것을 |보기|에서 모두 고른 것은?

보기
ㄱ. 잡종 1대의 표현형은 둥근 완두이다.
ㄴ. 잡종 1대에서는 2종류의 생식세포가 만들어진다.
ㄷ. 잡종 1대를 자가 수분하여 얻은 잡종 2대의 표현형의 비(둥근 완두 : 주름진 완두)=3 : 1이다.

① ㄱ　　　② ㄷ　　　③ ㄱ, ㄴ
④ ㄴ, ㄷ　　⑤ ㄱ, ㄴ, ㄷ

16 완두가 유전 연구의 재료로 적합한 까닭으로 옳은 것을 |보기|에서 모두 고른 것은?

보기
ㄱ. 한 세대가 길다.
ㄴ. 대립 형질이 뚜렷하지 않다.
ㄷ. 재배가 쉽고, 자손의 수가 많다.
ㄹ. 자가 수분이 쉽고, 타가 수분이 가능하다.

① ㄱ, ㄴ　　　② ㄷ, ㄹ　　　③ ㄱ, ㄴ, ㄹ
④ ㄱ, ㄷ, ㄹ　　⑤ ㄴ, ㄷ, ㄹ

17 완두 교배 실험의 결과를 해석하기 위해 멘델이 세운 가설에 대한 설명으로 옳지 <u>않은</u> 것은?

① 생물에는 한 가지 형질을 결정하는 한 쌍의 유전 인자가 있다.
② 한 쌍의 유전 인자가 서로 다를 경우 그중 하나만 표현된다.
③ 자손을 이루는 유전 인자는 부모 중 하나로부터 한 쌍을 물려받는다.
④ 한 쌍의 유전 인자는 생식세포가 만들어질 때 각각 다른 생식세포로 나뉘어 들어간다.
⑤ 두 쌍 이상의 대립 형질이 동시에 유전될 때, 각 형질은 서로 영향을 미치지 않는다.

[18~20] 그림은 순종의 둥글고 노란색인 완두(RRYY)와 순종의 주름지고 초록색인 완두(rryy)를 교배하여 얻은 잡종 1대를 자가 수분하여 잡종 2대를 얻는 과정을 나타낸 것이다.

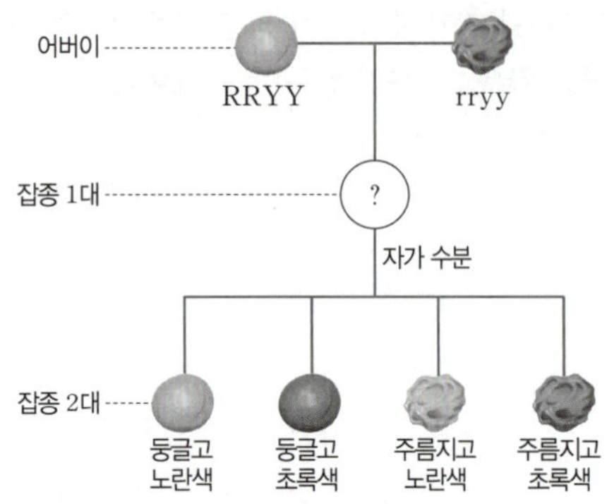

18 잡종 1대의 표현형과 유전자형을 옳게 짝지은 것은?

	표현형	유전자형		표현형	유전자형
①	둥글고 노란색	RRYY	②	둥글고 노란색	RrYy
③	둥글고 초록색	RrYy	④	주름지고 초록색	RrYy
⑤	주름지고 초록색	rryy			

19 이에 대한 설명으로 옳은 것을 |보기|에서 모두 고른 것은?

|보기|
ㄱ. 잡종 1대에서 만들어지는 생식세포의 종류는 R, r, Y, y이다.
ㄴ. 잡종 2대에서 표현형의 비(둥글고 노란색 : 둥글고 초록색 : 주름지고 노란색 : 주름지고 초록색)는 9 : 3 : 3 : 1이다.
ㄷ. 완두 씨의 색깔과 모양에 대한 표현형의 비(우성 형질 : 열성 형질)는 같다.

① ㄱ ② ㄷ ③ ㄱ, ㄴ
④ ㄴ, ㄷ ⑤ ㄱ, ㄴ, ㄷ

20 잡종 2대에서 총 1600개의 완두를 얻었을 때, 이 중 잡종 1대와 표현형이 같은 완두는 이론상 몇 개인가?

① 100개 ② 200개 ③ 300개
④ 600개 ⑤ 900개

---

21 사람의 유전 연구가 어려운 까닭으로 옳지 <u>않은</u> 것은?

① 한 세대가 길다.
② 자손의 수가 적다.
③ 환경의 영향을 많이 받는다.
④ 연구자가 임의로 교배 실험을 할 수 없다.
⑤ 하나의 형질을 결정하는 대립 형질이 단순하다.

22 사람의 유전 연구 방법에 대한 설명으로 옳지 <u>않은</u> 것은?

① 가계도를 분석하여 특정 형질의 우열 관계를 판단한다.
② 가계도를 분석하여 염색체 이상에 의한 유전병이 생기는 원리를 알아낸다.
③ 1란성 쌍둥이 사이의 형질 차이를 통해 환경의 영향을 받는 형질을 알아낸다.
④ 통계 조사는 가능한 많은 사람들로부터 특정 형질에 대한 자료를 얻어야 한다.
⑤ DNA를 분석하여 특정 형질의 유전 여부를 알아낸다.

23 표는 세 가지 형질에 대한 1란성 쌍둥이와 2란성 쌍둥이의 일치율을 나타낸 것이다. 형질이 비슷할수록 일치율이 1에 가깝다.

구분	1란성 쌍둥이		2란성 쌍둥이
	함께 자람	따로 자람	함께 자람
키	0.97	0.90	0.52
IQ	0.95	0.82	0.45
ABO식 혈액형	1	1	0.75

이에 대한 설명으로 옳은 것을 |보기|에서 모두 고른 것은?

|보기|
ㄱ. 환경의 영향을 가장 많이 받는 형질은 IQ이다.
ㄴ. 1란성 쌍둥이는 유전자 구성이 같다.
ㄷ. ABO식 혈액형은 환경의 영향을 받지 않는다.

① ㄱ ② ㄷ ③ ㄱ, ㄴ
④ ㄴ, ㄷ ⑤ ㄱ, ㄴ, ㄷ

24 그림은 어느 집안의 미맹 가계도를 나타낸 것이다. 미맹에 대한 대립유전자는 상염색체에 존재한다.

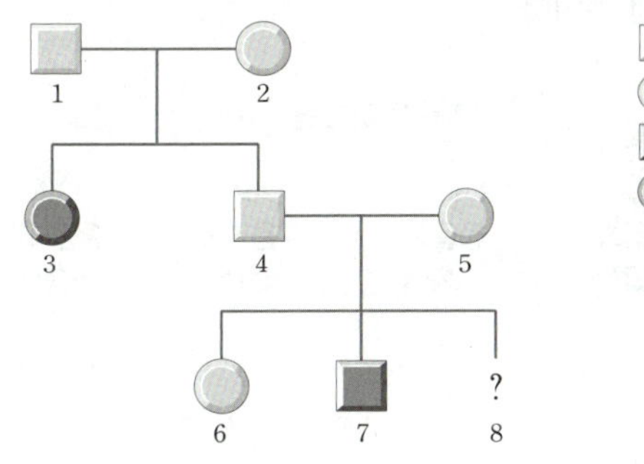

이에 대한 설명으로 옳지 <u>않은</u> 것은?

① 미맹은 미맹이 아닌 형질에 대해 열성이다.
② 1과 2는 미맹 형질에 대해 잡종이다.
③ 6은 미맹 유전자를 가지고 있다.
④ 3과 7의 유전자형은 같다.
⑤ 8이 미맹일 확률은 25 %이다.

[**25~26**] 표는 민준이네 가족의 ABO식 혈액형을 나타낸 것이다.

구분	혈액형	구분	혈액형
어머니	A형	아버지	B형
누나	B형	민준	O형

25 이에 대한 설명으로 옳은 것을 |보기|에서 모두 고른 것은?

| 보기 |
ㄱ. 대립유전자 A와 B는 O에 대해 우성이다.
ㄴ. 아버지와 누나의 ABO식 혈액형 유전자형은 같다.
ㄷ. 민준이의 동생이 태어날 때, 동생이 가질 수 있는 혈액형은 B형과 O형 2가지이다.

① ㄱ   ② ㄷ   ③ ㄱ, ㄴ
④ ㄴ, ㄷ   ⑤ ㄱ, ㄴ, ㄷ

26 민준이의 누나와 AB형 남자와 결혼하여 태어난 자녀의 혈액형이 B형일 확률(%)은?

① 0 %   ② 25 %   ③ 50 %
④ 75 %   ⑤ 100 %

27 적록 색맹에 대한 설명으로 옳지 <u>않은</u> 것은?

① 반성 유전이다.
② 적록 색맹 대립유전자가 X 염색체에 존재한다.
③ 남자보다 여자에게서 형질이 나타나는 빈도가 높다.
④ 딸이 적록 색맹이면 아버지는 적록 색맹이다.
⑤ 어머니가 적록 색맹이면 아들은 적록 색맹이다.

[**28~30**] 그림은 어느 집안의 적록 색맹 가계도를 나타낸 것이다.

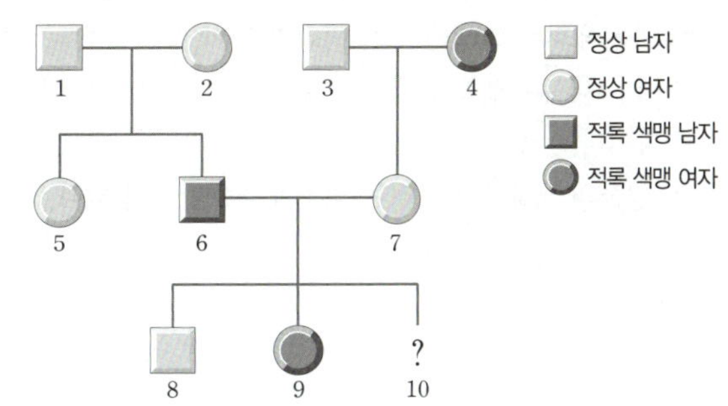

28 1~9 중 적록 색맹 유전자형을 정확히 알 수 <u>없는</u> 사람의 번호를 모두 고른 것은?

① 2   ② 5   ③ 2, 5
④ 1, 3, 7   ⑤ 2, 5, 7

29 색맹인 9에게 적록 색맹 유전자가 전달된 경로로 옳은 것을 |보기|에서 모두 고른 것은?

| 보기 |
ㄱ. 1 → 6 → 9   ㄴ. 2 → 6 → 9
ㄷ. 3 → 7 → 9   ㄹ. 4 → 7 → 9

① ㄴ   ② ㄹ   ③ ㄱ, ㄷ
④ ㄴ, ㄷ   ⑤ ㄴ, ㄹ

30 10이 적록 색맹 남자일 확률(%)은?

① 0 %   ② 12.5 %   ③ 25 %
④ 50 %   ⑤ 75 %

실력 향상 문제

01 그림 (가)와 (나)는 어느 생물의 체세포가 A와 B로 각각 다른 세포 분열을 하였을 때 생성된 딸세포 중 1개의 세포를 나타낸 것이다.

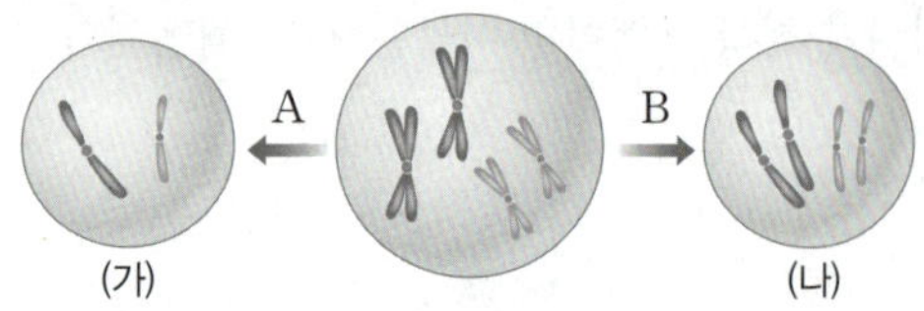

이에 대한 설명으로 옳은 것을 |보기|에서 모두 고른 것은?

| 보기 |

ㄱ. A 과정에서는 최종으로 2개의 딸세포가 생성된다.
ㄴ. B 과정에서는 염색체 수의 변화가 없다.
ㄷ. (가)와 (나)는 세포 분열이 모두 연속으로 2회 일어난 결과이다.
ㄹ. 이 생물의 체세포에는 상동 염색체가 2쌍 들어 있다.

① ㄱ, ㄴ   ② ㄱ, ㄷ   ③ ㄴ, ㄷ
④ ㄴ, ㄹ   ⑤ ㄷ, ㄹ

02 그림 (가)는 생식세포 분열이 일어날 때 핵 1개당 유전 물질의 상대량 변화를, (나)는 A~C 중 어느 시기에 볼 수 있는 세포와 염색체의 구성을 나타낸 것이다.

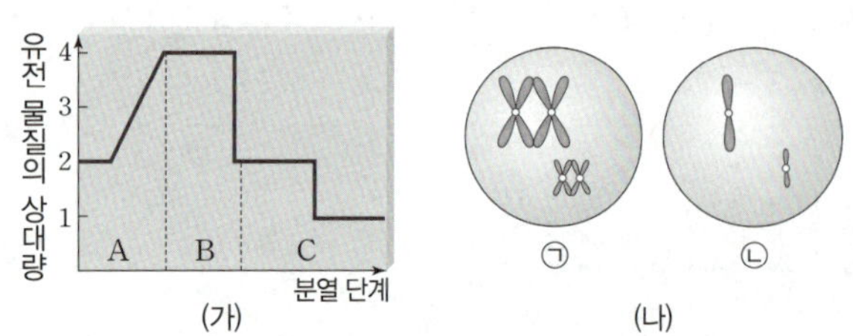

이에 대한 설명으로 옳지 <u>않은</u> 것은?

① A 시기에는 유전 물질이 복제된다.
② A 시기에서 관찰되는 세포는 ㉠이다.
③ B 시기는 상동 염색체가 분리된다.
④ C 시기는 염색 분체가 분리된다.
⑤ C 시기에는 최종적으로 4개의 딸세포가 만들어진다.

03 표는 유전자형이 서로 다른 완두 (가)~(다)를 순종의 주름지고 초록색(rryy)인 완두와 교배하여 얻은 자손의 표현형의 비를 나타낸 것이다.

구분	자손의 표현형의 비			
	둥글고 노란색	둥글고 초록색	주름지고 노란색	주름지고 초록색
(가)	1	1	0	0
(나)	0	0	1	1
(다)	1	0	1	0

이에 대한 설명으로 옳은 것을 |보기|에서 모두 고른 것은?

| 보기 |

ㄱ. (가)와 (나)는 완두 씨 모양에 대해 순종이다.
ㄴ. (나)와 (다)는 완두 씨 색깔에 대해 순종이다.
ㄷ. (가)와 (다)를 교배하면 항상 둥글고 노란색인 완두가 나온다.

① ㄱ   ② ㄴ   ③ ㄱ, ㄷ
④ ㄴ, ㄷ   ⑤ ㄱ, ㄴ, ㄷ

04 그림은 어느 집안의 적록 색맹과 ABO식 혈액형 유전 가계도를 나타낸 것이다.

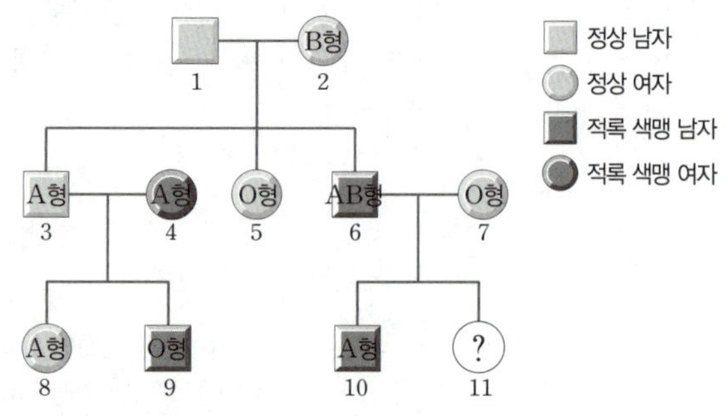

이에 대한 설명으로 옳지 <u>않은</u> 것은?

① 1은 A형이다.
② 3과 4의 ABO식 혈액형 유전자형은 같다.
③ 7은 적록 색맹 보인자이다.
④ 9는 4로부터 적록 색맹 대립유전자를 물려받았다.
⑤ 딸인 11이 B형이면서 적록 색맹일 확률은 12.5 %이다.

서술형 문제

단답형으로 쓰기

실생활

01 도마뱀은 적으로부터 자신의 몸을 보호하기 위해 자신의 꼬리를 자른다. 그래도 죽지 않고 꼬리가 잘린 부분에서 새롭게 살이 재생되어 다시 꼬리가 만들어지는데, 이때 꼬리가 잘린 몸에서 일어나는 세포 분열의 종류를 쓰시오.

개념

02 다음은 초파리의 유전에 대한 설명이다.

> 초파리 중에는 정상적인 날개를 가진 개체와 날개가 제대로 발달하지 못한 흔적 날개를 가진 개체가 있다. 순종의 정상 날개 초파리(LL)와 순종의 흔적 날개 초파리(ll)를 교배하면 항상 정상 날개 초파리(Ll)가 나타난다.
>
> 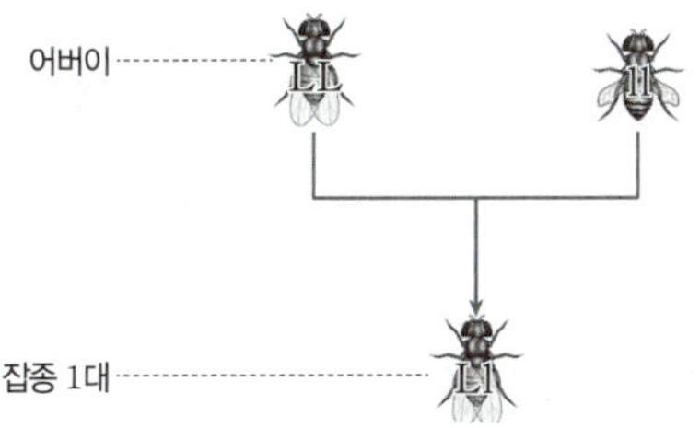
>

잡종 1대를 교배하여 얻은 초파리의 표현형과 유전자형의 비를 쓰시오.

(1) 표현형의 비(정상 날개 : 흔적 날개) = _____________

(2) 유전자형의 비(LL : Ll : ll) = _____________

키워드를 모두 이용하여 서술하기

탐구력

03 세포는 하나의 커다란 세포일 때보다 작은 세포로 분열했을 경우 생명을 유지하는 데에 유리하다. 그 까닭을 서술하시오.

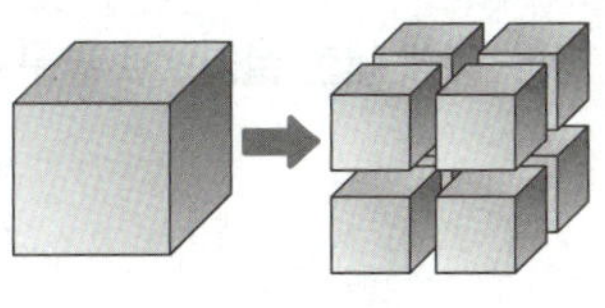

> **키워드** 표면적, 부피, 효율적, 물질 교환

개념

04 그림 (가)는 감수 1분열 중 중기에서 후기로 넘어가는 과정을, (나)는 감수 2분열 중 중기에서 후기로 넘어가는 과정을 나타낸 것이다.

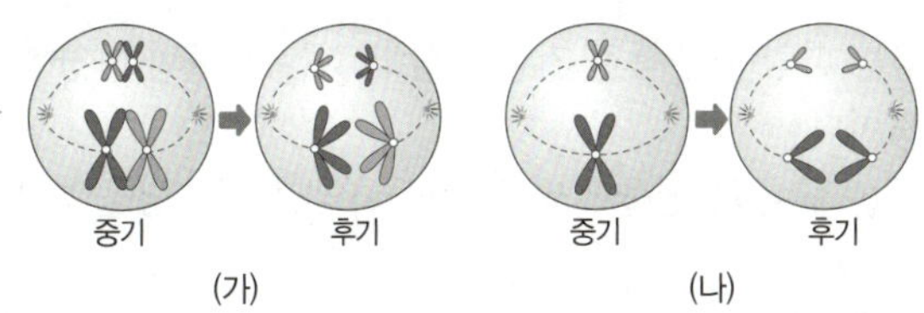

이때 (가)와 (나)에서 일어나는 염색체의 분리 과정에 대해 각각 서술하시오.

> **키워드** 상동 염색체, 염색 분체

개념

05 그림은 순종의 붉은색 분꽃(RR)과 순종의 흰색 분꽃(WW)를 교배하여 잡종 1대를 얻는 과정을 나타낸 것이다.

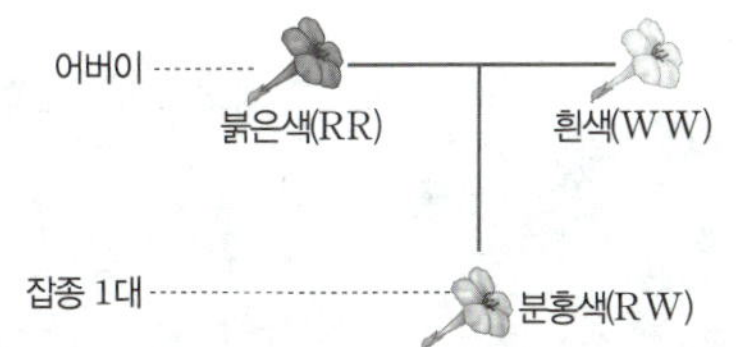

잡종 1대에서 분홍색 분꽃만 나오는 까닭을 서술하시오.

> **키워드** 우열의 원리

실생활

06 다음은 어느 유전 형질에 대한 설명이다.

> 사람의 귓속에 털이 나게 만드는 대립유전자는 성염색체 유전으로, Y 염색체 상에 존재하여 자손에게 유전된다.

남녀에 따라 이 유전 형질이 발현되는 빈도가 어떻게 다를지 서술하시오.

> **키워드** Y 염색체, 남성

11 생물의 다양성과 보전

01 생물 다양성에 대한 설명으로 옳지 <u>않은</u> 것은?

① 생물 다양성은 특정 지역에 살고 있는 생물의 다양한 정도이다.
② 같은 종류의 생물에서 특성이 다양할수록 생물 다양성이 크다.
③ 생물 다양성이 높은 생태계일수록 안정적으로 유지될 수 있다.
④ 생태계의 종류에 따라 생물 다양성이 다르게 나타날 수 있다.
⑤ 생물의 종류가 많은 곳보다 생물의 개체 수가 많은 곳의 생물 다양성이 더 높다.

02 그림 (가)와 (나)는 두 지역에 살고 있는 생물의 종류와 개체 수를 나타낸 것이다.

(가)   (나)

이에 대한 설명으로 옳은 것을 |보기|에서 모두 고른 것은?

| 보기 |
ㄱ. (가)는 (나)보다 생물의 종류가 많다.
ㄴ. (가)는 (나)보다 생물의 분포가 고르다.
ㄷ. (가)는 (나)보다 생물 다양성이 높다.

① ㄱ ② ㄴ ③ ㄱ, ㄷ
④ ㄴ, ㄷ ⑤ ㄱ, ㄴ, ㄷ

03 변이의 예로 옳지 <u>않은</u> 것은?

① 얼룩말의 털 무늬가 다르다.
② 사람마다 눈동자의 색깔이 다르다.
③ 오징어와 문어의 다리 개수가 다르다.
④ 조개 껍데기의 크기와 무늬가 다르다.
⑤ 코스모스의 꽃잎 색깔은 여러 가지이다.

[04~05] 그림은 원래 한 종류였던 갈라파고스땅거북의 목 길이가 다양해지게 된 과정을 나타낸 것이다.

(가)   (나)   (다)

04 (가)~(다) 과정에 알맞은 설명을 |보기|에서 골라 옳게 짝지은 것은?

| 보기 |
ㄱ. 키 작은 풀이 많은 곳에 살던 거북은 목이 짧았지만, 목이 조금 더 긴 개체도 있었다.
ㄴ. 목이 긴 개체는 목이 짧은 개체보다 많이 살아남아 자손을 남겼고, 오랜 세월 반복되어 목이 긴 개체가 나타났다.
ㄷ. 환경이 다른 섬으로 흩어지게 되면서 키가 큰 풀이 자라는 환경에서 목이 긴 개체가 주로 살아남았다.

	(가)	(나)	(다)
①	ㄱ	ㄴ	ㄷ
②	ㄱ	ㄷ	ㄴ
③	ㄴ	ㄱ	ㄷ
④	ㄴ	ㄷ	ㄱ
⑤	ㄷ	ㄴ	ㄱ

05 이에 대한 설명으로 옳은 것을 |보기|에서 모두 고른 것은?

| 보기 |
ㄱ. 목이 짧은 갈라파고스땅거북은 키가 큰 풀이 나는 환경에서 살아남기 유리했다.
ㄴ. 이 과정을 통해 오늘날 갈라파고스땅거북은 목이 긴 개체만 존재한다.
ㄷ. 이 결과 생물 다양성이 높아졌다.

① ㄱ ② ㄷ ③ ㄱ, ㄴ
④ ㄴ, ㄷ ⑤ ㄱ, ㄴ, ㄷ

06 그림 (가)와 (나)는 두 종류의 생태계를 나타낸 것이다.

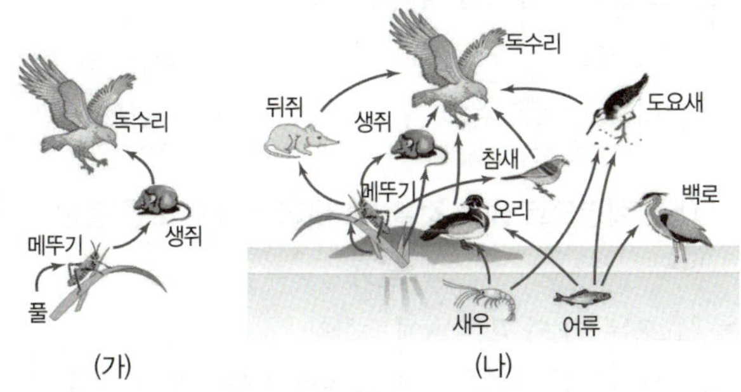

이에 대한 설명으로 옳은 것을 |보기|에서 모두 고른 것은?

┤ 보기 ├
ㄱ. 생물 다양성은 (가)보다 (나)가 높다.
ㄴ. 생태계 평형은 (가)보다 (나)가 더 쉽게 깨진다.
ㄷ. 생쥐가 멸종하면 (가)와 (나) 모두 독수리가 멸종한다.

① ㄱ   ② ㄴ   ③ ㄱ, ㄷ
④ ㄴ, ㄷ   ⑤ ㄱ, ㄴ, ㄷ

07 생물 다양성의 감소 원인과 그에 대한 해결 방안을 옳게 짝지은 것은?

① 불법 포획 – 보호 구역 지정
② 환경 오염 – 생태 통로 건설
③ 남획 – 멸종 위기 생물 지정 및 관리
④ 외래종 유입 – 지나친 자연 개발 자제
⑤ 서식지 파괴 – 생물의 무분별한 유입 방지

08 생물 다양성의 보전 방안으로 옳지 <u>않은</u> 것은?

① 옥상 정원과 같은 시설을 만든다.
② 동물원에서 희귀 동물을 자주 관람한다.
③ 생물 다양성 협약 등의 국제 협약을 맺는다.
④ 멸종 위기 생물을 전문 관리 시설에서 복원한다.
⑤ 고유 식물의 종자를 보관하는 종자 은행을 운영한다.

---

12 생물의 분류

09 생물 분류에 대한 설명으로 옳지 <u>않은</u> 것은?

① 생물 다양성을 이해하는 데 도움이 된다.
② 생물 사이의 가깝고도 먼 관계를 파악할 수 있다.
③ 일정한 기준에 따라 비슷한 종류의 무리로 나누는 것이다.
④ 생물을 자연 분류하면 모든 사람의 분류 결과는 항상 같다.
⑤ 수정 방법에 따라 생물을 분류하는 것은 인위 분류에 해당한다.

10 생물의 분류 체계에 대한 설명으로 옳은 것은?

① 강은 목보다 작은 분류 단위이다.
② 계는 생물을 분류하는 기본 단위이다.
③ 동물과 식물은 생물을 문 단위로 분류한 것이다.
④ 다른 종의 생물이라도 같은 속으로 분류될 수 있다.
⑤ 자연 상태에서 짝짓기를 하여 자손을 낳을 수 있으면 같은 종이다.

11 표는 늑대, 호랑이, 여우의 분류 단계를 나타낸 것이다.

분류 단계	늑대	호랑이	여우
종	늑대	호랑이	여우
속	개속	표범속	여우속
과	갯과	고양잇과	갯과
목	식육목	식육목	식육목
강	포유강	포유강	㉠
문	척삭동물문	척삭동물문	척삭동물문
계	동물계	동물계	동물계

이에 대한 설명으로 옳은 것을 |보기|에서 모두 고른 것은?

┤ 보기 ├
ㄱ. ㉠은 포유강이다.
ㄴ. 늑대는 여우보다 호랑이와 더 가깝다.
ㄷ. 척삭동물문에는 포유강 외에 다른 강도 포함된다.

① ㄱ   ② ㄴ   ③ ㄱ, ㄷ
④ ㄴ, ㄷ   ⑤ ㄱ, ㄴ, ㄷ

12 그림은 생물의 5계 분류를 나타낸 것이다. 이에 대한 설명으로 옳은 것을 |보기에서 모두 고른 것은?

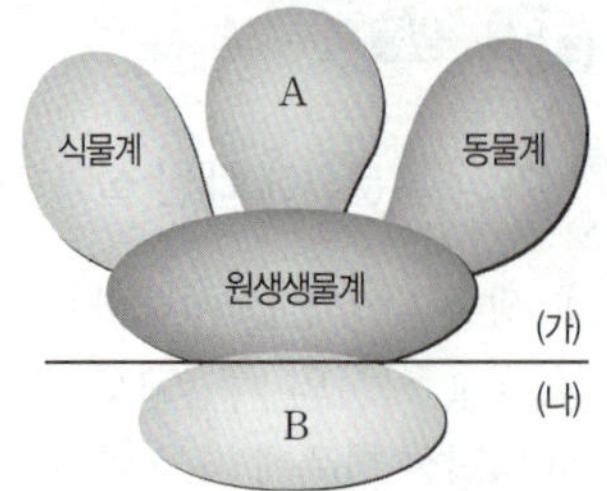

| 보기 |

ㄱ. A에 속하는 생물은 운동성이 있다.
ㄴ. B에 속하는 생물은 세포에 핵막으로 둘러싸인 핵이 없다.
ㄷ. 광합성 여부는 (가)와 (나)를 구분하는 기준이 될 수 있다.

① ㄱ ② ㄴ ③ ㄱ, ㄷ
④ ㄴ, ㄷ ⑤ ㄱ, ㄴ, ㄷ

13 다음은 생물의 5계 중 한 무리에 대한 설명을 나타낸 것이다.

• 세포에 핵막으로 둘러싸인 핵이 있는 다세포 생물이다.
• 균사를 갖지 않는다.
• 광합성을 할 수 있지만 식물계에 속하지 않는다.

이 설명에 해당하는 생물로 옳은 것은?

① 미역 ② 대장균 ③ 아메바
④ 소나무 ⑤ 우산이끼

14 그림은 우리 주변에서 볼 수 있는 여러 생물의 모습을 나타낸 것이다.

▲ 고사리

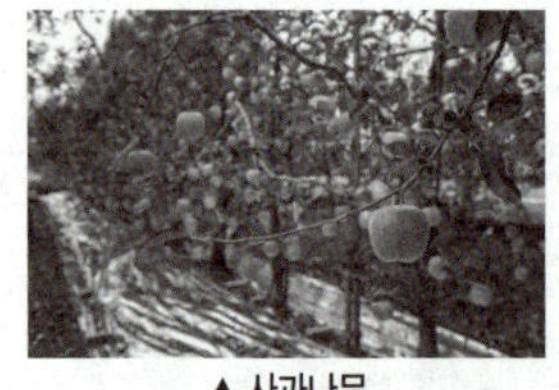
▲ 사과나무

두 생물의 공통점으로 옳은 것을 |보기에서 모두 고른 것은?

| 보기 |

ㄱ. 세포에 핵막으로 둘러싸인 핵이 있다.
ㄴ. 조직과 기관이 발달하였다.
ㄷ. 광합성을 하여 스스로 양분을 만든다.

① ㄱ ② ㄴ ③ ㄱ, ㄷ
④ ㄴ, ㄷ ⑤ ㄱ, ㄴ, ㄷ

15 다음은 여러 생물을 몇 가지 기준에 따라 (가)와 (나) 두 가지 계로 분류한 결과를 나타낸 것이다.

(가)	(나)
송이버섯, 누룩곰팡이	해파리, 달팽이

이에 대한 설명으로 옳은 것을 |보기에서 모두 고른 것은?

| 보기 |

ㄱ. 효모는 (가)와 같은 계에 속한다.
ㄴ. (나)는 다른 생물을 먹이로 삼아 양분을 얻는 생물 무리이다.
ㄷ. 세포벽의 유무는 (가)와 (나)를 구분하는 기준이 될 수 있다.

① ㄱ ② ㄴ ③ ㄱ, ㄷ
④ ㄴ, ㄷ ⑤ ㄱ, ㄴ, ㄷ

16 그림은 생물을 5가지 계로 분류하는 과정을 나타낸 것이다.

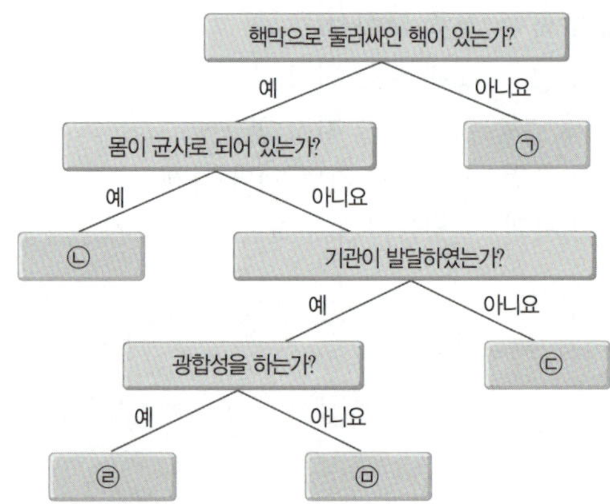

이에 대한 설명으로 옳지 <u>않은</u> 것을 <u>모두</u> 고르면? (단, ㉠~㉤은 각각 생물의 분류 체계에 따른 5가지 계이다.)

① ㉠에 속하는 생물로 남세균이 있다.
② ㉡에 속하는 생물은 스스로 양분을 만들 수 있다.
③ ㉢에 속하는 생물은 대부분 단세포 생물이지만, 다세포 생물도 있다.
④ ㉣에 속하는 생물은 세포벽이 있다.
⑤ ㉤은 원생생물계이다.

실력 향상 문제

01 그림은 원래 한 종류였던 핀치새의 부리 모양이 다양해지게 된 과정을 나타낸 것이다.

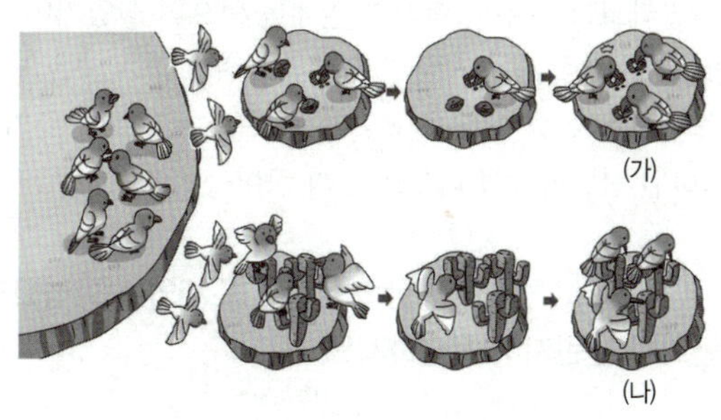

이에 대한 설명으로 옳은 것을 |보기|에서 모두 고른 것은?

|보기|
ㄱ. (가)와 (나)에 사는 핀치새의 부리 모양은 서로 다르다.
ㄴ. 생물의 변이는 생물의 생존에 영향을 미친다.
ㄷ. 변이와 환경에 적응하는 과정은 생물이 다양해지는 주요 원인이다.

① ㄱ　　　　② ㄷ　　　　③ ㄱ, ㄴ
④ ㄴ, ㄷ　　　⑤ ㄱ, ㄴ, ㄷ

02 그림은 어느 생태계의 모습을 나타낸 것이다.

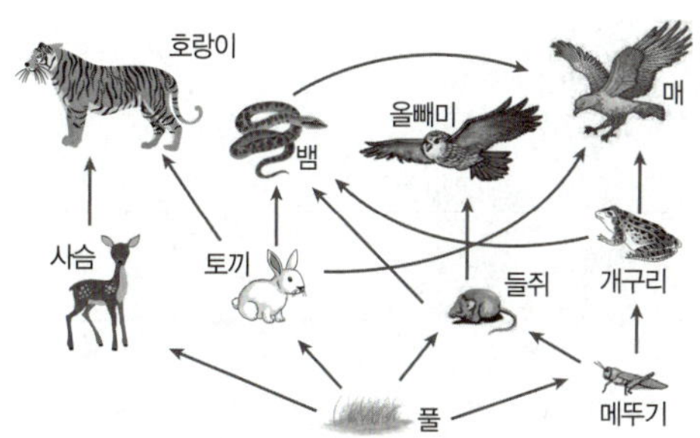

이 생태계에 토끼와 들쥐를 먹이로 하는 외래종이 유입되었을 때 일어날 이 생태계의 변화에 대한 설명으로 옳은 것을 |보기|에서 모두 고른 것은?

|보기|
ㄱ. 토끼와 들쥐의 개체 수가 감소할 것이다.
ㄴ. 풀의 개체 수가 증가할 것이다.
ㄷ. 생물 다양성이 증가할 것이다.

① ㄱ　　　　② ㄷ　　　　③ ㄱ, ㄴ
④ ㄴ, ㄷ　　　⑤ ㄱ, ㄴ, ㄷ

03 그림은 여러 가지 생물을 분류하는 과정을 나타낸 것이다.

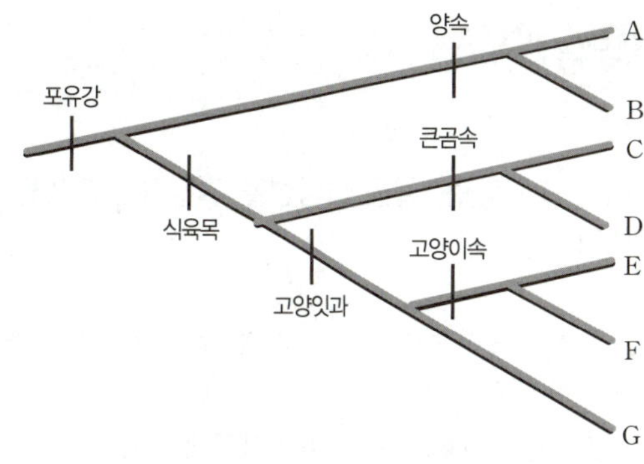

이에 대한 설명으로 옳은 것을 |보기|에서 모두 고른 것은? (단, 생물 A∼F는 서로 다른 종에 해당한다.)

|보기|
ㄱ. 생물 A, B, C는 모두 식육목에 속한다.
ㄴ. 생물 D, F는 모두 고양이속에 속한다.
ㄷ. 생물 C는 생물 A보다 생물 E와 더 가깝다.

① ㄱ　　　　② ㄷ　　　　③ ㄱ, ㄴ
④ ㄴ, ㄷ　　　⑤ ㄱ, ㄴ, ㄷ

04 표는 여러 기준에 따라 대장균, 아메바, 금붕어, 해바라기를 분류한 것이다. A∼D는 각각 대장균, 아메바, 금붕어, 해바라기 중 하나이다.

구분	A	B	C	D
핵(핵막)	○	×	○	○
세포벽	×	○	×	○
광합성	×	×	×	○
세포 수	다세포	단세포	단세포	다세포

이에 대한 설명으로 옳은 것을 |보기|에서 모두 고른 것은?

|보기|
ㄱ. '운동성이 있는가?'는 A와 D를 구분하는 기준이 될 수 있다.
ㄴ. B는 다시마와 같은 계에 속한다.
ㄷ. C는 대부분 몸에 기관이 발달하였다.

① ㄱ　　　　② ㄴ　　　　③ ㄱ, ㄷ
④ ㄴ, ㄷ　　　⑤ ㄱ, ㄴ, ㄷ

V 생물의 다양성

서술형 문제

단답형으로 쓰기

개념

01 다음 (가)~(다)는 생물 다양성을 결정하는 요인들에 대한 설명이다.

> (가) 우포늪은 여러 종류의 식물과 함께 조개, 곤충, 물고기 등이 어우러져 살고 있다.
> (나) 떡갈나무 잎의 모양이 조금씩 다르게 난다.
> (다) 우리나라에는 갯벌, 숲, 논 등 다양한 생태계가 존재하여 생물 다양성이 높다.

(가)~(다)가 각각 어떤 요인에 대한 설명인지 쓰시오.

개념

02 여러 가지 생물 중 (1)~(4)에 해당하는 생물을 |보기|에서 찾아 기호를 쓰시오.

> | 보기 |
> ㄱ. 다시마　　ㄴ. 우산이끼　　ㄷ. 참새
> ㄹ. 버섯　　　ㅁ. 지렁이　　　ㅂ. 곰팡이
> ㅅ. 무궁화　　ㅇ. 짚신벌레

(1) 원생생물계 : ＿＿＿＿　　(2) 균계 : ＿＿＿＿

(3) 식물계 : ＿＿＿＿　　　(4) 동물계 : ＿＿＿＿

키워드를 모두 이용하여 서술하기

창의력

03 그림은 서로 다른 지역에 사는 여우의 모습을 나타낸 것이다.

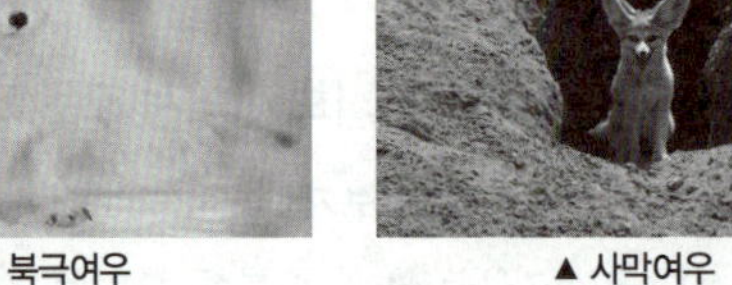

두 여우의 생김새가 다른 까닭을 환경 요인과 관련지어 서술하시오.

키워드　추운 지역, 더운 지역, 열 방출

창의력

04 다음은 어느 섬에서 일어난 생태계 변화에 대한 설명이다.

> 인도양의 어느 섬에만 살고 있던 도도새는 천적이 없어 섬의 탐발라코크 나무의 딱딱한 열매를 먹으며 살았지만, 이 섬에 사람이 살기 시작하면서 무차별적으로 사냥을 당해 멸종되었다. 이후 도도새가 열매를 먹을 때 나오는 종자로 번식하던 탐발라코크 나무의 수가 줄어들었다.

생물 다양성의 보전이 중요한 까닭을 도도새와 탐발라코크 나무의 변화와 관련지어 서술하시오.

키워드　생태계 안정, 멸종

탐구력

05 다음은 상어, 고래, 사람에 대한 설명을 나타낸 것이다.

> (가) 상어, 고래, 사람은 모두 척추를 가지고 있다.
> (나) 상어와 고래는 물에서 살고, 사람은 육지에 산다.
> (다) 상어는 아가미로 호흡하지만, 고래와 사람은 폐로 호흡한다.

상어, 고래, 사람 중에서 다른 생물보다 더 가까운 관계에 있는 두 생물을 쓰고, 그렇게 생각한 까닭을 서술하시오.

키워드　호흡 방법

창의력

06 수사자와 암호랑이 사이에서 태어난 라이거는 몸 색깔이 사자와 비슷하고 호랑이처럼 갈색 줄무늬가 있으며, 자손을 낳지 못한다. 사자와 호랑이는 같은 종인지 다른 종인지 쓰고, 그렇게 생각한 까닭을 서술하시오.

키워드　생식 능력

백신과학
중등 생명과학

백신 과학

중등 생명과학

중 1·2·3 과정을 **한 권**에!

영역별 통합 기본서

정답과 해설

메가스터디 BOOKS

백신과학 중등 생명과학

중 1, 2, 3 과정을 한권 에! 영역별 통합 기본서

백신 과학

중등 **생명과학**

정답과 해설

I. 식물과 에너지

01 광합성

탐구 A
011쪽

정리
1 ㉠ 광합성 ㉡ 광합성 ㉢ 산소
2 ㉠ 엽록체 ㉡ 엽록체 ㉢ 산소 ㉣ 녹말

탐구 B
012쪽

정리
1 세기　2 산소　3 ㉠ 빛의 세기 ㉡ 광합성

개념 확인 문제
013쪽

01 광합성　**02** ㉠ 이산화 탄소 ㉡ 빛에너지 ㉢ 산소　**03** 엽록체
04 (1) ㄴ (2) ㄹ (3) ㄱ (4) ㄷ　**05** (1) × (2) ○ (3) ×　**06** 온도
07 셀　**08** (1) ○ (2) ×　**09** 이산화 탄소
10 35~40　**11** 기공　**12** 공변세포　**13** (1) ㄴ (2) ㄱ (3) ㄷ
14 열려　**15** ㉠ 낮 ㉡ 밤　**16** ㉠ 강 ㉡ 강 ㉢ 낮
17 (1) ○ (2) × (3) × (4) ×
18 ㉠ 물 ㉡ 이산화 탄소 ㉢ 광합성

01
식물이 빛에너지를 이용하여 이산화 탄소와 물을 원료로 양분을 합성하는 과정을 광합성이라고 한다. 이때 양분으로 포도당이 만들어진다.

02
광합성 과정에서 빛에너지를 이용하여 물과 이산화 탄소를 포도당으로 합성하는데, 이 과정에서 산소가 생성된다. 생성된 산소는 식물의 호흡에 일부 사용되고 남은 산소는 기공을 통해 배출되어 다른 생물들의 호흡에 이용된다.

03
광합성이 일어나는 장소는 식물 세포에 있는 엽록체이다. 엽록체에는 초록색 색소인 엽록소가 있어 빛에너지를 흡수한다.

04
(1) 물은 뿌리에서 흡수되어 물관을 따라 이동하여 식물체의 각 부분에 공급된다.
(2) 광합성 결과 생성된 산소는 식물의 호흡에 이용되거나 공기 중으로 방출되어 다른 생물에 의해 이용된다.
(3) 빛에너지는 엽록체에 있는 초록색 색소인 엽록소를 통해 흡수된다.
(4) 이산화 탄소는 공기 중에서 잎의 기공을 통해 흡수되어 광합성에 이용된다.

05
바로 알기 | (1) 광합성은 빛에너지를 이용하기 때문에 햇빛이 있는 낮에만 일어난다.
(3) 광합성에 의해 만들어진 산소는 식물의 호흡에 이용된다.

06
광합성에 영향을 미치는 요인에는 빛의 세기, 이산화 탄소의 농도, 온도가 있다. 빛의 세기와 이산화 탄소의 농도는 어느 정도까지는 증가할수록 광합성이 활발해지다가 일정하게 유지되며, 온도가 35~40 ℃일 때 광합성이 잘 일어난다.

07
광합성은 빛의 세기가 강할수록 활발하게 일어나다가 어느 정도 이상이 되면 일정해진다.

08
바로 알기 | (2) 광합성은 한 가지 요인만 적당하다고 해서 잘 일어나는 것이 아니라 모든 요인이 적당하게 공급될 때 잘 일어난다.

09
광합성은 이산화 탄소를 재료로 하여 일어나므로 이산화 탄소의 농도가 높아질수록 활발하게 일어난다. 그러나 어느 정도 이상의 농도가 되면 광합성 속도가 일정해진다.

10
광합성은 35~40 ℃의 온도 조건에서 활발하게 일어난다.

11
식물의 잎에 있는 기공에서 식물 속에 있는 물이 수증기의 형태로 빠져나가는 증산 작용이 일어난다.

12
식물 잎의 기공은 2개의 공변세포가 둘러싸서 만드는 작은 구멍이다.

13
(1) 기공은 산소, 이산화 탄소, 수증기 등의 기체가 이동하는 통로이다.
(2) 공변세포는 표피 세포가 변형된 것으로, 엽록체가 있어 초록색을 띤다.
(3) 표피 세포는 식물의 표면을 이루는 세포로 엽록체가 없어 광합성을 하지 않는다.

14
기공이 열려 있을 때는 증산 작용이 활발하게 일어나고, 기공이 닫혀 있을 때는 증산 작용이 일어나지 않는다.

15
기공은 주로 온도가 높은 낮에 열리고, 온도가 낮은 밤에 닫히기 때문에 증산 작용은 주로 낮에 활발하게 일어난다.

16

증산 작용은 햇빛이 강할 때, 바람이 강할 때, 대기 중 습도가 낮을 때, 식물체 내 수분량이 많을 때 활발하게 일어난다.

17

바로 알기 | (2) 공변세포는 안쪽 세포벽이 바깥쪽 세포벽보다 두꺼워서 진하게 보인다.
(3) 증산 작용은 주로 기공이 열리는 낮에 일어난다. 밤에는 증산 작용이 잘 일어나지 않는다.
(4) 기공은 기체가 통과하는 통로로 기공이 열릴 때는 산소, 이산화 탄소 등의 기체도 함께 통과한다.

18

증산 작용이 활발해져 식물의 잎에 있는 물의 양이 줄어들면 뿌리에서 흡수한 물이 잎까지 상승하고, 열린 기공을 통해 공기 중의 이산화 탄소가 흡수되어 잎에서는 광합성이 활발해진다. 증산 작용은 물 상승의 원동력 중 하나이다. 물과 이산화 탄소가 원활하게 공급되면 광합성이 활발하게 일어날 수 있다.

개념 집중 문제 | 자료 분석력 향상 문제 — 014쪽

1 ㉠ 이산화 탄소 ㉡ 포도당 ㉢ 산소
2 (가) : 빛의 세기, 이산화 탄소의 농도 (나) : 온도
3 ㉠ 열림 ㉡ 강할 때 ㉢ 높을 때 ㉣ 낮을 때 ㉤ 많을 때 ㉥ 닫힘
　㉦ 약할 때 ◎ 낮을 때 ㉧ 높을 때 ㉨ 적을 때

1

광합성은 빛에너지를 이용하여 공기 중에서 잎을 통해 흡수된 이산화 탄소㉠와 뿌리에서 흡수한 물을 원료로 포도당㉡을 합성하는 과정이다. 광합성 과정에서는 포도당 외에 산소㉢도 생성된다.

2

빛의 세기와 이산화 탄소의 농도가 증가할수록 광합성량은 증가하다가 어느 정도 이상 공급되면 더 이상 증가하지 않고 일정해진다. 온도가 높아질수록 광합성량은 증가하다가 어느 정도 이상에서는 급격히 감소한다.

3

구분	빛의 세기	온도	습도	바람	식물체 내 수분량
기공 열림	강할 때	높을 때	낮을 때	잘 불 때	많을 때
기공 닫힘	약할 때	낮을 때	높을 때	안 불 때	적을 때

기공이 열려 증산 작용이 일어나면 식물체 내의 수분이 빠져 나간다. 따라서 증산 작용은 식물체 내 수분량이 많을 때, 습도가 낮을 때 활발하게 일어난다.

02 식물의 호흡과 에너지

탐구 — 018쪽

정리
1 ㉠ 호흡 ㉡ 이산화 탄소
2 ㉠ 광합성 ㉡ 광합성량 ㉢ 호흡량 ㉣ 이산화 탄소 ㉤ 산소
3 ㉠ 호흡 ㉡ 이산화 탄소

개념 확인 문제 — 019쪽

01 호흡　　02 ㉠ 산소 ㉡ 이산화 탄소　　03 모든
04 (1) ○ (2) × (3) ×　　05 ㉠ 엽록체 ㉡ 녹말
06 ㉠ 설탕 ㉡ 체관　　07 (1) ㉠ 녹말 ㉡ 뿌리 (2) ㉠ 녹말 ㉡ 줄기
(3) ㉠ 포도당 ㉡ 열매 (4) ㉠ 지방 ㉡ 씨 (5) ㉠ 단백질 ㉡ 씨

01

세포에서 산소를 이용하여 양분을 분해하고 생명 활동에 필요한 에너지를 얻는 과정을 호흡이라고 한다.

02

호흡은 산소를 이용하여 양분인 포도당을 분해하고 물과 이산화 탄소, 에너지를 얻는 과정이다. 호흡 과정은 광합성과 반대로 일어나는데, 광합성의 산물은 호흡 과정에 이용되고, 호흡의 산물은 광합성에 이용된다.

03

호흡은 에너지를 얻기 위한 과정이고, 식물체를 구성하는 모든 세포들은 생명 활동에 필요한 에너지를 계속 얻어야 하므로 호흡은 모든 세포에서 일어난다.

04

바로 알기 | (2) 식물은 빛이 있는 낮에는 광합성과 호흡을 모두 하고, 빛이 없는 밤에는 호흡만 한다.
(3) 호흡량은 크게 변화하지 않지만, 광합성량은 빛의 세기가 강해지면 어느 정도까지는 계속 커진다. 따라서 빛이 있더라도 빛의 세기가 충분하지 않다면 광합성량과 호흡량이 같거나, 호흡량이 더 많을 수도 있다.

05

광합성의 결과로 생성된 포도당은 엽록체에서 물에 녹지 않는 녹말의 형태로 잠시 저장된다.

06

광합성으로 생성된 양분은 물에 잘 녹는 설탕의 형태로 체관을 따라 식물의 각 기관으로 이동하여 생명 활동에 이용되거나 다양한 형태로 저장된다.

07

(1) 고구마는 광합성 산물을 주로 녹말의 형태로 전환시켜 뿌리에

양분을 저장한다.
(2) 감자는 주로 녹말의 형태로 줄기에 양분을 저장한다. 감자의 덩이줄기가 양분의 저장 장소이다.
(3) 포도는 주로 포도당의 형태로 열매에 양분을 저장한다.
(4) 깨는 주로 지방과 단백질의 형태로 씨에 양분을 저장한다. 깨를 이용하여 기름을 만들 수 있다.
(5) 콩은 주로 단백질의 형태로 씨에 양분을 저장한다.

🧠 개념 집중 문제 ｜ 자료 분석력 향상 문제　019쪽

1 ㉠ 광합성 ㉡ 호흡 ㉢ > ㉣ 흡수 ㉤ 방출 ㉥ 호흡 ㉦ 호흡 ㉧ 방출 ㉨ 흡수

1

빛이 강한 낮에는 광합성량이 호흡량보다 많기 때문에 이산화 탄소가 흡수되고 산소가 방출되며, 빛이 없는 밤에는 호흡만 일어나기 때문에 이산화 탄소가 방출되고 산소가 흡수된다.

☀️ 단원마무리 ｜ 생각그물 완성하기　020~021쪽

1 빛에너지　**2** 이산화 탄소　**3** 물(또는 이산화 탄소)
4 이산화 탄소(또는 물)　**5** 빛에너지　**6** 포도당(또는 산소)
7 산소(또는 포도당)　**8** 온도　**9** 빛의 세기　**10** 기공
11 공변세포　**12** 산소　**13** 에너지　**14** 산소　**15** 에너지
16 녹말　**17** 체관　**18** 뿌리　**19** 녹말　**20** 설탕
21 포도당　**22** 씨　**23** 녹말

II. 동물과 에너지

03 소화와 순환

🔍 탐구 A　030쪽

정리
1 ㉠ 체온 ㉡ 체온
2 ㉠ 아이오딘－아이오딘화 칼륨 ㉡ 녹말
3 ㉠ 시험관 A ㉡ 시험관 B

🔍 탐구 B　031쪽

정리
1 ㉠ 백혈구 ㉡ 적혈구 ㉢ 핵
2 ㉠ 적혈구 ㉡ 산소

🔍 개념 확인 문제　032쪽

01 세포　**02** ㉠ 세포 ㉡ 기관 ㉢ 개체
03 ㉠ 조직계 ㉡ 개체　**04** (1) ○ (2) × (3) ○
05 (1) ㄱ, ㄹ, ㅁ (2) ㄴ, ㄷ, ㅂ
06 ㉠ 아이오딘－아이오딘화 칼륨 ㉡ 청람색　**07** 베네딕트
08 ㉠ 단백질 ㉡ 보라색　**09** (1) ○ (2) × (3) ○ (4) ×
10 ㉠ 심방 ㉡ 심실　**11** 판막　**12** (1) × (2) × (3) ○
13 ㉠ 혈장 ㉡ 혈구　**14** 적혈구　**15** 헤모글로빈
16 백혈구　**17** 응고　**18** 혈액 순환　**19** ㉠ 정맥혈 ㉡ 동맥혈
20 ㉠ 산소 ㉡ 영양소 ㉢ 이산화 탄소 ㉣ 노폐물
21 ㉠ 동맥혈 ㉡ 정맥혈　**22** ㉠ 폐동맥 ㉡ 폐정맥
23 ㉠ 정맥혈 ㉡ 동맥혈

01

생물의 몸을 구성하는 기본 단위는 세포이다. 다세포 생물은 다양한 기능을 하는 여러 세포가 모여 구성된다.

02

동물은 기본 단위인 세포가 모여 조직이 되고, 기관, 기관계의 단계를 거쳐 하나의 개체가 된다.

03

식물은 세포, 조직, 조직계, 기관의 단계를 거쳐 하나의 개체를 이룬다.

04

바로 알기 ｜ (2) 순환계는 세포 호흡에 필요한 영양소, 산소를 조직 세포로 운반하고, 조직 세포에서 만든 노폐물을 배설계로 운반한다.

05

주영양소에는 탄수화물, 단백질, 지방이 있으며, 우리 몸을 구성하거나 생명 활동에 필요한 에너지를 제공하는 에너지원으로 이용

된다. 부영양소에는 무기염류, 바이타민, 물이 있으며, 에너지원
으로 이용되지 않는 영양소이다.

06
녹말 검출에 사용하는 아이오딘-아이오딘화 칼륨 용액은 녹말과
반응하면 청람색으로 변한다.

07
베네딕트 용액을 이용하여 포도당을 검출하며, 베네딕트 용액이
포도당과 반응하면 황적색으로 변한다.

08
단백질 검출에는 뷰렛 용액(5 % 수산화 나트륨 용액＋1 % 황산
구리 용액)을 사용하며, 뷰렛 용액이 단백질과 반응하면 보라색으
로 변한다.

09
바로 알기 | (2) 단백질은 펩신에 의해 위에서 최초로 소화된다.
(4) 쓸개즙은 지방의 소화를 도울 뿐 소화 효소는 없다.

10
심장은 주먹 크기의 근육질 주머니로, 2개의 심방과 2개의 심실로
구성되며, 혈액 순환의 중심이 되는 기관이다.

11
심장에서 혈액은 한 방향으로만 흐르며, 심장에 있는 판막은 혈액
이 거꾸로 흐르는 것을 막는다.

12
바로 알기 | (1) 심장이 수축하면 좌심실에서 대동맥을 통해 온몸으
로 혈액을 내보낸다.
(2) 좌심실에는 폐에서 산소를 얻은 혈액이 들어오고, 우심실에는
온몸으로부터 이산화 탄소와 노폐물을 싣고 온 혈액이 들어온다.
따라서 모든 심실에 산소가 풍부한 혈액이 흐르는 것은 아니다.

13
혈액은 액체 성분인 혈장과 세포 성분인 혈구로 구성되어 있다.
혈장은 대부분이 물이고, 혈구에는 백혈구, 적혈구, 혈소판이 있다.

14
적혈구의 헤모글로빈이 산소와 결합하거나 분리될 수 있어서 산소
를 운반한다.

15
적혈구에는 헤모글로빈이라는 색소가 있어서 붉은색을 띤다.

16
김사액은 세포의 핵을 보라색으로 염색시키는 용액이며, 백혈구
에는 핵이 있으므로 김사액에 의해 보라색으로 염색된다.

17
혈소판은 혈구 중 크기가 가장 작으며, 상처 부위의 혈액을 응고
시켜 딱지를 만들어 상처 부위의 출혈과 병원체의 감염을 막는다.

18
혈액 순환은 심장에서 나간 혈액이 동맥, 모세 혈관, 정맥을 거쳐
서 다시 심장으로 돌아오는 과정을 말한다.

19
폐동맥에는 산소가 적은 정맥혈이, 폐정맥에는 산소가 많은 동맥
혈이 흐른다.

20
온몸 순환은 좌심실에서 나온 혈액이 온몸의 모세 혈관과 조직 세
포에 산소와 영양소를 공급하고, 모세 혈관과 조직 세포로부터 이
산화 탄소와 노폐물을 받아 우심방으로 돌아오는 순환을 말한다.

21
온몸 순환에서는 산소와 영양소를 공급해 주고, 이산화 탄소와 노
폐물을 받아 돌아오므로 동맥혈이 정맥혈로 바뀐다.

22
폐순환은 우심실에서 나온 혈액이 폐에서 이산화 탄소를 내보내고
산소를 받아 좌심방으로 돌아오는 순환을 말한다.

23
폐순환 과정에서 이산화 탄소를 내보내고 산소를 받아오므로 정맥
혈이 동맥혈로 바뀐다.

개념 집중 문제 **암기력 향상 문제** 033쪽

1 ㉠ 침 ㉡ 쓸개즙 ㉢ 이자액 ㉣ 탄수화물(녹말) ㉤ 단백질 ㉥ 수분
2 ㉠ 아밀레이스 ㉡ 트립신 ㉢ 쓸개즙 ㉣ 라이페이스 ㉤ 포도당
㉥ 아미노산 ㉦ 지방산

1
㉠ 침은 침샘에서 분비되며, 녹말 분해 효소가 들어 있다.
㉡ 간에서 생성된 쓸개즙은 쓸개에 저장된다.
㉢ 이자는 녹말, 단백질, 지방의 소화 효소가 모두 들어 있는 이자
액을 생성하고 분비한다.
㉣ 입에서는 아밀레이스에 의해 탄수화물(녹말)이 분해된다.
㉤ 위에서는 위액의 펩신에 의해 단백질이 소화된다.
㉥ 대장에서는 소화가 일어나지 않고 수분을 흡수한다.

2
㉠ 아밀레이스는 침과 이자액에 들어 있는 소화 효소로, 탄수화물
(녹말)을 분해한다.

ⓛ 이자액의 트립신에 의해 단백질이 분해된다.
ⓒ 쓸개즙은 지방의 소화를 돕는다.
ⓔ 이자액의 라이페이스에 의해 지방이 분해된다.
ⓜ 탄수화물이 아밀레이스와 탄수화물 소화 효소에 의해 최종 분해되면 포도당이 된다.
ⓗ 단백질이 펩신과 트립신, 단백질 소화 효소에 의해 최종 분해되면 아미노산이 된다.
ⓢ 지방이 라이페이스에 의해 최종 분해되면 지방산과 모노글리세리드가 된다.

개념 집중 문제 | 암기력 향상 문제   034쪽

1 ㉠ 우심방 ㉡ 우심실 ㉢ 좌심방 ㉣ 좌심실
2 (1) A—동맥, B—정맥, C—모세 혈관 (2) A → C → B
   (3) A>C>B (4) A>B>C (5) A>B>C (6) C>B>A
3 (1) A—적혈구, B—백혈구, C—혈소판, D—혈장 (2) D (3) B (4) C

1

㉠ 우심방은 대정맥을 통해 온몸에서 온 혈액을 우심실로 보낸다.
㉡ 우심실은 폐동맥을 통해 폐로 혈액을 내보낸다.
㉢ 좌심방은 폐정맥을 통해 들어온 혈액을 좌심실로 보낸다.
㉣ 좌심실은 대동맥을 통해 온몸으로 혈액을 내보내며, 혈관의 내벽이 가장 두껍다.

2

(1) A는 심장에서 나오는 혈액이 흐르는 동맥, B는 심장으로 들어가는 혈액이 흐르는 정맥, C는 산소와 영양소, 이산화 탄소와 노폐물을 주고받는 모세 혈관이다.
(2) 혈액은 동맥(A) → 모세 혈관(C) → 정맥(B)의 순으로 흐른다.
(3) 혈압은 심장에서 혈액이 나오는 동맥(A)이 가장 높고, 그 다음은 조직 세포와 충분한 시간을 두고 물질 교환을 하는 모세 혈관(C), 마지막으로 정맥(B)에서 혈압이 가장 낮다.
(4) 혈관 벽은 동맥(A)이 가장 두꺼우며, 정맥(B), 모세 혈관(C) 순으로 얇아진다.
(5) 혈류 속도는 심장에서 혈액이 나오는 동맥(A)에서 가장 빠르고, 정맥(B), 모세 혈관(C) 순으로 느려진다.
(6) 총 단면적은 많은 조직 세포와 접하고 있는 모세 혈관(C)이 가장 크고, 정맥(B), 동맥(A) 순으로 작아진다.

3

(1) A는 세포 성분인 적혈구, B는 백혈구, C는 혈소판이고, D는 액체 성분인 혈장이다.
(2) 혈장(D)은 노폐물, 영양소, 이산화 탄소 등을 운반한다.
(3) 백혈구(B)는 세균과 같은 병원체를 잡아먹는 식균 작용을 한다.
(4) 혈소판(C)은 상처 부위의 혈액을 응고시켜 딱지를 만들어 상처 부위의 출혈과 병원체의 감염을 막는다.

---

04 호흡과 배설

탐구   040쪽

정리
1 ㉠ 기관(지) ㉡ 폐 ㉢ 가로막
2 ㉠ 커지고 ㉡ 작아져 ㉢ 팽창
3 ㉠ 작아지고 ㉡ 커져 ㉢ 수축   **4** ㉠ 들숨 ㉡ 날숨

개념 확인 문제   041쪽

01 ㉠ 산소 ㉡ 이산화 탄소 **02** 들숨 **03** 날숨
04 (1) × (2) ○ (3) ○   **05** ㉠ 갈비뼈 ㉡ 가로막
06 (1) ㄱ, ㄷ, ㅂ (2) ㄴ, ㄹ, ㅁ   **07** 확산
08 ㉠ 산소 ㉡ 이산화 탄소 **09** ㉠ 산소 ㉡ 이산화 탄소
10 ㉠ 폐포 ㉡ 조직 세포 **11** (1) ○ (2) × (3) × (4) ○
12 ㉠ 콩팥 ㉡ 방광 **13** 네프론 **14** 보먼주머니
15 콩팥 깔때기 **16** 오줌
17 ㉠ 사구체 ㉡ 보먼주머니 **18** ㉠ 포도당 ㉡ 아미노산
19 물 **20** 단백질 **21** 오줌 **22** ㉠ 산소 ㉡ 에너지
23 ㉠ 호흡계 ㉡ 순환계 **24** 소화계 ㉡ 순환계 **25** 순환계

01

호흡계는 숨을 들이쉬고 내쉬는 기능을 담당하는 코, 기관, 기관지, 폐 등의 호흡 기관으로 이루어져 있다.

02

폐에서 산소를 받은 혈액이 조직 세포로 산소를 공급해 주기 때문에 들숨에는 산소가 많이 들어 있다.

03

호흡으로 생성된 이산화 탄소가 날숨을 통해 몸 밖으로 배출되기 때문에 날숨에는 이산화 탄소가 많이 들어 있다.

04

바로 알기 | (1) 폐는 근육이 없어서 스스로 운동할 수 없다.

05

폐는 근육이 없어서 스스로 운동하지 못해 갈비뼈와 가로막의 상하 운동을 통해 흉강의 부피와 압력을 조절하여 호흡 운동을 한다.

06

(1) 들숨일 때는 갈비뼈가 올라가고 가로막이 내려가 흉강의 부피가 커지면서 공기가 폐로 들어온다.
(2) 날숨일 때는 갈비뼈가 내려가고 가로막이 올라가 흉강의 부피가 작아지면서 공기가 폐에서 나간다.

07

기체의 교환은 농도가 높은 곳에서 낮은 곳으로 기체가 이동하는 확산에 의해 이루어진다.

08

폐에서는 폐포에서 모세 혈관으로 산소가 이동하고, 모세 혈관에서 폐포로 이산화 탄소가 이동하는 기체 교환이 이루어진다.

09

조직 세포에서는 모세 혈관에서 조직 세포로 산소가 이동하고, 조직 세포에서 모세 혈관으로 이산화 탄소가 이동하면서 기체 교환이 이루어진다.

10

산소의 농도는 폐포에서 가장 높고, 조직 세포에서 가장 낮다. 반대로 이산화 탄소의 농도는 조직 세포에서 가장 높고, 폐포에서 가장 낮다.

11

바로 알기 | (2) 암모니아는 단백질이 분해될 때 생성된다.
(3) 암모니아는 독성이 강해 간에서 독성이 약한 요소로 바뀐 다음 콩팥에서 물과 함께 오줌으로 나간다.

12

배설계는 노폐물의 배설을 담당하는 기관들이 모인 기관계로, 콩팥, 오줌관, 방광, 요도 등의 배설 기관으로 이루어져 있다.

13

콩팥의 겉질과 속질에는 오줌을 만드는 기본 단위인 네프론이 분포한다.

14

네프론은 사구체, 보먼주머니, 세뇨관으로 구성된다.

15

콩팥의 네프론에서 생성된 오줌은 콩팥 깔때기에 모이고, 오줌관을 지나 방광에 저장되었다가 요도를 통해 몸 밖으로 배출된다.

16

네프론에서 여과, 재흡수, 분비 과정을 거쳐 오줌이 생성된다.

17

사구체에서 보먼주머니로 물, 요소, 포도당, 아미노산, 무기염류와 같은 크기가 작은 물질이 이동하는 현상이 여과이다. 여과 과정에서 혈구, 단백질과 같이 크기가 큰 물질은 이동하지 않는다.

18

세뇨관에서 모세 혈관으로 몸에 필요한 물질이 이동하는 현상을 재흡수라고 하며, 포도당과 아미노산은 100 % 재흡수된다.

19

혈장이 보먼주머니에서 여과 과정을 거쳐 여과액이 되고, 여과액이 재흡수와 분비를 거쳐 오줌이 된다. 이들 세 가지 모두 물이 가장 많은 비율을 차지한다.

20

단백질은 혈장에는 있지만 사구체에서 보먼주머니 쪽으로 여과되지 않기 때문에 여과액에는 없다.

21

포도당과 아미노산은 여과된 후 100 % 재흡수되기 때문에 여과액에는 있지만 오줌에는 없다.

22

산소를 이용하여 영양소를 분해하고, 생활에 필요한 에너지를 얻는 과정을 세포 호흡이라고 한다.

23

산소는 호흡계를 통해 외부에서 몸속으로 흡수되고, 순환계를 통해 온몸의 조직 세포로 전달된다.

24

음식으로 섭취한 영양소는 소화계를 통해 몸에 흡수되어 순환계를 통해 온몸의 조직 세포로 전달된다.

25

조직 세포에서 세포 호흡 결과 만들어진 노폐물은 순환계를 통해 배설계로 운반된다.

🧠 개념 집중 문제 암기력 향상 문제　　　　042쪽

1 ㉠ 기관 ㉡ 폐 ㉢ 갈비뼈 ㉣ 폐포 ㉤ 기관지 ㉥ 폐포 ㉦ 모세 혈관
2 (1) ㉠ 내려온다 ㉡ 커진다 ㉢ 낮아진다 ㉣ 들어온다
　　(2) ㉠ 올라간다 ㉡ 작아진다 ㉢ 높아진다 ㉣ 나간다
3 (1) 기관 및 기관지 (2) 흉강 (3) 폐 (4) 가로막

1

㉠ 기관은 목구멍에서 폐까지 이어지는 긴 관이다. 기관에서 기관지가 갈라져 나간다.
㉡, ㉢, ㉣ 폐는 갈비뼈와 가로막으로 둘러싸여 있으며, 수많은 폐포로 구성되어 있다.
㉤ 기관지는 기관에서 갈라져 양쪽 폐로 들어가고, 다시 여러 갈래의 가지를 형성하며 폐포와 연결되어 있다.
㉥ 폐포는 폐를 구성하는 작은 공기 주머니로, 모세 혈관에 둘러싸여 있고 폐와 공기가 접촉하는 표면적을 넓혀 효율적인 기체 교환이 이루어지도록 한다.

2

(1) 들숨일 때 갈비뼈가 올라가고 가로막이 내려가 흉강의 부피가 커지면 폐의 내부 압력이 대기압보다 낮아져 공기가 폐로 들어온다.
(2) 날숨일 때 갈비뼈가 내려가고 가로막이 올라가 흉강의 부피가 작아지면 폐의 내부 압력이 대기압보다 높아져 공기가 폐에서 밖으로 나간다.

3

Y자 유리관은 기관 및 기관지, 유리병은 흉강, 고무풍선은 폐, 고무 막은 가로막을 나타내며, 고무 막을 아래로 당기면 유리병 내부의 기압이 작아져 밖에서 공기가 들어와 고무풍선이 팽창한다. 고무 막을 위로 밀어 올리면 유리병 내부의 기압이 커져 고무풍선의 공기가 밖으로 빠져나가고 고무풍선이 수축한다.

🧠 개념 집중 문제　암기력 향상 문제　043쪽

1 ㉠ 콩팥 ㉡ 오줌관 ㉢ 방광 ㉣ 네프론 ㉤ 사구체 ㉥ 보먼주머니
　 ㉦ 세뇨관
2 (1) A : 사구체 (2) B : 보먼주머니 (3) C : 세뇨관 (4) D : 모세 혈관
3 ㉠ 콩팥 동맥 ㉡ 재흡수 ㉢ 분비 ㉣ 콩팥 깔때기

1

㉠ 콩팥은 혈액 속의 노폐물을 걸러 오줌을 만드는 기관이다.
㉡ 오줌관은 콩팥에서 만들어진 오줌을 방광으로 이동시켜 주는 관이다.
㉢ 방광은 오줌을 저장하는 장소로, 오줌관의 끝에 연결되어 있다.
㉣ 네프론은 오줌을 만드는 기본 단위이며, 사구체, 보먼주머니, 세뇨관으로 구성된다.
㉤ 사구체는 콩팥 동맥에서 나온 모세 혈관이 실타래처럼 뭉쳐 있는 구조이다.
㉥ 보먼주머니는 사구체를 둘러싸고 있는 주머니 모양의 구조이다.
㉦ 세뇨관은 보먼주머니에 연결된 가는 관이다.

2

A는 모세 혈관이 실타래처럼 뭉쳐 있는 사구체, B는 사구체를 둘러싸고 있는 보먼주머니, C는 보먼주머니에 연결된 가는 관인 세뇨관, D는 모세 혈관이다.

3

콩팥 동맥을 통해 들어온 혈액이 사구체에서 보먼주머니로 여과 과정을 거치고 세뇨관으로 이동하는 여과액이 모세 혈관을 지나면서 재흡수와 분비 과정을 거친다. 이후 오줌은 콩팥 깔때기에 모이고, 오줌관으로 이동하여 방광에 모였다가 요도를 통해 몸 밖으로 배출된다.

☀ 단원마무리　생각그물 완성하기　044~045쪽

① 소화　**②** 단백질　**③** 수용성　**④** 암죽관　**⑤** 동맥
⑥ 정맥　**⑦** 산소, 영양소　**⑧** 이산화 탄소, 노폐물
⑨ 혈장　**⑩** 적혈구　**⑪** 백혈구　**⑫** 온몸 순환　**⑬** 폐순환
⑭ 들숨(흡기)　**⑮** 날숨(호기)　**⑯** >　**⑰** <　**⑱** 네프론
⑲ 재흡수　**⑳** 분비　**㉑** 순환계　**㉒** 배설계

Ⅲ. 자극과 반응

05 감각 기관

🔍 탐구 A　052쪽

정리
1 ㉠ 맹점 ㉡ 맹점 ㉢ 시각 세포
2 ㉠ 커 ㉡ 작아 ㉢ 감소 ㉣ 작아 ㉤ 커 ㉥ 증가

🔍 탐구 B　053쪽

정리
1 감각점　**2** ㉠ 짧을 ㉡ 감각점 ㉢ 손가락 끝
3 ㉠ 온점 ㉡ 냉점 ㉢ 상대적인

📡 개념 확인 문제　054쪽

01 자극　**02** 감각　**03** ㉠ 눈 ㉡ 빛　**04** 홍채
05 수정체　**06** 망막　**07** ㉠ 각막 ㉡ 수정체 ㉢ 망막 ㉣ 뇌
08 ㉠ 확장 ㉡ 작아진다　**09** ㉠ 얇아지고 ㉡ 두꺼워진다
10 청각　**11** 달팽이관　**12** ㉠ 외이도 ㉡ 달팽이관
13 평형 감각　**14** (1) 반 (2) 전 (3) 반
15 ㉠ 코 ㉡ 기체　**16** 후각 상피
17 (1) ○ (2) × (3) ○　**18** ㉠ 혀 ㉡ 액체　**19** 맛봉오리
20 감칠　**21** (1) ○ (2) ○ (3) ×　**22** 감각점
23 ㉠ 통점 ㉡ 압점　**24** (1) × (2) × (3) ○

01

빛, 소리, 온도와 같이 생물에 작용하여 특정한 반응을 일으키는 환경 요인을 자극이라고 한다.

02

주변에서 발생하는 자극을 받아들이는 기관을 감각 기관이라고 하며, 감각 기관에는 눈, 귀, 코, 혀, 피부 등이 있다. 각 감각 기관은 받아들이는 자극의 종류가 정해져 있어 다른 종류의 자극은 감지하지 못한다.

03

시각은 눈에서 빛을 자극으로 받아들여 물체의 형태와 색깔, 크기, 거리 등을 느끼는 감각을 의미한다. 빛이 없으면 자극을 감지하지 못한다.

04

홍채는 동공의 크기를 조절하여 눈으로 들어오는 빛의 양을 조절한다. 홍채가 확장되면 동공의 크기가 작아져 눈으로 들어오는 빛의 양이 줄어들고, 홍채가 축소되면 동공이 커져 눈으로 들어오는 빛의 양이 늘어난다.

05

수정체는 볼록 렌즈 모양으로 빛을 굴절시켜 망막에 상이 맺히게 한다.

06

망막은 눈의 가장 안쪽에 있는 막으로, 물체의 상이 맺히는 곳이다. 망막에는 시각 세포가 있어 빛 자극을 받아들인다.

07

물체에서 나온 빛이 각막과 수정체를 지나 굴절되어 망막에 상이 맺히고, 망막의 시각 세포가 자극으로 받아들여 시각 신경을 통해 뇌로 전달되어 물체를 본다.

08

밝은 곳에서는 눈으로 들어오는 빛의 세기가 강하기 때문에 홍채가 확장하면서 동공의 크기가 작아져 눈으로 들어오는 빛의 양이 감소한다.

09

먼 곳을 볼 때는 섬모체가 이완하여 수정체가 얇아지고, 가까운 곳을 볼 때는 섬모체가 수축하여 수정체가 두꺼워진다.

10

귀에서 공기 등을 통해 전달된 소리(파동)를 자극으로 받아들여 소리를 듣게 되는 감각을 청각이라고 한다.

11

달팽이관은 달팽이집처럼 말려 있는 관으로, 청각 세포가 분포하여 소리 자극을 받아들인다.

12

소리가 고막을 진동시키고, 진동이 귓속뼈를 지나면서 증폭되어 달팽이관에 전달되면 달팽이관의 청각 세포가 자극으로 받아들여 청각 신경을 통해 뇌로 전달되어 소리를 듣는다.

13

눈을 감고 있어도 몸이 회전하거나 기울어지는 것을 느낄 수 있는데, 회전이나 평형을 느끼는 것을 평형 감각이라고 한다.

14

반고리관은 몸의 회전이나 이동을 감지하며, 전정 기관은 몸의 기울어짐을 감지한다.

15

후각은 코가 기체 상태의 화학 물질을 자극으로 받아들여 냄새를 느끼는 감각이다.

16

후각 상피는 끈적끈적한 점액으로 덮여 있으며, 후각 세포가 분포한다.

17

바로 알기 | (2) 후각은 다른 감각에 비해 매우 예민하지만, 쉽게 피로해져 같은 냄새를 오래 맡고 있으면 그 냄새를 잘 느끼지 못한다.

18

미각은 혀가 액체 상태의 화학 물질을 자극으로 받아들여 맛을 느끼는 감각이다.

19

혀의 유두 옆면에 있는 맛봉오리에는 맛 자극을 받아들이는 맛세포가 모여 있다.

20

혀를 통해 느끼는 기본적인 맛에는 단맛, 신맛, 쓴맛, 짠맛, 감칠맛의 5가지가 있다.

21

바로 알기 | (3) 매운맛은 혀의 피부에 있는 통점에 의해 나타나는 피부 감각이다.

22

피부에는 부드러움, 딱딱함, 아픔, 따뜻함, 차가움 등을 느낄 수 있는 감각점이 분포해 있다.

23

통점은 강한 자극을 받아들여 통증을 느끼며, 압점은 누르는 압력이나 압박을 느낀다.

24

바로 알기 | (1) 한 가지 감각점에서는 한 가지 감각만 느낄 수 있다.
(2) 냉점과 온점은 상대적인 온도 변화를 자극으로 받아들인다.

개념 집중 문제 　암기력 향상 문제　055쪽

1 ㉠ 동공 ㉡ 동공 ㉢ 수정체 ㉣ 망막 ㉤ 수정체
2 ㉠ 고막 ㉡ 회전 ㉢ 귀인두관 ㉣ 전정 기관

1

㉠ 홍채는 동공의 크기를 조절하여 눈으로 들어오는 빛의 양을 조절한다.
㉡ 동공은 홍채에 덮이지 않은 부분으로, 빛이 눈 안으로 들어가는 구멍이다.
㉢ 수정체는 볼록 렌즈 모양으로, 빛을 굴절시켜 망막에 상이 맺히도록 한다.
㉣ 망막은 눈의 가장 안쪽에 있는 막으로, 물체의 상이 맺히는 곳이다. 시각 세포가 많이 분포하는 황반과 시각 신경이 모여 나가는 부위인 맹점이 있다.
㉤ 섬모체는 수정체의 두께를 조절한다.

2

㉠ 고막은 얇은 막으로, 소리에 의해 진동한다.
㉡ 반고리관은 몸이 회전하는 자극을 받아들인다.
㉢ 귀인두관은 귀와 목구멍을 연결하는 관으로, 고막 안쪽과 바깥쪽의 압력을 같게 조절한다.
㉣ 전정 기관은 몸이 기울어지는 자극을 받아들인다.

06 신경계

탐구 A
059쪽

정리　1 ㉠ 눈 ㉡ 대뇌 ㉢ 운동 신경
2 ㉠ 반응 경로 ㉡ 짧은 ㉢ 시각　　3 ㉠ 대뇌 ㉡ 길어

탐구 B
060쪽

정리　1 ㉠ 감각 신경 ㉡ 척수
2 ㉠ 감각 신경 ㉡ 척수 ㉢ 대뇌 ㉣ 척수 ㉤ 운동 신경
3 ㉠ 척수 ㉡ 대뇌 ㉢ 대뇌 ㉣ 빠르다

개념 확인 문제
061쪽

01 뉴런　　**02** 신경 세포체　　**03** 가지 돌기
04 축삭 돌기　　**05** ㉠ 가지 돌기 ㉡ 신경 세포체 ㉢ 축삭 돌기
06 (1) ◯ (2) ◯ (3) ◯ (4) ✕　　**07** 중추
08 (1) ㄷ (2) ㄹ (3) ㄱ (4) ㄴ (5) ㅁ　　**09** 척수
10 ㉠ 말초 ㉡ 운동　　**11** (1) ✕ (2) ◯ (3) ✕ (4) ◯ (5) ◯
12 신경계　　**13** 의식적 반응　　**14** 무조건 반사
15 척수　　**16** 연수　　**17** 중간뇌　　**18** (1) 무 (2) 무 (3) 의 (4) 의
19 ㉠ 척수 ㉡ 대뇌 ㉢ 척수　　**20** 빠르게

01

신경계를 구성하는 신경 세포를 뉴런이라고 하며, 뉴런은 신경 세포체, 가지 돌기, 축삭 돌기로 이루어져 있다.

02

신경 세포체는 핵과 대부분의 세포질이 모여 있는 부위로, 여러 가지 생명 활동이 일어난다.

03

가지 돌기는 신경 세포체에서 뻗어 나온 여러 개의 짧은 돌기로, 다른 뉴런이나 감각 기관으로부터 오는 자극을 받아들인다.

04

축삭 돌기는 신경 세포체에서 뻗어 나온 한 개의 긴 돌기로, 다른 뉴런이나 기관 등으로 자극을 전달한다.

05

하나의 뉴런에서 자극은 가지 돌기 → 신경 세포체 → 축삭 돌기의 순서로 전달된다. 뉴런 내의 자극은 양방향으로 전도되지만, 뉴런 사이에는 축삭 돌기에서 다음 뉴런의 가지 돌기 방향으로만 자극의 전달이 일어난다.

06

바로 알기 | (4) 자극의 전달 경로는 감각 뉴런(A) → 연합 뉴런(B) → 운동 뉴런(C)이다.

07

중추 신경계는 뇌와 척수로 이루어져 있으며, 자극에 대해 판단하고 적절한 명령을 내린다.

08

(1) 중간뇌(ㄷ)는 안구 운동과 동공의 크기를 조절한다.
(2) 소뇌(ㄹ)는 근육 운동을 조절하고, 몸의 자세와 균형을 유지한다.
(3) 대뇌(ㄱ)는 여러 가지 자극을 해석하고 명령을 내리며, 복잡한 정신 활동을 담당한다.
(4) 간뇌(ㄴ)는 혈당량, 체온 등 몸속 상태를 일정하게 유지(항상성 유지)한다.
(5) 연수(ㅁ)는 호흡 운동, 심장 박동, 소화액 분비를 조절한다.

09

척수는 연수 아래쪽으로 뻗어 있는 뇌와 말초 신경 사이의 신호 전달 통로로, 무조건 반사의 중추이다.

10

말초 신경계는 감각 신경과 운동 신경으로 이루어지며, 온몸에 퍼져 있어 중추 신경계와 몸의 각 부분을 연결한다.

11

바로 알기 | (1) 말초 신경계는 자극을 중추 신경계로 전달하거나 중추 신경계의 명령을 반응 기관으로 전달하는 신경계이다. 자극에 대해 판단하고 적절한 명령을 내리는 신경계는 뇌와 척수와 같은 중추 신경계이다.
(3) 운동 신경은 중추 신경계에서 내린 명령을 반응 기관으로 전달하며, 체성 신경과 자율 신경으로 구분된다.

12

우리 몸에서 자극을 감각하고 반응이 일어나기까지의 과정에는 감각 기관, 신경계, 반응 기관이 함께 작용한다.

13

감각 기관에서 받아들인 자극이 대뇌에 전달된 후 대뇌의 판단 과정을 거쳐 자신의 의지에 따라 일어나는 반응을 의식적 반응이라

고 한다.

14

자극이 대뇌에 도달하기 전에 자신의 의지와 관계없이 일어나는 반응을 무조건 반사라고 한다. 무조건 반사는 대뇌의 명령 없이 일어나며 의식적 반응에 비해 반응 속도가 빠르다.

15

무릎 반사, 뜨거운 물체나 뾰족한 물체가 몸에 닿았을 때 움츠리는 반응 등은 척수가 중추가 되어 일어나는 무조건 반사이다.

16

하품, 재채기, 기침, 구토, 딸꾹질 등은 연수가 중추가 되어 일어나는 무조건 반사이다.

17

눈에 강한 빛을 비췄을 때 동공의 크기가 줄어드는 동공 반사는 중간뇌가 중추가 되어 일어나는 무조건 반사이다.

18

(1), (2)는 대뇌의 판단 과정을 거치지 않고 자신의 의지와 관계없이 무의식적으로 일어나는 무조건 반사, (3), (4)는 대뇌의 판단 과정을 거쳐 자신의 의지에 따라 일어나는 의식적 반응이다. (1)에서 눈물은 연수가 중추가 되어 나오고, (2)에서 회피 반사의 중추는 척수이다.

19

어두운 방에서 손을 더듬어 스위치를 누르는 행동은 대뇌의 판단 과정을 거쳐 자신의 의지에 따라 일어나는 의식적 반응으로, 반응 경로는 자극 → 감각 기관 → 감각 신경 → 척수 → 대뇌 → 척수 → 운동 신경 → 반응 기관 → 반응이다.

20

무조건 반사는 대뇌를 거치지 않아 자극에 대한 반응 경로가 짧기 때문에 대뇌의 판단 과정을 거쳐 일어나는 의식적 반응에 비해 반응이 빠르게 일어난다.

1 ㉠ 감각 뉴런 ㉡ 연합 뉴런 ㉢ 연합 뉴런 ㉣ 감각 뉴런 ㉤ 운동 뉴런 ㉥ 반응 기관
2 ㉠ 대뇌 ㉡ 간뇌 ㉢ 연수 ㉣ 중간뇌 ㉤ 소뇌 ㉥ 척수 ㉦ 무조건 반사

1

㉠ 감각 신경을 구성하는 뉴런은 감각 뉴런이다. 감각 뉴런은 감각 기관에서 받은 자극을 중추 신경계로 전달한다.
㉡ 감각 뉴런은 감각 기관에서 받은 자극을 연합 뉴런으로 전달한다.
㉢ 중추 신경계를 구성하는 뉴런은 연합 뉴런이다.

㉣ 연합 뉴런은 감각 뉴런으로부터 전달받은 자극을 판단하고, 적절한 명령을 내린다.
㉤ 운동 신경을 구성하는 뉴런은 운동 뉴런이다.
㉥ 운동 뉴런은 연합 뉴런의 명령을 반응 기관에 전달한다.

2

㉠ 대뇌는 좌우 2개의 반구로 나뉘어져 있으며, 여러 가지 자극을 느끼고 판단하여 적절한 신호를 보내고, 기억, 추리, 학습 등 복잡한 정신 활동을 담당한다.
㉡ 간뇌는 혈당량, 체온 등 몸속 상태를 일정하게 유지한다.
㉢ 연수는 심장 박동, 호흡 운동, 소화 운동 등 생명 유지 활동을 조절한다.
㉣ 중간뇌는 안구 운동과 동공의 크기를 조절한다.
㉤ 소뇌는 근육 운동을 조절하고, 몸의 자세와 균형을 유지한다.
㉥, ㉦ 척수는 뇌와 말초 신경 사이에서 신호를 전달하는 통로이며, 자신의 의지와 관계없이 일어나는 무조건 반사의 중추이다.

07 호르몬과 항상성 유지

01 호르몬　**02** (1) × (2) ○ (3) ○ (4) ○
03 (1) 신 (2) 호 (3) 신 (4) 호　**04** 티록신　**05** 뇌하수체　**06** 이자
07 에스트로겐　**08** 테스토스테론　**09** ㄱ, ㄷ, ㄹ
10 ㄴ, ㄷ　**11** 항상성　**12** 간　**13** 글루카곤
14 ㉠ 포도당 ㉡ 글리코젠　**15** ㉠ 글리코젠 ㉡ 포도당
16 ㉠ 감소 ㉡ 증가　**17** 간뇌
18 (1) 추 (2) 더 (3) 추 (4) 추 (5) 더 (6) 추　**19** (나)　**20** 항이뇨
21 (1) ○ (2) × (3) ×

01

호르몬은 내분비샘에서 분비되어 특정 세포나 기관으로 신호를 전달하여 몸의 생리 작용을 조절하는 화학 물질이다. 내분비샘은 분비관이 따로 없어 혈액으로 물질을 분비한다.

02

바로 알기 | (1) 호르몬은 표적 세포나 표적 기관에만 작용한다.

03

(1), (3) 신경은 뉴런에 의해 일정한 방향으로만 신호를 전달하고, 호르몬에 비해 신호 전달 속도가 빠르다.
(2), (4) 호르몬은 혈액에 의해 멀리 떨어져 있는 표적 세포나 표적 기관에도 작용하고, 신경에 비해 신호 전달 속도가 느리지만 효과가 비교적 오래 지속되며 작용 범위가 넓다.

04

티록신은 갑상샘에서 분비되는 호르몬으로 갑상샘 호르몬이라고

도 한다. 티록신은 세포 호흡을 촉진하는데, 세포 호흡 결과 발생한 열은 체온 유지에 이용된다.

05

뼈와 근육의 생장을 촉진하는 생장 호르몬은 뇌하수체에서 분비되는 호르몬이다.

06

이자에서는 혈당량을 감소시키는 인슐린과 혈당량을 증가시키는 글루카곤이 분비된다. 인슐린과 글루카곤은 모두 이자에서 분비되지만 서로 반대되는 기능을 한다.

07

여자의 2차 성징이 나타나게 하는 에스트로젠은 난소에서 분비되는 호르몬이다.

08

남자의 2차 성징이 나타나게 하는 테스토스테론은 정소에서 분비되는 호르몬이다.

09

바로 알기 | ㄴ. 티록신이 결핍되면 갑상샘 기능 저하증이 나타난다.

10

티록신이 과다하게 분비되어 갑상샘 기능 항진증에 걸리면 체중이 감소하고, 눈이 돌출되며, 맥박이 빨라진다.

11

외부 환경의 변화에 적절하게 반응하여 몸의 상태를 일정하게 유지하려는 성질을 항상성이라고 한다.

12

인슐린과 글루카곤은 간에 작용하여 혈당량을 조절한다.

13

운동을 하면 포도당이 소모되어 혈당량이 감소하므로 혈당량을 증가시키기 위해 글루카곤의 분비량이 증가한다.

14

인슐린은 간에서 포도당을 글리코젠으로 합성하여 저장하고, 세포가 혈액 속의 포도당을 흡수하도록 하여 혈당량을 감소시킨다.

15

글루카곤은 간에서 글리코젠을 포도당으로 분해하여 혈액으로 방출한다.

16

혈당량이 높을 때는 이자에서 인슐린이 분비되어 혈당량을 감소시키고, 혈당량이 낮을 때는 이자에서 글루카곤이 분비되어 혈당량

을 증가시킨다.

17

간뇌에서 체온 변화를 감지하고, 열 방출량과 열 발생량을 조절함으로써 체온이 일정하게 유지된다.

18

⑴, ⑶, ⑷, ⑹ 추울 때는 피부 근처 혈관과 털 주변의 근육이 수축하고, 피부로 흐르는 혈액의 양이 감소하여 열 방출량이 감소한다. 또한 티록신의 분비량이 증가하여 세포 호흡을 촉진하고, 근육이 떨려 열 발생량이 증가한다.
⑵, ⑸ 더울 때는 피부 근처 혈관이 확장되어 피부로 흐르는 혈액의 양과 땀 분비량이 증가하여 열 방출량이 증가한다.

19

(가)는 추울 때, (나)는 더울 때의 모습을 나타낸 것이다. 더울 때 (나)는 혈관이 확장되어 피부 근처로 흐르는 혈액의 양이 증가하여 열이 외부로 더 많이 방출된다.

20

뇌하수체에서 분비되는 항이뇨 호르몬은 콩팥에서 물의 재흡수를 촉진하여 몸속 수분량을 조절한다.

21

바로 알기 | ⑵, ⑶ 몸속 수분량이 많을 때 뇌하수체에서 항이뇨 호르몬의 분비량이 감소하고, 콩팥에서는 물의 재흡수가 감소하므로, 오줌의 양은 증가하고 몸속 수분량은 감소한다.

개념 집중 문제　암기력 향상 문제　069쪽

1 ㉠ 갑상샘 ㉡ 아드레날린(에피네프린) ㉢ 에스트로젠 ㉣ 뇌하수체
　㉤ 인슐린 ㉥ 글루카곤 ㉦ 정소
2 ㉠ 인슐린 ㉡ 글리코젠 ㉢ 인슐린 ㉣ 글리코젠 ㉤ 혈당량 감소
　㉥ 글루카곤 ㉦ 글리코젠 ㉧ 혈당량 증가 ㉨ 글루카곤 ㉩ 간

1

뇌하수체	생장 호르몬	몸의 생장 촉진
	갑상샘 자극 호르몬	티록신 분비 촉진
	항이뇨 호르몬	콩팥에서 물의 재흡수 촉진
갑상샘	티록신	세포 호흡 촉진
부신	아드레날린(에피네프린)	심장 박동 촉진
이자	인슐린	혈당량 감소
	글루카곤	혈당량 증가
난소	에스트로젠	여자의 2차 성징 발현
정소	테스토스테론	남자의 2차 성징 발현

2

혈당량이 높을 때는 이자에서 인슐린이 분비되어 간에서 포도당을 글리코젠으로 합성하여 저장하고, 세포가 혈액 속의 포도당을 흡수하도록 촉진시켜 혈당량이 감소한다. 혈당량이 낮을 때는 이자에서 글루카곤이 분비되어 간에서 글리코젠을 포도당으로 분해하여 혈액으로 내보내면 혈당량이 증가한다.

IV. 생식과 유전

08 세포 분열과 사람의 발생

탐구 A   078쪽

정리   **1** 증가   **2** ㉠ 감소 ㉡ 작아   **3** ㉠ 작아 ㉡ 늘린

탐구 B   079쪽

정리   **1** ㉠ 해리 ㉡ 염색   **2** 길

개념 확인 문제   080쪽

01 세포 분열   **02** 표면적   **03** 넓어
04 ㉠ 염색체 ㉡ 유전 정보   **05** ㉠ DNA ㉡ 단백질
06 (1) ○ (2) × (3) ×   **07** ㉠ 1 ㉡ 23
08 ㉠ 상 ㉡ 성   **09** ㉠ 22 ㉡ 1   **10** 체세포
11 ㉠ 몸 전체 ㉡ 특정 부위   **12** ㉠ 간기 ㉡ 후기 ㉢ 말기
13 ㉠ 간기 ㉡ DNA   **14** ㉠ 전기 ㉡ 말기
15 ㉠ 2 ㉡ 세포질 ㉢ 다르게   **16** ㉠ 생장 ㉡ 재생
17 ㉠ 2 ㉡ 4   **18** 상동   **19** 2가 염색체
20 체세포   **21** (1) ○ (2) × (3) ○ (4) ×
22 ㉠ 핵 ㉡ 꼬리   **23** ㉠ 핵 ㉡ 세포질
24 ㉠ 수란관 ㉡ 수정   **25** ㉠ 많아 ㉡ 작아
26 ㉠ 산소 ㉡ 영양소 ㉢ 이산화 탄소 ㉣ 노폐물

01

하나의 세포가 둘로 나누어져 새로운 세포가 만들어지는 현상을 세포 분열이라고 한다.

02

세포의 부피에 대한 표면적의 비가 커야 물질 교환에 유리하다.

03

세포가 어느 정도 커지면 세포 분열을 통해 총 표면적을 넓혀 물질 교환이 효율적으로 일어나도록 한다.

04

염색체는 세포가 분열할 때 나타나는 막대 모양의 구조물을 말하며, 유전 정보를 담아 전달하는 역할을 한다.

05

세포 분열 시 나타나는 염색체는 두 개의 염색 분체로 이루어져 있으며, DNA와 단백질로 구성된다.

06

바로 알기 | (2) 유전자는 DNA에서 유전 정보를 저장하고 있는 특정 부위이다.
(3) 염색 분체는 DNA 복제로 만들어지므로 유전 정보가 같다.

07

사람의 염색체는 23쌍의 상동 염색체로 구성되는데, 상동 염색체는 부모로부터 각각 1개씩 물려받아 쌍을 이룬 것이다.

08

상염색체는 남녀 공통으로 가지는 염색체를 의미하고, 성염색체는 성을 결정하는 1쌍의 염색체를 의미한다.

09

사람의 염색체는 총 23쌍인데, 22쌍의 상염색체와 1쌍의 성염색체로 구성되어 있다.

10

체세포 분열은 생물의 몸을 구성하는 하나의 체세포가 두 개로 나누어지는 것을 말한다. 체세포 분열로 생장, 재생 등을 한다.

11

동물은 몸 전체에서 체세포 분열이 일어나 생장하며, 식물은 생장점, 형성층과 같은 특정 부위에서 체세포 분열이 일어나 생장한다.

12

체세포 분열은 염색체의 모양과 형태에 따라 간기 → 전기 → 중기 → 후기 → 말기의 과정을 거친다.

13

간기는 세포 분열을 준비하는 단계라고도 하며, 이때 세포가 생장하고 다음 분열을 위해 DNA(유전 물질)가 복제된다.

14

체세포 분열의 전기에 핵막이 사라지고, 말기에 핵막이 나타난다.

15

동물 세포에서는 바깥에서 안쪽으로 오므라들면서 세포질 분열이 일어나고, 식물 세포에서는 안쪽에서 바깥쪽으로 세포판이 자라면서 세포질 분열이 일어난다.

16

체세포 분열에 의해 세포 수가 늘어나 생장하며, 상처가 나거나 손실된 부분의 세포가 새로 생기는 재생이 이루어진다.

17

생식세포 분열은 분열이 연속 2회 일어나 4개의 딸세포를 만든다.

18

감수 1분열의 후기에 상동 염색체가 분리되어 각 염색체가 세포의 양 끝(극)으로 이동한다.

19

감수 1분열 전기에 상동 염색체 1쌍이 결합하여 2가 염색체가 된다.

20

감수 2분열에서는 염색 분체가 분리되므로 체세포 분열과 같은 방식으로 분열이 일어난다.

21

바로 알기 | ⑵ 유전 물질인 DNA의 복제는 감수 1분열 전의 간기에 나타나는 현상이다.

⑷ 염색체 수가 반감된 생식세포를 형성하여 수정에 의해 만들어진 자손은 어버이와 같은 염색체 수를 가지므로 세대를 거듭하여도 자손의 염색체 수가 일정하게 유지된다.

22

정자는 머리와 꼬리로 구분되는데, 머리에는 유전 물질이 들어 있는 핵이 있고, 꼬리를 이용해 스스로 이동할 수 있다.

23

난자의 세포질에는 수정란의 초기 발생에 필요한 많은 양의 양분이 저장되어 있다.

24

정자와 난자가 수란관에서 만나서 수정이 된다. 수정으로 형성된 수정란은 난할을 하면서 자궁 쪽으로 이동한다.

25

수정란 초기 세포 분열인 난할이 거듭될수록 세포 수는 많아지고, 세포 1개의 크기는 점점 작아진다.

26

태반을 통해 모체에서 태아로 산소와 영양소가 이동하고, 태아에서 모체로 이산화 탄소와 노폐물이 이동하며 물질 교환을 한다.

개념 집중 문제 암기력 향상 문제 081쪽

1 해설 참조
2 ㉠ 반감한다 ㉡ 간기 ㉢ 전기 ㉣ DNA ㉤ 2가 염색체 ㉥ 상동
㉦ 세포질 분열 ㉧ 변화 없다 ㉨ 생식 ㉩ 염색 분체

1

(1) 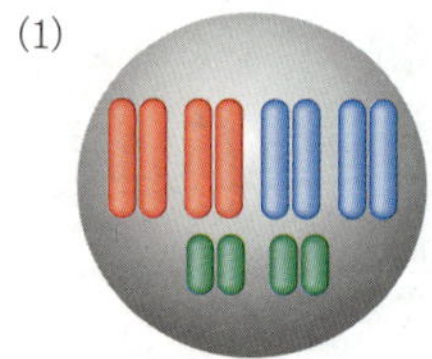   (2) 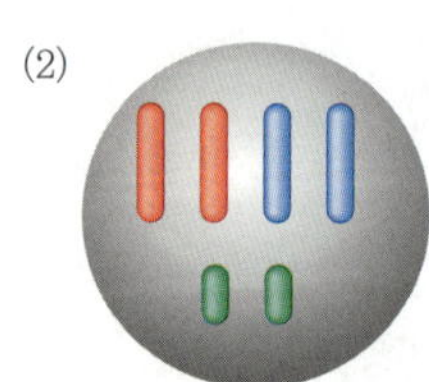

2

생식세포 분열의 간기에서는 DNA(유전 물질)를 복제하고, 감수 1분열 말기에 2개의 딸세포를 생성하며, 감수 2분열 말기에 4개의 딸세포를 생성한다. 이렇게 생성된 딸세포는 정자 또는 난자가 된다.

개념 확인 문제　　　　　　　　　　　　　　086쪽

01 (1) ㄴ (2) ㄹ (3) ㅇ (4) ㅁ (5) ㄷ (6) ㅈ (7) ㅂ (8) ㅅ (9) ㄱ
02 (1) × (2) ○　　　**03** (1) × (2) ○ (3) ○ (4) ○
04 우열의 원리　　　**05** 분리의 법칙
06 ㉠ 우성 ㉡ 열성　**07** ㉠ R ㉡ r　　　**08** 3 : 1
09 독립의 법칙　　　**10** 4　　　**11** 9 : 3 : 3 : 1
12 75　　**13** (1) ○ (2) × (3) ○ (4) ×

01

(1) 형질은 생물이 지니고 있는 여러 가지 특성으로 완두 씨의 모양이나 사람의 혈액형 등이 있다.
(2) 표현형은 생물이 가지고 있는 특성 중 겉으로 드러나는 형질로 완두 씨의 모양이나 색깔 등이 있다.
(3) 순종은 대립유전자의 구성이 같은 개체로, 여러 세대 동안 반복하여 자가 수분할 때 같은 형질의 자손만 나타난다.
(4) 유전자형은 형질이 나타나는 데 관여하는 대립유전자의 구성을 알파벳 기호로 나타낸 것이다.
(5) 대립 형질은 하나의 형질에 대해 서로 뚜렷하게 구별되는 특징으로 노란색 완두와 초록색 완두 등이 있다.
(6) 잡종은 대립유전자의 구성이 다른 개체로, 자가 수분했을 때 우성과 열성 형질의 자손이 모두 나타난다.
(7) 우성은 대립 형질을 가진 순종끼리 교배했을 때 잡종 1대에서 나타나는 형질이다.
(8) 열성은 대립 형질을 가진 순종끼리 교배했을 때 잡종 1대에서 나타나지 않는 형질이다.
(9) 유전은 부모의 형질이 자손에게 전달되는 현상이다.

02

바로 알기 | (1) 우성과 열성은 대립 형질로 결정되는 생물의 특성일 뿐, 생존에 유리한 것과는 관계가 없다.

03

바로 알기 | (1) 완두는 한 세대가 짧기 때문에 유전 실험의 재료로 적합하다.

04

순종의 두 대립 형질을 교배했을 때 잡종 1대에서 우성 형질만 나타나고 열성 형질은 나타나지 않는 현상을 우열의 원리라고 한다.

05

생식세포가 만들어질 때 대립유전자가 분리되어 서로 다른 생식세포로 나뉘어 들어가는 것을 분리의 법칙이라고 한다.

06

순종의 노란색 완두와 순종의 초록색 완두를 교배하여 노란색 완두만 얻었을 경우 표현된 노란색 형질은 우성, 표현되지 않은 초록색 형질은 열성이다.

07

분리의 법칙에 의해 유전자형이 Rr인 완두가 만들 수 있는 생식세포는 R와 r를 가진 생식세포이다.

08

순종의 둥근 완두(RR)와 순종의 주름진 완두(rr)를 교배하여 얻은 자손(Rr)을 자가 수분했을 때 나올 수 있는 유전자형은 RR, Rr, Rr, rr이므로, 표현형의 비(둥근 완두 : 주름진 완두)는 3 : 1이다.

09

두 가지 이상의 형질이 함께 유전될 때, 서로 영향을 미치지 않고 각각 독립적으로 분리의 법칙에 따라 유전되는 현상을 독립의 법칙이라고 한다.

10

유전자형이 RrYy인 완두가 만들 수 있는 생식세포의 종류는 RY, Ry, rY, ry를 가진 4가지의 생식세포이다.

11

둥글고 노란색인 완두(RrYy)를 자가 수분했을 때 표현형의 비(둥글고 노란색(R_Y_) : 둥글고 초록색(R_yy) : 주름지고 노란색(rrY_) : 주름지고 초록색(rryy))는 9 : 3 : 3 : 1이다.

12

둥글고 노란색인 완두(RrYy)를 자가 수분할 때 둥글고 초록색인 완두(R_yy)가 나올 확률은 $\frac{3}{16}$이므로, 총 400개의 완두를 얻었을 때는 이론적으로 75개가 나온다.

13

바로 알기 | (2) 유전 현상 중에는 분꽃의 꽃잎 색깔 유전과 같이 우열 관계가 뚜렷하지 않은 유전도 있다.
(4) 서로 다른 두 종류의 형질을 결정하는 대립유전자가 서로 다른 염색체에 있을 때 독립의 법칙이 성립한다.

개념 집중 문제　**자료 분석력 향상 문제**　　　　087쪽

1 (1) ㉠ R ㉡ r ㉢ Rr ㉣ R ㉤ r ㉥ RR ㉦ Rr ㉧ Rr ㉨ rr
(2) 1 : 2 : 1 (3) 3 : 1

2 (1) ㉠ RY ㉡ ry ㉢ RrYy ㉣ RY ㉤ Ry ㉥ rY ㉦ ry
㉧ RRYY ㉨ RRyy ㉩ RrYy ㉪ rrYY
(2) 9 : 3 : 3 : 1 (3) 3 : 1 (4) 3 : 1

1

(1) 순종의 둥근 완두 생식세포는 모두 대립유전자 R를 갖고, 순종

의 주름진 완두 생식세포는 모두 대립유전자 r를 갖는다. 이들 생식세포의 수정으로 인해 잡종 1대의 유전자형은 Rr가 된다.
(2) 유전자형이 Rr인 잡종 1대를 자가 수분하였을 때 잡종 2대에서 나타나는 유전자형은 RR, Rr, Rr, rr이며 RR : Rr : rr = 1 : 2 : 1의 비율로 나타난다.
(3) 우성 대립유전자인 R가 포함된 완두는 둥근 완두, 열성 대립유전자인 r로만 이루어진 완두는 주름진 완두로 나타나므로 둥근 완두 : 주름진 완두 = 3 : 1의 비율로 나타난다.

2

(1) 순종의 둥글고 노란색인 완두는 대립유전자 RY를 갖는 생식세포만 형성하고, 순종의 주름지고 초록색인 완두는 대립유전자 ry를 갖는 생식세포만 형성한다. 이들 생식세포가 만나 RrYy의 유전자형을 갖는 둥글고 노란색 완두가 나온다. 잡종 1대의 유전자형이 RrYy인 둥글고 노란색인 완두는 RY, Ry, rY, ry의 대립유전자를 갖는 4종류의 생식세포를 형성한다. 이들을 자가 수분하면 둥글고 노란색인 완두(RRYY, RRYy, RrYY, RrYy), 둥글고 초록색인 완두(RRyy, Rryy), 주름지고 노란색인 완두(rrYY, rrYy), 주름지고 초록색인 완두(rryy)가 9 : 3 : 3 : 1의 비율로 나온다.
(2) 둥글고 노란색인 완두의 유전자형은 R_Y_, 둥글고 초록색인 완두의 유전자형은 R_yy, 주름지고 노란색인 완두의 유전자형은 rrY_, 주름지고 초록색인 완두의 유전자형은 rryy이다. 따라서 잡종 2대에서 나타나는 표현형의 비(둥글고 노란색 : 둥글고 초록색 : 주름지고 노란색 : 주름지고 초록색)는 9 : 3 : 3 : 1이다.
(3) 독립의 법칙에 의해 잡종 2대에서 나타나는 모양에 대한 표현형의 비(둥근 완두 : 주름진 완두)는 색깔에 관계없이 3 : 1로 나타난다.
(4) 독립의 법칙에 의해 잡종 2대에서 나타나는 색깔에 대한 표현형의 비(노란색 완두 : 초록색 완두)는 모양에 관계없이 3 : 1로 나타난다.

10 사람의 유전

탐구　091쪽

정리　**1** ㉠ 적록 색맹 ㉡ 정상　**2** ㉠ 4 ㉡ 2
3 ㉠ X ㉡ 1 ㉢ 2

개념 확인 문제　092쪽

01 ㉠ 길 ㉡ 적　　**02** 간접　**03** 가계도
04 통계(집단)　　　**05** 쌍둥이 연구
06 (1) × (2) ○ (3) ○　**07** 없다　**08** 우성　**09** 25
10 3　　**11** ㉠ 4 ㉡ 6　　**12** 우열의 원리
13 4　　**14** (1) ○ (2) × (3) × (4) ○
15 반성　**16** 성　**17** 열성　**18** 많이　**19** 어머니
20 50　　**21** (1) × (2) × (3) ○ (4) ○ (5) ×

01
사람은 한 세대가 길고, 자손의 수가 적으며, 연구자가 임의로 교배 실험을 할 수 없기 때문에 유전 연구가 어렵다.

02
사람의 유전 연구는 완두의 유전 연구와는 달리 주로 간접적인 방법을 이용한다.

03
어느 집안에서 나타나는 특정한 형질의 유전을 기호를 이용하여 나타낸 그림을 가계도라고 하며, 이를 분석하면 특정 형질의 우열 관계나 가족 구성원의 유전자형을 알 수 있다.

04
가능한 많은 사람들로부터 특정 형질에 대해 조사하여 얻은 자료를 통해 유전 원리, 유전 형질의 특징, 유전자 분포 등을 연구하는 방법을 통계(집단) 조사라고 한다.

05
사람의 유전 연구 방법 중에서 유전과 환경이 사람의 특정한 형질에 미치는 영향을 알아보는 방법을 쌍둥이 연구라고 한다.

06
바로 알기 | (1) 사람의 유전에서 ABO식 혈액형 유전과 같이 세 가지 이상의 대립유전자가 관여하는 유전도 있다.

07
유전 형질을 결정하는 유전자가 상염색체에 있는 경우 성별에 영향을 받지 않아 성별에 따라 나타나는 빈도에 차이가 없다.

08
부모 모두 혀 말기가 가능할 때 자녀는 혀 말기가 불가능하다면, 혀 말기가 가능한 형질은 우성, 불가능한 형질은 열성이다.

09
부모가 모두 분리형 귓불일 때 첫째 자녀가 부착형 귓불이라면, 부모는 모두 부착형 귓불 대립유전자를 가지고 있다. 따라서 분리형 귓불 대립유전자를 T, 부착형 귓불 대립유전자를 t라고 할 때, 이 부모에게서 태어날 수 있는 유전자형은 TT, Tt, Tt, tt이므로, 둘째 자녀가 부착형 귓불일 확률은 25 %이다.

10
ABO식 혈액형에서 형질을 결정하는 대립유전자는 A, B, O 3가지이다. ABO식 혈액형 유전과 같이 대립유전자가 3가지 이상인 유전 형질을 복대립 유전이라고 한다.

11
ABO식 혈액형의 표현형은 A형, B형, AB형, O형 4가지이고, 유전자형은 AA, AO, BB, BO, AB, OO 6가지이다.

12

ABO식 혈액형을 결정하는 대립유전자 중 A와 B는 우열 관계가 없으므로, 우열의 원리가 성립하지 않는다.

13

부모의 유전자형이 AO와 BO일 때, 자녀는 A형, B형, AB형, O형의 4가지 혈액형이 모두 가능하다.

14

바로 알기 | (2) 미맹이 아닌 부모 사이에서 미맹인 자녀가 태어났을 때 부모의 유전자형은 서로 같다.
(3) 혀 말기 가능한 부모가 모두 혀 말기 불가능 대립유전자를 딸에게 물려주므로 혀 말기 불가능 형질은 열성이다. 부모의 형질이 서로 같을 때 부모와 다른 형질을 가진 자녀가 태어나면 부모의 형질이 우성, 자녀의 형질이 열성이다.

15

유전자가 성염색체에 있어 남녀에 따라 유전 형질이 나타나는 빈도가 다른 것을 반성유전이라고 한다.

16

적록 색맹을 결정하는 유전자는 성염색체(X)에 존재한다.

17

적록 색맹 대립유전자는 정상 대립유전자에 대해 열성이다.

18

여자는 적록 색맹 대립유전자를 2개 모두 가져야 적록 색맹이 되며, 남자는 적록 색맹 대립유전자를 1개만 가져도 적록 색맹이 되므로 적록 색맹은 여자보다 남자에게서 더 많이 나타난다.

19

정상인 부모 사이에서 태어난 아들이 적록 색맹일 경우, 아들은 아버지로부터 Y 염색체, 어머니로부터 적록 색맹 대립유전자가 포함된 X 염색체를 물려받았다.

20

정상인 부모 사이에서 태어난 첫째 아들이 적록 색맹일 경우, 엄마는 적록 색맹 대립유전자를 가지고 있는 보인자이다. 따라서 이 부모 사이에서 태어날 수 있는 아들의 유전자형은 XY, X′Y이므로 둘째 아들이 적록 색맹일 확률은 50 %이다.

21

바로 알기 | (1) 성염색체에 의한 유전도 우열의 원리, 분리의 법칙과 같은 멘델의 유전 법칙이 성립한다.
(2) 보인자는 유전 형질을 나타내는 열성 대립유전자를 가지고 있지만 우성 표현형을 나타내는 사람이다. 남자는 적록 색맹 대립유전자를 1개만 가져도 적록 색맹이므로 보인자가 될 수 없다.
(5) 혈우병은 주로 남자에게 나타나는 유전 형질이다.

🧠 개념 집중 문제 　자료 분석력 향상 문제　093쪽

1 해설 참조　　**2** 몸무게　　**3** 상염색체
4 (가) Tt (나) Tt (다) TT 또는 Tt

1

모범 답안 | (가)~(다)는 1란성 쌍둥이이므로 세 명의 유전자 구성은 같다.
해설 | 1란성 쌍둥이는 하나의 수정란이 분열되어 자란 것이므로, 유전자 구성이 같다.

2

1란성 쌍둥이의 경우 혈액형은 같으며, 키는 다른 환경에서 자랐더라도 거의 비슷하지만, 몸무게는 다른 환경에서 자란 (다)와 (가), (나) 사이의 차이가 크게 나타나므로, 환경의 영향을 많이 받는 형질임을 알 수 있다.

3

정상인 부모에게서 유전병 자녀가 태어났으며, 정상인 아버지에게서 태어난 아들과 딸이 모두 유전병이다. 따라서 이 유전병을 나타내는 유전자는 X염색체나 Y 염색체에 존재하지 않고 상염색체에 존재하며, 정상에 대해 열성 형질이다.

4

정상인 (가)와 (나)의 자녀가 유전병이므로, 유전병 대립유전자는 정상 대립유전자에 대해 열성이며 부모는 모두 유전병 대립유전자를 갖고 있다. 따라서 (가)와 (나)는 Tt이다. 또한 (다)는 부모가 모두 유전병 대립유전자(t)를 가지고 있는 정상이므로, 유전자형은 TT 또는 Tt이다.

🔬 단원마무리 　생각그물 완성하기　094~095쪽

1 체세포　**2** 생식세포　**3** 염색체　**4** 2가 염색체
5 염색 분체　**6** XY　**7** XX　**8** 배란　**9** 수정
10 난할　**11** 착상　**12** 우성　**13** 열성　**14** 3 : 1
15 독립적　**16** 열성　**17** 없다　**18** 성염색체　**19** X

Ⅴ. 생물의 다양성

11 생물의 다양성과 보전

개념 확인 문제   103쪽

01 생물 다양성   **02** 많   **03** 변이
04 (1) ○ (2) × (3) ×   **05** 생태계 평형   **06** 생물 자원
07 (1) ○ (2) ×   **08** 인간   **09** (1) ⓒ (2) ⓛ (3) ⓙ
10 생태 통로   **11** (국제) 협약

01
특정 지역에 살고 있는 생물의 다양한 정도를 생물 다양성이라고 한다.

02
일정한 지역에 사는 생물의 종류가 많을수록 생물 다양성이 높다.

03
같은 종류의 생물 사이에서 나타나는 서로 다른 특징은 변이이다.

04
바로 알기 | (2) 같은 종류에 속하는 생물의 특성이 다양할수록 급격한 환경 변화에 대해 살아남을 수 있는 가능성이 높다.
(3) 거미와 개미는 다른 종이므로, 두 생물의 다리 수가 다른 것은 변이에 해당하지 않는다.

05
생태계를 이루는 생물의 종류와 수가 크게 변하지 않고 안정된 상태를 유지하는 것을 생태계 평형이라고 한다.

06
생물 다양성은 인간의 생활에 필요한 재료나 아이디어, 심리적인 안정을 주는 휴식 공간 등을 제공하는 생물 자원으로서의 가치를 지닌다.

07
바로 알기 | (2) 생물 다양성이 감소하면 생태계에 속한 인간 또한 피해를 입을 수 있기 때문에 생물 다양성을 보전해야 한다.

08
생물 다양성이 감소하는 주된 원인은 과도한 인간의 활동과 관계가 깊다.

09
(1) 황소개구리, 뉴트리아, 배스와 같은 천적이 없는 외래종이 유입되면 폭발적으로 개체 수가 늘어나 토종 생물을 위협할 수 있다.
(2) 습지의 무분별한 개발은 서식지를 파괴한다.
(3) 인간의 불법 포획과 남획에 의해 코끼리, 코뿔소, 고래 등의 생물이 멸종 위기에 처해 있다.

10
도로를 건설할 때는 야생 동물의 서식지 단절을 막기 위해 생태 통로를 건설하여 생물의 이동을 돕는다.

11
국제 사회에서는 생물 다양성의 보전을 위해 생물 다양성 협약, 람사르 협약, CITES 등과 같은 다양한 협약을 맺어 야생 동물을 보호하고 생물 자원을 관리한다.

개념 집중 문제   자료 분석력 향상 문제   103쪽

1 해설 참조

1
모범 답안 | (가), (가)는 (나)보다 생물의 종류가 많고, 생물이 고르게 분포하므로, 생물 다양성이 더 높다.
해설 | (가)와 (나)는 생물 수는 같지만, (가)에는 생물의 종류가 4가지, (나)에는 생물의 종류가 3가지이며, 생물이 고르게 분포한다.

12 생물의 분류

탐구   107쪽

정리   **1** 균계   **2** 핵

개념 확인 문제   108쪽

01 분류   **02** 같은   **03** (1) 자 (2) 자 (3) 인 (4) 인
04 종   **05** ⓙ 종 ⓛ 속 ⓒ 목   **06** (1) × (2) ○ (3) ○
07 같은   **08** (1) ○ (2) × (3) ○   **09** ⓙ 원핵 ⓛ 균
10 단세포   **11** ⓙ 식물계 ⓛ 핵   **12** 균사
13 ⓙ 엽록체 ⓛ 기관   **14** 먹이
15 (1) × (2) × (3) × (4) ○ (5) × (6) ○ (7) ○ (8) × (9) ○
16 (1) ㄴ (2) ㄹ, ○ (3) ㄱ, ㅁ, ㅅ (4) ㄷ, ㅂ

01
다양한 생물을 일정한 기준을 정해 공통점과 차이점에 따라 비슷한 종류의 무리로 나누는 것을 분류라고 한다.

02
생물 고유의 특징에 따라 생물을 분류하면 사람마다 같은 분류 결과를 얻을 수 있다.

03
약용 여부, 식용 여부, 육상 동물, 수중 동물 등과 같은 사람 편의에 따른 분류는 인위 분류이고, 속 구조, 번식 방법, 유전적 특징 등과 같은 생물 고유의 특징에 따른 분류는 자연 분류이다.

04

종은 자연 상태에서 교배하여 생식 능력이 있는 자손을 낳을 수 있는 생물 무리로, 생물을 분류하는 기본 단위이다.

05

생물의 분류 단계는 기본 단위부터 큰 단계로 종＜속＜과＜목＜강＜문＜계 순이다.

06

바로 알기 | (1) 하나의 속에는 여러 종이 속해 있다.

07

종은 자연 상태에서 교배하여 생식 능력이 있는 자손을 낳을 수 있는 생물 무리이다. 불테리어와 불도그 사이에서 태어난 보스턴테리어는 생식 능력이 있으므로, 불테리어와 불도그는 같은 종이다.

08

바로 알기 | (2) 개는 갯과, 고양이는 고양잇과에 속하므로, 개와 고양이는 서로 다른 과에 속한다.

09

생물은 핵(핵막)이나 세포벽의 유무, 세포 수, 광합성 여부 등에 따라 원핵생물계, 원생생물계, 균계, 식물계, 동물계의 5가지 계로 분류할 수 있다.

10

원핵생물계에 속하는 생물은 모두 핵막으로 둘러싸인 핵이 없는 단세포 생물이다.

11

원생생물계는 세포에 핵막으로 둘러싸인 핵이 있는 생물 중 균계, 식물계, 동물계에 속하지 않는 생물 무리이다.

12

균계에 속하는 생물은 대부분 몸이 균사라고 하는 실 모양의 구조로 이루어져 있다.

13

식물계에 속하는 생물은 엽록체가 있어 광합성을 하고, 대부분 뿌리, 줄기, 잎과 같은 기관이 발달하였다.

14

동물계에 속하는 생물은 먹이에 따라 다양한 곳에 산다.

15

바로 알기 | (1) 원핵생물계에 속하는 생물은 대부분 광합성을 하지 않지만, 남세균처럼 광합성을 하는 생물도 있다.
(2) 원생생물계에 속하는 생물은 동물이나 식물과 달리 조직이나 기관이 발달하지 않았다.
(3) 원생생물계에 속하는 생물은 대부분 수중 생활을 하며, 육상에 살아도 수분이 있는 곳에 산다.
(5) 균계에 속하는 생물은 엽록체가 없어 광합성을 하지 못한다.
(8) 동물계에 속하는 생물은 세포에 세포벽이 없다.

16

원핵생물계의 예로는 남세균, 대장균, 폐렴균 등이 있고, 균계의 예로는 효모, 버섯, 곰팡이류 등이 있으며, 식물계의 예로는 이끼, 고사리, 소나무, 해바라기 등이 있다. 또한 동물계의 예로는 호랑이, 달팽이, 해파리 등이 있다.

개념 집중 문제 암기력 향상 문제 109쪽

1 (1) ㄴ, ㄹ, ㅂ (2) ㄱ, ㄷ, ㅁ
2 계＞문＞강＞목＞과＞속＞종
3 (1) × (2) 단세포 (3) ○ (4) ○ (5) × (6) ○ (7) × (8) × (9) 다세포

1

(1) 서식지나 이용 목적 등은 사람 편의에 따라 생물을 분류하는 기준이므로, 분류하는 사람에 따라 결과가 달라질 수 있다.
(2) 생김새, 광합성 여부, 번식 방법, 유전적 특징 등은 생물 고유의 특징에 따라 생물을 분류하는 기준이다.

2

분류 단계가 큰 것부터 순서대로 나열하면 계＞문＞강＞목＞과＞속＞종이다.

3

원핵생물계는 원생생물계, 균계, 식물계, 동물계에 속하는 생물과 달리 세포에 핵막으로 둘러싸인 핵이 없는 단세포 생물이다. 균계와 식물계는 세포벽이 있으며, 균계는 광합성을 하지 못하고, 식물계는 엽록체가 있어 광합성을 한다. 동물계는 세포벽이 없고, 광합성을 하지 못하며, 식물계와 동물계에 속하는 생물은 모두 다세포 생물이다.

단원마무리 생각그물 완성하기 110~111쪽

❶ 생물 다양성　❷ 생태계　❸ 종　❹ 유전적
❺ 변이　❻ 생태계 평형　❼ 생물 자원　❽ 외래종
❾ 남획　❿ 협약　⓫ 종　⓬ 종　⓭ 계
⓮ 원핵생물계　⓯ 원생생물계　⓰ 균계
⓱ 식물계　⓲ 동물계

I. 식물과 에너지

개념 완성 문제

부록 02~04쪽

01 ④	**02** ①	**03** ②	**04** ④	**05** ④
06 ③	**07** ⑤	**08** ②	**09** ④	**10** ④
11 ⑤	**12** ③	**13** ③	**14** ①	**15** ③
16 ⑤	**17** ②			

01 광합성

①, ③ 광합성은 빛에너지를 흡수하는 엽록소가 있는 엽록체에서 일어난다.

② 광합성에는 빛이 필요하므로 빛이 있을 때만 광합성이 일어난다.

⑤ 광합성에 의해 최초로 만들어지는 양분인 포도당은 녹말의 형태로 전환되어 엽록체에 잠시 저장된다.

바로 알기 | ④ 광합성은 빛에너지를 이용하여 물과 이산화 탄소를 재료로 양분을 만드는 과정이다.

02 광합성 실험

ㄱ. 시험관 A에서는 검정말이 광합성을 하기 위해 이산화 탄소를 소모한다.

ㄷ. 시험관 B에서는 햇빛이 차단되어 광합성이 일어나지 않는다.

바로 알기 | ㄴ. 시험관 A에서는 검정말의 광합성에 의해 이산화 탄소가 감소하므로, BTB 용액의 색깔이 파란색으로 변한다.

ㄹ. 시험관 B에서는 검정말의 호흡만 일어나 이산화 탄소의 양이 증가하므로, BTB 용액의 색깔이 변하지 않는다.

03 광합성에 필요한 물질

시험관 A와 B를 비교하면 광합성에 빛에너지가 필요하다는 것을 알 수 있고, 시험관 A와 C를 비교하면 광합성에 이산화 탄소가 필요하다는 것을 알 수 있다.

04 광합성 산물

① 빛을 받은 A 부분에만 아이오딘−아이오딘화 칼륨 용액 반응이 일어난다. 이 실험을 통해 광합성에 빛이 필요하다는 것을 알 수 있다.

② 에탄올에 물중탕을 하는 (가) 과정은 초록색을 띠는 엽록소를 제거하여 실험 결과를 잘 관찰하기 위해 실시한다.

③, ⑤ 실험 결과 빛을 받은 A 부분만 녹말이 생성되어 아이오딘−아이오딘화 칼륨 용액과 반응하여 청람색으로 변한다.

바로 알기 | ④ 이 실험에서 광합성을 통해 산소가 생성된다는 것을 확인하는 과정은 없다.

05 광합성에 필요한 물질

탄산수소 나트륨을 물에 녹이면 이산화 탄소가 발생하며, 이때 발생한 이산화 탄소를 이용하여 검정말이 광합성을 한다.

06 광합성에 필요한 물질

ㄱ. 전등이 공급하는 빛에너지에 의해 검정말이 광합성을 하면 산소 기체가 발생하여 기포가 만들어진다.

ㄴ. 전등이 가까워질수록 빛의 세기가 강해지며, 이 과정을 통해 빛의 세기와 광합성량의 관계를 알 수 있다.

바로 알기 | ㄷ. 전등의 거리가 가까워질수록 빛의 세기가 강해지며, 빛의 세기가 강해질수록 광합성량이 증가하기 때문에 발생하는 기포의 수가 많아진다. 하지만 일정 세기 이상의 빛을 주면 발생하는 기포의 수가 더 이상 증가하지 않고 일정해진다.

07 광합성에 영향을 미치는 환경 요인

빛의 세기와 이산화 탄소 농도가 증가할수록 광합성량이 많아지다가 어느 한계 이상이 되면 일정해진다. 또한 온도가 높아질수록 광합성량이 증가하다가 40 ℃ 이상이 되면 급격히 감소한다.

08 기공의 모습

잎 뒷면의 표피를 이루는 표피 세포(A) 사이에는 공변세포(B) 두 개가 기공(C)을 둘러싸고 있다.

09 증산 작용

① A와 B 중 잎이 있는 B에서 줄어든 물의 양이 많은 것을 통해 식물의 잎에서 증산 작용이 일어나는 것을 알 수 있다.

② C는 B보다 습도가 높으므로 두 눈금 실린더를 비교하면 습도가 증산 작용에 미치는 영향을 비교할 수 있다.

③ 증산 작용은 잎이 있고, 습도가 낮은 B에서 가장 활발하게 일어난다.

⑤ 식용유는 물의 자연 증발을 막는 역할을 한다.

바로 알기 | ④ C에서는 비닐봉지에 의해 습도가 높아지므로 식물의 잎을 통한 증산 작용이 상대적으로 천천히 일어난다.

10 증산 작용

잎의 증산 작용을 통해 식물의 뿌리에서 흡수한 물이 상승하며, 주변의 습도가 낮을수록 증산 작용이 활발하게 일어난다. 따라서 눈금 실린더에서 줄어든 물의 양이 많은 순서는 B>C>A이다.

11 식물의 호흡과 광합성

광합성 과정에서는 이산화 탄소(A)를 흡수하고 산소(B)를 방출하며, 호흡 과정에서는 산소(D)를 흡수하고 이산화 탄소(C)를 방출한다.

12 식물의 호흡과 광합성

① 광합성이 호흡보다 강하게 일어나는 (가)는 빛이 강할 때, 호흡만 일어나는 (나)는 빛이 없을 때이다.

② (가)에서 호흡으로 생성된 산소와 포도당은 광합성에 이용된다.

④ (나)의 D는 산소로, 식물의 호흡에 이용된다.

⑤ (나)는 호흡에 의한 기체 교환으로, 호흡을 통해 식물은 에너지를 얻는다.

바로 알기 | ③ 빛이 강한 (가)에서는 광합성량이 호흡량보다 많으므로, 이산화 탄소(A)가 흡수되고 산소(B)가 방출된다.

13 식물의 호흡 실험

시험관 A는 대조군으로 아무 변화가 없으므로 초록색, 시험관 B와 D는 붕어와 검정말의 호흡에 의해 이산화 탄소가 방출되어 노란색, 시험관 C는 검정말의 광합성에 의해 이산화 탄소가 흡수되어 파란색으로 변한다.

14 식물의 호흡 실험

ㄱ. B에서는 붕어의 호흡에 의해 용액 속 이산화 탄소의 양이 증가한다.

바로 알기 | ㄴ. C에서는 광합성과 호흡이 동시에 일어나지만, 광합성량이 호흡량보다 많아 이산화 탄소가 흡수된다.

ㄷ. D에서는 빛에너지가 공급되지 않으므로, 호흡만 일어난다.

15 광합성과 호흡

광합성은 엽록체가 있는 세포에서 이산화 탄소와 물을 재료로 빛에너지를 흡수하여 양분을 합성하는 과정이고, 호흡은 살아 있는 모든 세포에서 산소를 이용해 양분인 포도당을 분해하여 에너지를 만들어내는 과정이다.

바로 알기 | ③ 광합성은 빛이 있는 낮에만 일어나지만 호흡은 낮과 밤 상관 없이 항상 일어난다.

16 광합성으로 만들어진 양분

낮 동안 만들어진 양분은 주로 밤에 물에 잘 녹는 설탕의 형태로 체관을 통해 이동하여, 식물의 생명 활동에 필요한 에너지원으로 사용되거나 저장된다.

바로 알기 | ⑤ 사용하고 남은 양분은 각 기관에서 녹말, 포도당, 설탕, 단백질, 지방 등 다양한 형태로 저장된다.

17 식물에 따른 양분의 저장 형태

② 양파는 비늘잎에 포도당의 형태로 양분을 저장한다.

바로 알기 | ① 쌀은 씨에 녹말의 형태로 양분을 저장한다.

③ 땅콩은 씨에 지방과 단백질의 형태로 양분을 저장한다.

④ 고구마는 뿌리에 녹말의 형태로 양분을 저장한다.

⑤ 사탕수수는 줄기에 설탕의 형태로 양분을 저장한다.

실력 향상 문제
부록 05쪽

01 ② **02** ② **03** ⑤ **04** ② **05** ③

01 광합성 과정

A는 물, B는 이산화 탄소, C는 포도당, D는 산소, E는 녹말이다.

① 물(A)은 뿌리에서 흡수되어 물관을 통해 잎으로 이동하여 광합성에 이용된다.

③ 포도당(C)은 광합성으로 만들어진 최초의 양분이다.

④ 산소(D)는 식물의 호흡에 이용되거나 공기 중으로 방출된다.

⑤ 엽록체에 잠시 저장되는 양분의 형태인 녹말(E)은 물에 잘 녹지 않는다.

바로 알기 | ② 이산화 탄소(B)의 농도가 높을수록 광합성량이 증가하다가 어느 한계 이상이 되면 일정해진다.

02 증산 작용

A는 공변세포, B는 기공이다.

① 엽록체가 있는 공변세포(A)에서는 광합성이 일어난다.

③ 증산 작용은 기공(B)이 열려 있는 (가)일 때 더 활발하게 일어난다.

④ 기공(B)은 주로 낮에 열리고 밤에 닫히므로, (가)는 주로 낮, (나)는 주로 밤에 관찰할 수 있는 형태이다.

⑤ 공변세포(A) 내부에 물이 들어오면 증산 작용을 위해 기공(B)이 열리므로, (나)에서 (가)로 바뀐다.

바로 알기 | ② 기공(B)을 통해 호흡에 필요한 산소는 이동하지만, 양분인 포도당은 이동하지 않는다.

03 식물의 호흡과 광합성

ㄱ, ㄴ. 햇빛을 비추어 주면 (나)에서는 식물의 광합성에 의해 산소가 공급되어 촛불이 더 오래 타오르므로, 촛불이 꺼지는 시간은 (가)가 (나)보다 빠르다.

ㄷ. (나)에만 햇빛을 차단하면 식물은 호흡을 통해 산소를 사용하므로, 촛불이 꺼지는 시간은 (가)가 (나)보다 느릴 것이다.

04 환상 박피

ㄷ. A의 위쪽에서 만들어진 양분이 아래쪽으로 이동하지 못하므로, A의 아래쪽보다 위쪽에 열리는 사과가 더 잘 자란다.

바로 알기 | ㄱ, ㄴ. 사과나무 줄기 A 부분의 바깥쪽 껍질을 제거할 경우 체관만 제거되고, 물이 이동하는 물관은 제거되지 않는다. 따라서 A 위쪽에서는 광합성을 통해 양분이 합성되지만, 체관이 없어 만들어진 양분이 아래로 이동하지 못하여 A의 위쪽이 부풀어 오른다.

05 광합성 산물의 이동과 저장

ㄱ. 12시에는 햇빛에 의해 광합성이 활발하므로, 잎에 저장된 녹말의 양이 많다.

ㄷ. 20시~24시로 갈수록 잎에 저장된 녹말이 줄어들고 뿌리에 녹말의 양이 많아지는 것으로 보아 양분은 주로 밤에 이동한다.

바로 알기 | ㄴ. 녹말은 물에 잘 녹지 않으므로, 물에 잘 녹는 설탕의 형태로 체관을 통해 뿌리로 이동하여 녹말의 형태로 저장된다.

서술형 문제
부록 06쪽

01 광합성과 호흡

모범 답안 | (1) 이산화 탄소 (2) 산소 (3) 광합성 (4) 호흡

해설 | 광합성(C)은 빛에너지를 흡수하여 물과 이산화 탄소(A)를 재료로 양분을 만드는 과정이고, 호흡(D)은 산소(B)를 이용해 양분(포도당)을 분해하여 에너지를 발생시키는 과정이다.

02 광합성량과 호흡량의 변화

모범 답안 | (1) A : 광합성량, B : 호흡량 (2) 산소

해설 | 밤에는 일어나지 않고, 해가 뜬 낮에만 발생하는 A는 광합성량, 하루 동안 거의 일정한 B는 호흡량이다. 밤에는 식물의 호흡만 일어나기 때문에 식물의 잎에서는 산소를 흡수하고 이산화 탄소를 방출한다.

03 광합성과 이산화 탄소의 농도

모범 답안 | 식물의 생장에 필요한 양분을 합성하는 과정인 광합성에는 이산화 탄소가 필요하며, 이산화 탄소의 농도가 높아지면 어느 정도의 농도까지는 광합성량이 증가한다. 따라서 비닐하우스 안에서 연탄을 피우면 이산화 탄소의 농도가 높아져서 식물이 잘 자랄 수 있다.

채점 기준	배점
비닐하우스 안에서 연탄을 피우는 까닭을 옳게 서술한 경우	100 %
다른 까닭을 들어 서술한 경우	0 %

04 증산 작용

모범 답안 | 식물은 증산 작용을 통해 잎에서 물을 수증기의 형태로 공기 중으로 방출한다. 이때 물이 수증기로 바뀌면서 주변으로부터 열을 빼앗기 때문에 흙바닥보다 잔디 위가 더 시원하다.

채점 기준	배점
흙바닥보다 잔디 위가 더 시원한 까닭을 옳게 서술한 경우	100 %
다른 까닭을 들어 서술한 경우	0 %

05 잎과 기체 교환

모범 답안 | 식물의 광합성은 엽록체가 있는 잎에서 주로 일어나기 때문에 겨울철 잎이 다 떨어진 나무에서는 광합성이 일어나지 않는다. 따라서 낮과 밤 모두 식물의 호흡만 일어나기 때문에 산소를 흡수하고 이산화 탄소를 방출한다.

채점 기준	배점
겨울철 잎이 다 떨어진 나무에서 낮과 밤에 일어나는 기체 교환을 옳게 서술한 경우	100 %
겨울철 잎이 다 떨어진 나무에서 일어나는 낮과 밤의 기체 교환 중 하나만 옳게 서술한 경우	30 %

06 양분의 저장

모범 답안 | 열매를 솎아 내면 다른 열매로 이동하고 저장되는 양분의 양이 많아지기 때문에 크고 맛있는 열매를 수확할 수 있다.

채점 기준	배점
어린 열매 일부를 솎아 내는 까닭을 양분의 사용과 관련지어 옳게 서술한 경우	100 %
다른 까닭을 들어 서술한 경우	0 %

Ⅱ. 동물과 에너지

개념 완성 문제

부록 07~11쪽

01 ②	02 ⑤	03 ④	04 ④, ⑤	05 ①
06 ②	07 ①	08 ②	09 ④	10 ④
11 ①	12 ③	13 ⑤	14 ④	15 ④
16 ②, ④	17 ④	18 ②	19 ②	20 ③
21 ①	22 ③	23 ②, ④	24 ②	25 ⑤
26 ③				

01 동물의 구성 단계

(가)는 기관계(소화계), (나)는 기관(위), (다)는 세포(적혈구), (라)는 개체(사람)이다.

02 동물의 구성 단계

A는 기관, B는 기관계이다.
ㄱ. 위, 폐, 심장은 기관(A)이다.
ㄴ. 소화계, 호흡계, 순환계는 기관계(B)에 해당한다.
ㄷ. 연관된 기능을 하는 기관(A)이 모여 기관계(B)를 구성한다.

03 기관계

① 식물은 세포 → 조직 → 조직계 → 기관 → 개체의 단계를 가지므로 식물의 구성 단계에는 기관계가 없다.

바로 알기 | ④ 소화계에서는 음식물 속의 영양소를 소화하여 흡수하는 기능을 담당한다. 산소와 이산화 탄소의 교환이 이루어지는 기관계는 호흡계이다.

04 영양소

④ 무기염류와 바이타민은 체내에서 합성되지 않아서 멸치, 과일 등의 식품으로 섭취해야 한다.
⑤ 탄수화물은 섭취량에 비해 구성 비율이 낮다.

바로 알기 | ① 지방은 에너지를 내는 주영양소이다.
② 무기염류는 뼈, 이, 혈액 등 우리 몸을 구성하며, 몸의 기능을 조절한다.
③ 뷰렛 용액은 단백질은 검출할 때 사용하는 용액이다.

05 영양소 검출 방법

① 1 g 당 9 kcal의 에너지를 내며, 깨, 땅콩, 버터에 많이 포함되어 있는 영양소는 지방이다. 지방은 수단 Ⅲ 용액으로 검출한다.

바로 알기 | ② 페놀프탈레인 용액은 염기성일 때 붉은색을 나타내므로 산성과 염기성을 구분하기 위해 사용하는 지시약이다.
③ 베네딕트 용액은 포도당을 검출할 때 사용한다.
④ 아이오딘─아이오딘화 칼륨 용액으로 녹말을 검출한다.
⑤ 5 %의 수산화 나트륨 용액과 1 %의 황산 구리 용액을 혼합하여 만든 뷰렛 용액은 단백질을 검출할 때 사용한다.

06 바이타민의 기능과 특징

② 바이타민은 에너지원으로 사용되지는 않지만 적은 양으로 몸의 기능을 조절하며, 섭취량이 적을 경우 결핍증이, 섭취량이 많을 경우 과다증이 나타난다.

바로 알기 | ①, ③ 나트륨, 철, 칼륨이 포함되며, 뼈, 이 등을 구성하는 것은 무기염류이다.

④, ⑤ 영양소와 노폐물을 운반하고 체온을 일정하게 유지하는 데 도움을 주는 것은 물이다.

07 사람의 소화 기관

A는 입, B는 간, C는 위, D는 이자, E는 대장, F는 소장, G는 쓸개이다.

② 간(B)에서 생성된 쓸개즙은 쓸개(G)에 저장된다.

③ 이자(D)에서 만든 이자액에는 3대 영양소(주영양소)의 소화 효소가 모두 들어 있다.

④ 대장(E)에서는 소장에서 흡수하고 남은 물이 흡수된다.

바로 알기 | ① 입(A)에서는 음식을 잘게 부수는 저작 운동과 같은 기계적 소화가 일어나고, 녹말 분해 효소가 들어 있는 침이 분비되어 화학적 소화도 이루어진다.

08 소화 기관의 소화 작용

ㄴ. 위(C)에서 분비되는 소화 효소는 펩신이며, 펩신은 위액 속에 함께 들어 있는 염산의 도움을 받아 작용한다.

바로 알기 | ㄱ. 위에서는 꿈틀 운동이 일어난다.

ㄷ. 입(A)에서 분비되는 아밀레이스는 강한 산성 환경인 위에서는 작용하지 못한다.

09 소장 융털의 구조

① A는 모세 혈관, B는 암죽관이다.

② 모세 혈관(A)에서는 포도당이나 아미노산과 같은 수용성 영양소가 흡수된다.

③ 암죽관(B)에서는 지방산, 모노글리세리드, 지용성 바이타민이 흡수된다.

⑤ 영양소는 소장에 있는 융털 상피 세포의 세포막을 통과하여 융털 안쪽으로 흡수된다.

바로 알기 | ④ 모세 혈관(A)으로 흡수된 수용성 영양소는 간을 거쳐 심장으로 이동하고, 암죽관(B)으로 흡수된 지용성 영양소는 간을 거치지 않고 심장으로 바로 이동한다.

10 사람의 소화 과정

ㄴ. (가)는 탄수화물이므로 입에서 최초로 소화되며, (나)는 단백질이므로 위에서 최초로 소화된다. (다)는 지방이며 소장에서 최초로 소화된다.

ㄷ. 탄수화물(가)은 포도당으로, 단백질(나)은 아미노산으로, 지방(다)은 지방산과 모노글리세리드로 최종 소화된다.

바로 알기 | ㄱ. A는 아밀레이스, B는 트립신, C는 라이페이스이다. 펩신은 위에서 분비되는 단백질 소화 효소이다.

11 심장의 구조

ㄱ. (가)는 대동맥, (나)는 대정맥이다.

바로 알기 | ㄴ. A는 우심방, B는 우심실, C는 좌심방, D는 좌심실이다. 우심방(A)은 온몸을 돌고 온 혈액을 받아들이는 곳이므로 이산화 탄소가 많은 혈액이 흐르고, 이 혈액은 우심실(B)을 거쳐 폐동맥을 통해 폐로 이동한다.

ㄷ. 좌심방(C)은 폐에서 기체 교환을 하여 산소가 많은 혈액이 흐르며, 이 혈액은 좌심실(D)을 거쳐 온몸으로 나간다.

12 판막의 기능

(다)는 판막이다. 판막(다)은 혈액의 역류를 방지하며, 혈액이 심방에서 심실 방향으로 흐를 수 있게 한다.

바로 알기 | ③ 혈액 속의 노폐물을 걸러내는 것은 콩팥이다.

13 혈관의 구조

A는 동맥, B는 모세 혈관, C는 정맥이다.

ㄱ. 동맥(A)은 심실의 수축에 의한 압력을 가장 많이 받는 곳으로, 혈압을 측정하는 곳이다.

ㄴ. 모세 혈관(B)은 총 단면적이 가장 크고, 혈류 속도가 느려서 물질 교환에 유리하다.

ㄷ. 정맥(C)에는 혈액의 역류를 방지하기 위한 판막이 존재한다.

14 혈액의 구성 성분

A는 적혈구, B는 백혈구, C는 혈소판, D는 혈장이다.

④ 혈장(D)은 액체 성분이며 영양소, 이산화 탄소, 노폐물을 운반한다.

바로 알기 | ① 적혈구(A)는 산소를 운반한다.

② 백혈구(B)는 모양이 일정하지 않으며 핵이 있다.

③ 혈소판(C)은 상처 부위의 혈액을 응고시킨다.

⑤ A~D 중 백혈구(B)만 핵이 있어서 김사액에 의해 핵이 염색되어 보라색으로 보인다.

15 혈액 성분의 기능

세포 성분인 혈구 중 크기가 가장 작으며, 상처 부위의 혈액을 응고시켜 출혈과 병원체의 감염을 막는 것은 혈소판(C)이다.

16 혈액의 순환

② 좌심실은 혈액을 온몸으로 보내야 하기 때문에 폐로만 혈액을 보내는 우심실보다 더 강한 압력으로 수축하여 혈액을 밀어낸다. 따라서 좌심실의 수축 시 압력이 우심실의 수축 시 압력보다 크다.

④ 폐를 제외한 몸의 다른 부분을 흐르는 순환은 온몸 순환이다.

바로 알기 | ① 온몸 순환과 폐순환을 함께 나타낸 것이다.

③ 소장에서 흡수된 영양소 중 수용성 영양소만 모세 혈관으로 흡수되어 간을 지나 심장으로 이동한다.

⑤ 혈류 속도는 총 단면적이 가장 넓은 모세 혈관에서 가장 느리다.

17 사람의 호흡 기관

A는 코, B는 기관, C는 폐이다.

ㄱ. 코(A)에는 점액과 털이 있어서 들이마신 공기의 먼지와 세균을 걸러 낸다.

ㄴ. 기관(B)은 코(A)에서 걸러지지 않는 세균 등의 이물질을 걸러 낸다.

바로 알기 | ㄷ. 폐(C)는 근육이 없어서 스스로 운동할 수 없고, 갈비뼈와 가로막의 움직임에 따라 그 크기가 변한다.

18 날숨의 성분

① 공기 펌프로 공기를 넣은 A는 들숨을 들이마시는 것과 같다.

③, ④, ⑤ BTB 용액은 산성 용액에서 노란색을 나타내므로 이산화 탄소가 더 많은 날숨과 반응하여 노란색으로 변한다. 따라서 B의 비커에 있는 BTB 용액의 색이 더 빨리 변한다.

바로 알기 | ② 푸른색 BTB 용액에 날숨을 불어 넣으면 BTB 용액의 색이 노란색으로 변한다.

19 사람의 호흡 운동

ㄴ. 흉강은 가슴 속의 공간을 말하며, 가로막이 올라가고 흉강의 부피가 작아지면 폐의 부피가 작아지고, 폐 내부의 압력이 대기압보다 높아져 공기가 밖으로 나간다. 따라서 (나)일 때의 압력이 더 높다.

바로 알기 | ㄱ. (가)는 들숨, (나)는 날숨일 때이다.

ㄷ. 이산화 탄소의 양은 들숨인 (가)보다 날숨인 (나)에서 더 많다.

20 호흡 운동의 원리

호흡 운동의 원리를 알아보기 위한 실험에서 Y자 유리관은 기관(기관지), 고무풍선을 폐, 유리병은 흉강을 나타낸다. 실험에서 갈비뼈의 변화는 나타내지 못한다.

21 호흡 운동의 원리

②, ③ 고무 막을 (가) 방향으로 잡아당기면 유리병 내부의 부피가 커지고 기압이 작아져 공기가 고무풍선 안으로 들어와 팽창한다.

④, ⑤ 고무 막을 (나) 방향으로 밀어 올리면 유리병 내부의 부피가 작아지고 기압이 커져 공기가 밖으로 빠져나가 고무풍선이 수축한다.

바로 알기 | ① (가)는 들숨, (나)는 날숨 방향이다.

22 폐포에서 일어나는 기체 교환

(가)는 폐동맥, (나)는 폐정맥, A는 이산화 탄소, B는 산소이다.

ㄱ. (가)는 폐동맥이며, 온몸을 돌면서 산소(B)를 주고 이산화 탄소(A)를 받아온 혈액이므로 (가)에는 정맥혈이 흐른다. 들숨으로 들어온 산소(B)를 가지고 온몸으로 이동하므로 (나)에는 동맥혈이 흐른다.

ㄴ. 산소(B)의 농도는 정맥혈이 흐르는 (가)보다 동맥혈이 흐르는 (나)에서 높다.

ㄷ. 폐포에서 일어나는 기체 교환은 기체의 농도 차이에 따른 확산에 의해 일어난다.

바로 알기 | ㄹ. 이산화 탄소(A)는 폐동맥을 통해 심장에서 폐로 운반되고, 산소(B)는 폐정맥을 통해 폐에서 심장으로 운반된다.

23 노폐물의 생성과 배설

A는 단백질, B는 폐, C는 간, D는 콩팥이다.

② 단백질(A)은 뷰렛 반응을 통해 보라색으로 변한다.

④ 간(C)은 독성이 있거나 해로운 물질을 해독해 주는 기관이다.

바로 알기 | ① (가) 과정은 단백질(A)이 아미노산으로 바뀌는 소화 과정이므로 위와 소장에서 일어난다.

③ 폐(B)에서는 수증기 형태의 물과 이산화 탄소를 몸 밖으로 배출하는 호흡계의 기관이다.

⑤ 콩팥(D)은 배설계의 기관이며, 오줌을 생성하여 몸 밖으로 배출한다.

24 콩팥의 구조

A는 콩팥 겉질, B는 콩팥 속질, C는 콩팥 깔때기이다.

바로 알기 | ② 오줌을 만드는 기본 단위인 네프론은 콩팥의 겉질(A)과 속질(B)에 모두 분포한다.

25 오줌의 생성 과정

ㄱ. 사구체(A)에서 보먼주머니(B)로 여과가 일어나며, 단백질은 크기가 커서 이동하지 못한다.

ㄴ. 모세 혈관(C)에서 세뇨관(D)으로 분비가 일어난다.

ㄷ. 세뇨관(D)에서 모세 혈관(C)으로 포도당과 아미노산이 100 % 재흡수된다.

26 기관계의 통합적 작용

(가)는 오줌을 만들어 몸 밖으로 내보내는 배설계, (나)는 산소와 이산화 탄소가 출입하는 호흡계, (다)는 영양소의 흡수와 소화가 이루어지는 소화계, (라)는 영양소, 산소, 노폐물 등을 온몸으로 운반하는 순환계이다.

부록 12쪽

01 ⑤　　**02** ③　　**03** ④　　**04** ①

01 침의 소화 작용

ㄱ. 시험관 A에서는 녹말이 들어 있으므로 아이오딘 반응 결과 청람색을 나타내고, 시험관 B는 침에 의해 녹말이 분해되어 아이오딘 반응을 하지 않아서 색이 변하지 않는다.

ㄴ. 시험관 A와 B의 결과를 비교하면 침에 녹말을 분해하는 소화 효소가 들어 있다는 것을 알 수 있다.

ㄷ. 침은 단백질을 분해하지 못하므로 뷰렛 반응 결과 시험관 C와 D의 색깔이 모두 보라색으로 변한다.

02 혈관의 특성

(가)는 동맥, (나)는 모세 혈관, (다)는 정맥이다.

ㄱ. 혈관 벽의 두께는 동맥(가)이 가장 두껍고, 모세 혈관(나)이 가장 얇다.

ㄷ. 혈액이 흐르는 속도는 혈관 벽의 두께가 얇을수록 느리다.
바로 알기 | ㄴ. A는 최고 혈압으로 심실이 수축할 때의 혈압이고,
B는 최저 혈압으로 심실이 이완할 때의 혈압이다.

03 기체 교환 과정

A는 이산화 탄소, B는 산소이다.
① 이산화 탄소(A)의 농도는 조직 세포에서 가장 높으며, 폐포에
서 가장 낮다.
② 산소(B)는 들숨에 비해 날숨에 적게 들어 있다.
③ (가)는 이산화 탄소(A)를 내보내고 산소(B)를 받아오는 폐순
환, (나)는 산소(B)를 공급하고 이산화 탄소(A)와 노폐물을 받아
오는 온몸 순환이다.
⑤ 온몸 순환(나)에서는 모세 혈관에서보다 조직 세포에서 산소(B)
농도가 낮으므로, 농도 차에 따른 확산에 의해 모세 혈관에서 조직
세포로 산소(B)가 이동한다.
바로 알기 | ④ (가) 과정은 폐에서 일어나는 기체 교환으로, 폐포에
서 산소와 이산화 탄소의 농도 차이에 의한 확산에 의해 일어난다.
폐에는 근육이 없어 근육 운동이 일어나지 않는다.

04 콩팥의 구조

(가)는 사구체, (나)는 보먼주머니, (다)는 모세 혈관, (라)는 세뇨
관이다.
① 사구체(가)에서 보먼주머니(나)로 물, 요소, 포도당, 아미노산,
무기염류 등의 크기가 작은 물질이 이동하는 여과가 이루어진다.
바로 알기 | ② 사구체(가)에서 보먼주머니(나)를 통과한 여과액에는
크기가 큰 물질인 단백질이 걸러져 포함되지 않는다. 단백질 외에
지방이나 혈구와 같은 큰 물질도 여과되지 않는다.
③ 보먼주머니(나)에는 여과액, 세뇨관(라)에는 오줌이 있으므로
액체의 성분이 다르다.
④, ⑤ 여과액이 세뇨관(라)에서 모세 혈관(다)로 이동하면서 포도
당, 아미노산, 물, 무기염류 등 몸에 필요한 물질이 대부분 재흡수
되며, 포도당과 아미노산은 100 % 재흡수된다.

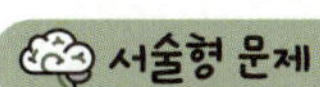

🧠 서술형 문제

부록 13쪽

01 혈액의 구성 성분

모범 답안 | (1) 적혈구 (2) 백혈구 (3) 혈소판 (4) 혈장
해설 | 혈액은 액체 성분인 혈장과 세포 성분인 혈구로 구성되어 있
고, 혈구에는 적혈구, 백혈구, 혈소판이 있다.

02 네프론

모범 답안 | (1) 사구체 (2) 보먼주머니
해설 | A는 콩팥 동맥에서 나온 모세 혈관이 실타래처럼 뭉쳐 있
는 사구체이고, B는 사구체를 둘러싸고 있는 주머니 모양의 구조
인 보먼주머니이다.

03 침의 소화 작용

모범 답안 | A, 베네딕트 반응 결과 황적색으로 변하기 위해서는 녹
말이 침의 아밀레이스에 의해 엿당으로 분해되어야 한다. A는 침
의 아밀레이스에 의해 녹말이 엿당으로 분해되어 황적색으로 변
한다.

채점 기준	배점
황적색으로 변한 시험관을 고르고 제시된 용어를 포함하여 옳게 서술한 경우	100 %
황적색으로 변한 시험관만 옳게 쓴 경우	30 %

04 소장 내벽의 구조

모범 답안 | 소장의 내벽에는 주름이 많고, 그 주름의 표면은 많은 융
털로 되어 있다. 이것은 소장의 표면적을 넓혀 주어 영양소가 효과
적으로 체내에 흡수될 수 있도록 한다.

채점 기준	배점
표면적을 넓혀 주어 영양소를 효과적으로 흡수한다는 내용을 옳게 서술한 경우	100 %
영양소를 흡수한다는 내용만 옳게 서술한 경우	30 %

05 헤모글로빈의 기능

모범 답안 | 고산 지대에 사는 사람들은 적혈구의 수가 많다. 적혈구
가 많으면 그만큼 헤모글로빈의 양이 많고 헤모글로빈과 결합할 수
있는 산소의 양이 많으므로 산소 공급을 원활히 할 수 있다.

채점 기준	배점
적혈구의 헤모글로빈의 양과 산소의 양을 관련지어 옳게 서술한 경우	100 %
적혈구의 수만 관련지어 옳게 서술한 경우	30 %

06 오줌 검사

모범 답안 | 여과, 정상인의 경우 사구체에서 보먼주머니로 여과될
때 혈구, 단백질과 같은 크기가 큰 물질은 이동하지 않는다. 하지만
여과 과정에 문제가 생기면 여과액에서 단백질이 검출되므로 색깔
이 초록색으로 변하게 된다.

채점 기준	배점
여과와 단백질이 검출되는 과정을 모두 옳게 서술한 경우	100 %
여과만을 옳게 쓴 경우	30 %

Ⅲ. 자극과 반응

🔬 개념 완성 문제
부록 14~18쪽

01 ③	02 ①	03 ②	04 ⑤	05 ①
06 ⑤	07 ②	08 ③	09 ④	10 ⑤
11 ③	12 ⑤	13 ④	14 ④	15 ③
16 ①	17 ①	18 ①, ③	19 ②	20 ②
21 ⑤	22 ④	23 ④	24 ④	25 ②
26 ①	27 ④	28 ④	29 ③, ⑤	30 ③
31 ⑤				

01 눈의 구조

A는 수정체, B는 홍채, C는 섬모체, D는 망막, E는 맥락막이다.
③ 섬모체(C)는 수정체(A)의 두께를 조절한다.
바로 알기 | ① 수정체(A)는 볼록 렌즈 모양으로 빛을 굴절시켜 망막(D)에 상이 맺히게 한다.
② 홍채(B)는 동공의 크기를 조절하여 눈으로 들어오는 빛의 양을 조절한다.
④ 망막(D)은 물체의 상이 맺히는 곳으로, 시각 세포가 있어 빛 자극을 받아들인다.
⑤ 맥락막(E)은 검은색 색소가 있어 눈 속을 어둡게 한다.

02 시각의 성립 경로

물체에서 나온 빛이 각막과 수정체를 지나 굴절되어 유리체를 지나 망막에 상이 맺히고, 망막의 시각 세포가 빛 자극을 받아들여 시각 신경을 통해 뇌로 전달되어 물체를 본다.

03 동공의 크기 변화

(가)는 동공의 크기가 작아진 상태, (나)는 동공의 크기가 커진 상태이다.
ㄷ. 밝은 곳에서 어두운 곳으로 이동할 때 이러한 현상이 나타난다.
바로 알기 | ㄱ, ㄴ. 주변의 밝기가 감소하면 홍채가 축소하면서 동공의 크기가 커져 눈으로 들어오는 빛의 양이 증가한다.

04 수정체의 두께 변화

(가)는 수정체가 얇아진 상태, (나)는 수정체가 두꺼워진 상태이다.
ㄱ, ㄴ. (나)에서 (가)로 변하는 것은 섬모체가 이완하여 수정체가 얇아진 상태로 눈과 물체 상태의 거리가 멀어지기 때문이다.
ㄷ. 가까운 곳을 보다가 먼 곳을 볼 때 이러한 현상이 나타난다.

05 귀의 구조

A는 귓속뼈, B는 전정 기관, C는 반고리관, D는 달팽이관, E는 귀인두관이다.
① 귓속뼈(A)는 고막의 진동을 증폭시켜 달팽이관(D)으로 전달한다.
바로 알기 | ② 전정 기관(B)은 몸이 기울어지는 자극을 받아들인다.

③ 반고리관(C)은 몸이 회전하는 자극을 받아들인다.
④ 달팽이관(D)에 소리 자극을 받아들이는 청각 세포가 분포한다.
⑤ 귀인두관(E)은 귀와 목구멍을 연결하는 관으로, 고막 안쪽과 바깥쪽의 압력을 같게 조절한다.

06 귀인두관의 기능

하품을 하거나 침을 삼키면 귀인두관(E)을 통해 기체 일부가 빠져나가 고막 안쪽과 바깥쪽의 압력을 같게 조절하여 고막이 원래의 상태로 회복된다.

07 청각의 성립 경로

소리가 고막(㉠)을 진동시키고, 진동이 귓속뼈를 지나면서 증폭되어 달팽이관(㉡)에 전달되면 달팽이관(㉡)의 청각 세포가 자극으로 받아들여 청각 신경을 통해 뇌로 전달되어 소리를 듣는다.

08 귀의 구조

A는 반고리관, B는 전정 기관, C는 달팽이관이다. 반고리관(A)은 몸의 회전이나 이동을 감지하고, 전정 기관(B)은 중력 자극에 대한 몸의 기울어짐을 감지하며, 달팽이관(C)은 청각 세포가 분포되어 있어 소리 자극을 받아들인다. (가)에서 기울어짐을 느끼는 것은 진정 기관(B)에서 감지하는 위치 감각 때문이고, (나)에서 회전에 의해 어지러움을 느끼는 것은 반고리관(A)에서 감지하는 회전 감각 때문이다.

09 후각

① 후각은 다른 감각에 비해 매우 예민한 감각이다.
② 후각은 코에서 기체 상태의 화학 물질을 자극으로 받아들여 냄새를 느끼는 감각이다.
③ 후각 상피는 점액으로 덮여 있으며, 후각 상피에 후각 세포가 분포한다.
⑤ 후각은 쉽게 피로해지기 때문에 같은 냄새를 계속 맡으면 나중에는 그 냄새를 잘 느끼지 못하지만, 냄새의 종류가 달라지면 달라진 냄새를 맡을 수 있다.
바로 알기 | ④ 감각점은 피부에서 특정 자극을 받아들이는 부위이다. 냄새 자극은 후각 세포에서 받아들인다.

10 코의 구조

A는 후각 신경, B는 후각 세포이다.
ㄴ. B는 기체 상태의 화학 물질을 자극으로 받아들이는 후각 세포이다.
ㄷ. 후각은 기체 상태의 화학 물질이 콧속으로 들어와 후각 상피에 닿으면 후각 세포(B)가 자극으로 받아들여 후각 신경(A)을 통해 뇌로 전달된다.
바로 알기 | ㄱ. 후각 신경(A)은 후각 세포(B)에서 받아들인 자극을 뇌로 전달하는 부분이다. 점액으로 덮여 있는 곳은 후각 상피이다.

11 혀의 구조

A는 유두, B는 맛봉오리, C는 맛세포, D는 미각 신경이다.

① 유두(A)는 혀 표면에 있는 좁쌀 모양의 돌기로, 유두(A)의 옆면에 맛봉오리(B)가 존재한다.
② B는 유두(A) 옆면에 있으며, 여러 개의 맛세포(C)가 모여 있는 맛봉오리이다.
④ 맛세포(C)는 액체 상태의 화학 물질을 자극으로 받아들인다.
⑤ 액체 상태의 화학 물질이 맛봉오리(B)의 맛세포(C)를 자극하면, 맛세포(C)에 연결된 미각 신경(D)를 통해 뇌로 전달된다.
바로 알기 | ③ 혀를 통해 느끼는 기본적인 맛에는 단맛, 신맛, 쓴맛, 짠맛, 감칠맛의 5가지가 있으며, 매운맛과 떫은맛은 맛세포(C)에서 느끼는 것이 아니라 혀와 구강 점막 전체가 자극되어 나타나는 통각과 압각이다.

12 후각과 미각 실험

코를 막지 않았을 때는 포도주스와 사과주스의 맛을 제대로 구분하지만, 코를 막았을 때는 포도주스와 사과주스의 맛을 구분하기 어렵다. 이는 맛을 느끼는 데에는 후각과 미각이 함께 상호 작용하기 때문이다.

13 피부 감각

① 내장 기관에도 감각점이 분포하여 속이 쓰리거나 아픈 것을 느낄 수 있다.
② 통점, 압점, 촉점, 냉점, 온점의 다섯 가지 감각점 중 한 가지 감각점은 한 가지 감각만 느낄 수 있다.
③ 감각점은 피부에서 특정 자극을 받아들이는 부위이다.
⑤ 냉점은 차가워지는 상대적인 온도 변화를 감지하고, 온점은 따뜻해지는 상대적인 온도 변화를 감지한다.
바로 알기 | ④ 감각점의 수는 일반적으로 통점이 가장 많고, 온점이 가장 적다.

14 피부 감각

ㄴ. 이쑤시개를 두 개의 점으로 느끼는 최소 거리가 짧을수록 감각점이 많이 분포하여 예민한 감각이다. 따라서 손바닥보다 입술에 감각점이 많이 분포한다.
ㄷ. 몸의 부위에 따라 이쑤시개를 두 개의 점으로 느끼는 최소 거리가 다르므로, 몸의 부위에 따라 분포하는 피부 감각점의 개수가 다르다.
바로 알기 | ㄱ. 이쑤시개를 두 개의 점으로 느끼는 최소 거리가 짧을수록 예민하므로, 손바닥이 발바닥보다 예민하다.

15 뉴런의 구조

A는 가지 돌기, B는 신경 세포체, C는 축삭 돌기이다.
③ 신경 세포체(B)는 핵과 대부분의 세포질이 모여 있는 부위로, 여러 가지 생명 활동이 일어난다.
바로 알기 | ① 뉴런은 신경계를 구성하는 세포로, 가지 돌기(A), 신경 세포체(B), 축삭 돌기(C)로 이루어져 있다.
② 가지 돌기(A)는 신경 세포체(B)에서 뻗어 나온 여러 개의 짧은 돌기로, 다른 뉴런이나 감각 기관으로부터 자극을 받아들인다.
④ 축삭 돌기(C)는 신경 세포체(B)에서 뻗어 나온 한 개의 긴 돌기로, 다른 뉴런이나 기관 등으로 자극을 전달한다.

⑤ 자극은 가지 돌기(A) → 신경 세포체(B) → 축삭 돌기(C) 방향으로 전달된다.

16 뉴런의 구조

뉴런은 신경계를 구성하는 세포로 가지 돌기(A), 신경 세포체(B), 축삭 돌기(C)로 이루어져 있다.

17 뉴런의 종류

A는 감각 뉴런, B는 연합 뉴런, C는 운동 뉴런이다.
② B는 중추 신경을 구성하는 연합 뉴런이다.
③ 연합 뉴런(B)은 감각 뉴런(A)으로부터 전달받은 자극을 판단하고, 종합하여 적절한 명령을 내린다.
④ 운동 뉴런(C)은 운동 신경을 구성하는 뉴런이다.
⑤ 자극은 감각 뉴런(A) → 연합 뉴런(B) → 운동 뉴런(C) 방향으로 전달된다.
바로 알기 | ① 감각 뉴런(A)은 감각 신경을 구성하는 뉴런이며, 뇌와 척수를 구성하는 뉴런은 연합 뉴런(B)이다.

18 신경계의 구조

A는 중추 신경계, B는 말초 신경계이다.
① 중추 신경계(A)는 뇌와 척수로 이루어져 있으며, 자극에 대해 판단하고 적절한 명령을 내린다.
③ 말초 신경계(B)는 중추 신경계(A)에서 뻗어 나와 온몸에 퍼져 있는 신경이다.
바로 알기 | ② 시각 신경은 감각 신경이며, 말초 신경계(B)에 포함된다.
④ 말초 신경계(B)는 대뇌의 의지대로 조절되는 부분도 있지만, 자율적으로 조절되는 부분도 있다.
⑤ 말초 신경계(B)는 감각 신경과 운동 신경으로 구성된다.

19 뇌의 구조

A는 대뇌, B는 간뇌, C는 중간뇌, D는 연수, E는 소뇌이다.
② 간뇌(B)는 체온이나 체액의 농도를 일정하게 유지하도록 조절한다.
바로 알기 | ① 대뇌(A)는 기억, 판단, 추리 등 복잡한 정신 활동의 중추이다.
③ 중간뇌(C)는 동공의 크기를 조절한다.
④ 연수(D)는 심장 박동, 호흡 운동 등과 같은 생명 활동의 중추이다.
⑤ 소뇌(E)는 몸의 자세와 균형을 유지한다.

20 식물인간의 뇌

ㄴ. 식물인간 상태인 사람은 대뇌가 손상되었으므로, 감각을 느낄 수 없다. 따라서 듣거나 냄새를 맡을 수 없다.
바로 알기 | ㄱ. 호흡 운동의 중추인 연수의 기능은 정상이므로, 스스로 호흡이 가능하다.
ㄷ. 척수의 기능은 정상이므로, 무릎 반사가 일어난다.

21 교감 신경과 부교감 신경의 비교

교감 신경은 긴장했을 때나 위기 상황에 처했을 때 우리 몸을 대처하기에 알맞은 상태로 만들고, 부교감 신경은 교감 신경과 반대로 작용하여 이를 원래의 안정된 상태로 되돌리도록 조절한다.

구분	교감 신경	부교감 신경
심장 박동	촉진	억제
호흡 운동	촉진	억제
소화 운동	억제	촉진
침 분비	억제	촉진
동공	확대	축소
방광	확장	수축

22 의식적인 반응과 무조건 반사

①, ② (가)는 대뇌의 판단 과정을 거치지 않아 자신의 의지와 관계없이 일어나는 무조건 반사이다. 무조건 반사 중 뾰족한 물체가 몸에 닿았을 때 움츠리는 회피 반사의 중추는 척수이다.
③ (나)는 대뇌의 판단 과정을 거쳐 자신의 의지에 따라 일어나는 의식적 반응이다.
⑤ 무조건 반사(가)는 의식적 반응(나)보다 반응이 매우 빠르게 일어나 위급한 상황으로부터 우리 몸을 보호한다.
바로 알기 | ④ 의식적 반응(나)의 중추는 대뇌이다.

23 자극의 전달 경로

ㄱ. A는 감각 신경, E는 운동 신경으로 말초 신경계를 구성한다.
ㄴ. C는 대뇌에 있는 연합 뉴런이고, F는 척수에 있는 연합 뉴런이다.
바로 알기 | ㄷ. 무릎 반사는 척수가 중추인 무조건 반사이므로, 무릎 반사의 전달 경로는 A → F → E이다.

24 호르몬과 신경

① 호르몬은 표적 세포나 표적 기관에만 작용한다.
② 호르몬은 내분비샘에서 생성되며, 별도로 분비되는 관이 없어 혈액을 통해 분비된다.
③ 호르몬은 매우 적은 양으로 여러 가지 생리 작용과 기능을 조절한다.
⑤ 호르몬은 신경에 비해 효과가 오래 지속되며 작용 범위가 넓다.
바로 알기 | ④ 호르몬은 혈액에 의해 멀리 떨어져 있는 표적 세포나 표적 기관에 작용하므로, 신경에 비해 신호 전달 속도가 느리다.

25 내분비계

A는 뇌하수체, B는 갑상샘, C는 부신, D는 이자, E는 난소와 정소이다.
① 뇌하수체(A)에서는 뼈와 근육의 생장을 촉진하는 생장 호르몬이 분비된다.
② 갑상샘(B)에서는 세포 호흡을 촉진하는 티록신이 분비된다.
④ 이자(D)에서 분비되는 인슐린은 혈당량을 감소시키고, 글루카곤은 혈당량을 증가시킨다.

⑤ 난소와 정소(E)에서는 2차 성징 발현에 관여하는 에스트로젠과 테스토스테론이 각각 분비된다.
바로 알기 | ③ 부신(C)에서 분비되는 아드레날린은 심장 박동을 빠르게 하며, 혈당량과 혈압을 높인다. 콩팥에서 물의 재흡수를 촉진하는 것은 항이뇨 호르몬으로, 뇌하수체(A)에서 분비된다.

26 호르몬의 분비 이상

① 갈증을 느끼고 오줌량이 증가하며, 포도당이 오줌에 섞여 나오는 것은 당뇨병의 증상이다. 당뇨병은 혈당량을 낮추는 호르몬인 인슐린이 제대로 분비되지 않거나 기능을 제대로 하지 못할 때 나타난다.
바로 알기 | ② 인슐린의 분비가 과다하면 저혈당으로 인한 문제가 나타날 수 있다.
③ 티록신이 결핍되면 갑상샘 기능 저하증이 나타난다. 갑상샘 기능 저하증은 쉽게 피로를 느끼고 체중이 증가하는 질병이다.
④ 티록신 과다로 갑상샘 기능 항진증이 나타난다.
⑤ 생장 호르몬 과다로 거인증 또는 말단 비대증이 나타난다.

27 호르몬 분비 조절

A는 갑상샘 자극 호르몬, B는 티록신이다.
ㄴ. 갑상샘 자극 호르몬(A)의 분비가 증가하면 갑상샘에서 분비되는 티록신(B)의 분비도 증가한다.
ㄷ. 티록신(B)은 조직 세포에서 세포 호흡을 촉진하므로 혈중 티록신(B)의 농도가 높으면 세포 호흡이 활발해진다.
바로 알기 | ㄱ. 갑상샘 자극 호르몬(A)은 갑상샘에서 티록신(B) 분비를 촉진하므로 표적 기관은 갑상샘이다.

28 혈당량 조절 과정

A는 글루카곤, B는 인슐린이다.
ㄴ. 인슐린(B)은 혈당량이 높을 때 이자에서 분비되어 간에서 포도당을 글리코젠으로 합성하는 과정을 촉진한다.
ㄷ. 호르몬의 작용을 받는 특정 기관을 표적 기관이라고 한다. 글루카곤(A)과 인슐린(B)의 표적 기관은 간이다.
바로 알기 | ㄱ. A는 이자에서 분비되어 혈당량을 증가시키는 글루카곤이다.

29 추울 때의 변화

③, ⑤ 추울 때는 피부 근처 혈관과 털 주변의 근육이 수축하여 열 방출량이 감소한다. 또한 티록신 분비가 증가하여 세포 호흡을 촉진시키고, 근육이 떨려 열 발생량이 증가한다.
바로 알기 | ①, ②, ④ 땀 분비가 증가하고, 세포 호흡이 억제되며, 피부 근처 혈관이 확장되는 것은 더울 때 나타나는 변화이다.

30 운동 시 체온 변화

(가) 구간에서는 운동으로 높아진 체온을 낮추기 위해 몸 안의 열 발생량은 줄이고 외부로의 열 방출량은 늘리는 작용이 일어난다.
ㄱ, ㄷ. 체온이 올라가면 피부 근처 혈관이 확장되고, 피부로 흐르는 혈액의 양이 증가하면서 열 방출량이 증가한다.

31 몸속 수분량 조절

물을 많이 마시면 몸속 수분량이 늘어나 뇌하수체에서 항이뇨 호르몬 분비가 감소(㉠)하여 콩팥에서 물의 재흡수를 억제(㉡)하고, 오줌량이 증가(㉢)하여 몸속 수분량이 감소(㉣)한다.

🍎 실력 향상 문제 부록 19쪽

| 01 ④ | 02 ② | 03 ⑤ | 04 ⑤ | 05 ① |

01 맹점의 확인

ㄴ. 점이 안 보이는 것은 점의 상이 시각 세포가 없는 맹점에 맺혔기 때문이다.

ㄷ. (나)에서 눈과 물체 사이의 거리가 가까워지면 섬모체가 수축하여 수정체가 두꺼워진다.

바로 알기 | ㄱ. 오른쪽 눈으로 십자가를 계속 주시하면 오른쪽 눈의 망막에 십자가의 상이 맺힌다.

02 피부 감각

ㄷ. 냉점과 온점은 절대적인 온도를 감지하는 것이 아니라 상대적인 온도 변화를 감지한다.

바로 알기 | ㄱ. 처음보다 온도가 높아진 오른손은 따뜻함을 느끼고, 처음보다 온도가 낮아진 왼손은 차가움을 느낀다.

ㄴ. 온점은 온도가 높아지는 변화를 감지하여 따뜻함을 느끼고, 냉점은 온도가 낮아지는 변화를 감지하여 차가움을 느끼므로 오른손은 온점, 왼손은 냉점이 자극을 받아들인다.

03 척수와 척추

ㄱ. 척수(A)는 뇌와 함께 중추 신경계에 속한다. 또한 척추에 의해 보호받고 있다.

ㄴ, ㄷ. 척수(A)는 연수 아래쪽으로 뻗어 있으며, 뇌와 말초 신경 사이의 신호 전달 통로이다.

04 혈당량과 인슐린의 농도 변화

ㄱ. A는 식사 후 혈당량이 증가하면 혈당량을 감소시키는 인슐린의 분비량이 크게 증가하는 것으로 보아 건강한 사람의 인슐린 농도 변화이다.

ㄴ. 환자는 건강한 사람보다 혈당량이 높게 유지되는 당뇨병 환자이므로, 인슐린 부족에 의한 증상이 나타난다.

ㄷ. 당뇨병 환자는 건강한 사람보다 혈당량, 즉 혈액 중 포도당의 농도가 높다.

05 체온과 피부 모세 혈관의 변화

(가)는 추울 때, (나)는 더울 때의 모습이다.

ㄱ. (가)는 추울 때 피부 근처 혈관이 수축한 모습을 나타낸 것이므로, 냉점이 자극되었을 때의 모습이다.

바로 알기 | ㄴ. 추울 때 (가)는 갑상샘 자극 호르몬의 분비가 증가하여 갑상샘에서 티록신의 분비가 증가한다.

ㄷ. 더울 때 (나)는 피부 근처 혈관이 확장되고, 땀 분비량이 증가하여 열 방출량이 증가한다.

🧠 서술형 문제 부록 20쪽

01 평형 감각

모범 답안 | 전정 기관

해설 | 귀에 있는 전정 기관은 몸이 기울어지는 자극을 받아들여 자세를 바로잡을 수 있게 한다. 전정 기관에는 이석이 있어 몸이 기울어지는 자극을 감지할 수 있는데, 전정 기관이 파괴되면 균형을 유지할 수 없다.

02 소뇌의 기능

모범 답안 | 소뇌

해설 | 소뇌는 몸의 여러 부위의 근육 운동이 정확하게 일어나도록 조절하며, 몸의 자세를 바로잡고 균형을 유지하도록 조절하는 중추이다.

03 미각

모범 답안 | 시각, 후각, 미각, 피부 감각 등이 함께 작용하여 맛을 느끼기 때문에 혀를 통해 느끼는 기본적인 맛인 단맛, 신맛, 쓴맛, 짠맛, 감칠맛보다 다양한 맛을 느낄 수 있다.

채점 기준	배점
음식의 맛이 다양한 까닭을 옳게 서술한 경우	100 %
모범 답안과 같이 음식의 맛이 다양한 까닭을 옳게 설명하지 못한 경우	0 %

04 컴퓨터와 신경계

모범 답안 | (가), (다) : 말초 신경계, (나) : 중추 신경계 / (나)는 자극에 대해 판단하고 적절한 명령을 내리는 중추 신경계에 해당하고, 연결선 (가)와 (다)는 중추 신경계에서 뻗어 나와 각각 감각 신경, 운동 신경에 연결된 말초 신경계에 해당한다.

채점 기준	배점
신경계와 그 까닭을 모두 옳게 서술한 경우	100 %
신경계만 옳게 쓴 경우	30 %

05 자극의 전달 경로

모범 답안 | ❺ → ❻ → ❼ → ❾, 얼굴에 있는 감각 기관에서 받아들인 자극은 바로 대뇌로 전달되고, 척수를 거쳐 팔이나 다리와 같은 반응 기관으로 전달된다.

채점 기준	배점
반응의 경로와 그 까닭을 모두 옳게 서술한 경우	100 %
반응의 경로만 쓴 경우	30 %

06 반응의 중추

모범 답안 | (가) : 대뇌, (나) : 연수, (다) : 중간뇌 / (가)는 대뇌의 판단 과정을 거쳐 자신의 의지에 따라 일어나는 의식적 반응이므로, 대뇌가 중추이고, 재채기(나)는 연수가 중추인 무조건 반사, 동공 반사(다)는 중간뇌가 중추인 무조건 반사이다.

채점 기준	배점
반응의 중추와 그 까닭을 세 가지 모두 옳게 서술한 경우	100 %
반응의 중추와 그 까닭을 두 가지만 옳게 서술한 경우	50 %
반응의 중추와 그 까닭을 한 가지만 옳게 서술한 경우	30 %

07 갑상샘종

모범 답안 | 갑상샘종 환자는 갑상샘에서 티록신이 너무 적게 분비되어 포도당이 소모되지 않아 체중이 증가하고 갑상샘 비대증이 나타나며, 에너지가 발생하지 못해 추위를 잘 타고 쉽게 피로해진다.

채점 기준	배점
호르몬 분비량을 포함하여 신체의 변화를 두 가지 이상 모두 옳게 서술한 경우	100 %
호르몬 분비량을 포함하여 신체의 변화를 한 가지만 옳게 서술한 경우	50 %
호르몬 분비량만 쓴 경우	30 %

08 운동과 혈당량

모범 답안 | 운동을 하면 포도당이 운동에 필요한 에너지 생산에 쓰이므로 혈당량이 감소하지만 글루카곤의 분비가 촉진되어 간에서 글리코젠을 포도당으로 분해하여 혈액으로 방출하기 때문에 혈당량이 곧 정상 수준으로 올라가게 된다.

채점 기준	배점
호르몬의 작용과 관련지어 혈당량이 증가하는 까닭을 모두 옳게 서술한 경우	100 %

IV. 생식과 유전

개념 완성 문제

부록 21~25쪽

01 ⑤	02 ④	03 ②, ⑤	04 ③	05 ②
06 ②	07 ②	08 ④	09 ⑤	10 ①
11 ①	12 ⑤	13 ②	14 ③	15 ⑤
16 ②	17 ③	18 ②	19 ④	20 ⑤
21 ⑤	22 ②	23 ⑤	24 ③	25 ③
26 ③	27 ③	28 ②	29 ⑤	30 ③

01 세포 분열의 이유

ㄱ. (다)는 한 변의 길이가 3 cm이므로 표면적은 54 cm^{2}가 된다.

ㄴ, ㄷ. (가)에서 (다)로 갈수록 $\dfrac{표면적}{부피}$의 값은 감소한다. 각 정육면체를 세포라고 가정했을 때 $\dfrac{표면적}{부피}$의 값이 클수록 물질 교환이 가장 잘 일어난다. 따라서 (가)일 때 가장 잘 일어난다.

02 염색체의 구조

① (가)와 (나)는 부모에게서 각각 물려받아 크기와 모양이 같은 상동 염색체이다.

② 염색체는 유전 정보를 담은 DNA와 단백질로 구성되어 있다.

③ A는 염색 분체로, 복제에 의해 만들어지므로 같은 유전 정보를 갖고 있다.

⑤ C는 유전자로, 유전 정보가 들어 있는 DNA의 특정 부위이다.

바로 알기 | ④ B는 DNA이다. DNA는 생물의 형질에 대한 모든 유전 정보를 저장하고 있는 유전 물질로, 하나의 DNA는 여러 개의 유전자를 담고 있다.

03 염색체

③ 2가 염색체는 2개의 상동 염색체가 접합하여 감수 1분열 시 형성되는 것으로, 하나의 염색체가 2개의 염색 분체로 이루어져 있다. 따라서 2가 염색체는 4분 염색체라고도 한다.

④ 염색체는 분열하지 않을 경우 핵 속에 실처럼 풀린 염색사의 형태로 존재하다가 세포 분열 시에만 막대 모양의 상태가 된다.

바로 알기 | ② 상동 염색체는 각각 부모 양쪽으로부터 하나씩 물려받은 것이므로 서로 다른 유전 정보를 가질 수 있다.

⑤ 생물종에 따라 염색체의 수는 다양하며, 같은 종의 생물은 염색체 수와 모양이 일정하다.

04 사람의 염색체

ㄷ. 사람의 체세포 하나에는 상염색체 22쌍, 성염색체 1쌍이 들어 있다. 따라서 46개의 염색체가 들어 있다.

바로 알기 | ㄱ. (가)의 성염색체는 XY이므로 남자의 염색체 구성을 나타낸 것이다.

ㄴ. (나)는 어머니와 아버지로부터 X 염색체를 각각 하나씩 물려받아 성염색체 구성이 XX인 여자이다.

05 세포 분열

① 단세포 생물은 체세포 분열로 생긴 딸세포가 새로운 개체가 되는 생식이 일어난다.
③ 동물은 몸 전체에서 일어나는 체세포 분열에 의해 몸의 크기가 커진다.
④ 체세포 분열의 핵 분열을 전기, 중기, 후기, 말기의 네 단계로 구분하는 것은 염색체의 모양과 행동에 따라 나눈 것이다.
⑤ 체세포 분열이 끝나면 모세포와 동일한 유전 정보와 염색체 수를 가진 딸세포 2개가 형성된다.
바로 알기 | ② 상처가 나면 손실된 부분에서 체세포 분열이 일어나 세포가 새로 생겨 재생된다.

06 체세포 분열 과정

(가)는 말기, (나)는 간기, (다)는 전기, (라)는 후기, (마)는 중기이다. 따라서 세포 분열 과정은 간기(나) → 전기(다) → 중기(마) → 후기(라) → 말기(가)의 순서로 이루어진다.

07 세포 분열 과정

ㄴ. 식물 세포 분열의 말기(가)에는 중앙에서 세포판이 형성되어 세포질 분열이 일어나게 된다.
바로 알기 | ㄱ. 말기(가)에 안에서 밖으로 세포질 분열이 일어나므로 식물 세포의 분열 과정을 나타낸 것이다.
ㄷ. 후기(라)에서는 방추사에 의해 염색 분체가 양 끝으로 이동하는 시기이다. DNA가 복제되는 시기는 간기(나)이다.

08 세포질 분열

④ (가)는 식물 세포이므로 안에서 밖으로, (나)는 동물 세포이므로 밖에서 안으로 세포질 분열이 일어난다.
바로 알기 | ① (가)는 식물 세포이고, (나)는 동물 세포이다.
② (가)의 ㉠은 세포판이며, 세포질 분열이 끝나면 세포벽이 된다.
③ 세포질 분열이 일어날 때에는 핵분열이 먼저 일어나고 세포질 분열이 나중에 일어난다.
⑤ 세포질 분열이 끝나면 식물 세포와 동물 세포는 각각 2개의 딸세포가 만들어진다.

09 세포 분열 과정

① (가)의 염색체는 모양과 크기가 같은 상동 염색체이다.
② (가)에서 (나)로 가면서 유전 물질의 복제가 일어나므로 (나)의 2가 염색체는 4개의 염색 분체로 구성된다.
③, ④ (다)는 상동 염색체가 분리되어 양쪽 끝으로 이동하는 감수 1분열의 후기, (라)는 감수 1분열이 끝난 시기이다.
바로 알기 | ⑤ (마)는 감수 2분열이 완료된 상태로, 연속으로 2회 일어나 염색체의 수는 (가)의 절반으로 줄어든다.

10 감수 2분열의 세포 분석

② 염색 분체가 분리되기 전이므로 유전 물질의 상대량은 유전 물질이 복제되기 전 모세포와 같다.
③ 감수 2분열 후기에는 염색 분체의 분리가 일어난다.

④ 감수 2분열 중기에 염색체 수가 2개이므로, 감수 분열이 일어나기 전 모세포의 염색체 수는 4개이다.
⑤ 감수 1분열 후 만들어진 2개의 딸세포 중 1개를 나타낸 것이다.
바로 알기 | ① 감수 1분열에서 상동 염색체가 분리되어 각각의 딸세포에 들어가기 때문에 감수 2분열 중기에는 상동 염색체 중 하나만 존재한다.

11 사람의 수정과 발생

② B는 난자와 정자가 수란관에서 만나는 수정이다.
③ C는 수정란 초기 세포 분열인 난할로, 난할이 거듭될수록 세포 수는 많아지고, 세포 하나의 크기는 점점 작아진다.
④ D는 포배 상태일 때 일어나는 착상이다.
⑤ 수정된 후 수란관을 통해 이동하여 착상할 때까지 일주일 정도의 시간이 소요된다.
바로 알기 | ① A는 수정 전인 난자가 난소에서 수란관으로 배출되는 배란이다. 수정란은 정자와 난자의 수정 후 만들어진다.

12 유전 용어

④ 대립유전자의 구성이 다를 경우 우성인 형질만 표현되므로, 생물의 표현형이 같더라도 유전자형이 다를 수 있다.
바로 알기 | ⑤ 열성 형질은 대립 형질을 가진 순종끼리 교배했을 때 잡종 1대에서 나타나지 않는 형질이다.

13 유전자형

순종은 한 가지 형질을 나타내는 대립유전자의 구성이 같은 개체이다. 유전자형이 순종이면 대립유전자가 모두 우성을 나타내는 대문자이거나 모두 열성을 나타내는 소문자이어야 한다.

14 염색체에서의 유전자의 위치

③ 대립유전자는 하나의 형질을 결정하는 유전자로 상동 염색체의 같은 위치에 존재하며, 부모로부터 한 개씩 물려받아 쌍을 이룬다. 따라서 잡종 1대에서는 어버이에게 R와 r를 하나씩 물려받아 Rr의 유전자형을 이룬다.
바로 알기 | ④ 하나의 형질을 결정하는 대립유전자는 모양과 크기가 같은 상동 염색체의 같은 위치에 존재한다.
⑤ 하나의 형질을 결정하는 대립유전자는 같은 염색체에 함께 존재할 수 없다.

15 멘델의 유전 법칙

ㄱ. 잡종 1대의 유전자형은 Rr이며, 둥근 형질이 우성이므로 표현형은 둥근 완두이다.
ㄴ. 잡종 1대에서는 R와 r 2종류의 생식세포가 만들어진다.
ㄷ. 잡종 1대를 자가 수분하여 얻은 잡종 2대의 유전자형은 RR, Rr, Rr, rr로 표현형의 비(둥근 완두 : 주름진 완두)=3 : 1이다.

16 완두가 유전 연구 재료로 적합한 이유

바로 알기 | ㄱ, ㄴ. 완두는 한 세대가 짧고, 대립 형질이 뚜렷하기 때문에 유전 연구의 재료로 적합하다.

17 멘델의 가설

① 멘델은 생물에는 한 가지 형질을 결정하는 한 쌍의 유전 인자가 있다고 가정하였으며, 이 유전 인자가 오늘날의 유전자이다.
② 한 쌍의 유전 인자가 서로 다를 경우 그중 우성 형질만 표현되며, 이를 우열의 원리라고 한다.
④ 한 쌍의 유전 인자는 생식세포가 만들어질 때 각각 다른 생식세포로 나누어 들어가며, 이를 분리의 법칙이라고 한다.
⑤ 두 쌍 이상의 대립 형질이 동시에 유전될 때, 각 형질은 서로 영향을 미치지 않으며, 이를 독립의 법칙이라고 한다.
바로 알기 | ③ 자손을 이루는 유전 인자는 부모로부터 각각 하나씩 물려받는다.

18 멘델의 유전 법칙

잡종 1대는 색깔과 모양에 대해 모두 잡종이며, 표현형은 둥글고 노란색, 유전자형은 RrYy이다.

19 멘델의 유전 법칙

ㄴ. 잡종 2대에서 표현형의 비는 9 : 3 : 3 : 1이다.
ㄷ. 완두 씨의 색깔과 모양에 대한 유전은 서로 영향을 미치지 않고 각각 독립적으로 전달되며, 표현형의 비(우성 형질 : 열성 형질)는 3 : 1로 같다.
바로 알기 | ㄱ. 잡종 1대에서 만들어지는 생식세포의 종류는 RY, Ry, rY, ry이다.

20 멘델의 유전 법칙

잡종 1대는 둥글고 노란색의 완두이며, 잡종 2대에서 표현형의 비(둥글고 노란색 : 둥글고 초록색 : 주름지고 노란색 : 주름지고 초록색)=9 : 3 : 3 : 1이므로, 이론상 잡종 1대와 같은 완두는 900개가 나온다.

21 사람의 유전 연구

바로 알기 | ⑤ 사람은 자손의 수가 적은 데다가 한 세대가 길고 환경의 영향을 많이 받으며, 하나의 형질을 결정하는 대립 형질이 복잡하기 때문에 유전 연구가 어렵다.

22 사람의 유전 연구 방법

③ 유전적으로 동일한 1란성 쌍둥이 사이에 차이가 있는 형질은 환경의 영향을 받는 형질이다.
바로 알기 | ② 가계도 분석이 아니라 염색체 분석을 통해 염색체 이상에 의한 유전병이 생기는 원리를 알 수 있다.

23 사람의 유전 연구 방법

ㄱ. 유전적으로 동일한 1란성 쌍둥이가 함께 자랐을 때보다 따로 자랐을 때 일치율이 차이가 많이 나는 형질은 환경의 영향을 많이 받는 형질이다. 따라서 환경의 영향을 가장 많이 받는 형질은 IQ이다.
ㄴ. 1란성 쌍둥이는 하나의 수정란이 나누어져 생기는 것이므로, 유전자 구성이 같다.

ㄷ. ABO식 혈액형은 유전자에 의해 나타나는 형질로 환경의 영향을 받지 않는다.

24 미맹 가계도 분석

①, ② 정상인 1과 2 사이에서 미맹인 3이 태어났으므로, 미맹은 미맹이 아닌 형질에 대해 열성이고, 부모인 1과 2는 미맹 형질에 대해 잡종이다.
⑤ 4와 5는 미맹 형질에 대해 잡종이므로, 이들 사이의 자녀인 8이 미맹일 확률은 25 %이다.
바로 알기 | ③ 6의 부모인 4와 5 사이에서 미맹인 자녀 7이 태어났으므로, 4와 5는 모두 미맹 대립유전자를 가지고 있다. 따라서 정상인 6의 유전자형은 정확히 알 수 없다.

25 ABO식 혈액형 유전

ㄱ. A형인 어머니와 B형인 아버지 사이에서 O형인 민준이가 태어났으므로 대립유전자 A와 B는 O에 대해 우성이다.
ㄴ. 아버지와 누나의 ABO식 혈액형 유전자형은 BO로 같다.
바로 알기 | ㄷ. 어머니의 ABO식 혈액형 유전자형은 AO, 아버지는 BO이므로, 민준이의 동생이 태어날 때, 동생이 가질 수 있는 혈액형은 AB형, A형, B형, O형 4가지 모두이다.

26 ABO식 혈액형 유전

누나의 ABO식 혈액형 유전자형은 BO이므로, AB형인 남자와 결혼하여 태어난 자녀의 유전자형은 AB, BB, BO, OO이다. 따라서 자녀의 혈액형이 B형일 확률은 50 %이다.

27 적록 색맹 유전

④ 딸이 적록 색맹이면 어머니와 아버지로부터 모두 적록 색맹 대립유전자를 물려받아야 하므로, 아버지는 적록 색맹이다.
⑤ 어머니가 적록 색맹이면 아들은 어머니로부터 적록 색맹 대립유전자를 물려받으므로, 아들은 적록 색맹이다.
바로 알기 | ③ 적록 색맹은 정상에 대해 열성이며 X 염색체에 존재하므로, 여자보다 남자에게서 더 높은 빈도로 나타난다.

28 적록 색맹 가계도 분석

1과 2 사이, 6과 7 사이에서 적록 색맹인 자녀가 태어났으므로 이들의 유전자형을 알 수 있고, 남자인 경우 적록 색맹 대립유전자를 가지고 있으면 항상 적록 색맹이므로 유전자형을 알 수 있다. 따라서 유전자형을 정확히 알 수 없는 사람은 5 한 명이다.

29 적록 색맹 유전

ㄴ, ㄹ. 9의 적록 색맹 유전자 중 하나는 2에서 6을 거치고, 나머지는 4에서 7을 거쳐 전달되었다.

30 적록 색맹 유전

10의 부모인 6과 7의 적록 색맹 유전자형은 각각 $X'Y$, XX'이므로, 태어난 자녀의 유전자형은 XX', $X'X'$, XY, $X'Y$이다. 따라서 10이 적록 색맹 남자일 확률(%)은 25 %이다.

01 ④　　**02** ②　　**03** ③　　**04** ⑤

01 세포 분열

A 과정은 감수(생식세포) 분열, B 과정은 체세포 분열이다.
ㄴ. 체세포 분열(B) 과정에서는 염색체의 수가 변하지 않는다.
ㄹ. 이 생물의 체세포는 (나)와 염색체 구성이 동일하므로 2쌍의 상동 염색체가 들어 있다.
바로 알기 | ㄱ. 감수(생식세포) 분열(A) 과정에서는 2회 연속하여 분열이 일어나므로 최종으로 4개의 딸세포가 생성된다.
ㄷ. 감수(생식세포) 분열(A)로 형성된 (가)는 연속으로 2회 일어난 결과이지만 체세포 분열(B)로 형성된 (나)는 세포 분열이 1회 일어난 결과이다.

02 생식세포 분열

A 시기는 간기, B 시기는 감수 1분열, C 시기는 감수 2분열에 해당한다.
① 생식세포 분열이 일어나기 전인 간기(A)는 핵막이 뚜렷하게 관찰되고, 유전 물질이 복제되는 시기이다.
③ 감수 1분열(B) 중 후기에는 상동 염색체끼리 결합한 2가 염색체가 분리되어 염색체 수 절반이 되므로 유전 물질의 상대량이 처음과 같다.
④ 감수 2분열(C) 후기에는 염색 분체가 분리되어 염색체 수가 절반이 되므로 유전 물질의 상대량이 처음의 $\frac{1}{2}$이 된다.
⑤ 감수 2분열(C) 말기 이후에는 핵막이 나타나면서 세포질 분열이 일어나 최종적으로 4개의 딸세포가 만들어진다.
바로 알기 | ② 간기(A)는 유전 물질이 복제되는 시기이며, ㉠과 같이 상동 염색체끼리 결합한 2가 염색체는 감수 1분열(B)의 전기에 나타난다.

03 멘델의 유전 법칙

(가)의 유전자형은 RRYy, (나)의 유전자형은 rrYy, (다)의 유전자형은 RrYY이다.
ㄱ. (가)의 완두 씨 모양에 대한 유전자형은 RR, (나)는 rr로 모두 순종이다.
ㄷ. (가)와 (다)를 교배하면 항상 우성 형질만 나타나므로 둥글고 노란색인 완두가 나온다.
바로 알기 | ㄴ. (나)의 완두 씨 색깔에 대한 유전자형은 Yy, (다)는 YY이다. 따라서 (나)는 잡종, (다)는 순종이다.

04 적록 색맹과 ABO식 혈액형

① 1과 2 사이에서 A형인 자녀와 O형인 자녀가 태어났으므로, 1은 ABO식 혈액형 유전자형이 AO인 A형이다.
② 3과 4 사이에서 O형인 자녀가 태어났으므로, 두 사람의 ABO식 혈액형 유전자형은 AO로 같다.
③ 6과 7 사이에서 적록 색맹인 아들이 태어났으므로, 7은 적록 색맹 대립유전자를 가진 보인자이다.

④ 9는 4에게서 적록 색맹 대립유전자를 물려받았다.
바로 알기 | ⑤ 6과 7 사이에서 태어난 딸의 적록 색맹 유전자형은 XX′ 또는 X′X′이며, ABO식 혈액형 유전자형은 AO 또는 BO이다. 따라서 11이 B형이면서 적록 색맹일 확률은 25 %이다.

01 도마뱀 꼬리의 재생

모범 답안 | 체세포 분열
해설 | 상처가 나거나 손실된 세포는 체세포 분열을 통해 새롭게 생겨난다. 도마뱀 꼬리가 다시 자라는 것도 체세포 분열의 결과이다.

02 초파리 유전

모범 답안 | (1) 3 : 1 (2) 1 : 2 : 1
해설 | 잡종 1대는 정상 날개 대립유전자와 흔적 날개 대립유전자를 하나씩 가진 잡종으로, 잡종 1대를 자가 교배하면 LL, Ll, Ll, ll의 자손이 나온다. 따라서 표현형의 비(정상 날개 : 흔적 날개)=3 : 1, 유전자형의 비(LL : Ll : ll)=1 : 2 : 1이다.

03 세포 분열과 표면적

모범 답안 | 세포가 분열하여 작은 세포로 분열하면 $\frac{표면적}{부피}$이 증가하고 세포의 중심에서 표면으로부터의 거리가 가까워져 물질 교환의 효율성이 증가하므로 생명을 유지하는 데 유리하다.

채점 기준	배점
세포 분열로 크기가 작아질 때 $\frac{표면적}{부피}$이 증가하고 세포의 중심에서 표면까지의 거리가 가까워져 물질 교환의 효율성이 증가한다는 것을 옳게 서술한 경우	100 %
표면적이 증가하면 물질 교환이 잘 일어난다는 내용만 옳게 서술한 경우	30 %

04 생식세포 분열

모범 답안 | (가)에서는 상동 염색체가 분리되어 각 염색체가 세포 양쪽 끝으로 이동하며, (나)에서는 염색 분체가 분리되어 양쪽 끝으로 이동한다.

채점 기준	배점
(가)와 (나)에 해당하는 염색체 분리를 옳게 서술한 경우	100 %
(가)와 (나)에 해당하는 염색체 분리를 반대로 서술한 경우	0 %

05 분꽃의 중간 유전

모범 답안 | 붉은색 분꽃 대립유전자(R)와 흰색 분꽃 대립유전자(W) 사이에 우열의 법칙이 성립하지 않고, 두 형질이 모두 발현되기 때문이다.

채점 기준	배점
잡종 1대에서 분홍색 분꽃만 나오는 까닭을 옳게 서술한 경우	100 %
다른 까닭을 들어 서술한 경우	0 %

06 성염색체 유전

모범 답안 | Y 염색체는 남자에게만 존재하므로 귓속에 털이 나는 현상은 여자에게는 나타나지 않고 남자에게만 나타난다.

채점 기준	배점
성별에 따라 형질이 발현되는 빈도의 차이를 옳게 서술한 경우	100 %
성별에 따라 형질이 발현되는 빈도를 서술하지 못한 경우	0 %

V. 생물의 다양성

개념 완성 문제
부록 28~30쪽

01 ⑤	**02** ⑤	**03** ③	**04** ②	**05** ②
06 ①	**07** ③	**08** ②	**09** ⑤	**10** ④
11 ③	**12** ②	**13** ①	**14** ⑤	**15** ⑤
16 ②, ⑤				

01 생물 다양성

①, ②, ③ 생물 다양성은 특정 지역에 살고 있는 생물의 다양한 정도로, 같은 종류의 생물에서 특성이 다양할수록 생물 다양성이 크다. 또한 생물 다양성이 높은 생태계가 안정적이다.
④ 숲, 강, 바다와 같은 생태계의 종류에 따라 각 환경에 살아남기 쉬운 생물들이 살고 있다.
바로 알기 | ⑤ 생물 다양성은 특정 지역에 살고 있는 생물의 다양한 정도이다. 따라서 생물의 개체 수가 많은 곳보다 생물의 종류가 많은 곳의 생물 다양성이 더 높다.

02 종 다양성의 비교

ㄱ. (가)에는 5종류, (나)에는 4종류의 생물이 살고 있으므로 (가)는 (나)보다 생물의 종류가 많다.
ㄴ, ㄷ. (나)는 한 종류의 개체가 다른 개체에 비해 많은 수를 차지하지만, (가)는 여러 종류의 개체가 골고루 분포한다. (가)는 생물의 종류가 많고 분포가 고르기 때문에 생물 다양성이 높다.

03 변이

변이는 같은 종류의 생물 사이에서 나타나는 특징의 차이이다.
바로 알기 | ③ 오징어와 문어는 다른 종이므로 이들의 차이는 변이가 아니다.

04 진화의 과정

목이 짧은 갈라파고스땅거북 무리에는 일부 목이 긴 개체가 존재하였으며, 먹이 환경이 다른 섬으로 흩어지게 되면서 목이 긴 개체가 살아남기 유리한 환경에서는 목이 긴 개체가 살아남아 자손을 남기게 되었다. (가)는 ㄱ, (나)는 ㄷ, (다)는 ㄴ에 해당한다.

05 진화와 생물 다양성

ㄷ. 목이 짧은 개체만 있던 생태계에 목이 긴 개체가 나타났으므로 생물 다양성이 높아졌다.
바로 알기 | ㄱ. 키가 큰 풀이 있는 환경에서는 목이 긴 갈라파고스땅거북이 먹이를 먹기 유리하여 살아남기 유리했다.
ㄴ. 목이 짧은 개체는 키가 작은 풀이 많은 환경에, 목이 긴 개체는 키가 큰 풀이 많은 환경에 존재한다.

06 먹이 사슬과 먹이 그물

ㄱ. 생물 다양성은 (가)보다 생물의 종류가 많은 (나)가 높다.

바로 알기 | ㄴ. 생태계 평형은 생물 다양성이 높을수록 안정하게 유지된다. 따라서 (가)보다 생물 다양성이 높은 (나)에서 생태계 평형이 더 잘 유지된다.
ㄷ. (가)에서는 생쥐가 멸종하면 먹이가 생쥐뿐인 독수리도 멸종하지만, (나)에서는 생쥐가 멸종하더라도 독수리는 뒤쥐, 오리, 참새, 도요새 등을 먹으며 살아갈 수 있다.

07 생물 다양성 감소 요인

③ 불법 포획 및 남획은 관련 법률을 강화하고, 멸종 위기 생물을 지정하여 관리함으로써 방지할 수 있다.
바로 알기 | ② 환경 오염은 쓰레기 배출량을 줄이고, 환경 정화 시설을 설치하여 방지할 수 있다.
④ 외래종 유입은 외래종의 무분별한 유입을 막고 꾸준한 감시와 퇴치 활동을 통해 방지할 수 있다.
⑤ 서식지의 파괴는 지나친 개발을 자제하고 보호 구역을 지정하여 방지할 수 있다.

08 생물 다양성 보전 방안

① 옥상 정원과 같은 시설은 생물의 서식지가 되어 생물 다양성을 보전할 수 있다.
③ 생물 다양성은 여러 국가가 함께 보전해야 하므로, 국가 간에 다양한 협약을 통해 보전할 수 있다.
④ 야생에서 번식하기 힘든 멸종 위기 생물은 전문 관리 시설에서 복원하여 야생으로 돌려보냄으로써 생물 다양성을 보전할 수 있다.
⑤ 고유 식물의 종자를 보관하는 종자 은행을 운영하여 생물 다양성을 보전할 수 있다.
바로 알기 | ② 희귀 동물을 잡아 동물원 등에서 전시하고 키우는 행위는 생물 다양성을 감소시키는 원인이다.

09 생물 분류

①, ② 생물 분류를 통해 생물 사이의 가깝고 먼 유연관계를 파악할 수 있으며, 생물을 체계적으로 연구할 수 있어 생물 다양성을 이해하는 데 도움이 된다.
③ 다양한 생물을 일정한 기준에 따라 비슷한 종류의 무리로 나누는 것을 생물 분류라고 한다.
④ 생물 고유의 특징에 따라 분류하면 모든 사람의 분류 결과는 항상 같으므로, 과학에서는 생물 고유의 특징에 따라 분류한다.
바로 알기 | ⑤ 생김새, 광합성 여부, 수정 방법 등에 따라 생물을 분류하는 것은 자연 분류에 해당한다.

10 생물의 분류 체계

생물의 분류 단계는 종<속<과<목<강<문<계이다.
④ 속은 종보다 큰 분류 단위이므로, 다른 종의 생물이라도 같은 속으로 분류될 수 있다.
바로 알기 | ① 강은 목보다 큰 분류 단위이다.
② 생물을 분류하는 기본 단위는 종이다.
③ 동물과 식물은 생물을 계 단위로 분류한 것이다.
⑤ 자연 상태에서 짝짓기를 하여 생식 능력이 있는 자손을 낳을 수 있으면 같은 종이다.

11 생물의 분류 단계

ㄱ. 같은 목에 속하는 생물은 같은 강에 속하므로, ㉠은 포유강이다.
ㄷ. 여러 강이 모여 문을 이루므로, 척삭동물문에는 포유강 외에 다른 강도 포함된다.
바로 알기 | ㄴ. 늑대는 호랑이와 목 단계까지 같지만, 여우와는 과 단계까지 같으므로, 늑대는 호랑이보다 여우와 더 가깝다.

12 5계 분류

A는 균계, B는 원핵생물계이다.
ㄴ. 원핵생물계(B)에 속하는 생물은 세포에 핵막으로 둘러싸인 핵이 없는 단세포 생물이다.
바로 알기 | ㄱ. 균계(A)에 속하는 버섯, 곰팡이 등은 운동성이 없다.
ㄷ. (가)와 (나)를 구분하는 기준은 핵막으로 둘러싸인 핵의 유무이다. 광합성 여부는 기관이 발달한 다세포 생물 중 식물계를 구분하는 기준이 된다.

13 원생생물계

광합성을 할 수 있지만 식물계에 속하지 않고, 균계에 속하지 않으며, 세포에 핵막으로 둘러싸인 핵이 있는 다세포 생물은 원생생물계에 속하는 미역이다. 설명에 해당하는 내용이 모든 원생생물계의 특징은 아니므로 주의해야 한다.

14 식물계

고사리와 사과나무는 식물계에 속하는 생물이다.
ㄱ, ㄷ. 식물계 생물은 세포에 핵막으로 둘러싸인 핵이 있고, 광합성을 하여 스스로 양분을 얻는다.
ㄴ. 식물은 대부분 뿌리, 줄기, 잎과 같은 기관이 발달하였다.

15 균계와 동물계

(가)는 균계, (나)는 동물계에 속하는 생물이다.
ㄱ. 효모는 균계(가)에 속한다.
ㄴ. 동물계(나)에 속하는 생물들은 운동성이 있으며, 다른 생물을 먹이로 삼아 양분을 얻는다.
ㄷ. 균계(가)에 속하는 생물은 세포벽이 있고, 동물계(나)에 속하는 생물은 세포벽이 없으므로, 세포벽의 유무는 균계(가)와 동물계(나)를 구분하는 기준이 될 수 있다.

16 5계 분류

㉠은 원핵생물계, ㉡은 균계, ㉢은 원생생물계, ㉣은 식물계, ㉤은 동물계이다.
① 원핵생물계(㉠)에 속하는 생물로는 남세균, 대장균, 폐렴균, 젖산균 등이 있다.
③ 원생생물계(㉢)에 속하는 생물은 대부분 단세포 생물이지만, 다세포 생물도 있다.
④ 식물계(㉣)에 속하는 생물은 세포에 세포벽이 있다.
바로 알기 | ② 균계(㉡)에 속하는 생물은 스스로 양분을 만들 수 없으며, 대부분 죽은 생물의 몸을 분해하여 양분을 얻는다.
⑤ 기관이 발달한 식물계와 동물계 중 광합성을 하지 않는 ㉤은 동물계이다.

실력 향상 문제

부록 31쪽

01 ⑤　　**02** ③　　**03** ②　　**04** ①

01 진화와 생물 다양성

ㄱ. 한 종류였던 핀치새는 각각 먹이의 환경이 다른 곳에서 환경에 적합한 변이를 가진 개체가 살아남아 서로 다른 부리 모양을 가지게 되었다.

ㄴ. 생물이 가지고 있는 변이에 의해 다른 환경에 적응하여 생존할 수 있게 된다.

ㄷ. 변이가 있으면 환경에 적응하기 쉽고, 환경에 적응하는 과정에 의해 다양한 종류의 생물이 나타나기 때문에 생물이 다양해지는 주요 원인이 된다.

02 생태계의 모습

ㄱ, ㄴ. 토끼와 들쥐를 먹이로 하는 외래종이 유입될 경우 먹이인 토끼와 들쥐의 개체 수는 감소할 것이며, 토끼와 들쥐의 먹이인 풀의 개체 수는 증가할 것이다.

바로 알기 | ㄷ. 외래종이 유입되어 생태계가 파괴되면 먹이 사슬이 단순해지고 생물 다양성이 감소할 것이다.

03 생물의 분류

ㄷ. 생물 A와 생물 C는 서로 다른 목에 속하지만, 생물 C와 생물 E는 모두 식육목에 속하므로, 생물 C는 생물 A보다 생물 E와 더 가깝다.

바로 알기 | ㄱ. 생물 A, B와 생물 C~F는 목에서 갈라진다. 생물 C~F는 식육목에 속하고, 생물 A, B는 식육목이 아닌 다른 목에 속한다.

ㄴ. 생물 D와 생물 F는 같은 고양잇과에 속하지만 속에서 갈라져 생물 D는 큰곰속에 속하고, 생물 F는 고양이속에 속한다.

04 생물 분류의 기준

A는 금붕어, B는 대장균, C는 아메바, D는 해바라기이다.

ㄱ. 동물계에 속하는 금붕어(A)는 운동성이 있고, 식물계에 속하는 해바라기(D)는 운동성이 없으므로, '운동성이 있는가?'는 A와 D를 구분하는 기준이 될 수 있다.

바로 알기 | ㄴ. 대장균(B)은 원핵생물계에 속하며, 다시마는 원생생물계에 속한다.

ㄷ. 원생생물계에 속하는 아메바(C)는 동물이나 식물과 달리 몸에 기관이 발달하지 않았다.

서술형 문제

부록 32쪽

01 생물 다양성 결정 요인

모범 답안 | (가) : 종 다양성 (나) : 유전적 다양성 (다) : 생태계 다양성

해설 | 한 생태계에 다양한 종류의 생물이 사는 것을 종 다양성, 한 종류의 생물 사이에서 특징의 차이가 나타나는 것을 유전적 다양

성, 다양한 환경의 생태계가 존재하는 것을 생태계 다양성이라고 하며, 이 세 가지 요인이 다양할수록 생물 다양성이 높다.

02 생물 분류의 실제

모범 답안 | (1) ㄱ, ㅇ (2) ㄹ, ㅂ (3) ㄴ, ㅅ (4) ㄷ, ㅁ

해설 | 원생생물계의 예로는 아메바, 짚신벌레, 미역, 다시마 등이 있고, 균계의 예로는 효모, 버섯, 곰팡이류 등이 있다. 식물계의 예로는 이끼, 고사리, 소나무, 무궁화 등이 있고, 동물계의 예로는 참새, 지렁이, 달팽이, 호랑이 등이 있다.

03 생물의 적응

모범 답안 | 추운 지역에 사는 북극여우보다 더운 지역에 사는 사막여우는 몸의 열을 방출하기 쉽도록 귀가 크고, 몸집이 작다.

채점 기준	배점
두 여우의 생김새가 다른 까닭을 환경 요인과 관련지어 옳게 서술한 경우	100 %
두 여우의 생김새가 다른 까닭을 서술하지 못한 경우	0 %

04 생물 다양성의 보전

모범 답안 | 생태계를 구성하는 생물 사이에는 도도새와 탐발라코크나무처럼 서로 영향을 주고받으며 연관되어 있어, 한 생물의 멸종은 다른 생물에게 영향을 미칠 수 있다. 따라서 생태계를 안정적으로 유지하기 위해서는 생물 다양성이 보전되어야 한다.

채점 기준	배점
생물 다양성의 보전이 중요한 까닭을 사례와 관련지어 옳게 서술한 경우	100 %
생물 다양성의 보전이 중요한 까닭을 사례와 관련지어 서술하지 못한 경우	0 %

05 호흡 방법에 따른 생물의 분류

모범 답안 | 고래, 사람 / 서식지와 같은 사람 편의에 따른 분류보다는 호흡 방법과 같은 생물 고유의 특징으로 생물을 분류하면 생물 사이의 가깝고 먼 관계를 알 수 있다. 상어는 아가미로 호흡하고 고래와 사람은 폐로 호흡하므로, 상어보다 고래와 사람이 더 가까운 관계에 있다.

채점 기준	배점
다른 생물보다 더 가까운 관계에 있는 두 생물을 쓰고 그 까닭을 모두 옳게 서술한 경우	100 %
다른 생물보다 더 가까운 관계에 있는 두 생물만 옳게 쓴 경우	30 %

06 종의 의미

모범 답안 | 다른 종, 종은 자연 상태에서 교배하여 고배하여 생식 능력이 있는 자손을 낳을 수 있는 생물 무리이다. 사자와 호랑이 사이에서 태어난 라이거는 생식 능력이 없으므로, 사자와 호랑이는 다른 종이다.

채점 기준	배점
서로 같은 종인지 다른 종인지 쓰고 그 까닭을 모두 옳게 서술한 경우	100 %
서로 같은 종인지 다른 종인지만 쓴 경우	30 %

메가스터디BOOKS

www.megastudybooks.com

내용 문의 | 02-6984-6915 구입 문의 | 02-6984-6868,9

2022 개정 교육과정

수학이 쉬워지는 **완**벽한 **솔**루션

완쏠

개념서

연산서

완쏠 개념

완쏠 개념연산

1~3학년 1, 2학기(전 6종) *순차 출간 예정

고등 완쏠 시리즈

공통수학1 | 공통수학2
대수 | 미적분 I | 확률과 통계

개념서

연산 / 유형서

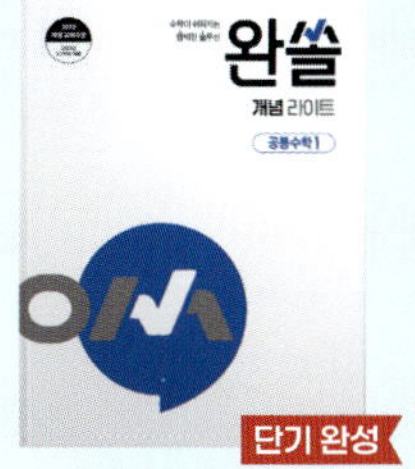

단기 완성

완쏠 개념 라이트

완쏠 개념

완쏠 유형 입문

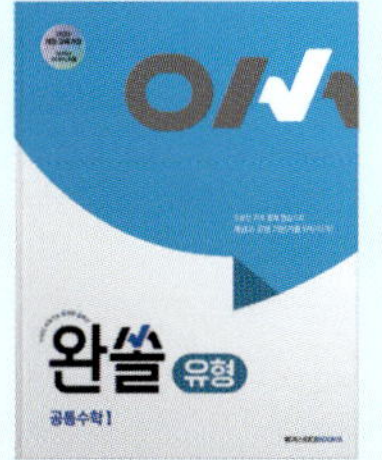

완쏠 유형

<완쏠 유형 입문>은 공통수학1, 공통수학2 출간

메가스터디 BOOKS

메가스터디 BOOKS

장풍쌤의 중학 과학 내신 백점 비법

백신 중학 과학
학기별 기본서

22 개정
교육과정

Mbest 과학 대표
장풍 선생님 집필·강의

www.mbest.co.kr
온라인 동영상 강좌 진행

전 학년 1, 2학기 (전 6종)
개정판 순차 출간 예정

장풍쌤만의
이해하기 쉽고
자세한 개념 정리

학교 시험 빈출
대표 유형과 자료 선별,
실전 문제로 완벽 대비

탐구 문제, 서술형 등
다양한 유형의
문제 수록

2015 개정 백신 과학

⋯▸ 2025년 중2, 중3 사용

백신 과학
학기별 기본서

백신 과학
영역별 기본서

물리학, 화학, 생명과학, 지구과학 (4종)